D1683733

Felddivision 6 (Band 2)
Die Felddivision 6 von 1992
bis zu ihrer Überführung in die Armee XXI

Felddivision 6 (Band 2)

Die Felddivision 6 von 1992
bis zu ihrer Überführung in die Armee XXI

Druck, Konzeption und Gestaltung
Karl Schwegler AG, Zürich

Verlag
Neue Zürcher Zeitung

*Beide Bücher mit der Geschichte der Felddivision 6
sind allen Angehörigen der Felddivision 6 mit dem Dank für ihren grossen Einsatz
zugunsten des Friedens in Freiheit gewidmet!*

Die folgenden Institutionen, Unternehmen und Privatpersonen haben verdankenswerterweise den Nachdruck des nun als Band 1 neu aufgelegten Buches «Felddivision 6», beziehungsweise den neu erschienenen Band 2, sowie teilweise auch weitere Aktivitäten der Felddivision 6 im Überführungsjahr mit einem grosszügigen Barbeitrag oder mit wesentlichen Eigenleistungen unterstützt:

Atlantic Speditions AG, Schlieren
BATIGROUP AG, Zürich
Blue Capital AG, Zürich
Blumer Fridolin, Hittnau
Bodmer & Partner Consultants AG, Dübendorf
Brauerei Müller AG, Baden
bretscher+partner, Zürich
COLORINE S.A., Crissier
Fenner & Marti, Exclusivo Zigarren, Dübendorf
Finturicum AG, Zürich
Holcim Ltd., Jona
IVF HARTMANN AG, Neuhausen
Karl Schwegler AG, Zürich
Maag Holding AG, Zürich
MOWAG MOTORWAGENFABRIK, Kreuzlingen

Neue Zürcher Zeitung AG, Zürich
PricewaterhouseCoopers AG, Zürich
Regierungsrat des Kantons Zürich
Richner AG, Aarau
SAS CONSULTING & SERVICES L.L.C., Zürich
Schaub Maler AG, Zürich
Siemens Schweiz AG, Zürich
Sika AG, Baar
SWISS PAC AG, Uster
UBS AG, Zürich
Umbricht Rechtsanwälte, Zürich
Vetropack Holding AG, Bülach
Zellweger Luwa AG, Uster
Zürcher Handelskammer
Zürcher Winkelriedstiftung

Wir danken auch der Produzentin Karl Schwegler AG und dem Buchverlag NZZ ganz herzlich für ihre professionelle und sorgfältige Zusammenarbeit. Dank gebührt auch den vielen Autoren, ihren Stäben und allen «Helfern im Hintergrund» für ihren grossen Einsatz, ohne den die Realisation des vorliegenden Werkes gar nicht erst möglich gewesen wäre. Besonderer Dank gebührt Herrn Dr. Robert Gubler, Brigadier a D und Autor des ersten Buchs «Felddivision 6» für die persönliche Unterstützung beim Nachdruck von Band 1.

Herausgeber: Hans-Ulrich Solenthaler
Projektleiter: Felix M. Huber
Historischer Berater: Christoph Ebnöther
Autoren: Aktive und ehemalige Offiziere aus der Felddivision 6
Korrektor: Simon Hungerbühler

© 2003 Felddivision 6, Zürich
Gesamtherstellung: Karl Schwegler AG, Zürich
Einband: Buchbinderei Burkhardt AG, Mönchaltorf
Verlag: NZZ Buchverlag, Zürich
Gedruckt in der Schweiz auf chlorfrei gebleichtes Papier

ISBN 3-03823-048-0
Bild Schutzumschlag: Aufklärungspatrouille im Commando Kurs 2002
der Felddivision 6
Bilder: Archiv F Div 6, soweit nicht anders vermerkt

Inhaltsverzeichnis

«Felddivision 6 – von der Zürcher Miliz zur Felddivision» 11
Rita Fuhrer, Regierungsrätin des Kantons Zürich

«Mit vielen Geschichten eine Divisionsgeschichte geschrieben» 13
Korpskommandant Ulrico Hess
Kommandant Felddivision 6 1989–1997

I. Kapitel: Die Entwicklung der Felddivision 6 in den letzten Jahren

Vom «Kleinstaat mit Chancen» zur «Sicherheit durch Koorperation» 16
Die Felddivision 6 unterwegs in die Armee XXI
Divisionär Hans-Ulrich Solenthaler
Kommandant Felddivision 6 1998–2003

Die Geschichte der Felddivision 6 von 1992 bis 2003 24
Hptm Christoph Ebnöther, Nof Stab F Div 6

Die Aktivitäten der Felddivision 6 im Jahr ihrer «Überführung» in die Armee XXI 90
Oberstlt i Gst Felix Huber, USC ND F Div 6 2000–2003

II. Kapitel: Die Entwicklung der Verbände der Felddivision 6

Div Stabsbat 6 100
Oberstlt Alfred Jacober, Kdt Div Stabsbat 6 2000–2003

Uem Abt 6 112
Oberstlt i Gst René Baumann, Kdt Uem Abt 6 2000–2003
Oberstlt Richard Gamma, CUD F Div 6 1996–2003

Inf Rgt 26 118
Oberst Walo Bertschinger, Kdt Inf Rgt 26 2001–2003
Oberstlt i Gst Markus Meile, Kdt Inf Bat 26 2001–2003
Oberstlt Martin Diethelm, Kdt Füs Bat 63 2000–2003
Oberstlt Christian Stucki, Kdt Mech Füs Bat 65 2002–2003
Oberstlt Thomas Kindt, Kdt Füs Bat 107 2000–2003

Inf Rgt 27 136
Oberstlt Daniel Rathgeb, Kdt Stv Inf Rgt 27 2002–2003
Hptm Christoph Brunner, Kdt Füs Kp II/67 1998–2003

Inf Rgt 28 148
Kpl Rainer Hugener
Oberst i Gst Andres Türler, Kdt Inf Rgt 28 2000–2003

Pz Bat 6 166
   Oberstlt Reto Ketterer, Kdt Pz Bat 6 2000–2003
   Hptm Benjamin Fehr, Kdt Pz Kp I/6 2000–2003
   Hptm Andreas Hensch, Kdt Pz Mw Kp V/6 1998–2003

Art Rgt 6 186
   Oberst Thomas Würgler, Kdt Art Rgt 6 1999–2003

L Flab Lwf Abt 6 198
   Oberstlt Pieter Versluijs, C Flab F Div 6 2001–2003

G Bat 6 214
   Hptm Stefan Sulzer, Uem Of G Bat 6 1998–2003

Flhf Rgt 4 230
   Major Friedolin Blumer, C Mob Flhf Rgt 4
   Major Peter Gassmann, Flab Of Flhf Rgt 4
   Major Werner Büchi, FUO Flhf Rgt 4
   Hptm Daniel Wiederkehr, Fpr kath Flhf Rgt 4

G Rgt 4 250
   Oberst i Gst Adolf Ludin, Kdt G Rgt 4 1985–1987

III. Kapitel: Die Entwicklung ausgewählter Dienst- und Fachbereiche der Felddivision 6

Wandel in der **Führungs- und Stabsorganisation** 274
   Oberst i Gst Peter Stocker, SC F Div 6 2001–2003
   Oberstlt i Gst Christoph Grossmann, USC Op F Div 6 2000–2003

Kein Feindbild? – Entwicklungen im **Nachrichtendienst** 286
   Oberstlt Markus Schildknecht, Lei Nof F Div 6 1999–2003

AC-Schutzdienst im Wandel zur Glaubwürdigkeit 294
   Oberstlt Roland Schneider, C ACSD F Div 6 2000–2003

Festungswesen trotz beweglicher Kampfführung 300
   Oberstlt Reto Caprez, C Fest F Div 6 1997–2003
   Maurice Lovisa, dipl. Arch. ETH

Kommissariatsdienst – nicht nur «Sold» und «Verpflegung» 306
   Oberstlt Urs Häfliger, C Kom D F Div 6 2002–2003
   Lt Thomas Hagmann, Qm Stab F Div 6

Entwicklungen im **Materialdienst** 314
  Oberstlt Pius Fuchs, C Mat D F Div 6 1999–2003

Auf dem Weg zum modernen **Sanitätsdienst** 324
  Oberstlt Gabor Sütsch, Div Az F Div 6 2000–2003

Mobilität dank **Verkehr + Transport** und **Eisenbahndienst** 332
  Oberstlt Rudolf Ramsauer, C Vrk + Trsp F Div 6 1995–1999
  Oberstlt Alfred Bachmann, Eisb Of F Div 6 1986–1994
  Major Heinrich Brändli, Eisb Of F Div 6 1997–2003

Territorialdienst – ein vielfältiges Einsatzspektrum 340
  Oberstlt Philip Bodmer, C Ter D F Div 6 1999–2003

Ausbildungsstab und *Commando Kurs* 352
  Oberst Hans Rickenbacher, C Ausb F Div 6 1999–2003
  Hptm Urs Seleger, Kdt Commando Kurs F Div 6 1998–2003

Adjutantur – für die Führung zentral 358
  Hptm Peter Ascari, KC Stab F Div 6
  Hptm Sinan Odok, Adj Pz Hb Abt 16

Militärische Sicherheit und Zusammenarbeit mit der Polizei 364
  Major Christian Fehr, Mil Sich Of F Div 6 2001–2003

Personelle Hinweise
Gliederungen Armee 95 und Armee XXI

Kommandanten der Truppenkörper der **F Div 6 von 1992–1997** 368
Kommandanten der Truppenkörper der **F Div 6 von 1998–2003** 370

Gliederung F Div 6 in der Armee 95 372

Grundgliederung der Brigaden des Heeres Armee XXI 374
  am Beispiel der Inf Br 7 und der Pz Br 11

Gliederung Lehrverband Infanterie 6 (Stand 18.8.2003) 376

Literaturauswahl zur jüngeren Schweizer Militärgeschichte 378

«Felddivision 6 –
von der Zürcher Miliz zur Felddivision»

Rita Fuhrer, Regierungsrätin des Kantons Zürich

Im Jubiläumsjahr 1991 unserer Eidgenossenschaft erschien aus der Feder von Robert Gubler die gewichtige Chronik der Felddivision 6. Sie beleuchtete die fast 200-jährige Geschichte von der Zeit der Zürcher Miliz seit 1815 bis zur Felddivision 6. Über alle äusseren Veränderungen und inneren Reorganisationen hinweg war die Geschichte dieser Division geprägt von ihrer Verbundenheit mit unserem Kanton Zürich.

Es gibt eine Vielzahl objektiver Gründe für diese Verbundenheit: Der Standort des Kommandos beispielsweise oder der primäre Einsatzraum. Zürich stellt zusammen mit dem Kanton Schaffhausen auch die Rekrutierungsbasis für die Angehörigen der Felddivision 6 dar. Unzählige prominente Zürcher Namen finden sich unter den Truppenkommandanten. Untrennbar ist auch die Verbindung zur Kantonalen Offiziersgesellschaft und zur Allgemeinen Offiziersgesellschaft von Zürich und Umgebung. Und immer bestand ein enger Kontakt zur Infanterie-Rekrutenschule und zur Offiziersschule in Zürich und später im Reppischtal.

Das allein ist aber keine genügende Begründung für die besonderen Beziehungen. Auch andere Verbände und Truppenkörper fühlen sich unserem Kanton verbunden, rekrutieren sich aus Zürcher Wehrpflichtigen und haben hier ihren Einsatzraum. Auch ihnen galt das Interesse und die Aufmerksamkeit von Regierungsrat und Militärdirektion. Aber wirklich «seine» Zürcher Division blieb für den Kanton Zürich die Felddivision 6. Möglicherweise liegt der tiefere Grund für diese Verbundenheit letztlich in einer langen und guten Tradition.

Für Generationen von Zürcherinnen und Zürchern bekam «die Armee» in der Felddivision 6 mit ihren Regimentern, Bataillonen, Abteilungen, Kompanien und Batterien ein Gesicht. Als ich 1995 Militärdirektorin des Kantons Zürich wurde, war darum die von meinen Vorgängern gepflegte Tradition Grund genug, den Kontakt zur Felddivision 6 weiter zu erhalten.

Zwölf Jahre nach dem umfangreichen Werk von Robert Gubler erscheint der zweite und letzte Band der Divisionsgeschichte. Mein Dank gilt den engagierten Verfassern, und ich wünsche ihrem Werk gute Aufnahme. Ich bin überzeugt, dass es bei unzähligen Divisionsangehörigen Erinnerungen wecken und wach halten wird. Eigentlich nicht viel mehr als einem Dezennium gewidmet, verfolgt dieser Band den Weg von der «Armee 61» über die Armee 95 zur Armee XXI. Dieser Weg zeichnete sich als Folge des Umbruchs in Europa Ende der Achtzigerjahre bereits ab. Er blieb leider gesäumt von internationalen Krisen und Konflikten.

Im Jahr 2003 heisst es Abschied nehmen von «unserer» Division und von zahlreichen anderen Traditionsverbänden. Es darf aber kein Abschiednehmen bedeuten von unserem Einsatz für Friede, Freiheit und Sicherheit in Unabhängigkeit. Dafür bleibt die Armee auch in Zukunft eine der wichtigsten Garantinnen. Auch die neue Armee bewegt sich nicht im luftleeren Raum und kann ihre Stärke, zumal als Milizarmee, nur voll entfalten, wenn sie lokal verankert und fassbar bleibt. Verankert bei Bevölkerung und Behörden und mit einem Gesicht als «unsere Truppe», wie bisher die Felddivision 6.

Die Wurzeln der Verbundenheit der Felddivision 6 mit dem Kanton Zürich reichen in den Anfang des 19. Jahrhunderts und damit vor die Zeit der Felddivision 6 zurück. Wahrscheinlich wäre die besondere Beziehung zum Kanton Zürich ohne diese Vorgeschichte nicht in diesem Mass zur Tradition geworden. Nun erscheint der zweite Band der Geschichte der Felddivision 6 aus Anlass ihrer Auflösung. Wie die Zürcher Miliz im 19. Jahrhundert Vorläufer für die Felddivision 6 war, so hoffe ich, dass die Felddivision 6 Vorläuferin für etwas Neues wird. Ich hoffe, dass der «Gute Geist» der Felddivision 6 in irgendeiner Weise weiterleben wird. Und ich hoffe, dass die Geschichte der «Armee XXI» dereinst mit einem Kapitel «Vorgeschichte» beginnen wird, in welchem der Felddivision 6 der ihr bereits heute gebührende, prominente Platz zukommen wird.

Mit vielen Geschichten
eine Divisionsgeschichte geschrieben!

Korpskommandant Ulrico Hess
Kommandant Felddivision 6 1989–1997

Welcher Angehörige der Felddivision 6 wollte für sich selber nicht in Anspruch nehmen, dass er aktiv an der Divisionsgeschichte beteiligt war! So wie das Begegnungsgefecht nicht im KP entschieden wird, bin ich überzeugt, dass «Geschichte aus Geschichten» und primär auf dem Feld entsteht. Dieses Werk mit seinem fundierten historischen Rahmen und den lebendigen Erinnerungen der direkt unterstellten Verbände erfüllt darum in verdankenswerter Weise besonders hohe Ansprüche – charakteristisch für die Angehörigen der Felddivision 6!
In meiner eigenen Erinnerung stelle ich fest, dass frühere Aussagen und Erkenntnisse unterdessen fast zu historischen Wahrheiten geworden sind. Ich stellte beispielsweise meinen ersten Divisionsrapport im Jahr 1990 unter das Leitmotto «Mut zum Fordern – Mut zum Handeln!». Wer wollte mir darin widersprechen, dass dieses Leitmotto zeitlos gilt! In einem wirtschaftlich schwierigen Umfeld, besonders auch im Zivilen. Auch meine Überzeugung, dass Ausbildung und Vorbereitung für den Ernstfall zu wichtig wären, als dass sie immer schön und angenehm sein könnten, hat sich im Lauf der Jahrzehnte höchstens akzentuiert, nicht aber verändert. Nur darum wurden wir selber bisweilen bis an unsere Leistungsgrenzen geführt – und führten später unsere eigenen Unterstellten ähnlich nahe an deren Limiten! Solche Erinnerungen würden ohne geschriebene Geschichte verloren gehen. Dass ich selber in meiner Erinnerung aus dem Vollen schöpfen kann, verdanke ich Brigadier a D Robert Gubler, dem Autor der Divisionsgeschichte bis 1991. Nach meiner Ernennung zum Divisionskommandanten im Jahr 1989 gehörte er zu meinen ersten Gratulanten. Ganz unverhofft kam also «Grenadier Hess» zur unerwarteten Ehre, Kommandant einer «Felddivision mit Geschichte» zu sein. Aus dieser Erinnerung heraus freut mich der Nachdruck der «alten» Divisionsgeschichte bis 1991 besonders. Als Kommandant des Feldarmeekorps 4 und damit gleichsam als Schirmherr der Zürcher Division bin ich stolz auf die Felddivision 6, die ihren Abschied auch mit diesem Werk in Ehren und Würden gestaltet. Ich gratuliere zur gelungenen Herausgabe der jüngsten Geschichte der Zürcher Division bis 2003! Als zweitletzter Divisionskommandant der stolzen «Division mit dem Zürileu» erlebte ich den Fall der «Berliner Mauer» hautnah. Mein persönliches Fazit war damals von Vorsicht geprägt. Ich war und bin überzeugt, dass die Schweiz gewappnet bleiben muss, weil vieles unsicher, unberechenbar und wenig greifbar ist. An dieser Bedrohungsanalyse hat sich wenig geändert. Im Rahmen der «Sicherheit durch Kooperation» erfuhren aber wenigstens die Instrumente der Sicherheitspolitik ihre Anpassung an die Realität. Wie jeder Soldat erinnere ich mich an mehr als eine Geschichte, die den Weg nie in ein Geschichtswerk finden wird. So wird beispielsweise mein «Gang nach Canossa» zum damaligen Chef EMD den «Kaminfeuer-Charakter» nie verlassen und gehört trotzdem zu meiner persönlichen Divisionsgeschichte. Ich danke dem Herausgeber, der Produzentin und dem Verlag ganz herzlich.

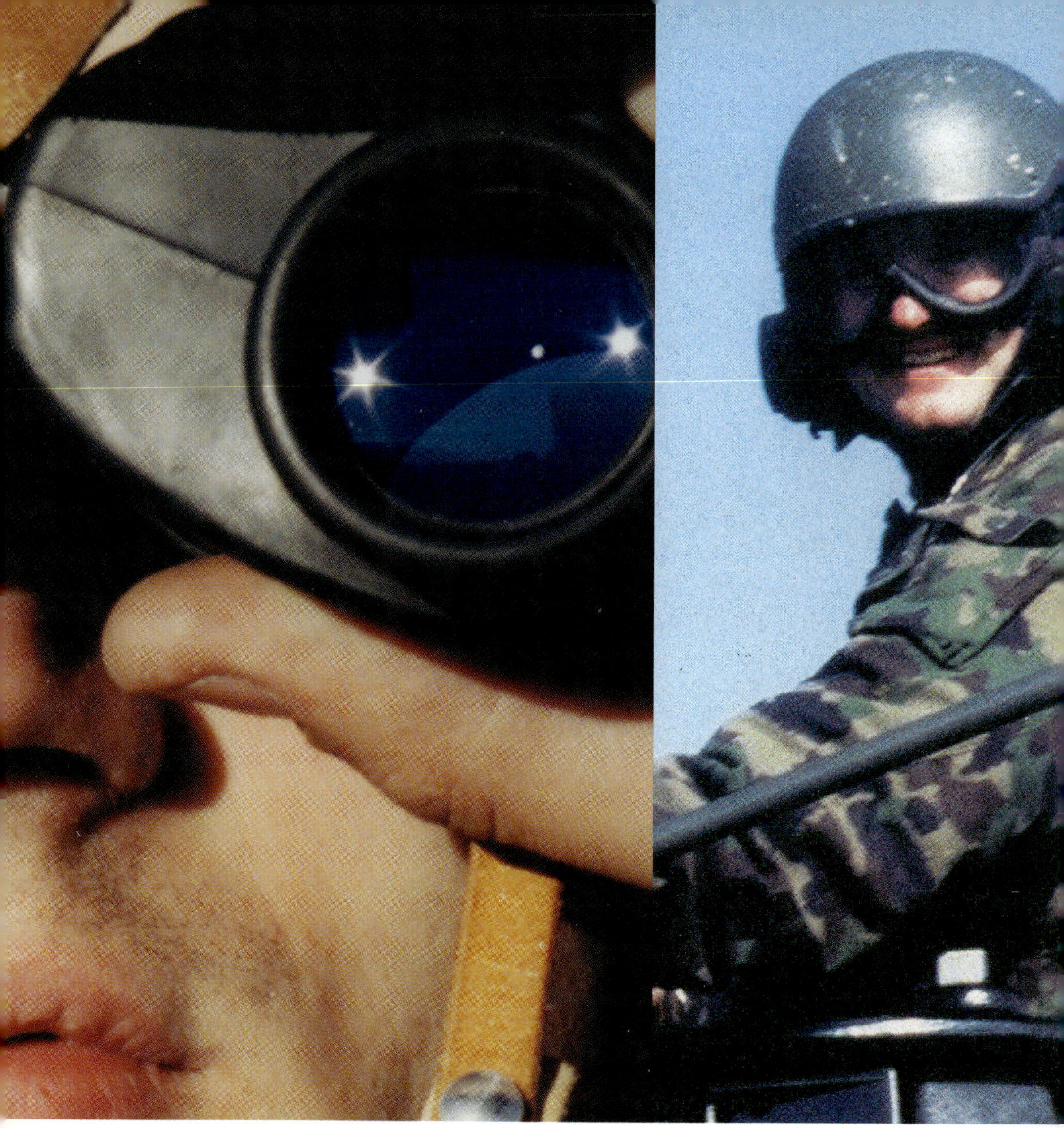
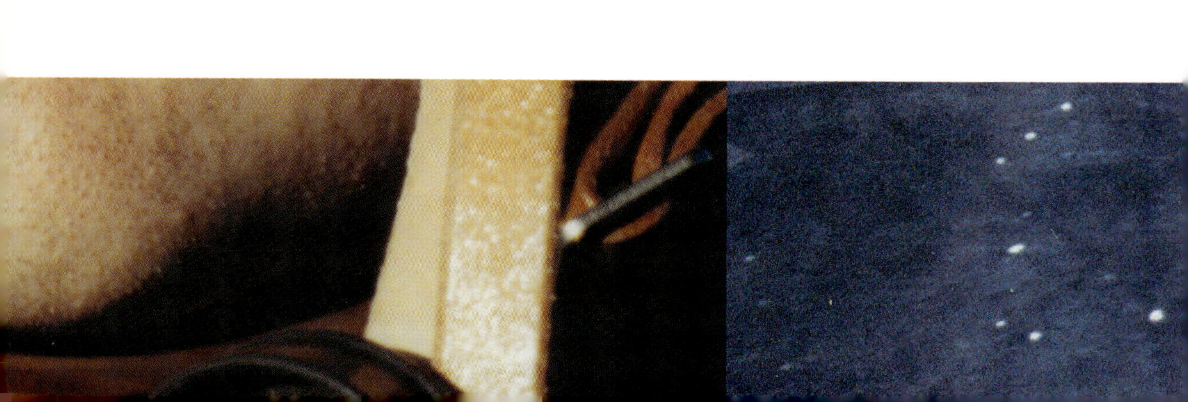

I. Kapitel: Die Entwicklung der Felddivision 6 in den letzten Jahren

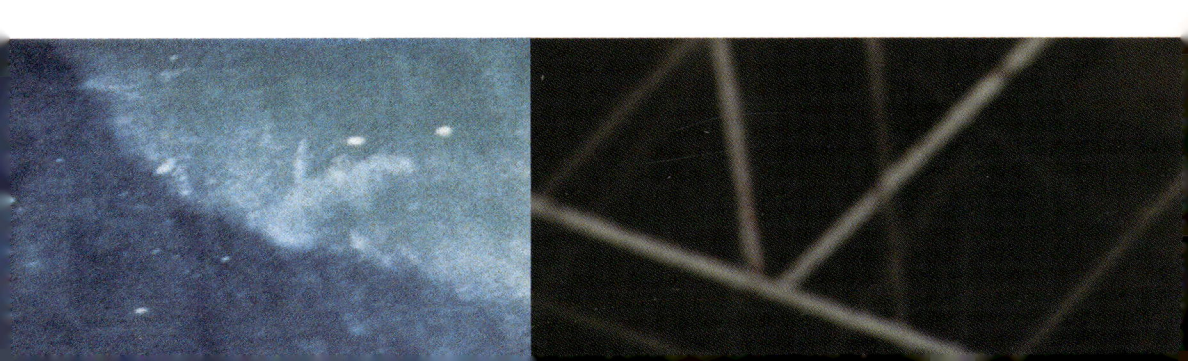

Vom «Kleinstaat mit Chancen» zur «Sicherheit durch Kooperation»

Divisionär Hans-Ulrich Solenthaler
Kommandant Felddivision 6 1998–2003

Die Felddivision 6 unterwegs in die Armee XXI

Der Erfolg einer Armee misst sich am Empfinden des einzelnen Soldaten im Feld. Die Milizkader haben sich allein für diesen Erfolg zu engagieren und die Berufskader haben dafür günstige Voraussetzungen zu schaffen. So einfach wäre das Rezept, das auch im Paradigmenwechsel von der Armee 95 zur Armee XXI seine Gültigkeit besitzt. Daher obliegen dem letzten Divisionskommandanten in der Überführung «seiner» Division auch deutlich mehr Aufgaben als die Vorbereitung des Lichterlöschens im Divisionsbüro.

Für den jungen Einheitsinstruktor Solenthaler an der Infanterieschule St. Gallen/Herisau war der «Kleinstaat mit Chancen» Ende der Siebzigerjahre mehr als ein Film aus dem dissuasiven Fundus des Armeefilmdienstes. An die autonomen Chancen des Kleinstaates in einem kriegerisch umkämpften Europa glaubten nicht allein wir Berufsoffiziere: Damals war der Bundesstaat insgesamt vom Geist der autonomen Verteidigung «beseelt» – koste es tatsächlich, was es wolle!

Terroristische – oder doch terrestrische? – Bedrohung

Der damalige Gegner war berechenbar, die Rundumverteidigung oberste Maxime und mit den Landwehr- sowie den Landsturmkräften waren auch die etwas älteren Generationen immer noch tragende Pfeiler gegen die terrestrische Bedrohung. Damals wäre es auch niemandem in den Sinn gekommen, «terrestrisch» mit «terroristisch» zu verwechseln oder sich vor der Proliferation von Atomwaffen zu fürchten.

Schon als Kommandant einer Grenadierkompanie und dann eines Füsilierbataillons in der benachbarten Felddivision 7 führte ich meine Männer von vorne und in der Überzeugung, mit meinen Grenadieren und Füsilieren die Entscheidung auf dem (finalen) Gefechtsfeld an vorderster Front erwirken zu können. Der wahrscheinliche Erfolg der Armee 61 war spür-, wenn nicht sogar messbar: Trotz Spontanhilfe und zivilen Einsätzen stand die Verteidigung in keinem Konkurrenzkampf zu anderen Armeeaufträgen.

Wer wie ich als Grenadier ins Soldatenhandwerk einsteigt, lernt früh, dass Soldaten, Züge, Kompanien und selbst grössere Einheiten auf Nachbartruppen, auf verlässliche Verbündete angewiesen sind. So lernte ich die Verteidigung insgesamt und das Verteidigungsnetzwerk der Felddivision von der Pike auf kennen. Bis ich auf der Karriereleiter jedoch die Sprosse des Regiments-

kommandanten erklommen hatte, waren die Welt und die Schweizer Armee schon längst nicht mehr dieselben.
Mitten im Kalten Krieg zur militärischen Horizonterweiterung abkommandiert nach Fort Benning, war das individuelle Ausdauertraining – den Afghanistankonflikt vor Augen – verständlicherweise immer noch auf den Kampf ausgerichtet. Nach Absolvierung verschiedener Lehrgänge in den USA war ich prädestiniert, um als Ausbildner zu wirken und mein Wissen weiter zu geben – «si vis pacem, para bellum» war damals – und bleibt auch heute! – unbestritten.

Wenn Feindbilder und Bedrohungen ins Wanken geraten

Der Fall der «Berliner Mauer» traf die Schweizer Armee im Jahr 1989 unvorbereitet. In der Übung «DREIZACK» trainierte das Feldarmeekorps 4 jedenfalls fast zur selben Zeit den Waffenverbund.
Auch das nur wenige Jahre vorher gegründete Flughafenregiment war eine konkrete Reaktion auf die damals immer noch spürbare Bedrohung aus dem Osten. Allerdings ging die Feindannahme der Flughafengrenadiere von alternativen Szenarien aus. Hinter den Sandsack-Barrikaden im Flughafenkopf studierten Füsiliere übungshalber Flugpläne, um kritische Konstellationen zu erkennen: Damals wurde es immer dann gefährlich, wenn innert weniger Minuten mehrere Grossraumflugzeuge aus Ostblockstaaten Zürich-Kloten anflogen. «Kabul 1979» war immer noch präsent und zu rechnen war im Fall der Fälle mit «Speznaz» anstelle von Geschäftsleuten und Touristen.
Der Verlust dieser Bedrohung erschütterte noch nicht die Armee 61, aber immerhin das Flughafenregiment. Der jahrelang intensiv trainierte Abwehrkampf gegen die strategische Luftlandung wich sehr rasch der Bewachung von Tanklagern und Stromunterwerken. Was dieser Eliteverband im Wechsel seiner Einsatzdoktrin rasch bewältigte, sorgte auf dem strategischen und dem politischen Parkett für länger andauernde Irritationen – bis hin zum Resultat

des Konzeptes Armee XXI! Weil das Flughafenregiment 4 der Felddivision 6 zur Ausbildung zugewiesen war, erlebte unser Traditionsverband diesen Vorboten hautnah. Persönlich erlebte ich den Wechsel von der Rundumverteidigung der Armee 61 hin zur dynamischen Raumverteidigung der Armee 95 auf dem zunehmend wichtiger werdenden militärpolitischen Parkett. Wer sich 1993 ebenso energisch gegen die Limitierung auf 40 Waffenplätze wie für die Beschaffung von 34 F/A-18 engagierte, stellt zehn Jahre später verwundert fest, dass die Armee unterdessen regelmässig an der Urne zur Diskussion steht. An der Schwelle zur Armee XXI wurden häufiger auch Fragen der Auslandeinsätze oder deren Bewaffnung thematisiert. Allerdings zeichnet sich die nächste Luftschirm-Debatte bereits wieder am Horizont ab – wer wollte aus militärischer Sicht mit 33 «Hornets» den Luftschirm schliessen!

Meine Aufgabe als Gesamtprojektleiter des Waffenplatzprojekts Neuchlen-Anschwilen von 1991 bis 1997 veränderte und differenzierte meine Wahrnehmung: Plötzlich galt die Auseinandersetzung politischen Exponenten, Baustellenbesetzern, Randalierern, Demonstranten – immer noch gefragt war die «Führung von vorne», nun aber ohne Waffe und Truppe, bloss mit Argumenten und der Rechtsstaatlichkeit auf der eigenen Seite.

Das Primat der Politik und der Stellenwert der Armee

Der «Supertanker Armee» mit der dynamischen Raumverteidigung und mehreren hunderttausend Mitgliedern erlebte in den letzten Jahren des 20. Jahrhunderts einen grundlegenden Wechsel der Rahmenbedingungen, die schliesslich den Paradigmenwechsel zur Armee XXI notwendig machten. Die Entwicklungsgeschichte vom «Bericht Brunner» über die Konzeptionsstudien bis hin zur Personalbörse für die neuen Brigaden und Lehrverbände prägten meine sechs Jahre als Divisionskommandant. Die gemachten Erfahrungen sollen in die neue Armee einfliessen.

Die Felddivision 6 verstand es immer meisterhaft, das Wissen und Können der Milizkader zu aktivieren. Deshalb darf die Zürcher Division für sich in Anspruch nehmen, nie geklagt zu haben, sondern zu argumentieren und zu lobbyieren. Immerhin hatten wir am eigenen Leib feststellen müssen, dass sich die notwendige Qualität nicht mehr im vollen Umfang erbringen liess. Sein und Schein klafften schliesslich auch in der Agonie des «Warschauer Paktes» stark auseinander.

Unter «Laborbedingungen» im taktischen Training und auf dem Führungssimulator lässt sich ein hohes Ausbildungsniveau etablieren. Im «Freilandversuch» der Wiederholungskurse dürfen wir uns aber bei aller Leistungsbereitschaft nichts vormachen: Der intensive Schulungsbedarf für neue

Systeme, der Zweijahresrhythmus, die sinkenden Bestände und auch die zunehmenden subsidiären Einsätze verunmöglichen es, ohne grundlegenden Wechsel den Sinkflug in der Ausbildungsqualität zu brechen.

Wenn ich auf diesem Hintergrund meine Kommandozeit bilanziere und Erkenntnisse für die neue Armee herleite, so gehe ich davon aus, dass die Armee XXI erst nach vier bis fünf Jahren in der Lage sein wird, ihre Altlasten grundlegend abzutragen und schliesslich eine vernünftige Verbandsausbildung zu gewährleisten. Auch der Erfolg der Armee XXI wird sich nach dem Empfinden des einzelnen Soldaten jeden Grades im Feld bemessen lassen.

Eine Erfolgsgeschichte weiter erzählen

Noch zu meiner Zeit als Regimentskommandant stand das Gefechtsexerzieren im Vordergrund. Wir waren überzeugt, mit einer beeindruckenden Kaskade an Befehlen und Regieanweisungen von allen Führungsebenen ein vorneweg berechnetes Resultat zu bekommen, das sich auswerten liesse. Nicht allein aus dieser Erkenntnis heraus entwickelten kreative Stabsoffiziere in den letzten Jahren der Division neue Trainingsansätze.
In den Volltruppenübungen «COMPLETO» und «FINALE» überprüften wir unsere Überzeugung, dass den Truppenkommandanten auf faire Art und Weise ermöglicht werden sollte, vor allem ihre Führungsaufgabe wahrzunehmen und mit der Truppe definierte Leistungen zeitgerecht zu erbringen. Als Divisionskommandant führte ich mit meinem Stab effektiv massgeschneiderte Kampfgruppen. Dabei lernten wir, unsere Leistung ohne Schiedsrichter selber zu kritisieren.
Diese Erfolgsgeschichte wollen wir weiter erzählen und in die nächste Armee hineintragen. Wenn sich das Verständnis durchsetzt, dass der jeweilige Chef – vom Zugführer bis hin zum Brigadekommandanten – seinen eigenen Verband trainiert, machen wir einen grossen Schritt in Richtung Glaubwürdigkeit. Ich habe nie einen Hehl aus meiner Überzeugung gemacht: Wer kämpfen kann, ist auch in der Lage, alle anderen Aufträge zu erfüllen.

Der kooperative Kleinstaat mit Verteidigungskompetenz

Der «Kleinstaat mit Chancen» darf sich heute und in Zukunft nicht mehr allein auf Verteidigung einstellen. Gemäss Bundesverfassung müssen wir uns auf die Kernaufgaben der drei Armeeaufträge konzentrieren können. Wenngleich Friedensförderung und subsidiäre Einsätze in naher Zukunft wahrscheinlicher sind als die Verteidigung, gilt es festzuhalten: Die Verteidigungsfähigkeit und nicht die subsidiären Einsätze sind die Legitimation für jede Armee. Nach 125 Jahren Geschichte ist es diese Erkenntnis der Zürcher Division, die in der neuen und der übernächsten Armee weiterleben wird.

«Sicherheit durch Kooperation» wurde zum politischen Schlüsselbegriff im sicherheitspolitischen Bericht 2000. Im Alltag der Truppe hiess Kooperation früher «Kampf der verbundenen Waffen». Auch im subsidiären Umfeld bezieht sie sich zuerst und mit Priorität auf die Zusammenarbeit mit den anderen sicherheitspolitischen Instrumenten der Schweiz. In dieser Zusammenarbeit ist die Armee gemeinsam mit der Aussenpolitik, dem Bevölkerungsschutz, der Wirtschaftspolitik, der wirtschaftlichen Landesversorgung, dem Staatsschutz und der Polizei Co-Produzentin für «Sicherheit».

Die veränderte Bedrohungslage und die rasant geschrumpften Geldmittel machen Kooperationen aber auch mit fremden Streitkräften und mit internationalen Organisationen notwendig. Neuartige Szenarien und modernste Militärtechnik erschweren es einem einzelnen Staat immer mehr, den Bedrohungen mit guten Erfolgschancen allein entgegen zu treten. Der Paradigmenwechsel liegt nicht in der Auflösung der Armeekorps und Felddivisionen, sondern in grundlegend veränderten Rahmenbedingungen. Die Kooperation wird zur Chance für den Kleinstaat und die Armee zu einem glaubwürdigen Instrument im Konzept der Sicherheitspolitik.

Berechenbarkeit wird zur Herausforderung der Zukunft

In den Diskussionen zur Armee XXI stand die Frage nach der autonomen Verteidigung immer wieder zur Debatte. Wie will eine Armee mit immer kleinerem Bestand und ständig schrumpfenden Geldmitteln den Verteidigungsauftrag wahrnehmen?
Grundsätzlich machen wir mit der neuen Armee einen weiteren Schritt hin zu besseren Strukturen und zu tragfähigen, wirtschaftlichen Proportionen zwischen Betriebs- und Investitionsausgaben.
Jedes Verteidigungsbudget steht in Relation zu anderen politischen Geschäften. Das Pendel schlägt zur Zeit der Armeereform in keiner Weise in Richtung einer langfristigen Investitionsperspektive. Die Politik muss sich trotzdem darüber klar sein, dass das Volk und seine Soldaten Anrecht auf eine moderne Armee haben. Die junge Generation hat das Recht, mit einer dem Zivilleben vergleichbaren Technologie ausgerüstet zu sein, damit der viel beschworene Wissenstransfer aus dem Zivilleben überhaupt stattfinden kann.
Damit das Vermächtnis der Felddivision 6 in der Armee XXI nachhaltige Wirkung entfalten kann, dürfen wir keine Lippenbekenntnisse akzeptieren. Es ist meine Überzeugung, dass sich der Erfolg aus drei Elementen zusammensetzt: Zuerst aus dem politischen Willen, dann aus ausreichenden finanziellen Mitteln für Betrieb und Investitionen. Das dritte Element ist schliesslich eine wieder höhere Akzeptanz von Kaderangehörigen der Armee in Wirtschaft und Gesellschaft.
Die Herausgabe der Divisionsgeschichte ist in diesem Gesamtkontext ein wichtiger Mosaikstein. Er dokumentiert das Selbstbewusstsein der Zürcher Division, für die neutrale, bewaffnete Landesverteidigung eingestanden zu sein. Die Soldaten der F Div 6 werden diese Philosophie auch in die zukünftigen Verbände der Armee XXI hineintragen. Ich wollte im Buch möglichst viele Bilder mit Emotionen und allen Autoren grosse Freiheit für ihre Beiträge lassen. Daher ist ein vielfältiges Werk entstanden – so vielfältig wie unsere Division selbst, unsere Armee und auch unser Land. Mögen unserer Schweiz Friede und Freiheit weiterhin unversehrt erhalten bleiben.

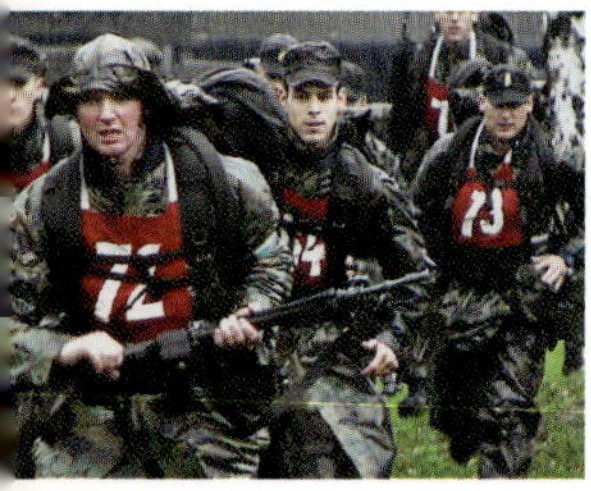
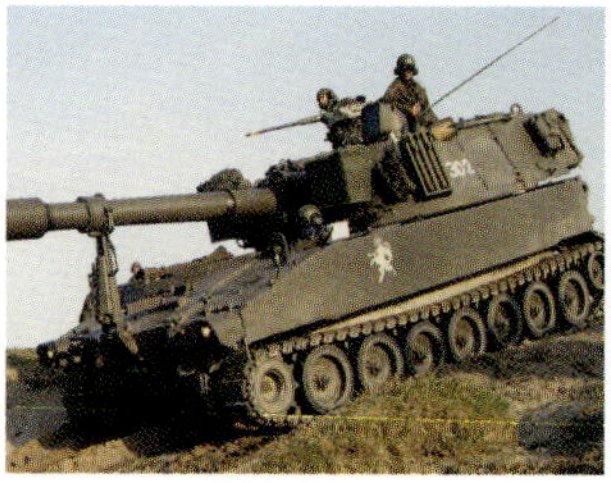
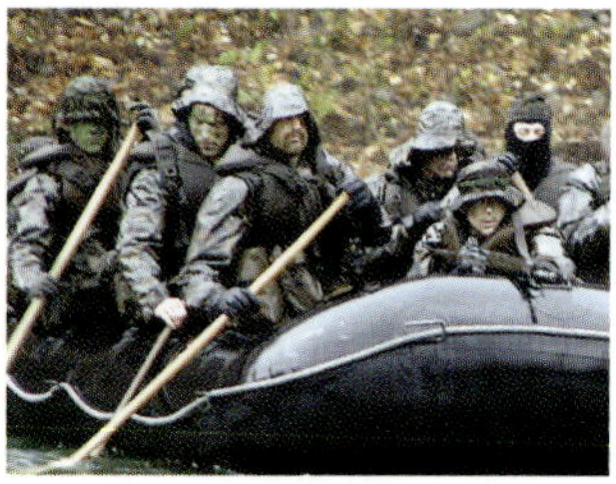
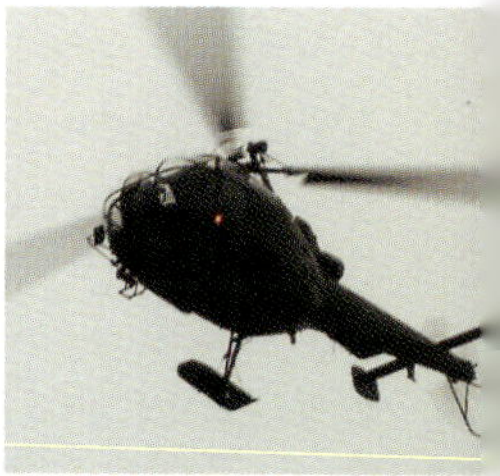

Die Geschichte der Felddivision 6 von 1992 bis 2003

Die Geschichte der Felddivision 6 von 1992 bis 2003

Hptm Christoph Ebnöther, Nof Stab F Div 6

Militärgeschichte wird heute in der modernen Geschichtswissenschaft als Teil der allgemeinen historischen Entwicklung eines Landes verstanden. Die politischen, ökonomischen, sozialen und kulturellen Veränderungen haben Rückwirkungen auf die sicherheitspolitischen Strukturen einer Nation. Das Wehrwesen seinerseits kann Politik, Wirtschaft, Gesellschaft und sogar Kunst prägen. Unter diesen Voraussetzungen muss auch die Geschichte unserer Division zwischen 1992 und 2003[1] vor dem Hintergrund der historischen Entwicklung der Schweiz und Europas betrachtet werden. Der vorliegende Artikel versucht, die Geschichte der F Div 6 überblicksmässig seit 1992 darzustellen. Es muss aber eine erste, unvollständige Annäherung bleiben, weil vorwiegend nur öffentlich zugängliche Quellen auf Divisionsstufe ausgewertet werden konnten. Dennoch konnten die Konturen der Divisionsgeschichte deutlich nachgezeichnet werden. Dies gilt besonders für die Periode von 1992 bis 1995/1997. Durch die Einführung des Zweijahresrhythmus der Wiederholungskurse ab Mitte der Neunzigerjahre trat auch eine deutliche Verlangsamung der Entwicklung der Felddivision 6 (F Div 6) ein. Dies macht es schwieriger, die Geschichte der Division zu schreiben, zumal sich in diesen Jahren neben den rein militärischen Rahmenbedingungen auch das gesellschaftliche, wirtschaftliche und soziale Umfeld der Division markant verändert und sich auf die Entwicklung der Armee ausgewirkt hat. Aus dieser Überlegung heraus weist der zweite Teil des Textes einen stärkeren chronikartigen Charakter auf als die Darstellung im ersten Teil.

Modernisierungsdruck zu Beginn der Neunzigerjahre

Die Geschichte der F Div 6 wurde in der ersten Hälfte der Neunzigerjahre durch eine Reihe von Faktoren wesentlich bestimmt. Zum einen waren diese Einflüsse Konsequenzen aus der ökonomischen und politischen Lage der Schweiz beim Übergang der Achtziger- in die Neunzigerjahre. Dazu zählte die kritische Stimmungslage der Bevölkerung gegenüber der Armee, die im Abstimmungskampf um die erste Armeeabschaffungsinitiative von 1989 zum Ausdruck gekommen war. Die damalige Atmosphäre hatte rasch Einfluss auf die Ausgestaltung des Dienstbetriebes, vor allem begann man in den militärischen Kursen einen zivileren Umgangston zu pflegen. Das Ende des Kalten Krieges und das damit wegfallende eindeutige Bedrohungsbild führte zudem zur Sinn-

---

[1] Für die Zeit vor 1992 vgl.: Robert Gubler, Felddivision 6: Von der Zürcher Miliz zur Felddivision, zweite Auflage, Zürich 2003. Ich danke besonders Hptm Kurt Ebnöther, ehemaliger Medienoffizier der F Div 6, der mir den Zugang zu seinem Privatarchiv, das wichtige Quellen zur Divisionsgeschichte enthält, ermöglicht hat. Ich möchte auch den Mitarbeitern auf dem Kommando F Div 6 für die Zusammenarbeit danken.
  Zur Illustration diente primär das Fotoarchiv der Divisionszeitung «Info F Div 6». Das Archiv wurde nicht zentral geführt, sondern die Bilder lagerten bei den einzelnen Fotografen. Aufgrund einer allgemeinen Rückrufaktion kam insbesondere das Bildarchiv von Christoph Kaminski wieder in den Besitz der Division. Es deckt allerdings nur die Jahre 1998 bis 2002 ab. Soweit nichts anderes vermerkt, stammen die Aufnahmen aus diesem Archiv.

frage der Schweizer Armee. Die sich verschlechternde wirtschaftliche Lage der Schweiz, vor allem der Bundesfinanzen, machte sich schliesslich auch in den Armeestrukturen bemerkbar. Zum anderen mussten in den Wiederholungskursen eine Reihe neuer Waffen, persönlicher Ausrüstungsgegenstände und neue Geräte eingeführt werden, deren Beschaffung noch im Kalten Krieg beschlossen worden war. Die Einführungen neuen Materials wurden durch die Debatten um das Reformprojekt «Armee 95» überlagert. Diese Armeereform war auch eine Anpassung der Einsatzkonzeption der Armee an die sich seit 1989/90 verändernde strategische Lage. Das Nebeneinander der alten Armeestrukturen aus dem Kalten Krieg und dem neuen Bedrohungsbild führte zu einem Druck auf die militärischen Führer, Neuerungen der Armee 95 im konzeptionellen Bereich bereits zu antizipieren. Das «Armeeleitbild 95», das 1992 erschien, ebnete den Weg dazu.

Neben diesen beiden Faktorengruppen wirkten sich auch ausserordentliche Ereignisse wie Umweltkatastrophen oder Einsätze im Zusammenhang mit der Betreuung von Asylsuchenden auf die Ausbildungs- und Einsatzprogramme der Einheiten aus. Nicht zuletzt prägten auch die persönlichen Ziele des Divisionskommandanten das konkrete Leben in der Division. Aus militärischer Sicht bildeten die Lehren, die man aus der Truppenübung «DREIZACK» von 1986 gezogen hatte, die Grundlage für zahlreiche Neuerungen, die dann in den Neunzigerjahren wirksam wurden. Der damalige Kdt der F Div 6, Divisionär Peter Näf (1986–1989), überarbeitete den Grundbefehl («Reglement 6») im Sinne der Erkenntnisse aus dem Manöver.[2] So wurde versucht, durch einen täglichen Unterricht die Führungs- und Ausbildungskompetenz der unteren Kader zu steigern, das

Der damalige Kdt F Div 6, Divisionär Peter Näf, mit Regierungsrat Hans Hofmann, Militärdirektor des Kantons Zürich, an der Fahnenübernahme des Pz Bat 23 in Kloten, WK 1987. (Bild: Privatarchiv Peter Näf)

---

2 Vgl. dazu den Bericht «Lehren aus der Truppenübung «DREIZACK»: Folgen für Einsatz und Ausbildung», den der ehemalige Kommandant der F Div 6, Divisionär Peter Näf, im Januar 2003 speziell für dieses Buch aus seiner Erinnerung verfasste. Eine Kopie dieses Berichts befindet sich im Archiv des Zürcher Artilleriekollegiums.

gefechtsmässige Verhalten der kleinen Gefechtseinheiten zu verbessern und eine «Kadi-Woche» im Wiederholungskurs durchzusetzen. Als unmittelbare Folge von «DREIZACK» überarbeitete der Divisionsstab auch das Grundkampfdispositiv der F Div 6, indem das Pz Bat 23 der Gz Br 6 unterstellt wurde und man das neue Flhf Rgt 4 als Alarmformation der Armee ins Dispositiv integrierte. Eine wichtige Konsequenz war ferner die Vereinfachung der Absprachen zwischen Infanterie, Panzertruppen und Artillerie durch die Ausscheidung von Bewegungsräumen für die mechanisierten Truppen. Auch die Umwandlung der «Jägerkurse» in «Aufklärungskurse» ab 1988 war auf «DREIZACK» zurückzuführen. Das Ziel war es, den in der Übung festgestellten «Aufklärungsnotstand» auf Stufe Einheit zu beheben.

Divisionskommandant Ulrico Hess (1989 – 1997)

Das neue Jahrzehnt startete für die F Div 6 mit einem neuen Kommandanten. Ulrico Hess hatte am 16. Oktober 1989 Divisionär Peter Näf in dessen Funktion abgelöst. Divisionär Ulrico Hess stellte sich an seinem ersten Divisionsrapport im Januar 1990 mit einer Rede vor, in der er ein Programm entwickelte, welches geeignet war, die F Div 6, trotz den nicht sehr günstigen und unsicheren Umständen, in die Zukunft zu führen.[3] Divisionär Ulrico Hess hatte darin die Absicht geäussert, das Klima in seiner Division zu verbessern, indem er die Ausbildungseffizienz merklich steigern wollte, um dadurch die viel kritisierten Leerläufe im militärischen Alltag zu reduzieren. Gleichzeitig sollte damit auch das vorgegebene Ausbildungsziel des «Kriegsgenügens» (DR 80) erreicht und mehr Zeit für kameradschaftliches Beisammensein gewonnen werden. Die Vorgesetzten sollten zudem im Umgang mit den Soldaten den richtigen Ton pflegen. Als weitere Neuerung sah er vor, die Kommunikation in der Befehlsgebung zu verbessern, um so sicherzustellen, dass die Unterstellten die Absicht des Vorgesetzten auch wirklich verstehen und diese danach umso motivierter umsetzen. Alle diese Massnahmen dienten dazu, die Glaubwürdigkeit und die Motivation innerhalb der Armee nach der Armeeabschaffungsinitiative wieder zu heben. Die im Zürcher Kongresshaus anwesenden Kader der F Div 6 quittierten die Rede ihres neuen Kommandanten denn auch mit einem starken Beifall, was – so bemerkte die Divisionszeitung – nicht allzu häufig vorkomme.[4]
In den folgenden Jahren setzte Divisionär Ulrico Hess dieses Programm durch gezielte Massnahmen konsequent um und rief dazu auf, vermehrt zu kontrollieren und ein «Controlling» durch-

3 «Mut zum Fordern – Mut zum Handeln», in: Information F Div 6 / Gz Br 6, 1/1990.
4 Ebd.

zuführen. So wurde in seiner Kommandozeit die Eigenverantwortung in der Ausbildung erhöht. Die Soldaten konnten ihre Ausbildungszeit selber einteilen und selbstständig an einem vorbereiteten Ausbildungsposten trainieren. Am Ende der Ausbildungsphase gab es einen Test, der bei erfolgreichem Bestehen ein früheres Abtreten, beim Nichterreichen der gesteckten Ziele aber Nacharbeit bedeuten konnte. Vermehrte Eigenverantwortung bei den Soldaten wurde auch durch die Einführung neuer Waffensysteme notwendig, da – wie beispielsweise beim Panzerjäger «Piranha» – die Soldaten systembedingt eigenständiger handeln mussten. «Leistungslohn statt Stundenlohn», lautete das entsprechende Motto. Zudem befahl Divisionär Ulrico Hess seinen Offizieren in seinem ersten Kommandojahr während den WK einen täglichen, mindestens zweistündigen Zugführerrapport im Felde durchzuführen, in dem die Ausbildungssequenzen gründlicher vorbereitet werden sollten. Während des Zugführerrapportes hatte die Mannschaft Zeit, den Parkdienst an den Waffen und Geräten sowie den Inneren Dienst selbstständig durchzuführen, oder es stand Sport auf dem Tagesbefehl. Diese Neuerungen wurden von allen Stufen positiv aufgenommen und zeitigten rasch die gewünschten Wirkungen. Die Vorverlegung des Kadervorkurses von Mittwoch bis Samstag (anstatt Donnerstag bis Sonntag) und der fahrtechnische Vorkurs für die Motorfahrer ab 1992 hatten ebenfalls eine verbesserte Ausbildung zum Ziel. Seit 1992 plante die Division zusätzlich professionell geführte Kommunikationskurse für Offiziere. Das Konzept des Kommunikationstrainings für Kommandanten wurde von der F Div 6 erarbeitet und 1993 von der Armee übernommen. Seit 1994 genossen auch die Feldweibel der Einheiten der F Div 6 eine zentrale, zweitägige Ausbildung, so genannte «Feldweibeltage» – ein Novum in der Schweizer Armee. Alle Anstrengungen des Divisionskommandanten waren darauf ausgerichtet, die Ausbildung im Sinne der Sache zu verbessern, auch wenn er sich dafür manchmal auf das glatte Parkett der Politik begeben musste. 1994 fasste er selbst sein Credo in folgende Worte: «Ich bin verantwortlich für eine glaubwürdige Ausbildung meiner Soldaten. Ich werde daher nicht aufhören, für dieses Anliegen ungeschminkt öffentlich einzutreten.»[5]

Der Kommandant der F Div 6 nahm mit seiner Ausbildungsmethodik bereits 1990/1991 bewusst einige geplante Neuerungen der Armee 95 vorweg.[6] Die Umsetzung der neuen Ausbildungsart

---

5 Rede des Divisionskommandanten anlässlich der Jahresmedienkonferenz 1994, Archiv Kurt Ebnöther.
6 «Nicht bis 1995 warten», in: Information F Div 6 / Gz Br 6, 4/1992.

gelang nicht bei allen unterstellten Verbänden auf Anhieb gut, doch der Divisionskommandant konnte jedes Jahr in den Jahrespressekonferenzen neue Fortschritte melden. Er beurteilte die Motivation der Soldaten in den Kursen seiner Division im Sinne der Leistungsbereitschaft und des Arbeitsklimas Ende 1991 als «gut bis sehr gut». Die «Wehrmotivation», das heisst die Einstellung zur Armee insgesamt, die nach seinen Angaben durch das politische, wirtschaftliche und soziale Umfeld stark geprägt würde, bereitete ihm hingegen nach wie vor Sorgen.[7] Im ähnlichen Sinne war die Beurteilung 1993: «Die Leute, die im WK waren, zeigten eine gute bis sehr gute Dienstmotivation. Sie sind absolut bereit, sich zu engagieren, wenn Umfeld und Chef stimmen. Man begegnet sich ungezwungener, natürlicher als früher – trotzdem aber mit Respekt.»[8]

Ausbildung

Bis in die Mitte des letzten Jahrzehnts stand in den Wiederholungskursen der Regimenter und selbstständigen Bataillone der F Div 6 die anspruchsvolle und zeitintensive Einführung von neuen Waffen und Geräten im Vordergrund. Diese Ausbildung beanspruchte Mannschaft und Kader in hohem Masse und führte zu weitgehend vorbestimmten WK-Programmen, die den Einheits-

Die Einführung des Stgw 90 war nur ein Teil der Erneuerung der persönlichen Ausrüstung.

7 «Junge Leute haben Mühe mit der Wehrmotivation», in: Information F Div 6 / Gz Br 6, 4/1991.
8 Rede des Divisionskommandanten anlässlich der Jahrespressekonferenz 1993, Archiv Kurt Ebnöther.

kommandanten nur mehr wenig Spielraum liessen, zumal auch noch kleinere und grössere Übungen der vorgesetzten Kommandostelle zu bestehen waren.[9] Entgegen dieser Tendenz versuchte Divisionär Ulrico Hess den Verantwortungsbereich der Kompanie- bzw. Batteriekommandanten auszubauen, indem er sie von vordienstlichen administrativen Aufgaben entlasten wollte und die Bataillons- und Abteilungskommandanten aufforderte, den «Kadis» weniger zu befehlen und ihnen dafür mehr Freiheiten zu geben. Das Ziel müsse klar sein, den Weg zum Ziel hingegen solle er frei wählen können.[10]

Das Gros der Regimenter und der selbstständigen Bataillone der F Div 6 wurde bis Mitte der Neunzigerjahre sowohl mit der neuen Handgranate (HG 85), dem neuen Sturmgewehr (Stgw 90), dem neuen Tarnanzug als auch mit dem neuen AC-Schutzmaterial[11] ausgerüstet. Lediglich das Sackmesser habe der Infanterist von heute materialmässig mit seinem Kameraden vor zehn Jahren gemeinsam, war der prägnante Kommentar des Divisionärs zum Wandel in der persönlichen Ausrüstung.[12] Die Truppe musste in einem Wiederholungskurs am neuen Material und an den neuen Waffen instruiert werden. Dies genügte jedoch nicht zur Beherrschung der Waffen. So war es notwendig, in den folgenden Dienstleistungen die Kenntnisse individuell zu vertiefen. Divisionär Ulrico Hess wiederholte deshalb mehr als einmal, dass nur der Drill von der Anlernstufe zur Anwendungsstufe führe, um es mit den Worten der militärischen Methodik auszudrücken. Aus diesem Grund scheute er sich auch nicht, nach einer detaillierten Analyse der Wiederholungskurse, dieselben Kursziele auch für den kommenden WK zu formulieren, um sowohl das Beherrschen der Waffe durch jeden Soldaten wie auch den Gefechtsdrill, d.h. die Automatismen in einem Verband sicherzustellen. Nachdem die Waffen bei der Truppe eingeführt worden waren, ging es in den Wiederholungskursen 1993 und 1994 vor allem darum, die taktischen Fähigkeiten der Verbände mit den bisher unbekannten Möglichkeiten der neuen Waffen im kleineren und grösseren Rahmen zu schulen. So bereitete etwa das Inf Rgt 28 Übungen im Bataillonsrahmen vor, um die Anwendung der Panzerfaust zu trainieren.[13]

---

9   So beklagte sich ein Kompaniekommandant: «Wenn als oberstes Ziel die Umrüstung auf neue Waffen ausgegeben wird, dann ist es nicht unbedingt angebracht, mehrere grossangelegte Übungen zu veranstalten, die wertvolle Zeit für die geforderte Grundausbildung in Anspruch nehmen. Einsätze in einem grösseren Verband sind zwar unbestritten wichtig, sie gehen aber zu Lasten der Ausbildungsqualität», vgl.: «Stgw 90: «E gäbigi Sach»», in: Information F Div 6 / Gz Br 6, 4 / 1994.
10 Rede des Divisionskommandanten anlässlich der Jahrespressekonferenz 1993, Archiv Kurt Ebnöther.
11 Das Inf Rgt 26 führte 1994 mit der neuen Schutzmaske einen Pilotversuch durch.
12 «Nur Sackmesser bleibt», in: Information F Div 6 / Gz Br 6, 4/1994.
13 «Aktive Verteidigung mit neuen Waffen», in: Information F Div 6 / Gz Br 6, 4/1994.

Die schwierige Ausbildungssituation in den Kompanien und Batterien wurde durch den Umstand gemildert, dass immer mehr Rekruten in die Einheiten kamen, die mit dem neuen Material bereits gut vertraut waren. Andererseits nahmen die Bestände wegen einer zunehmenden Zahl von Dispensationsgesuchen und weniger Neueinteilungen teilweise so massiv ab, dass Kompanien zusammengelegt werden mussten, um einen geordneten Ausbildungsbetrieb überhaupt zu gewährleisten. Das Füs Bat 63 beispielsweise zog die Soldaten zweier Kompanien zusammen, um eine Übung überhaupt durchführen zu können[14], das Inf Rgt 26 rückte in den Wiederholungskurs von 1994 mit nur knapp der Hälfte des Vollbestandes ein[15] und das Inf Rgt 28 im selben Jahr mit 60% der Wehrmänner. «Die bevorstehende Dienstleistung», so beschrieb der Kommandant des Füs Bat 66 die Herausforderung, die sich aus den Unterbeständen ergab, «wird äusserst anspruchsvoll sein. Wir sind dabei aufgefordert, möglichst alle Übungen mit dem Vollbestand durchzuführen. Dies wird eine ständige Umorganisation und Ergänzung von Truppenteilen erforderlich machen. Die Anforderungen bezüglich Flexibilität und Einsatz an jeden einzelnen Wehrmann werden hoch sein.»[16]

Infanterie, Fliegerabwehr und Genie

Bis 1993 waren auch alle Füsilier- und Grenadierkompanien der drei Infanterieregimenter der Division sowie das zur Ausbildung der F Div 6 zugewiesene Flhf Rgt 4 auf die neue Panzerfaust (PzF) umgeschult worden.[17] Diese moderne Einmannwaffe löste das alte Raketenrohr von 1958 als Panzerabwehrwaffe ab. Die Panzerfaust wurde wegen ihrer hohen Treffsicherheit, ihrer einfachen Bedienungsweise sowie den flexiblen Einsatzmöglichkeiten bei der Truppe schnell beliebt. Die Kommandanten setzten sie nicht nur in dem an Bedeutung zunehmenden Ortskampf ein, sondern auch zur Abwehr von einzeln angreifenden Panzern. Bereits zu Beginn der Neunziger-

14 «Nur den Angriff nicht verschlafen», in: Information F Div 6 / Gz Br 6, 2/1994.
15 «Pilotversuch mit der neuen Schutzmaske», in: Information F Div 6 / Gz Br 6, 2/1994.
16 «Füs Bat 66», in: Information F Div 6 / Gz Br 6, 3/1994.
17 «Endlich ein wirksamer Schutz zur Panzerabwehr», in: Information F Div 6 / Gz Br 6, 1/1993; «Rakrohr 58 ‹out›», in: Information F Div 6 / Gz Br 6, 4/1993.

jahre hatte die Infanterie gerade in dieser Hinsicht eine markante Änderung erfahren. Je eine alte Panzerabwehrkompanie pro Regiment wurde in einem einmonatigen Kurs auf den Panzerjäger «Piranha» mit der Panzerabwehrlenkwaffe «Tow 2» umgeschult und die Einheiten in Panzerjägerkompanien (Pzj Kp) umgetauft. Der «Piranha» hatte die noch auf einem Jeep montierten Panzerabwehrkanonen aus dem Jahr 1958 ersetzt. 1992 hatte bereits jedes Infanterieregiment je eine Schwere Minenwerferkompanie, die mit 12cm Minenwerfern ausgerüstet wurde, neu erhalten.[18] Zudem wurde der 6cm Werfer 87 eingeführt, der allerdings ausschliesslich als Gefechtsfeldbeleuchtung Verwendung fand.

Das Gesicht der Infanterie hatte sich mit dem Schweren Minenwerfer, aber insbesondere mit den Panzerjägern verändert. Die Infanterie wurde in erster Linie dazu befähigt, einen überraschend eingebrochenen, panzerstarken Gegner selbstständig und offensiv zurückzuschlagen. Diese neue Taktik musste sowohl von Truppen wie von Kadern erst einmal erlernt werden. Man übte den Einsatz der neuen Panzerjäger aber nicht nur in den Wiederholungskursen, sondern 36 Mann der Pzj Kp 28 trainierten im Jahr 1992 zusammen mit Angehörigen der 3. österreichischen Panzergrenadierbrigade auf dem nordwestlich von Wien gelegenen Truppenübungsplatz Allentsteig.[19] Zwei Jahre später absolvierten die beiden Pzj Kp des Inf Rgt 26 und des Inf Rgt 27 ihren WK in einem Ausbildungsbataillon ad hoc auf dem Waffenplatz Chamblon und in der Ostschweiz, um eine einheitliche Einsatzdoktrin der Panzer-

Die Beschaffung des Panzerjägers «Piranha» revolutionierte die Panzerabwehr der Division.

---

18 «Für starke Männer», in: Information F Div 6 / Gz Br 6, 3/1992.
19 «Bissiger Fisch im Auswärtsspiel», in: Information F Div 6 / Gz Br 6, 3/1992.

Übersetzaktion im Commando Kurs. Die Aufklärung bekam in den Neunzigerjahren einen höheren Stellenwert.

jäger auf Stufe Zug einzuüben. In diesem Ausbildungsbataillon, eine Innovation der F Div 6, wurde gleichzeitig die Einsatzdoktrin aufgrund der Erfahrungen in Österreich angepasst.[20]

Allerdings blieben für die Infanterieregimenter der F Div 6 auch Dienste nach klassischen Vorstellungen. So übte beispielsweise das Inf Rgt 27 1992 den Übergang über einen Fluss, um die letzten gegnerischen Truppen nach einem abgeschlagenen terrestrischen Angriff zu vertreiben.[21]

In den Infanterieregimentern wurden bereits im letzten WK vor der offiziellen Überführung der «Armee 61» in die Armee 95 einzelne Einheiten verabschiedet. Jeweils die dritten Kompanien der Füsilierbataillone wechselten im Rahmen der Armeereform auf Ende 1994 mit dem gesamten Personalbestand in andere Regimenter.[22] Der sich mit der Auflösung der Einheiten verbreitenden allgemeinen Unsicherheit, wohin es den einzelnen Wehrmann verschlagen werde, versuchte die Division im Herbst 1994 mit einer Informationsoffensive entgegenzuwirken. Jeder Wehrmann erhielt ein Schreiben, in dem ihm seine neue Funktion und seine neue Einteilung mitgeteilt wurden.

Der Divisionskommandant hatte während seiner Kommandozeit speziell im Bereich der Infanterie einige Neuerungen geschaffen. Als ehemaliger Grenadier führte Divisionär Ulrico Hess in der F Div 6 1991 den Commando Kurs als Nachfolger der Jägerkurse ein. Er hatte damit auf die gesteigerte Bedeutung der Aufklärung auf dem modernen Gefechtsfeld reagiert[23] und sich mit dem dreiwöchigen Basis-Ausbildungskurs in Isone ein Instrument geschaffen, um ausgewählte Infanteristen zu Nachrichtenbeschaffern im Feindgebiet auszubilden. Das Ziel war, pro Füsilierbataillon einen Aufklärungszug und pro Füsilierkompanie eine Aufklärungsgruppe neu zu bilden.[24] Divisionär Ulrico Hess verstärkte damit bewusst das Element der Aufklärung in seiner Division, denn die Aufkl Kp III/6, die direkt dem Divisionskommandanten unterstand, war ihm zu wenig.[25] Er nahm damit wiederum eine Entwicklung vorweg, die mit der Armee 95 die ganze Armee beeinflussen sollte. Allerdings konnte der Commando Kurs ab 1995 nur noch alle zwei Jahre durchgeführt werden, weil der Divisionskommandant es angesichts der sinkenden Bestände

---

20 «Den Panzerjägern auf den Zahn gefühlt», in: Information F Div 6 / Gz Br 6, 2/1994; vgl. dazu auch: «Panzerjäger-Ausbildungsbataillon ad hoc», in: ASMZ 10/1995.
21 «Gemeinsam gegen Hindernisse», in: Information F Div 6 / Gz Br 6, 1/1992.
22 «Wohin geht's denn im Jahr 1995?», in: Information F Div 6 / Gz Br 6 2/1994. Für eine Übersicht vgl. «Veränderungen in der F Div 6 mit der Armee 95», in: Information F Div 6 / Gz Br 6, 3/1994.
23 «Nicht bis 1995 warten», in: Information F Div 6 / Gz Br 6, 4/1992.
24 «Mit Optimismus an die Arbeit», in: Information F Div 6 / Gz Br 6, 1/1992.
25 «List, Geschick und Durchhaltevermögen», in: Information F Div 6 / Gz Br 6, 1/1993.

nicht mehr verantworten konnte, noch mehr Wehrmänner von den Einheiten abzuziehen.[26] Die Fliegerabwehr und die Infanterie erlebten in der ersten Hälfte der Neunzigerjahre die markantesten Aufrüstungen. 1993 bekamen je zwei Batterien der Mob L Flab Abt 6 und des Flhf Rgt 4 die mit einem Suchkopf ausgerüstete Fliegerabwehrlenkwaffe. Sie ergänzte die 1954 eingeführten 20-mm-Fliegerabwehrkanonen und bildete mit ihnen einen Waffenverbund.[27] Mit der neuen Waffe wurde die Fähigkeit der Division, sich im unteren Flughöhenbereich vor vorbeifliegenden Kampfflugzeugen und -helikoptern effizient zu schützen, stark erhöht, weil nun der gesamte Divisionsraum vor Luftangriffen geschützt war. Parallel zu dieser neuen Waffe bekam die Mob L Flab Abt 6 auch das neue Funkgerät SE-225, das wie ein Telefon sehr einfach in der Bedienung war und den raschen Meldefluss zwischen Luftbeobachtern und Stinger-Einheiten sicherstellte, obwohl sich die Geräte anfänglich noch nicht als allwettertauglich erwiesen.[28]

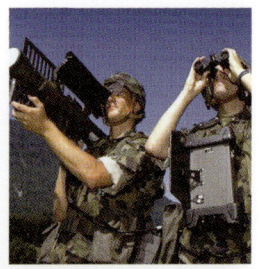

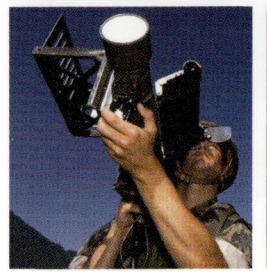

Mit der einfach zu bedienenden Fliegerabwehrwaffe «STINGER» konnte der gesamte Divisionsraum geschützt werden. (Bilder: Armeefotodienst)

Bis 1993 nahm das G Rgt 4 in seinen Wiederholungskursen gewohnte Aufgaben wahr, als es – wie in der Dienstleistung von 1993 – über verschiedene Flüsse Brücken bauen oder im Auftrag des FAK 4 militärische Bauarbeiten übernehmen musste.[29] Gleichzeitig kamen den Genietruppen vermehrt auch Aufträge zu, die dem «Armeeleitbild 95» entsprachen und in den Bereich der Katastrophenhilfe fielen. Im selben WK musste deshalb eine Einheit Baumstämme und anderes Treibgut aus dem Genfersee fischen, das nach heftigen Niederschlägen Hafenanlagen bedrohte und die Schifffahrt beeinträchtigte.[30] Das G Rgt 4 hatte schon 1990 in der Innerschweiz nach Stürmen Aufräumhilfe geleistet.[31] Auch wurde im WK 1993 das Mi Bat 74 des G Bat 4 aufgelöst, das aus Landwehrsoldaten bestand. Diese Heeresklasse sollte mit der Armee 95 aufgehoben werden.

---

26   Rede des Divisionskommandanten anlässlich der Jahresmedienkonferenz 1994, Archiv Kurt Ebnöther.
27   «Stinger sticht Flab Kan 54 nicht aus», in: Information F Div 6 / Gz Br 6, 2/1993.
28   «Das Funkgerät zur neuen Flab-Lenkwaffe», in: Information F Div 6 / Gz Br 6, 1/1994.
29   Wie das Flhf Rgt 4 gehörte das G Rgt 4 organisatorisch zum Feldarmeekorps 4, war jedoch der F Div 6 zur Ausbildung zugewiesen.
30   «Neue Herausforderungen für das G Rgt 4», in: Information F Div 6 / Gz Br 6, 4/1993.
31   Siehe auch das Kapitel «Hilfseinsätze».

Eine klassische Aufgabe der Genietruppen: der Brückenbau.

Panzerbataillone

Die F Div 6 verfügte über zwei Panzerbataillone. Das Pz Bat 6 und das Pz Bat 23 leisteten ihre Wiederholungskurse im gewohnten Rahmen und erfüllten ihre Kernaufgaben, nämlich Sperren, Offenhalten oder die Entscheidung im Kampf herbeiführen, zur Zufriedenheit des Divisionskommandanten. Insbesondere das Pz Bat 6 hatte in der Division eine besondere Stellung. Es war direkt dem Divisionskommandanten unterstellt, der damit das Kampfgeschehen hätte beeinflussen können.[32] Das Pz Bat 6 war auch dazu geeignet, ein Inf Rgt direkt zu unterstützen. Die Treffsicherheit der Panzer konnte insgesamt durch den Einbau eines neuen Feuerleitrechners auf 90% verbessert werden, weil es die Schussabgabe auch während der Fahrt erlaubte. Ab 1993 fand die Ausbildung aus finanziellen und ökologischen Überlegungen auf den Pz 68/88-Simulatoren in Thun statt. 1992 musste das Eidgenössische Militärdepartement (EMD) einen Beitrag zur Sanierung der Bundesfinanzen leisten und hatte den Auftrag, 90 Millionen Franken einzusparen.[33] Diese Massnahme hatte vor allem einen direkten Einfluss auf die Panzertruppen, weil die Kilometerleistungen um 20% reduziert werden mussten. Die Raupenfahrzeuge verschoben nun immer häufiger per Bahn und nicht mehr auf der Strasse.[34] Das Pz Bat 23 wurde 1989 und 1990 in zwei Kursen vom alten Centurion-Panzer auf den Pz 61 umgeschult, dies als Vorbereitung für die spätere Übernahme des Pz 68.[35]

32 «Feuer frei dank Wetterglück», in: Information F Div 6 / Gz Br 6, 3/1990.
33 «Panzer dürfen weniger fahren», in: Information F Div 6 / Gz Br 6, 4/1992.
34 «Aus dem verschlafenen Nest in die Zivilisation», in: Information F Div 6 / Gz Br 6, 4/1994.
35 Vgl. zur Geschichte des Panzerbataillons 23: Das Seepferdbataillon, 1949 – 1999, Egg 1999, S. 117 – 140.

Das Pz Bat 6 war das Mittel des Div Kdt, um Entscheidungen herbeizuführen.

Artillerie

Die anderen Waffengattungen bemühten sich in den ersten Wiederholungskursen der Neunzigerjahre, ihr Können mit den bereits bekannten Waffen und Geräten weiter zu verbessern. So beübte die Division das Art Rgt 6 1990 in gewohnter Manier, aber auf dem hohen technischen Niveau des Kalten Krieges. Die Soldaten mussten nämlich direkt nach der Mobilmachung die Übung «BARBAROSSA» bestehen und der erste scharfe Schuss fiel nicht einmal 24 Stunden nach dem Einrücken. Für die Sch Kan Abt 16 stand 1991 ein grosser Schritt auf dem Programm. Sie wurde 1991 als dritte von vier Abteilungen des Art Rgt 6 auf die selbstfahrende Panzerhaubitze M-109 umgeschult. Das Geschütz löste die noch aus dem Zweiten Weltkrieg stammende und ursprünglich von Pferden gezogene, Schwere Kanone, Baujahr 1936, ab. Alle Pz Hb Abt des Art Rgt 6 bekamen ab 1991 auch Kanistergeschosse zugeteilt. Es wurde jedoch weiterhin mit Stahlgranaten trainiert, da die Kanistergeschosse nur für den Kriegsfall eingelagert worden waren. Die neue Munition erlaubte es, erstmals auch Panzer mit der Artillerie zu bekämpfen. Damit war die Phase der Umrüstung der Artillerie der F Div 6 auf die Panzerhaubitzen, die Ende der Siebzigerjahre begonnen hatte, abgeschlossen. Die Artillerie hatte dadurch wesentlich an Reichweite und dank der Mechanisierung auch an Beweglichkeit gewonnen.

Die Wiederholungskurse der Pz Hb Abt 16, Pz Hb Abt 17 und Pz Hb Abt 63 wurden in der ersten Hälfte der Neunzigerjahre hauptsächlich mit der Absicht durchgeführt, die komplexen Abläufe des Gesamtsystems Artillerie, das sich seit den Siebzigerjahren kontinuierlich weiter entwickelt hatte, immer wieder drillmässig einzuüben. Damit wollte man dem artilleristischen Anspruch «mit der richtigen Munition zur richtigen Zeit am richtigen Ort» gerecht werden. 1993 wurde die Sch Kan Abt 46, die nicht mehr auf die neue Pz Hb umgerüstet worden war, mit einer Standartenrückgabe in Elgg aufgelöst. Die meisten Artilleristen aus dem «Sächsevierzgi» wurden 1994 auf die Panzerhaubitze umgeschult und in die Pz Hb Abt 36 umgeteilt, die direkt dem FAK 4 unterstellt war. Mit der Auflösung der Sch Kan Abt 46 machten sich auch hier bereits erste Vorläufer der Armee 95 bemerkbar.

Die Artillerie überzeugt durch ihre Feuerkraft, Einsatzbereitschaft und Präzision.

Übermittlung

Die Zukunft hatte bei der Uem Abt 6 bereits 1987 begonnen. Damals wurden neue Richtstrahlantennen, die die Qualität der Verbindungen verbesserten und vor allem das mühsame Codieren wegfallen liessen, eingeführt. Aufgabe der Uem Abt 6 war es, den Divisionskommandanten direkt und rasch mit den ihm unterstellten Kommandanten zu verbinden und so die Führung der Division auch über weite Distanzen hinweg jederzeit zu gewährleisten. Es zeigte sich, dass nicht nur bei den kombattanten Truppen, sondern auch bei den «Silbergrauen», die Initiative und Selbstverantwortung jedes einzelnen Soldaten mit der Technisierung laufend zunahmen. Die sich in den Neunzigerjahren rasant entwickelnde Fernmeldetechnologie machte die Einführung neuer Telekommunikationsgeräte auch in der Armee notwendig. Diese Tendenz wurde noch durch den Umstand verstärkt, dass die Bereiche der Führungsunterstützung in allen Armeen an Bedeutung gewannen. So wurde 1993 die Uem Abt 6 vom Bundesamt für Übermittlungstruppen dazu ausgewählt, das neue Integrierte Militärische Fernmeldesystem (IMFS) in einem Feldversuch zu testen. Das System hat die Fähigkeit, in einem Gitternetz von Verbindungen durch vollautomatische, intelligente Vermittlungsautomaten den schnellsten Kommunikationsweg zu suchen. Es markierte den Schritt vom handgestöpselten Vermittlungsapparat aus dem Jahr 1964 zur digitalen High-Tech-Anlage.

Neues Feindbild – neue Übungen

Mit dem Ende des Ost-West-Konfliktes fiel auch das mittlerweile vertraut gewordene Bild des aus Osten angreifenden Gegners, so wie er damals im berühmten Reglement «Streitkräfte Ost» beschrieben worden war, weg. Das Bedrohungsszenario eines konventionellen, terrestrischen Angriffs verschwand allerdings nicht so rasch aus den Köpfen der Militärs, wie die politische und strategische Wende gekommen war. Es prägte nach wie vor viele Übungen aller Waffengattungen, die entsprechend dem modernen Kriegsbild aber nun mobiler und flexibler angelegt wurden[36]. Die Vorstellungen eines modernen Kampfes wurden bei uns vor allem durch das Vorgehen der US-Streitkräfte im Golfkrieg von 1991 und später durch das Erinnerungsbuch von General Norman Schwarzkopf beeinflusst. Der Divisionskommandant sprach zu Beginn der Neunzigerjahre immer wieder davon, dass die militärische Bedrohung in Europa zwar abgenommen habe, aber das militärische Potenzial nach wie vor vorhanden sei.[37] Die wirtschaftlichen Probleme in der Sowjetunion beziehungsweise in den Nachfolgestaaten sowie in den ehemaligen Ostblockstaaten würden ebenso Gefahren in sich bergen. «Wer im heutigen Zeitpunkt behauptet, es bestehe in der Zukunft für die Schweiz keine militärische Bedrohung mehr, verschliesst die Augen vor der Wirklichkeit. So tun wir auch zukünftig gut daran, uns für den schlimmsten Fall mit einer angemessenen Verteidigungsbereitschaft zu wappnen», schrieb Divisio-

---

36 So trainierte das Füs Bat 67 in der Übung «HARUS» den Transport mit dem Transporthelikopter Superpuma. Das Bataillon schulte sich aber auch in der Bewachung eines Lagers von internierten Soldaten, die fliehen wollten, um weiter kämpfen zu können. Das Lager sollte in einer zweiten Phase der Übung von Kameraden befreit werden. «Die Übung war absolut realitätsnah», berichtete die Divisionszeitung über die Übungsanlage. Vgl. «‹HARUS› vom IKRK überwacht», in: Information F Div 6 / Gz Br 6, 2/1991; «Mit dem Puma ein Katzensprung», in: Information F Div 6 / Gz Br 6, 2/1991.

37 «Wo sind die 70 Prozent», in: Information F Div 6 / Gz Br 6, 4/1990.

när Ulrico Hess Ende 1992 in der Divisionszeitung.[38] 1993 führte er am Divisionsrapport auch mit Blick auf die so genannte Waffenplatzinitiative und die Volksabstimmung betreffend die F/A-18-Beschaffung aus, man müsse sich fragen, ob die Welt nach dem Zusammenbruch des Ostblocks sicherer und friedlicher geworden sei. Eine militärische Bedrohung sei zwar nicht unmittelbar greifbar, aber mittel- oder längerfristig nicht ausgeschlossen. «Wenn wir ehrlich sind, müssen wir doch heute nüchtern erkennen, dass sich die Lage in Europa nicht verbessert, sondern vielmehr verschlechtert hat. Vielleicht haben wir zu früh darüber gejubelt, dass die gigantische, hochgerüstete Militärmacht der ehemaligen Sowjetunion uns nicht mehr unmittelbar bedroht.»[39] Divisionär Ulrico Hess erkannte aber auch gleichzeitig die neuen Gefahren, welche auch im Zusammenhang mit dem «Armeeleitbild 95» diskutiert worden waren. An der Jahrespressekonferenz von 1993 stellte er, trotz einer von offenen Konflikten gekennzeichneten internationalen Sicherheitslage, andere Gefahrenpotenziale in den Vordergrund: «Für uns besteht die Gefahr trotzdem nicht in einem bewaffneten Konflikt, sondern in der Gewalt unterhalb der Kriegsschwelle: Organisiertes Verbrechen und Kriminalität. Dies ist alles verbunden mit dem Problem der Migration, das auch innenpolitisch in den nächsten Jahren unser Hauptproblem sein wird. Zudem besteht die Gefahr, dass Konflikte aus dem Ausland in unser Land übertragen werden. Es gilt das Undenkbare zu denken.»[40] Am Divisionsrapport von 1994 ergänzte Divisionär Ulrico Hess die Liste der Gefahren unterhalb der Kriegsschwelle durch Flüchtlingsströme, Auseinandersetzungen unter verfeindeten Ausländergruppen und durch Terroranschläge.[41] Der Divisionskommandant beauftragte aus diesen Überlegungen heraus seinen Divisionsstab 1993/1994, die neuen taktischen Lagen, also auch die weniger klassischen Bedrohungsformen, die aufgrund des «Armeeleitbildes 95» auch für die F Div 6 Realität werden könnten, zu analysieren. Die Stabsoffiziere erarbeiteten darauf Lösungsansätze und Konzepte, die zum Teil in neue Übungsanlagen für die Regimenter der Division einflossen. So übten 1994 das Inf Rgt 26 und das Inf Rgt 28 in der Volltruppenübung «COLMO» Bewachungen und subsidiäre Sicherungseinsätze zur Unterstützung der Polizei und die Führung in aussergewöhnlichen Lagen.[42]

38 «Nicht bis 1995 warten», in: Information F Div 6 / Gz Br 6, 4/1992.
39 «Alles tun für eine glaubwürdige Armee», in: Information F Div 6 / Gz Br 6, 1/1993.
40 Rede von Divisionär Ulrico Hess an der Jahresmedienkonferenz 1993, Archiv Kurt Ebnöther.
41 Medieninformation zum Divisionsrapport 1994 der Felddivision 6.
42 «Das Militär – Dein Freund und Helfer», in: Information F Div 6 / Gz Br 6, 2/1994.

Soldaten standen über einige Tage hinweg vor so genannten «sensitiven Objekten» wie Tanklagern, Telefonzentralen, SBB Stellwerken und Wasserversorgungsanlagen. Auch das Pz Bat 6 trainierte im selben Jahr die Bewachung von Objekten. Die Stäbe des Inf Rgt 27 und des Flhf Rgt 4 sowie des Art Rgt 6 mussten Einsatzbefehle für die Assistenzdienste erarbeiten, was zumindest für die Artilleristen einen unkonventionellen Auftrag darstellte. Dass jedoch auch angesichts kürzerer Ausbildungszeiten in der Armee 95 und der durch die Ausbildung an neuen Waffen und Geräten strapazierten Ausbildungsprogramme nicht alle subsidiären Einsätze möglich seien, stellte Divisionär Ulrico Hess 1994 klar, als er einen Einsatz der Armee in der Drogenszene in Zürich-Letten mit deutlichen Worten ablehnte.[43]

Hilfseinsätze

Truppen der F Div 6 leisteten im letzten Jahrzehnt des 20. Jahrhunderts auch Hilfseinsätze bei zivilen Katastrophen und stellten ihre «Manpower» für Grossanlässe zur Verfügung. Die Befehle für Einsätze zur Beseitigung von durch Naturkatastrophen verursachten Schäden kamen oft sehr kurzfristig und stellten das ganze WK-Programm auf den Kopf. Dieser Umstand wirkte sich mittelfristig zwar nachteilig auf den Ausbildungsstand, aber positiv auf die Motivation der Soldaten aus. Die F Div 6 hatte diese Art von Einsätzen zu Gunsten von zivilen Grossanlässen nie gesucht. Man wollte damit auch keinen Ersatz für einen nach dem Kalten Krieg «verloren gegangenen Feind» schaffen oder die Einsätze als bewusste Propagandaaktion des Militärs für eine neue Legitimation verstanden wissen, wie dies ein Leser der Divisionszeitung zur Diskussion stellte.[44] Eine Imageverbesserung der Armee wurde jedoch als Nebeneffekt begrüsst.[45]

43   Medieninformation zur Jahresmedienkonferenz vom 10. November 1994.
44   «Armee ist in einer unkomfortablen Lage», in: Information F Div 6 / Gz Br 6, 1/1991.
45   «Armee und zivile Einsätze», in: Information F Div 6 / Gz Br 6, 3/1993.

Subsidiärer Hilfseinsatz nach dem Sturm «Lothar».

Die nachfolgende exemplarische Zusammenstellung von grösseren Hilfseinsätzen der F Div 6 zwischen 1990 und 1994 in chronologischer Reihenfolge lässt erahnen, in welchem Mass sich die Armee engagiert hat:
- Rund 700 Angehörige des Inf Rgt 26 räumten in den Kantonen Glarus, Uri, Ob- und Nidwalden und Luzern im Frühjahr 1990 Sturmschäden in den Wäldern auf.
- Das G Rgt 4 leistete in derselben Region gleichzeitig Hilfe und engagierte sich zusätzlich bei der Beseitigung von Hochwasserschäden im Entlebuch.
- Wehrmänner aus dem Flhf Rgt 4 kamen 1990 bei der Bergung der Opfer und der Trümmerteile der am Stadlerberg abgestürzten Alitalia-Maschine zum Einsatz.
- Das Inf Rgt 27 leistete bei der zentralen Feier im Rahmen der Festivitäten «700 Jahre Eidgenossenschaft» seinen Beitrag. Nach Angaben von Divisionär Ulrico Hess sei es der Armee zu verdanken gewesen, dass auf dem Rütli ein eigentliches Chaos habe verhindert werden können.[46]
- Im Jubiläumsjahr 1991 leisteten viele weitere WK-Einheiten im Rahmen der offiziellen Feiern von Bund, Kantonen und Gemeinden unter dem Titel «CH 91» gemeinnützige Arbeiten in den Standortgemeinden.
- Das Pontonierbataillon der Division kam 1991 im Katastrophengebiet von Randa VS zum Einsatz.
- Angehörige der Str Pol Kp 6 regelten nach massiven Schneefällen in Luzern auf dem Bundesplatz den Verkehr, um ein Chaos zu vermeiden.
- 100 Mann aus dem G Rgt 4 halfen im Sommer 1992 Bergbauern in der Innerschweiz, Unwetterschäden zu beseitigen.

46 «In die Hosen, an die Arbeit», in: Information F Div 6 / Gz Br 6, 4/1991.

- Die San Kp 28 stellte 1993 die Infrastruktur für die Rollstuhl-Meisterschaften im Paraplegikerzentrum Nottwil bereit.
- Pontoniere des G Rgt 4 holten Ende 1993 nach einem Sturm Treibgut aus dem Genfersee.

Die Hoffnung von Divisionär Ulrico Hess aus dem Jahr 1991, dass nach zahlreichen Hilfseinsätzen nun wieder die Ausbildung im Zentrum stehen sollte und die Unterstützungsarbeiten der Vergangenheit angehörten, hatte sich also nicht erfüllt.[47] Das Problem verschärfte sich im Laufe der Neunzigerjahre und führte auch zu politischen Diskussionen über die Kernaufträge der Armee. Am Divisionsrapport von 1994 stellte der Divisionskommandant denn auch fest – nach den Erfahrungen der Überschwemmungskatastrophe von Brig, bei der Soldaten auch Geschäfte vor Plünderungen schützen mussten –, dass die Armee für einen zeitgemässen Ordnungsdienst weder ausgerüstet noch ausgebildet sei.[48] Zugleich forderte er jedoch auch, diesen Nachholbedarf aufzuholen: «Es wäre verantwortungslos, wenn wir aus ideologischen oder noch schlimmer aus politisch-opportunistischen Gründen darauf verzichteten, diese Lücke zu schliessen. Denn dies sind die wichtigsten Sicherheitsprobleme von heute und von morgen.»[49] Er sah es jedoch immer als unumgänglich an, sich angesichts der kürzeren Ausbildungszeiten und den sich über Jahre hinziehenden Umrüstungen auf die Hauptaufgabe der militärischen Ausbildung im engen Sinn zu konzentrieren: «Subsidiäre Assistenzdienste müssen in diesem Sinn (noch) als Nebenaufgabe oder Zusatzaufgabe meiner Felddivision bezeichnet werden.»[50]

Die «Armee 95»: vor allem eine neue Doktrin und ein Ausbildungsproblem

Die Einsatzkonzeption der Schweizer Armee basierte bis 1994 auf Vorstellungen, die im Wesentlichen im Kalten Krieg entwickelt worden waren.[51] Die «Konzeption 66» beinhaltete eine Doktrin

---

47 «In die Hosen, an die Arbeit», in: Information F Div 6 / Gz Br 6, 4/1991.
48 «Nur eine glaubwürdige Armee kann dazu beitragen, Vertrauen und Sicherheit zu schaffen», Medieninformation zum Divisionsrapport 1994.
49 Ebd.
50 «Gründliche Schwachstellenanalyse im WK als Mittel für zielgerichtete Ausbildung», Medieninformation anlässlich der Jahresmedienkonferenz 1994.
51 Vgl. zu den Ausführungen dieses Kapitels v.a.: Carlo Vincenz, «Neues, operatives Denken ist gefordert: Einstieg in die neue Doktrin der Schweizer Armee», in: ASMZ 4/1994, 7 – 11.

der Abwehr, die auf dem Primat des taktischen Denkens beruhte. Ein flächendeckendes Dispositiv, das sich am starken Gelände anlehnte, sollte den Eintrittspreis für einen Aggressor in die Höhe treiben, weil der Gegner bei einem Angriff abgenützt würde. Die Armeekorps hatten den Auftrag, in einer Kombination von Verteidigung und Angriff, einen angreifenden Gegner zu schlagen. Mit dem Zusammenbruch des Ostblocks und damit auch mit dem Auseinanderfallen des «Warschauer-Paktes» Ende der Achtziger- und zu Beginn der Neunzigerjahre war auch aus militärischer Sicht eine Reform der Doktrin notwendig geworden. Der Bundesrat gab die Leitplanken für das Projekt «Armee 95» vor: Der Bestand sollte durch die Senkung des Wehrpflichtalters um einen Drittel auf 400 000 Mann reduziert werden und die Armee hatte sich anstatt auf die bipolare Bedrohung des Kalten Krieges auf eine multipolare Palette von Risiken und Gefahren auszurichten. Der «Sicherheitspolitische Bericht 90» und das 1992 daraus abgeleitete «Armeeleitbild 95» bildeten dazu die entscheidenden Dokumente. Sie gliederten den Armeeauftrag nun dreiteilig: Die Armee musste ihren Beitrag zur Friedensförderung leisten, sie trug zur Kriegsverhinderung bzw. Verteidigung der Schweiz und ihrer Bevölkerung bei und übernahm Aufgaben zur allgemeinen Existenzsicherung. Damit war der Verteidigungsauftrag nicht mehr der alleinige Auftrag der Armee, aber immer noch der wichtigste. Die neue Doktrin brachte vor allem auf der strategischen und operativen Stufe (Bundesrat, Parlament, Armee und Armeekorps) grosse Veränderungen mit sich, während für die obere taktische und die taktische Stufe, das heisst für die Divisionen, Regimenter, Bataillone/Abteilungen und Kompanien/Batterien, nur einige Neuerungen ins Haus standen. Für den Zug, die Gruppe oder den einzelnen Wehrmann änderte sich in der konkreten Arbeit hingegen praktisch nichts.

Diese Grundsätze waren schon früh bekannt, so dass Divisionär Ulrico Hess bereits am Jahresrapport 1991 über die Auswirkungen der Armeereform auf die F Div 6 festhielt: «Die zentrale Aufgabe der Armee wird die Kriegsverhinderung durch Verteidigung bleiben. Und das heisst, dass die Armee nicht neu erfunden wird. Gerade auf Stufe Division wird das militärische Handwerk weiterhin so betrieben und geübt werden müssen wie bisher. Ich möchte keine falschen Erwartungen wecken. Es wird keine völlig neue Armee geben, sondern eine kleinere, modernere, stark an heutige Gegebenheiten angepasste».[52] Das Ziel der Armeereform sei eine Erhöhung der Flexibilität, damit sie je nach Lage die eine oder andere Aufgabe schwergewichtig erfüllen könne. In Bezug auf die zeitliche Beanspruchung enthielt die Armeereform allerdings auch für die Offiziere und Soldaten deutliche Neuerungen: Die Wiederholungskurse sollten nur noch alle zwei Jahre stattfinden. In den Zwischenjahren waren so genannte Technisch Taktische Kurse (TTK) für sämtliche Offiziere vorgesehen, in denen sie unter Leitung der Division weiter ausgebildet werden sollten.

Der Divisionskommandant sah kurz nach dem Bekanntwerden der Reformen zu Beginn der Neunzigerjahre aber auch die Probleme, die mit dieser Armeereform auf seine Division zukommen würden.[53] Die Wiederholungskurse würden intensiver werden und deshalb müsse die Ausbildungseffizienz und -infrastruktur weiter verbessert werden. Da der Bund die Zahl der Instruktoren zunächst nicht um die geforderten 200 Stellen erhöhte, griff die F Div 6 1994 zur «Selbsthilfe» und erarbeitete ein Konzept für die Übergangszeit, um die Ausbildung auch unter den sich ändernden Umständen sicherstellen zu können. Sie richtete eine divisionsinterne Ausbildungsstruktur in Form eines Ausbildungsstabes mit einem nebenamtlichen «Chef Ausbildung» und einem Pool von «Hilfsinstruktoren» ein. Diese «Hilfsinstruktoren» waren Milizoffiziere, die in den Rekrutenschulen und im Infanterie-Ausbildungszentrum (IAZ) Walenstadt fachtechnisch auf den neusten Stand gebracht worden waren, um sie danach in den Kadervorkursen als Lehrer für die Milizkader einzusetzen. Die Sorge von Divisionär Ulrico Hess um seine Instruktoren führte ab 1991 jährlich auch zu speziellen Tagungen für die Berufsoffiziere seiner Division, um die Kameradschaft zu pflegen.[54]

[52] «Es wird keine völlig neue Armee geben», in: Information F Div 6 / Gz Br 6, 1/1991.
[53] So z.B. in der Rede anlässlich der Jahrespressekonferenz 1993, Archiv Kurt Ebnöther. Dort verwies Divisionär Ulrico Hess auch darauf, dass er schon ein Jahr zuvor auf das Instruktorenproblem aufmerksam gemacht habe.
[54] «Instruktorentag der F Div 6 – eine nachahmenswerte Idee», in: ASMZ 2/1991; vgl. auch: Medieninformation zum Instruktorentag 1996 vom 8. März 1996.

Die Reduktion des Bestandes der F Div 6 von 25 000 Mann auf 19 000 Mann hatte auch Auswirkungen auf andere Projekte der Division. Die Weiterführung des beliebten freiwilligen Sommer-Gebirgsausbildungs-Kurses und des Skipatrouillenführer-Kurses waren in Frage gestellt.

Auswirkungen der Armeereform von 1995 auf die Ordre de Bataille der F Div 6[55]

Der Übergang von der «Armee 61» zur Armee 95 brachte für die F Div 6 keine grundlegenden Änderungen in ihrer Ordre de Bataille. Lediglich die Sch Kan Abt 46 wurde aufgelöst. Dieser Schritt war jedoch schon 1993 vollzogen worden. Bei der Artillerie wurden mit der Einführung der Armee 95 auch keine Nachrichtensoldaten mehr ausgebildet. In den Regimentern und Bataillonen/Abteilungen kam es dagegen zu einigen wesentlichen Verschiebungen.

Im Div Stabsbat 6 wurde eine Stabskompanie aufgelöst und die Strassenpolizei mit der motorisierten Transportkompanie auf Stufe Feldarmeekorps mit den entsprechenden Einheiten neu zusammengefasst. Aus der bisherigen Sanitätskompanie der Division und neuen Elementen aus den Infanterieregimentern wurde die San Kp III/6 neu gebildet. Die Aufklärer auf Divisionsstufe bekamen eine neue Nummer (Aufkl Kp I/6). In der Führungsunterstützung des Divisionsstabes überführte man die Telegrafenkompanie in die Richtstrahlkompanie der Uem Abt 6.
Die Infanterie hatte mit der Armee 95 die grössten Rochaden zu bewältigen: Im Sanitätsbereich wurden in den Infanteriebataillonen (Inf Bat 26, Inf Bat 27 und Inf Bat 28) Teile der jeweiligen Sanitätskompanie zu einer Sanitätskompanie (San Kp III/6) auf Divisionsstufe zusammengefasst.

---

55 Vgl. hierzu: «Veränderungen in der F Div 6 mit der Armee 95», in: Information F Div 6 / Gz Br 6, 3/1994 sowie OB Armee 95.

In den Regimentern verblieb jeweils ein Sanitätszug, der neu in der Stabskompanie des jeweiligen Regiments zu finden war. Die Nachrichtenkompanien der drei Inf Rgt wurden mit Elementen aus den aufgelösten Verbänden der Grenzbrigade 6 verstärkt, ebenso die Grenadierkompanien. Auch die Füs Bat der Inf Rgt konnten durch Wehrmänner der 1994 aufgelösten Gz Br 6 alimentiert werden. Sie mussten jedoch jeweils ihre dritte Kompanie abgeben. Diese Soldaten wurden im Regelfall in den neuen Territorialdivisionen zur neuen Kategorie der Territorialfüsiliere umgeschult, wo sie neu vermehrt Sicherungsaufgaben übernehmen mussten. An die Stelle des «frei werdenden Platzes» der dritten Füsilierkompanie eines Füs Bat «rutschte» nun die vormalige PAL-Kompanie V, die zeitgleich in PAL-Kompanie III umbenannt wurde. Auch diese Einheiten waren zuvor mit Soldaten ergänzt worden, gleich wie die Schwere Füsilierkompanie IV. Insgesamt verlor jedes Füs Bat also eine Kompanie Füsiliere an die Territorialinfanterie. Es wurde jedoch dafür mit Personal aus den mit der Armeereform aufgelösten Einheiten der Grenzbrigaden solchermassen ergänzt, dass die Bestandeszahlen wieder anstiegen.

Der Wandel in den Panzerbataillonen wirkte sich vorerst noch nicht auf ihre Zusammensetzung aus. Das Pz Bat 6 blieb unverändert bestehen und im Pz Bat 23 entstand aus der Sch Mw Kp 25 die Pz Mw Kp V/23. Die grösste Veränderung bei der Fliegerabwehr war die Umbenennung von der Mob L Flab Abt 6 zur L Flab Lwf Abt 6. Die Mob L Flab Bttr V/6 wurde im Rahmen der Armeereform aufgelöst. Das G Bat 6 musste Elemente in die G Stabskp 6 auf Armeestufe abgeben und aus Teilen der Ger Kp 4 und der G Kp 6 entstand die neue G Tech Kp 6. Grosse Veränderungen zeichneten sich auch beim Flhf Rgt 4 ab. Es erfuhr sowohl personell wie auch materiell eine wesentliche Steigerung der Kampfkraft. Das Flhf Rgt 4 bekam zusätzlich 950 Mann und umfasste nun fünf Bataillone. Der Alarmverband war direkt dem Armeekommando unterstellt, zur Ausbildung aber der F Div 6 zugewiesen. Die drei Bataillone des Flhf Rgt 4 verfügten über Füsiliere, Minenwerfer und Panzergrenadiere, das Stabsbataillon zusätzlich über eine Panzerjägerkompanie. Die Kampfformationen wurden durch eine L Flab Lwf Abt ergänzt. Auch im Bezug auf seinen Auftrag machte das Flhf Rgt 4 einen Wandel durch: Wurde es 1987 vor allem gegründet, um eine strategische Luftlandung auf den Flughäfen Kloten und Dübendorf zu verhindern, kam mit der Armee 95 eine verstärkte Ausrichtung auf Einsätze im Bereich Existenzsicherung hinzu.[56]

Die Änderungen in der F Div 6 im Zuge der Armeereform bestanden also aus vielen kleineren und grösseren Verschiebungen, welche die Zahl der «Angehörigen der Armee» (AdA) – wie die Wehrmänner nun neu etwas bürokratisch bezeichnet wurden – in der Division verringerten bzw. die Sollbestände in den verbleibenden Einheiten garantierten. Somit war eine Forderung des damaligen Chefs EMD, Bundesrat Kaspar Villiger, dass die neue Armee schlanker werden sollte,

---

56 «Flhf Rgt 4: Alarmverband der ersten Stunde», in: Info F Div 6, 2/2002.

auch in der F Div 6 erfüllt. Ihr Bestand sank um 24 Prozent. Die zweite Forderung, nämlich eine Verstärkung der Muskeln, d.h. die Erhöhung der Schlag- und Feuerkraft, war ein Prozess, der schon seit einigen Jahren im Gang und mit der Armee 95 noch nicht abgeschlossen war. Alle neuen Waffen und Geräte, die in der ersten Hälfte der Neunzigerjahre eingeführt worden waren, dienten der Verstärkung der Wirkung, und viele Reorganisationsmassnahmen in der Armeereform waren auf diese Umrüstungen zurückzuführen. Panzerfaust, «Piranhas», neue Telefone und Funkgeräte und bald auch die kampfwertgesteigerte Panzerhaubitze mussten nun «lediglich» anhand der neuen Doktrin der dynamischen Raumverteidigung richtig eingesetzt werden. Dies war eines der bestimmenden Übungsthemata in der zweiten Hälfte der Neunzigerjahre und zu Beginn des 21. Jahrhunderts.

Die Umsetzung der Armee 95 in der F Div 6

In der Armee 95 bekam die F Div 6 keinen neuen Auftrag. «Sie wird, wie bisher, ihren Verteidigungsauftrag zu erfüllen haben», erklärte Divisionär Ulrico Hess seinen Wehrmännern in einem Leitartikel der Divisionszeitung. «In unserer Division geht es also auch in Zukunft darum, auf allen Stufen das Gefecht zu schulen, um im schlimmsten Fall unser Gebiet verteidigen zu können. Im Klartext: Für uns in der F Div 6, vom Div Kdt bis zum Soldaten, ändert die Armee 95 am Auftrag und damit am Ziel der Ausbildung wenig.»[57] Freilich änderte sich die Art, wie man den Auftrag mit der Einsatzdoktrin der dynamischen Raumverteidigung erfüllen sollte, deutlich, weil sie auf allen Stufen Flexibilität verlangte. Grundsätzlich war jedoch die Durchführung der Armeereform in der F Div 6 ein Ausbildungsproblem und stellte für die Führung der Division eine Herausforderung in der Organisation dar.
Die Zielsetzungen des Divisionskommandanten für die neuen TTK und die FDT (Fortbildungsdienste der Truppe, so hiessen die Wiederholungskurse nun offiziell; die Abkürzung «WK» lebt jedoch im militärischen Wortschatz weiter) waren aus diesem Grund ähnlich wie vor der Armeereform. Wiederum musste bei der Truppe neues Material eingeführt werden. Es galt, das komplette neue AC-Schutzmaterial (Schutzmaske und C-Schutzanzug) beim Art Rgt 6, dem Pz Bat und dem Inf Rgt 27, bzw. beim G Bat 6, der Uem Abt 6 und dem Div Stabsbat 6 aus finanziellen Gründen

---

57 «Armee 95: Packen wir es an!», in: Information F Div 6 / Gz Br 6, 4/1994.

nur die neue Schutzmaske, den AdA abzugeben und sie zu instruieren. Das Inf Rgt 26 war im Rahmen eines Pilotversuches bereits 1994 umgerüstet worden. Das neue Sturmgewehr, das Wärmebildgerät für die Aufklärer und der Laserentfernungsmesser für die Minenwerferkompanien standen 1995 auf dem Ausbildungsprogramm des Inf Rgt 26 und des Inf Rgt 27. Es musste wiederum Neues gelernt und erst kürzlich Eingeführtes in drei Wochen drillmässig vertieft werden, damit es zu Automatismen an Waffen und Geräten und zu einem Gefechtsautomatismus im Einsatz der Verbände kommen konnte. Genau hier ortete der Divisionskommandant eines der grössten Probleme der Umsetzung der Armeereform: «Die Umrüstungen und die Umschulungen brauchen Zeit. Das ist die Kehrseite der an sich nötigen und für die Armeeangehörigen attraktiven Modernisierung. Mit dem Zweijahresrhythmus brauchen wir jetzt noch länger, bis die Umschulung wirklich abgeschlossen ist. Die Frage ist, wie viele Neuerungen und welchen Erneuerungs-

Die Einführung des Wärmebildgerätes erlaubte es nun, auch nachts effektiver zu kämpfen. (Bild: Christian Protz)

rhythmus unser Ausbildungssystem erträgt. Hinzu kommt, dass mit der Verkürzung der Rekrutenschule die ganze Verbandsausbildung in die Wiederholungskurse verlegt wird. Die Ausbildung wird zum Prüfstein der Armee 95.»[58] Divisionär Ulrico Hess setzte angesichts dieser Herausforderungen an die WK-Verbände als Lösungsansatz des Problems ein erneutes Schwergewicht auf die Ausbildungsführung. Er verlangte von seinen Offizieren ein konsequentes Controlling ab Beginn der Ausbildung, um Lücken bereits frühzeitig zu erkennen und allenfalls noch im selben Dienst zu beheben. Am Ende jedes WK musste jeder Verband der Division eine detaillierte Schwachstellenanalyse abgeben. Gestützt auf diese Auswertung der Ausbildung sollten die Schwerpunkte für die nächsten Wiederholungskurse festgelegt werden.

Im Divisionsstab brachte die Armee 95 auch einige Veränderungen mit sich. Es wurde erstmals eine Funktion des Divisionskommandanten Stellvertreters geschaffen. In der F Div 6 übernahm Brigadier Peter Arbenz als erster diese Funktion. Entsprechend der durch den Zweijahresrhythmus der WK gestiegenen Bedeutung der Ausbildung, bekam der Divisionsstab die neuen Funktionen eines Chefs Ausbildung. Das Controlling dieses Ausbildungsstabes legte Divisionär Ulrico Hess in die Hände eines Fachmanns.[59] Der Divisionsstab beschäftigte sich nach der Einführung des Konzeptes Armee 95 einerseits verstärkt mit den klassischen militärischen Bedrohungsformen im veränderten internationalen Umfeld und andererseits mit den an Bedeutung zunehmenden Gefahren unterhalb der Kriegsschwelle, so wie sie im «Armeeleitbild 95» bereits seit 1992 beschrieben worden waren. Divisionär Ulrico Hess ging davon aus, dass diese Gefahren auch für die F Div 6 Realität werden könnten.[60] Er wurde auch von politischer Seite her in seiner Sichtweise unterstützt. Der Militärdirektor des Kantons Zürich, Regierungsrat Ernst Homberger, ging am Divisionsrapport 1995 in seiner Ansprache auch auf mögliche

58 Rede des Divisionskommandanten anlässlich der Jahresmedienkonferenz 1994, Archiv Kurt Ebnöther.
59 Ebd.
60 Ebd.

neue Einsatzarten ein. Er sei überzeugt, dass «der Assistenzdienst keine Worthülse bleiben wird».[61] Der Verteidigungsauftrag blieb für Divisionär Ulrico Hess jedoch die Hauptaufgabe seiner Division. 1995 sah er in einer Analyse des aussenpolitischen Umfeldes das «Worst case»-Szenario, das der Bundesrat 1990 im «Sicherheitspolitischen Bericht 90» vorausgesehen hatte, als damalige Realität an. Europa sehe sich mit ethnischen, sozialen, wirtschaftlichen und sicherheitspolitischen Instabilitäten konfrontiert. «Dieses heutige Umfeld mahnt zur Wachsamkeit. Es wäre sträflich, unsere Verteidigungsanstrengungen zu vernachlässigen, um dann, im Krisenfall, kein wirksames Instrument mehr zu haben, um unser Geschick selber zu bestimmen.»[62]

Der Divisionsstab erarbeitete in der Armee 95 sowohl für den Hauptauftrag der Verteidigung wie auch für die «sekundären Zusatzaufgaben»[63] im Bereich der Existenzsicherung in Form von Assistenzdiensten Übungen für die unterstellten Verbände.

Die Wiederholungskurse nach der Armeereform von 1995

Bis im April 1995 fanden allerdings auch in der F Div 6 keine Wiederholungskurse statt, weil sich das EMD und insbesondere die Zeughäuser materiell auf die Umstellungen vorbereiten mussten.

Die erste gross angelegte Übung in der Armee 95 absolvierte 1995 das Inf Rgt 27. Unter dem Decknamen «SCIROCCO» stand, neben der Zusammenarbeit zwischen dem G Bat 6 und der Infanterie mit drei Flussquerungen, auch eine Problematik des subsidiären Einsatzes auf dem Plan. In der Übung ging es der Division vor allem darum zu überprüfen, inwiefern ein Regimentsverband eine Eisenbahnstrecke überhaupt bewachen und sichern kann. Den aktuellen Hintergrund von «SCIROCCO» bildeten die Anschläge auf französische TGV-

---

61 «Die Felddivision 6 packt die Herausforderung «Armee 95» engagiert an», Medieninformation zum Divisionsrapport 1995.
62 Ebd.
63 Ebd.

Die Einführung vieler neuer Waffen bei der Infanterie führte dazu, dass das Zusammenspiel der Waffen immer wieder neu eingeübt werden musste. (Bild: Matthias Meier)

Züge und die mit Demonstrationen begleiteten Castor-Transporte in Deutschland aus demselben Jahr.[64] Auf der Bahnstrecke Etzwilen – Winterthur trainierte die Grenadierkompanie des Inf Rgt 27 die Sicherung des Zuges, nachdem er auf offener Strecke hatte anhalten müssen, während die Infanteristen heikle Gleisabschnitte, Bahnhöfe oder Trafostationen bewachen mussten. Divisionär Ulrico Hess stellte klar, dass Truppen der F Div 6 zwar jederzeit für solche Art von Einsätzen abkommandiert werden könnten, dass er aber solche Assistenzdiensteinsätze nur als Nebenaufgabe verstehe. Dennoch müssten sie nicht nur in Stabsübungen theoretisch geplant, sondern auch mit Truppen geübt werden.[65] Dies war dem Inf Rgt 27 mit der Übung «SCIROCCO» ermöglicht worden, während das Inf Rgt 26 die Thematik des Assistenzdiensteinsatzes in der Stabsübung «FLEXIL» bearbeiten musste. Die Volltruppenübung «SCIROCCO» wurde im Nachhinein auch als ein wohltuender Gegensatz zu den Übungen an den Computer-Simulatoren empfunden, weil das «Aha-Erlebnis» der Truppe nicht durch einen Rechner zu ersetzen sei.[66] Das Inf Rgt 27 wurde im gleichen WK auch durch eine Delegation der «Organisation für Sicherheit und Zusammenarbeit in Europa» (OSZE) überprüft.[67]

Den klassischen Verteidigungsfall in der Form einer Abwehr eines Panzerangriffs durch ein Füsilierbataillon übte hingegen das Füs Bat 63. Es hatte 1995 zum ersten Mal einen Auftrag in der neuen Zusammensetzung auszuführen. Das Füs Bat 63 und alle andern Füs Bat der F Div 6

64 «Auf Aktualität reagiert», in: Info F Div 6, 2/1995.
65 Rede des Divisionskommandanten anlässlich der Jahresmedienkonferenz 1995, Archiv Kurt Ebnöther.
66 «Positive Erfahrungen mit Armee 95», in: Info F Div 6, 1/1996.
67 «OSZE überprüft Truppe im Wiederholungskurs», in: ASMZ 11/1995.

setzten sich nur noch aus zwei (früher drei) Füsilierkompanien, einer Panzerabwehrlenkwaffenkompanie (PAL Kp) und einer Schweren Füsilierkompanie (Sch Füs Kp) zusammen. Die Zusammenarbeit zwischen Füsilieren mit dem neuen Sturmgewehr und den neuen Panzerfäusten, den Panzerabwehrlenkwaffen-Soldaten und den 8,1cm Minenwerfern musste auf Bataillonsstufe erst einmal trainiert werden, was auch, mit Ausnahme der Tarnung gegen Luftaufklärung, funktionierte.[68] Im Hinblick auf eine mobilere Infanterie, wie sie in der Armee 95 gefordert wurde, ersetzte zudem der geländegängige Puch den alten «Haflinger». Das Füs Bat 107 war 1995 der erste Verband, der auf das neue Fahrzeug umgeschult worden war.[69]

Das Art Rgt 6 leistete 1995 auch einen WK und übte vor allem das Artilleristische und bemühte sich ganz im Sinne des Divisionskommandanten, eine ziel- und leistungsorientierte Ausbildung anzubieten. «Jede Übung muss ein Challenge sein, vergleichbar mit einem sportlichen Wettkampf», äusserte sich der Regimentskommandant gegenüber der Divisionszeitung.[70]

Die Armeereform brachte auf Stufe Division mit einer neuen Führungsorganisation auch einige Neuerungen mit sich. Zwar waren diese auf dem geduldigen Papier vorläufig festgehalten worden, ob sie sich in der Praxis aber so bewähren würden, stand auf einem anderen Blatt. Die Übung «CONTURA» diente deshalb dem Div Stabsbat 6 und der Uem Abt 6, den Verbänden, welche dem Divisionsstab die zur Führung notwendige Infrastruktur zur Verfügung stellen, zum schulmässigen Einexerzieren der neuen Führungsorganisation.[71] Auf einem für die Zeit nach der

---

[68] «Abgekämpft, dafür aber traumhaftes Wetter», in: Info F Div 6, 1/1995.
[69] «Der neue «Puch» macht die «Füsel» mobil», in: Info F Div, 1/1995.
[70] «Jürg Krebser: WK-Ziele trotz Kaltstart erreicht», in: Info F Div 6, 1/1996.
[71] Rede des Divisionskommandanten anlässlich der Jahresmedienkonferenz 1994, Archiv Kurt Ebnöther.

Armeereform typischen Übungshintergrund für klassische Einsätze[72] wurde der Aufbau der Kommunikationsverbindungen eingeübt.[73] Die Uem Abt 6 hatte ihren Part zuvor in der Abteilungsübung «SECONDO» geübt, indem sie die Funk-, Draht- und Richtstrahlverbindungen zwischen dem Divisionskommandoposten und den Regimentskommandoposten herstellte.[74] Dabei wurde deutlich, dass das Übermittlungsmaterial in der Division dringend dem technischen Fortschritt angepasst werden musste, denn die Telefonverbindungen wurden beispielsweise immer noch von Hand «gestöpselt».

Die Offiziere derjenigen Verbände, die infolge des neuen Zweijahresrhythmus' 1995 keinen Wiederholungskurs absolvieren konnten, wurden in den von der Division geleiteten TTK weiter ausgebildet. Hier zeigte sich, dass vor allem bei den Zugführern die taktischen Fähigkeiten beim Leiten von Gefechtsübungen mangelhaft waren.[75] Zudem hatte das Kader auch grosse Ausbildungslücken bei den in den vergangenen Jahren eingeführten neuen Waffen und Geräten. Die Ausbildung war in den Kadervorkursen offenbar nur oberflächlich durchgeführt worden, so dass Soldaten, die eben aus den Rekrutenschulen kamen, oftmals besser damit umgehen konnten als ihre Vorgesetzten.[76]

Die Übermittlung gehörte in den Neunzigerjahren zur Waffengattung, welche die grössten technischen Fortschritte machte.

72 Ein übliches Szenario sah folgendermassen aus: Putschisten in «Nordland», die vom Nachbarland «Orange» unterstützt werden, werden von den Regierungstruppen bekämpft; die Kampfhandlungen lösen Flüchtlingsströme aus, von denen auch die Schweiz betroffen ist. Beide verfeindeten Staaten konzentrieren ihre Truppen an der Nordgrenze unseres Landes und es besteht die Möglichkeit, dass eine der beiden Kriegsparteien die neutrale Schweiz für einen Durchmarsch benutzen will.
73 «Die Vorgesetzten sind etwas nervöser», in: Info F Div 6, 3/1995.
74 «Wann kommt der eidg. dipl. Telematiker?», in: Info F Div 6, 3/1995.
75 «Die Wirtschaft und das Militär ringen um dieselben Leute», Medieninformation zur Jahresmedienkonferenz 1995.
76 «Mehr als nur ein KVK», in: Info F Div 6, 3/1996.

Vor dem Hintergrund der Jugoslawien-Kriege setzten sich die Offiziere der F Div 6, die 1995 keinen Wiederholungskurs zu absolvieren hatten, in den einwöchigen TTK mit dem veränderten Bedrohungsbild und den Aufgaben der Schweizer Armee nach dem neuen Armeeleitbild auseinander. Am Ende der Ausbildung musste Divisionär Ulrico Hess feststellen, dass die Feindbilder des Kalten Krieges zwar nicht mehr im Denken seiner Offiziere gegenwärtig, aber die neuen Szenarien trotzdem kaum verankert waren: «Aber noch nicht alle haben gelernt, dass aus Instabilität und Unsicherheit Gefahren wachsen, die vielleicht morgen oder übermorgen zu ernsthaften Bedrohungen ausarten können.»[77]

Am Ende des ersten Divisionsjahres in der neuen Armee zog Divisionär Ulrico Hess im Herbst eine gemischte Bilanz. Für den Divisionskommandanten war es insgesamt dennoch ein positives Jahr, weil ihm die persönlichen Leistungen von Soldaten, Unteroffizieren und Offizieren imponiert hatten und weil die Ausbildungsinfrastruktur mit dem Wechsel auf die permanent eingerichteten Truppenübungsplätze verbessert werden konnte.[78] Eine umfassende Beurteilung der Armee 95 wollte er allerdings noch nicht abgeben, weil eine solche erst nach einer Periode von zwei Jahren möglich sein werde, da ein Grossteil der Truppen der F Div 6 erst 1996 ihren ersten WK nach dem neuen Modell leisteten. Divisionär Ulrico Hess äusserte allerdings bereits Bedenken, weil sich mit dem Zweijahresrhythmus der Wissensstand der Soldaten verschlechtern würde.

---

77 «Sich als Offizier auf die Verpflichtung neu besinnen», Medieninformation zum Divisionsrapport 1996.
78 «Editorial», in: Info F Div 6, 3/1995.

Um dieser Entwicklung entgegenzuwirken, setzte der Divisionskommandant auf das im Vorjahr eingeführte Controlling-System. Es sollten in den kommenden Dienstleistungen gezielt diejenigen Punkte repetiert werden, die zuvor in der Schwachstellenanalyse als Ausbildungslücken festgestellt worden waren. «Wir trainieren künftig genau das, was wir noch nicht können, und nicht, was wir schon beherrschen», hiess die neue Devise, die von den neuen Ausbildungsbedingungen diktiert wurde.[79]
Aus der Analyse der Schwachstellen der WK und der TTK waren auch die Zielsetzungen für das Jahr 1996 bereits vorgegeben. Die Soldaten und das Kader sollten ihr Können an den Waffen und Geräten festigen und die Kader zusätzlich ihre taktischen Kenntnisse im Anlegen von Übungen schulen. Einen eigentlichen Aufholbedarf ortete der Divisionskommandant denn auch bei den Gefechtsübungen auf Stufe Gruppe, Zug, Kompanie bis Bataillon.[80] In diesem Zusammenhang verwies er bereits am Divisionsrapport 1996 auf einen Faktor, der das Problem der Verbandsschulung aus seiner Sicht in Zukunft noch verschärfen werde. Im Rahmen der Armeereform war diese aus dem Programm der Rekrutenschulen gestrichen und den WK-Verbänden überlassen worden. Divisionär Ulrico Hess bezeichnete dies als einen eigentlichen Schwachpunkt der Armee 95 und warnte davor, dieses Problem auf höchster Armee-Ebene zu beschönigen, weil es noch gravierende Folgen haben könne.[81]

Divisionär Ulrico Hess bereiteten längerfristig auch die Auswirkungen des sozialen Wertewandels auf die Armee Sorge. Das abnehmende Engagement für die Landesverteidigung und eine persönliche Kosten-/Nutzenrechnung verringere den Stellenwert der Armee in der Gesellschaft. Gleichzeitig nehme die berufliche Belastung stetig zu. Zugleich brachte er aber auch ein gewisses Verständnis für die Situation auf: Die innenpolitische Stimmungslage werde nicht in erster Linie durch äussere Bedrohung geprägt, sondern durch die wirtschaftliche Unsicherheit. Er stelle eine verbreitete Angst fest, den eigenen Arbeitsplatz zu verlieren, das unangenehme Gefühl, sich einschränken zu müssen, sowie die Angst, dass die soziale Sicherheit nicht mehr bezahlt werden könne. Er meinte zugleich: «Die Globalisierung hat einen immer härter werdenden Wettbewerb ausgelöst. Es ist begreiflich, dass in diesem Klima der existenziellen wirtschaftlichen Unsicherheit die militärische

79 «Der Soldat merkt wenig von der Armee 95», in: Info F Div 6, 3/1995.
80 «Positive Erfahrungen mit Armee 95», in: Info F Div 6, 1/1996.
81 «Sich als Offizier auf die Verpflichtung neu besinnen», Medieninformation zum Divisionsrapport 1996.

Landesverteidigung in den Hintergrund rückt.» Der Divisionskommandant äusserte jedoch die klare Absicht, sich der Herausforderung zu stellen und die besten Leute nicht nur der Wirtschaft zu überlassen, sondern auch für das Militär zu gewinnen. In der Folge gab der Divisionskommandant 1997 dem anerkannten Meinungsforschungsinstitut IPSO den Auftrag, bei 1850 Offizieren der F Div 6 nach den Motivationsgründen für das Weitermachen im Militär zu fragen. Unter dem Projekttitel «AHEAD – Management Development Programm» wollte Divisionär Ulrico Hess das Spannungsfeld zwischen ziviler und militärischer Karriere analysieren und so längerfristig zur Lösung eines seiner Hauptprobleme, nämlich der Frage der Personalentwicklung, beitragen. Das Problem verschärfte sich dadurch, dass zunehmend auch Offiziere sich sehr kurzfristig vom WK abmeldeten. Am Divisionsrapport im Januar 1996 redete er den anwesenden Offizieren denn auch ins Gewissen und appellierte an das Pflichtgefühl eines Jeden.

Ausbildungsschwachpunkte beheben

Die Vorgaben für das Divisionsjahr 1996 waren somit gegeben: Gezielt Ausbildungslücken bei Mannschaft und Kader beheben und die Verbände bis auf Stufe Bataillon bzw. Abteilung schulen. Die Konsequenzen aus der Schwachstellenanalyse der Dienstleistungen von 1995 mussten zunächst diejenigen Einheiten tragen, die wegen des neuen Zweijahresrhythmus 1995 gar keinen WK hatten, sondern erst 1996 in der neuen Armee 95 ihren Fortbildungsdienst leisteten. Die vom Divisionskommandanten ausformulierten WK-Ziele prägten die Programme der WK-Verbände der F Div 6, die 1996 ihren Dienst leisten mussten. Die Regimentskommandanten setzten die Vorgaben um. Darüber hinaus war der Reigen der Neueinführungen für einige Verbände noch nicht beendet.

Der Ausbildungskatalog des G Rgt 4 (neu nun erstmals mit den beiden G Bat 24 und 35) etwa war wiederum geprägt von Neueinführungen: Kampfbekleidung 90 und Panzerabwehrmine 88. Neben dem wieder härter gewordenen WK-Alltag gab es aber neue Highlights. Insbesondere waren die Ausbildungen an den Simulatoren der neuen Waffen nun soweit fortgeschritten, dass seit längerer Zeit erstmals wieder scharf geschossen werden durfte. So gehörte das Lenkwaffenschiessen der Pzj Kp 4 zu den Höhepunkten dieses Jahres.[82] Auch die Pzj Kp 28 schoss mit den «Tows». Sie übte zusammen mit der bernischen Pzj Kp 14 ihren Einsatz in einem Begegnungsgefecht. Damit wurde eine Ausbildungsidee wieder aufgenommen, die sich schon vor 1995 bewährt hatte.[83]

Die Infanterie bekam einen neuen Simulator. Mit einem Aufsatz auf das Sturmgewehr und mit Sensoren am Kampfanzug konnte der Häuserkampf ganz im Sinne einer verbesserten Ausbildungseffizienz wirklichkeitsnaher trainiert werden.[84] Der Alarmverband Flhf Rgt 4 konnte 1996 sein 10-jähriges Bestehen feiern, das mit einem Festakt, für den eigens ein Flughafenregiments-Marsch komponiert worden war, und mit einem Besuch des Gesamtregierungsrates des Kantons Zürich gefeiert wurde. Dabei betonte der Regimentskommandant, auch nach dem Wegfall des Bedrohungsbildes des Kalten Krieges sei die Existenzberechtigung des Flughafenregimentes als Alarmverband mehr denn je gegeben, da es sich in der Armee 95 jederzeit für subsidiäre Einsätze bereitzuhalten habe.[85] Den Einsatz zu Gunsten von zivilen Behörden übte aber unter dem Decknamen «RITORNO» zunächst das Pz Bat 23. Die Panzersoldaten mussten sensitive Objekte vor fiktiven Demonstrationen bewachen und der Stab probte die Zusammenarbeit mit den zivilen Behörden.[86] Die Übung «RITORNO» war eine Zwischeneinlage auf dem Rückmarsch des Bataillons vom WK-Raum ins Zürcher Oberland unter der Leitung der Division. Die F Div 6 beübte im Verlaufe der Jahre jeden ihrer unterstellten Verbände einmal mit einem subsidiären Einsatz, jedoch immer ausdrücklich mit dem Hinweis, diese Art von Einsätzen sei kein Bestandteil der

---

82 «Mit 300 Metern pro Sekunde sicher ins Ziel», in: Info F Div 6, 1/1996.
83 «Divisionär fordert: Weg vom alten Schema», in: Info F Div 6, 3/1996.
84 «Piepst Du noch richtig?», in: Info F Div 6, 2/1996.
85 «Fahnenübergabe zur Geisterstunde», in: Info F Div 6, 2/1996.
86 «RITORNO blieb im weichen Asphalt stecken», in: Info F Div 6, 2/1996.

Primäraufträge der Division, die Truppen müssten aber auch auf einen solchen möglichen Einsatz vorbereitet werden.[87] Das Flhf Rgt 4, das G Rgt 4 und das Inf Rgt 28 mussten sich 1996 in Stabsübungen bewähren. Ziel dieser Übungen war es, angesichts der hohen Mutationsraten in den Regimentsstäben, den Stabsrhythmus, das heisst den Führungsprozess bis zur Ausarbeitung eines Einsatzbefehles an die unterstellten Verbände, zu üben.

Die Offiziere, welche 1996 keinen Dienst bei ihrer Truppe zu leisten hatten, konnten nun erstmals in einen TTK einrücken. In diesem einwöchigen Kurs stand ihnen das bevor, was der Divisionskommandant angekündigt hatte: Eine intensive Schulung des Soldatenhandwerks für die Vorgesetzten, um in der Folge die Ausbildung besser gestalten zu können. Da das EMD die Ausgestaltung der TTK den Divisionen überlassen hatte, wurden diese für den Grossen Verband zu einem wertvollen Ausbildungsgefäss, dem Divisionär Ulrico Hess grosse Aufmerksamkeit schenkte. Es diente ihm dazu, die in den Wiederholungskursen festgestellten Mängel beim Kader zu beheben.[88] Mit einem konsequenten Controlling und dem Einsatz von Hilfsinstruktoren hatte die F Div 6 auch in diesem Bereich längst die führende Rolle in der Armee in Sachen TTK übernommen. Divisionär Ulrico Hess bezeichnete die TTK denn auch euphorisch als eigentlichen «Hit» der Armee 95.[89] Die Offiziere des Inf Rgt 26 und des Inf Rgt 27 mussten 1996 auch die Kurse im neuen «Taktischen Trainings Zentrum Kriens» (TTZ) als Pilotverbände durchlaufen. Auf Führungssimulatoren wurden ihnen dabei die taktischen Fehler bei der Entschlussfassung schonungslos aufgezeigt.

Zum Jahresende zog Divisionär Ulrico Hess nach zwei Jahren Erfahrung eine erste Gesamtbilanz über die Armee 95. Dabei musste er feststellen, dass der Wissensstand mit dem Zwei-

---

87 Rede des Divisonskommandanten anlässlich der Jahresmedienkonferenz 1996, Archiv Kurt Ebnöther.
88 «Offiziere bügeln in WK-freier Zeit Schwachpunkte aus», Medieninformation anlässlich des Medienbesuches beim ersten TTK des Infanterieregiments 26 am 27. September 1996.
89 «Hess: Wenn Umfeld und Chefs stimmen, engagieren sich auch die Soldaten», in: Info F Div 6, 3/1996.

jahresrhythmus wie befürchtet weiter gesunken sei und die Einheiten das Wir-Gefühl langsam verlören.[90] Dies waren zwei Punkte, die den Kommandanten der F Div 6 besonders schmerzen mussten, da die Erhöhung des Ausbildungsstandes und die Förderung der Kameradschaft seit Beginn seiner Kommandozeit zu den Kernpunkten seines Programms gehört hatten.[91]

Operative Sicherungseinsätze als neue Einsatzform

Zwei Jahre nach der Armeereform und insbesondere in der Abschlussphase der Neueinführungen konnte die F Div 6 trotz allem einen guten Ausbildungsstand vorweisen. Das Tempo der Entwicklung der Division hatte sich allerdings durch den Zweijahresrhythmus deutlich verlangsamt, das heisst, es dauerte nun immer mindestens zwei Jahre, bis alle unterstellten Verbände dasselbe von der Division vorgegebene Programm bewältigen konnten. Dies zeigte sich beispielsweise in den Übungen, in denen die Division ein Regiment beübte. Diese Volltruppenübungen waren

---

90 Rede des Divisionskommandanten anlässlich der Jahresmedienkonferenz 1996, Archiv Kurt Ebnöther; vgl. auch: «Licht und Schatten der militärischen Ausbildung», in: ASMZ 2/1997; vgl. auch das Interview von Divisionär Hess auf dem Video «Die Geschichte der Felddivision 6», Zürich 2003.
91 «Mit mehr Ausgang und Härte zum Wir-Gefühl», in: Info F Div 6, 1/1997.

Einsatz an der Expo.02

auch ein besonderes Anliegen des Divisionskommandanten, weil sie durch reine Stabsübungen nicht zu ersetzen waren, oder wie es Divisionär Ulrico Hess formulierte: «Unter dem Druck der Wehrmänner und dem Druck der Übungsleitung zeigt sich, ob richtig entschieden und gehandelt worden ist; anders als bei Stabsrahmenübungen, wo Papier jeden Blödsinn annimmt.»[92] Die Volltruppenübung «MISTRAL» des Inf Rgt 26 war auch einer neuen Thematik gewidmet. Es war nun nicht mehr wie zuvor in den Übungen der subsidiäre Einsatz, sondern der «operative Sicherungseinsatz» zu trainieren. In dieser Art von Einsätzen ging es gemäss Übungsanlage darum, erstmals den mit der Armee 95 neu formulierten Armeeauftrag der Kriegsverhinderung in einem grösseren Rahmen zu üben. Stäbe und Truppen des Regiments hatten die Aufgabe, einem Überschwappen von Aufruhr, Terror und gewaltsamer Migration mit einem verhältnismässigen Mitteleinsatz begegnen zu können und die Neutralität der Schweiz zu wahren. Zudem mussten ausgesuchte Objekte im grenznahen Bereich geschützt werden.[93] Es wurde dabei deutlich, dass das Szenario von «MISTRAL» dem Kriegsbild der gleichzeitig tobenden Jugoslawien-Kriege glich, insbesondere mit der in den Übungsablauf integrierten Schwierigkeit, Flüchtlinge von getarnten Milizen zu unterscheiden. Das Drehbuch entsprach aber durchaus der Einschätzung der internationalen Lage, so wie sie am Divisionsrapport im Januar 1997 vorgetragen worden war: Man sehe täglich, dass kriegerische Auseinandersetzungen stattfänden, dennoch werde die eigentliche militärische Bedrohung für Westeuropa als sehr gering eingeschätzt. «Es gibt aber Beweise, die zeigen,» so Divisionär Ulrico Hess im Zürcher Kongresshaus, «dass diese Beurteilung der Lage möglicherweise allzu optimistisch ist. Alle Potenziale sind vorhanden, die jederzeit zu militärischen Bedrohungen führen könnten und die den Einsatz der Armee notwendig machen würden.»[94]

In den Infanterieeinheiten machten sich zur selben Zeit langsam aber sicher die Früchte der in den Commando Kursen verbesserten Ausbildung der Aufklärer bemerkbar. So wurde nun das neue Wärmebildgerät in verschiedenen Übungen auch tatsächlich bei der Truppe eingesetzt.[95] 1997 wurde auch vom Divisionskommandanten entschieden, den durch die Armeereform in Frage gestellten Commando Kurs weiterzuführen und ihn zudem auch für Teilnehmer aus der F Div 7 zu

---

92 «Hess: Papier nimmt jeden Blödsinn an», in: Info F Div 6, 2/1997.
93 Medieninformation zur Übung «MISTRAL» der F Div 6, ohne Jahresangabe.
94 Medieninformation zum Jahresrapport 1997 der F Div 6 vom 10. Januar 1997.
95 «Auf dem Bildschirm erscheinen die Leute wie Würste auf dem Grill», in: Info F Div 6, 1/1997.

öffnen.⁹⁶ Teile des G Bat 6 unterstützten im August 1997 nach der Überflutung des Dorfes Sachseln in einem viel gelobten Einsatz die zivilen Kräfte bei den Räumungsarbeiten.⁹⁷

Seit längerer Zeit war bereits bekannt, dass Divisionär Ulrico Hess das Kommando der F Div 6 Ende 1997 turnusgemäss abzugeben hatte. Es war aber noch nicht bekannt, welche Funktion er übernehmen würde. Am 17. März 1997 kam die Meldung aus dem Bundeshaus, dass Divisionär Ulrico Hess unter der gleichzeitigen Beförderung zum Korpskommandanten neuer Kommandant FAK 4 werde. Er sollte damit die Nachfolge von Korpskommandant Paul Rickert, der pensioniert wurde, antreten. Der Stab der F Div 6 überraschte seinen Kommandanten in der ausserordentlichen Übung «TRE STELLE», in Anspielung auf die drei Generalssterne eines Korpskommandanten, mit Böllerschüssen und einem Apéro. Die Laudatio hielt der am selben Tag zum Generalstabschef ernannte Hans-Ulrich Scherrer.⁹⁸ Die offizielle Verabschiedung des Divisionskommandanten fand im Herbst im Fraumünster in Zürich statt. Dabei sagte die neue Zürcher Militärdirektorin Rita Fuhrer: «Ulrico Hess hat für seine Unterstellten gelebt. Durch seine Begeisterungsfähigkeit und seine mitreissende Art hat er sich viele Freunde geschaffen. Man hat sich gefreut auf seinen Besuch. Besonders seine spontane, unmissverständliche und mutige Ausdrucksweise wird geschätzt an ihm.»⁹⁹ Nach der Feier wurde als Ehrung für Divisionär Ulrico Hess der Militärmarsch «Tre Stelle» uraufgeführt. Divisionär Ulrico Hess selbst zog in der Divisionszeitung Bilanz über seine achtjährige Kommandozeit: «Es lag mir viel daran, Ihre Ausbildung intensiver und härter zu gestalten und Erlebnisse zu schaffen, auf die man stolz sein kann. Ich bin der Auffassung: Wenn man schon etwas machen muss, so soll man es richtig tun. Halbheiten zahlen sich nicht aus, weder im Beruf noch im Militär. Halbheiten verleiten zu Selbsttäuschungen, die fatal enden können, besonders bei der Armee. (...) Ich habe mich bei Ihnen, bei der Truppe, stets wohlgefühlt. Mein Augenmerk galt vor allem den Kadis. Denn ich bin überzeugt: Wenn es dem Kadi gut geht, geht es auch der Truppe gut. Was mich freute, war, dass ich bei allen Besuchen immer wieder überdurchschnittlich grosses Engagement feststellen durfte. Trotz möglicher Gründe für ein Fernbleiben vom Dienst und «entgegen dem Trend» haben Sie Ihre Pflicht erfüllt und Ihre Leistung erbracht. Dies, meine Herren, verdient Respekt und Dank.»¹⁰⁰

96 «Commandokurs wird weitergeführt», in: Info F Div 6, 2/1997; vgl. dazu auch: Info F Div 6, 3/1996.
97 «Viel Lob für Schlamm-WK in Sachseln», in: Info F Div 6, 2/1997; vgl. auch den Beitrag zum Territorialdienst.
98 «Überraschungsübung TRE STELLE», in: Info F Div 6, 1/1997.
99 «3000 Brissagos später: Bye-bye Ulrico Hess», in: Info F Div 6, 3/1997.
100 «Wenn schon, dann richtig», in: Info F Div 6, 3/1997.

Divisionskommandant Hans-Ulrich Solenthaler (1998–2003)

Mitte Juni 1997 hatte der Bundesrat den ehemaligen Grenadier, Oberst i Gst Hans-Ulrich Solenthaler zum neuen Kommandanten der F Div 6 gewählt. Der gebürtige Ausserrhoder kannte die Zürcher einerseits in seiner Milizfunktion als Stabschef Stellvertreter des FAK 4 und andererseits als Kommandant der Zürcher Infanterie Offiziersschule. Er fühle sich deshalb keineswegs als «Fremder», erklärte Divisionär Hans-Ulrich Solenthaler beim Jahresrapport 1998, seinem ersten öffentlichen Auftritt.[101] In seiner Rede an die Kader der Division zeigte er sich denn auch schon sehr vertraut mit den aktuellen Problemen, die ihn als Divisionskommandanten in einem sich dauernd stark verändernden Umfeld erwarten würden. Im innenpolitischen Teil seines Referats warnte er nicht nur vor der zweiten Armeeabschaffungsinitiative der «Gruppe für eine Schweiz ohne Armee» (GSoA) und der Halbierungsinitiative der SP, sondern appellierte ebenso unmissverständlich an die bürgerlichen Politiker, der Armee auch angesichts der knapper werdenden finanziellen Mittel des Bundes die notwendigen Gelder für eine Modernisierung der Armee zu sprechen. «Sonst laufen wir ernstlich Gefahr, dass die schweizerische Sicherheitspolitik, und die Armee ist ein Bestandteil davon, im In- und Ausland an Glaubwürdigkeit verliert», erläuterte er.[102] Das Problem der Glaubwürdigkeit zeige sich auch bei der Wehrmotivation, das heisst dem gesellschaftlichen Eintreten für die Armee und die Landesverteidigung. Divisionär Hans-Ulrich Solenthaler sah einen Lösungsansatz für die Sinnfrage darin, den unmittelbaren Nutzen der Armee beispielsweise durch mehr Beiträge an internationale Friedenssicherung, vermehrte internationale Zusammenarbeit sowie mehr Hilfe an zivile Behörden unter Beweis zu stellen.[103] Die Armee müsse zudem ihre Qualitäten der Wirtschaft besser verkaufen, und der neue Divisionskommandant forderte von den Offizieren trotz des gesellschaftlichen Wertewandels die einmal eingegangene Verantwortung auch wahrzunehmen. Insbesondere prangerte Divisionär Hans-Ulrich Solenthaler die kurzfristigen «Abmeldungen» vom Militärdienst aus vagen Gründen an: «Dafür habe ich kein Verständnis. Es ist für mich eine

---

101 «Packen wir es an», Medieninformation anlässlich des Jahresrapports 1998 vom 10. Januar 1998.
102 Ebd.
103 Ebd.

Frage des Anstandes, ja des Charakters.»[104] Dass der alte und der neue Divisionskommandant «aus ähnlichem Holz geschnitzt» waren, so die Einschätzung von Divisionär Ulrico Hess[105], zeigte sich jedoch besonders bei der Vorstellung des Führungscredos von Divisionär Hans-Ulrich Solenthaler[106]. Eine zeitgemässe und sozialkompetente Menschenführung und ein auf einer Vertrauensbasis stehendes Coaching standen künftig im Vordergrund. Zudem wollte er auch den Soldaten genügend Freiraum und Verantwortung geben. Der neue Divisionskommandant gab sich selbst die Förderung und die Selektion des Kadernachwuchses zur Aufgabe: «So will ich auch in Zukunft genau die Chefs gewinnen, die unsere Division braucht: Chefs, die mutig und zuversichtlich in die Zukunft blicken und keine «Jammertanten» sind. Chefs, die militärisch denken und handeln und sich dabei treu bleiben und sich keinesfalls nach unten nivellieren.»[107] Divisionär Hans-Ulrich Solenthaler formulierte auf diesem Hintergrund auch Jahresziele. Als erste Priorität galt für ihn die Ausbildung der Stäbe und Verbände. Die Kader sollten dabei ihre Fähigkeiten in Extremsituationen austesten. Weitere Ziele waren die Einführungen von neuen Waffen und Geräten.[108]

Im aussenpolitischen Teil der Antrittsrede von Divisionär Hans-Ulrich Solenthaler warnte er vor einer Friedenseuphorie. Aus Instabilität und Unsicherheit könnten Gefahren und Risiken entstehen, die zwar nicht unmittelbar, aber doch mittelfristig zu ernsthaften Bedrohungen heranwachsen könnten. Selbst Europa sehe sich an der Schwelle zum nächsten Jahrtausend in einem starken Mass mit ethnischen, sozialen, wirtschaftlichen und sicherheitspolitischen Risiken konfrontiert.[109]

104 Ebd.
105 «Wenn schon, dann richtig», in: Info F Div 6, 3/1997.
106 «Packen wir es an», Medieninformation anlässlich des Jahresrapports 1998 vom 10. Januar 1998.
107 Ebd.
108 Medienmitteilung zur Jahresmedienkonferenz der F Div 6 vom 11. November 1998.
109 «Packen wir es an», Medieninformation anlässlich des Jahresrapports 1998 vom 10. Januar 1998.

Auf Beginn des Jahres 1998 gab es in der F Div 6 weitere wichtige personelle Veränderungen: Der bisherige Stabschef F Div 6, Oberst i Gst Marcel Fantoni, wurde zum Brigadier ernannt und übernahm die Funktion des Stabschefs im FAK 4. Sein Nachfolger im Divisionsstab wurde der Instruktionsoffizier und ehemalige Kdt L Flab Lwf Abt 6, Oberst i Gst André Blattmann.[110]

Flüchtlingsbetreuung

Die F Div 6 musste – wohl früher als erwartet – einen subsidiären Einsatz leisten. Am 21. Oktober 1998 hatte der Bundesrat beschlossen, angesichts der sich wegen der Situation im Kosovo dramatisch verschärfenden Entwicklung im Asylbereich, Truppen zur Betreibung von Notunterkünften für noch nicht registrierte Asylsuchende einzusetzen. Dieser Auftrag der Landesregierung hatte eine Verschiebung der Wiederholungskurse zur Folge. Während das Inf Rgt 28 (ohne Füs Bat 70) seinen Dienst als Bereitschaftsregiment über Weihnachten 1998 leistete, kamen die anderen Einheiten, die für den Infrastrukturdienst bei der Flüchtlingsbetreuung vorgesehen waren, erst 1999 zum Einsatz.[111] Für alle eingesetzten Kader und Soldaten bedeutete die Flüchtlingsbetreuung eine enorme Herausforderung, nicht nur in persönlicher, sondern auch in planerischer und logistischer Hinsicht. Als Staatsbürger hatten einige Soldaten anfänglich Mühe mit der Vorstellung, dass die Armee zivile Flüchtlinge bewachen solle, doch die Soldaten zeigten bald eine hohe Motivation für diesen Dienst.[112] Zu einem unerwarteten Einsatz kam auch das G Rgt 4, welches Spontanhilfe leistete, nach dem eine Steinlawine eine Brücke am Lukmanierpass mitgerissen hatte.

---

110 «Neuer Stabschef der Division ernannt», in: Info F Div 6, 2/1997.
111 Folgende Einheiten sah man für den Einsatz vor: Stab Div Stabsbat 6, Div Stabskp 6, San Kp III/6, Stab Inf Rgt 26, Inf Bat 26, Füs Bat 63, Füs Bat 107, Stab Inf Rgt 27, Stab Inf Bat 27, Gren Kp 27, Schw Mw Kp 27, Na Kp 27, Füs Bat 68 und Füs Bat 69.
112 «WK-Soldaten übernehmen die Betreuung von Flüchtlingen», in: Info F Div 6, 3/1998.

Zu den Höhepunkten des Divisionsjahres 1998 gehörte im Frühjahr die Übung «HORNET» für das Flhf Rgt 4. Sie stand noch unter der Thematik der operativen und subsidiären Sicherungseinsätze, das heisst einer Aufgabenstellung unterhalb der Kriegsschwelle und reihte sich in die verwandten Übungen ein, die schon die Infanterieregimenter absolvieren mussten. Einen längst fälligen Sprung in die digitale Zukunft machte im selben Jahr die Uem Abt 6. Die alte, noch manuell vermittelnde Telefonzentrale hatte ausgedient und wurde durch das Integrierte Militärische Fernmeldesystem (IMFS) ersetzt. Dieses System ermöglichte es der F Div 6 nun erstmals ein selbstständiges und unabhängiges Kommunikationsnetz zu betreiben und so die Führung der Division zu verbessern. Die technische Revolution in der Uem Abt 6 zeigte aber auch die Grenzen eines Milizsystems auf, weil das IMFS nur durch Spezialisten kompetent bedient werden konnte.[113] Das IMFS bildete nur den Beginn einer Folge von Neueinführungen im Telekommunikationsbereich der Armee. In den nächsten Jahren sollten das neue «Feldtelefon 96» (ersetzte den Apparat von 1950) und das neue Funkgerät SE-235 sowohl bei den «Silbergrauen» wie anschliessend bei den übrigen Truppengattungen eingeführt werden.

Als erstes Bataillon der F Div 6 und als viertes Bataillon der gesamten Armee erhielt im Sommer 1998 das Mech Füs Bat 70 den neuen Radschützenpanzer «Piranha». Die Qualitäten des Fahrzeugs waren in der Division schon durch die Panzerjäger bekannt. Es wurde jetzt aber neu als Truppentransporter eingesetzt. Ein Bataillon pro Infanterieregiment sollte ab 2001 mit 32 Radschützenpanzern ausgerüstet werden. Damit änderte sich aber auch die taktische Funktion des Verbandes im Kampf. Es bekam nun im Sinn der Doktrin der Armee 95 die Aufgabe, die beiden anderen Kampfbataillone des Regiments rasch und effizient zu unterstützen. Die primären Aufgaben bestanden neu nun darin, Sperren schnell zu beziehen, eingedrungene Gegner aufzuspüren und zu bekämpfen sowie den Angriff des Gegners zu verzögern.[114] Das neue Mech Füs Bat 70 wurde auf den Waffenplätzen Bière und Bure in zwei Kursen auf das neue Fahrzeug umgeschult.

113 «Der alte Stöpselsoldat hat nun endgültig ausgedient», in: Info F Div 6, 3/1998.
114 «Mech Füs Bat 65: Strenger, aber auch spannender», in: Info F Div 6, 3/1999.

Wegen des Zweijahresrhythmus der Armee 95 sollte es nun vier Jahre dauern, bis das Mech Füs Bat 70 wieder einen Wiederholungskurs im Regimentsrahmen absolvieren konnte.[115]

Diesen Neuerungen stand aber 1998 ein schwerer Abschied gegenüber. Nach genau 50 Jahren absolvierten die Angehörigen des Pz Bat 23 ihren letzten Wiederholungskurs, weil ihr Verband auf das Jahr 2000 aufgelöst und die Soldaten in das «Schwesterbataillon» Pz Bat 6 überführt werden sollten.[116] Hintergründe dieses Entscheides waren «Redimensionierungs- und Optimierungsmassnahmen der Armee» beziehungsweise der Spardruck, den auch die Armee wegen der schlechten Lage der Bundesfinanzen zu spüren bekam.[117] Da das Pz Bat 6 bereits mit kampfwertgesteigerten Panzern 68/88 ausgerüstet war, das Pz Bat 23 noch nicht, wurde aus Kostengründen auf eine Umrüstung verzichtet.

Die «Optimierungsmassnahmen der Armee 95» kamen einer erneuten Armeereform gleich, wie der Vorsteher VBS, Bundesrat Samuel Schmid, später schrieb.[118] Unter dem Decknamen «PROGRESS» wurde der Armeebestand um weitere 10 Prozent reduziert und die Kosten durch Abbaumassnahmen bei eidgenössischen Truppen vermindert.[119] Im Gegensatz zu den drastischen Massnahmen bei den Panzertruppen wurden im Art Rgt 6 lediglich einige Funktionen im Regimentsstab und in der Stabsbatterie aufgehoben.

---

115 «Ein bisschen wie Chilbi», in: Info F Div 6, 2/1998.
116 «Der Verlust der Kameraden schmerzt», in: Info F Div 6, 3/1998.
117 «Die F Div 6 muss sich mit weniger Panzer begnügen», in: Info F Div 6, 3/1998.
118 Samuel Schmid, «Vier Armeen im Blickfeld», in: NZZ Nr. 301 vom 28./29. Dezember 2002.
119 Vgl. dazu: «PROGRESS: Optimierung der Armee 95 in vier Bereichen», in: ASMZ 3/1997; «PROGRESS: 10 Prozent Sollbestandreduktion», in: ASMZ 4/1998.

Grenzen einer Milizarmee erreicht

Am Ende seines ersten Kommandojahres zog Divisionär Hans-Ulrich Solenthaler grundsätzlich eine positive Bilanz, die vor allem auf die Leistungsbereitschaft von Kader und Soldaten zurückzuführen war. Der sportliche Führungsstil, den der Divisionär mit dem Coaching einführte, war aber noch nicht bei allen Kadern vorhanden. Von zentraler Bedeutung war auch die Aussage, die Divisionär Hans-Ulrich Solenthaler mit Bezug auf die Rahmenbedingungen der Armee 95 machte: «Die Ausbildung an einer Vielzahl von neuen Waffen und Geräten hat die Milizarmee an ihre Grenzen gebracht. Es ist nun an der Zeit, dass die Einführungen zu einem Ende kommen, damit sich das Ganze konsolidieren kann.»[120] In einer Rede sprach der Divisionskommandant sogar davon, dass es beinahe zu einem Ausbildungskollaps gekommen wäre und dass man mit der Einführung des Zweijahresrhythmus der Armee einen Bärendienst erwiesen habe.[121] Bei den Militärausgaben seit 1990 war gleichzeitig ein Rückgang um 11 Prozent zu verzeichnen und das VBS-Budget wurde, trotz den Sparbemühungen, für 1999 noch mehr zusammengestrichen. «Es gibt keine Sicherheit zum Nulltarif. Auch die Wirtschaft und das gesamte soziale Gefüge profitieren von einem auch durch militärische Anstrengungen stabilisierten Umfeld», sagte Divisionär Hans-Ulrich Solenthaler im Kongresshaus Zürich, um damit mehr Verständnis für den Wert der Leistungen der Armee zu wecken und vor den fatalen Folgen von weiteren Sparübungen zu warnen.[122]

Der Soll-Ist-Vergleich veranlasste ihn deswegen, ein an sich bedenkliches Fazit zu ziehen: «Vielfach wird nur noch die Anlernstufe erlangt, weil wir weder die Zeit noch den intensiven Ausbildungsrhythmus haben, um die erforderliche schlafwandlerische Sicherheit an Waffen und Geräten zu erzielen.

---

120 «Gut sein genügt noch nicht», in: Info F Div 6, 3/1998.
121 «Die Division ist mir ans Herz gewachsen», in: Info F Div 6, 1/1999.
122 Medieninformation anlässlich des Jahresrapports 1999 vom 9. Januar 1999.

(...) Wahrscheinlich wandeln wir in der Ausbildung auf ziemlich dünnem Eis.»[123] Aufgrund dieser Umstände in der Ausbildungssituation zeigte er sich denn auch nicht glücklich über die subsidiären Einsätze, auch wenn er mit dem Engagement des Inf Rgt 28 bei der Flüchtlingsbetreuung sehr zufrieden war. Aber es sei trotzdem nicht richtig, wenn die Armee für alles andere eingesetzt werde, als für das, was sie eigentlich können sollte. Die Armee müsse die Kernkompetenz des Verteidigungskampfes bewahren.[124]

Ein Dauerthema blieb auch die Dispensationsflut, mit der sich die Kommandanten vor jeder Dienstleistung konfrontiert sahen. Die Dispensationen hatten sogar zur Folge, dass in Wiederholungskursen gravierende personelle Unterbestände in Mannschaft und Kader zu verzeichnen waren.[125] Dies wiederum führte dazu – und dies muss in einem Zusammenhang mit den subsidiären Einsätzen gesehen werden –, dass ein Verband realitätsnahe Übungen im Hinblick auf den Hauptauftrag kaum mehr durchführen konnte. Da die Verbandsschulung mit der Armeereform von 1995 ja aus den Rekrutenschulen in die WK-Verbände, die ihrerseits nur jedes zweite Jahr einrückten, verlagert worden waren, fanden sie praktisch nicht mehr statt. Divisionär Hans-Ulrich Solenthaler ortete die Ursachen der Dispensationsflut im wachsenden Druck am Arbeitsplatz. Aus diesem Grund schlug er vor, ein «Aufeinanderzugehen» von Wirtschafts- und Militär-

---

123 «Wir wollen 1999 noch besser werden!», in: Info F Div 6, 3/1998.
124 «Die Division ist mir ans Herz gewachsen», in: Info F Div 6, 1/1999.
125 Medienmitteilung zur Jahresmedienkonferenz der F Div 6 vom 11. November 1998.

spitzen in «Dialoggesprächen» zu suchen. Den Teufelskreis wollte er durchbrechen, indem die Wirtschaft dazu gebracht werden sollte, ihre Kader wieder in die militärische Weiterausbildung zu schicken. Zudem müsse die Armee ihre Leistungen noch besser verkaufen. So werde es auch möglich, die Karriereplanung des Nachwuchses zu verbessern.[126]

Divisionär Hans-Ulrich Solenthaler sah bereits in seinem ersten Kommandojahr die brennenden Probleme und setzte bei allen Schwachpunkten an, um die Situation zu verbessern. Er stiess dort aber an die Grenzen seiner Möglichkeiten, wo die Rahmenbedingungen Veränderungen nicht zuliessen, wie zum Beispiel bei Voraussetzungen einer sich globalisierenden Wirtschaft und an den Fixpunkten der Armee 95, konkret am Zweijahresrhythmus der Wiederholungskurse und der Verlagerung der Verbandsausbildung von den Rekrutenschulen weg. Die Ziele, die der Divisionskommandant in einem Sechs-Punkte-Programm am Divisionsrapport 1999 seinen Offizieren vorstellte, beschränkten sich deshalb auf das Machbare.

1999 – ein turbulentes Jahr

Das Jahr 1999 verlief anders, als es militärisch geplant worden war. Schon über die Weihnachts- und Neujahrstage 1998/1999 hatte das Inf Rgt 28 die Betreuung von Flüchtlingen in Gurnigelbad übernehmen müssen. Weitere Verbände der F Div 6 leisteten ebenfalls ihren Dienst zur Unterstützung im Berner Oberland oder im Kanton Glarus. Diese Einsätze bedeuteten nicht nur für die betroffenen Soldaten, sondern vor allem für die Milizkader eine grosse Belastung, weil die Wiederholungskurse bis zu dreimal vollständig neu geplant werden mussten. Waren die Einsätze auch aus humanitärer Sicht durchaus befriedigend, so hinterliessen sie doch Ausbildungsrückstände. So musste beispielsweise die Gren Kp 28 die Ausbildung der Neuen Gefechtsschiesstechnik (NGST) und die Einführung des Panzerfaustsimulators auf den nächsten WK zwei Jahre später verschieben.[127]

Im Frühjahr 1999 verschärfte sich mit der Verhaftung des Führers der kurdischen Partei PKK, Öcalan, und dem Kosovo-Krieg die internationale Lage schlagartig. Um die zivile Polizei bei der Bewachung von Botschaften und Gebäuden von internationalen Organisationen in Genf und Bern zu unterstützen, bot das VBS im April 1999 das Flhf Bat 42 zum Assistenzdienst auf. Der Einsatz erfolgte ausserhalb der normalen WK-Planung. Der Einsatz in Genf lief unter dem Titel «CRONOS». Auch das Füs Bat 107[128] und die Pz Hb Abt 16 mussten bis Ende 1999 in diesem Rahmen Assistenzdienst leisten.

---

126   Ebd.
127   «Flüchtlinge betreuen», in: Info F Div 6, 1/1999.
128   «Wacheschieben vor Botschaften», in: Info F Div 6, 3/1999; vgl. zu «CRONOS» auch: «CRONOS – ein subsidiärer Sicherungseinsatz», in: ASMZ 7/8/1999,

Im selben Jahr wurde nun auch der durch den Zweijahresrhythmus gesunkene Ausbildungsstand offensichtlich. In der kombinierten Übung «MASSENA» des G Bat 6 und des Pz Bat 6, die seit vier Jahren erstmals wieder durchgeführt worden war, traten beim Bahnverlad der Panzer Probleme auf. Er hatte zuvor Generationen von Soldaten nie Schwierigkeiten bereitet. Divisionär Hans-Ulrich Solenthaler musste dazu bitter feststellen, dass einige Soldaten ihr Handwerk nicht mehr beherrschten.[129]

Wie das G Bat 6 und das Pz Bat 6 trainierten die anderen Verbände der F Div 6, die 1999 weder einen Betreuungseinsatz noch Bewachungsdienst leisten mussten, ihre Hauptaufgabe, den Verteidigungskampf. Die L Flab Lwf Abt 6 testete zum ersten Mal die im «Armeeleitbild 95» vorgesehene «Einsatzorientierte Ausbildung bei erhöhter Bedrohung (EAB)». Dieses Ausbildungsgefäss war neu dazu vorgesehen, die der Truppe fehlenden Ausbildungsinhalte entsprechend der aktuellen Bedrohungslage zu vermitteln. Dieses Konzept war schon erfolgreich bei der Übung «CRONOS» angewandt worden.

Ein Jahr nach dem Füs Bat 70 wurde auch das Füs Bat 65 auf den Radschützenpanzer «Piranha» umgeschult. Die Stäbe des Pz Bat 23 und des Inf Rgt 28 übten ihre Fähigkeiten am elektronischen Taktiksimulator für mechanisierte Verbände in Thun und im TTZ Kriens.

Der Assistenzdiensteinsatz «CRONOS» in Genf war für Kader und Soldaten eine Herausforderung. (Bild: Michael Gut)

Der Kurzbesuch des NATO-Oberbefehlshabers General Wesley Clark in St. Gallen bildete für das Inf Rgt 26 einen zusätzlichen Höhepunkt. General Clark beobachtete dort eine Übung der Pzj Kp 26 und zeigte sich vom Ausbildungsstand der Soldaten sehr beeindruckt.[130] Das Art Rgt 6 schliesslich übte seinen klassischen

---

129 «Mit 40 Tonnen über die Glatt», in: Info F Div 6, 1/1999.
130 «I am very impressed», in: Info F Div 6, 3/1999.

Einsatz in der Übung «ORGEL» im Raum Ostschweiz. Eine besondere Leistung vollbrachte in diesem Wiederholungskurs die Pz Hb Abt 63. Sie übersetzte ihre Geschütze in einer Nachtübung mit der Fähre von Horgen nach Meilen über den Zürichsee.[131]

Im Rückblick auf das Jahr 1999 scheute sich Divisionär Hans-Ulrich Solenthaler denn auch nicht, die Probleme, welche sich in jenem Jahr besonders akzentuiert gezeigt hatten, klar anzusprechen.[132] Die Erreichung der Jahresziele, nämlich die Ausbildung von Stäben und Neueinführungen von Material, war 1999 durch die Unterstützungsdienste für die zivilen Behörden stark beeinträchtigt worden. Obwohl die Wiederholungskurse durch die Milizkader infolge der aktuellen politischen Entwicklungen teilweise sogar mehrmals neu geplant werden mussten, erfüllten nach der Meinung des Divisionskommandanten die betroffenen Verbände ihre Aufgaben sehr gut. Die Botschaftsbewachungen und die Flüchtlingsbetreuungen zeigten ferner, dass «der Ruf nach der Armee» durch die zivilen Behörden heute sehr rasch erfolgt. «Es ist daher zwingend, im Rahmen der neuen Armee XXI die Aufgaben der Armee klar zu definieren. Es muss deutlich darauf hingewiesen werden, dass die innere Sicherheit in erster Linie Sache der politischen Behörden und der Polizei und nicht des Militärs ist. Hier muss eine Lösung gefunden werden, welche auf Bundesebene mehr Spielraum lässt», sagte der Kommandant der F Div 6 aufgrund der eigenen Erfahrungen im Hinblick auf die bereits in der Diskussion stehende neuen Armeereform und das zivile Projekt USIS, das auf Bundes- und Kantonsstufe die Instrumente der inneren Sicherheit überprüfte. 1999 blieben auch die Probleme ein Dauerbrenner, die sich aus dem Spannungsfeld zwischen Wirtschaft und Armee ergaben. Dazu zählten insbesondere die zahlreichen Absenzen während der Wiederholungskurse und die abnehmende Bereitschaft, sich militärisch weiter ausbilden zu lassen. Damit verschärfte sich mittelfristig auch die Personalsituation auf der Führungsstufe der Verbände. Eine Umfrage bei den Kommandanten der F Div 6 hatte nämlich ergeben, dass die Bataillone und Abteilungen durch routinierte Kommandanten und Stäbe getragen würden, die sich eigentlich vom Militärdienst zurückziehen wollten.[133] Eine langsame und kontinuierliche Ersetzung der Kommandanten und Führungsgehilfen durch junge Offiziere fand somit nicht statt. Durch besondere Abkommen im Rahmen der Übung «PROGRESS» zwischen dem Kommandanten und den altgedienten, pflichtbewussten Offizieren, die

Der NATO-Oberbefehlshaber Wesley Clark besuchte das Inf Rgt 28.
(Bild: Sascha Kienzi)

---

131 «Art Rgt 6: Mit viel Lärm und noch mehr Rauch», in: Info F Div 6, 1/2000.
132 Mediencommuniqué zur Rede des Divisionskommandanten anlässlich der Jahresmedienkonferenz 1999 am 17. November 1999 in Zürich.
133 Ebd.

schliesslich mehr Diensttage leisteten als sie mussten, konnte ein Zusammenbrechen des Systems verhindert werden. Diese unbefriedigende Situation war neben der sich weiter verändernden weltpolitischen Lage, der demografischen Entwicklung und den knapper werdenden Finanzmitteln ein Grund mehr, die nächste Armeereform anzugehen.

Vor diesem Hintergrund nahmen sich die Ziele, die sich Divisionär Hans-Ulrich Solenthaler für das Jahr 2000 gesteckt hatte, nämlich in den Ausbildungsdiensten das militärische Handwerk auf allen Stufen zu konsolidieren, geradezu bescheiden aus.[134] Sie waren aber durchaus realistisch formuliert. Gleichzeitig sollten der nun elektronisch auf CD-Rom verfügbare Führungsbehelf der F Div 6 und ein neuer Internet-Auftritt der Division die Kommandanten von administrativen Aufgaben entlasten. Zudem wurde der Divisionsstab auf Beginn des Jahres 2000 um die neue «Untergruppe Kommunikation» erweitert.[135]

Der Jahresraport 2000 der F Div 6 hatte noch ein politisches Nachspiel. Nationalrat Alexander J. Baumann (SVP/TG) reichte im März 2000 eine Interpellation an den Bundesrat ein, die unter anderem der F Div 6 vorwarf, in einem Podiumsgespräch zur Frage von bewaffneten Auslandeinsätzen keinen politischen Gegner der Vorlage eingeladen zu haben. Er sah darin einen Verstoss gegen das Prinzip, dass im Militärdienst keine Politik betrieben werden dürfe. In seiner Antwort vom 24. Mai 2000 wies der Bundesrat darauf hin, dass ein Vertreter der SVP an die Podiumsdiskussion eingeladen worden sei, aber nicht teilnehmen konnte. Ausserdem sei die Diskussionsrunde auch ohne SVP-Vertreter ausgewogen gewesen.[136]

Die Interpellation im Nationalrat war nur ein Zeichen dafür, wie sich in den Neunzigerjahren die politischen Linien zwischen den Armeekritikern und den Armeebefürwortern verändert hatten. Setzten sich noch Ende der Achtzigerjahre die bürgerlichen Politiker unzweideutig für die Anliegen der Armee ein, so zeigte sich parallel zur allgemeinen politischen Entwicklung in der Schweiz auch ein Graben im bürgerlichen Lager. Die Reformschritte der Armee im letzten Jahrzehnt wurden vermehrt vom rechten Teil des politischen Lagers nicht nur kritisch hinterfragt, sondern mit der Unterstützung des Referendums zum Militärgesetz, das die Grundlage für die Armee XXI bildete, deren Verfassungsmässigkeit in Frage gestellt.

---

134 Ebd.
135 Ebd.
136 *Interpellation von Nationalrat Alexander J. Baumann, eingereicht am 24. März 2000 und Antwort des Bundesrates vom 24. Mai 2000 (Geschäftsnummer 00.3158).*

Fähigkeiten der Felddivision 6 weiter verbessert

Ein Teil der Truppe (G Bat 35) leistete einen echten subsidiären Unterstützungseinsatz – diesmal zu Gunsten einiger Luzerner Gemeinden, die vom Jahrhundertsturm «Lothar» besonders schwer getroffen worden waren[137] – während sich andere Verbände und Einheiten mit Neuerungen auseinandersetzten. Das im vergangenen WK mit dem Radschützenpanzer «Piranha» aufgerüstete Mech Füs Bat 70 übte nun unter neuen Bedingungen in der Übung «COMBI DUE» das angepasste Logistikkonzept, und die Aufkl Kp I/6 machte sich mit dem neuen Aufklärungsfahrzeug «Eagle» bekannt. Mit der Neueinführung des Aufklärungsfahrzeuges ging auch eine Änderung der Einsatzdoktrin der Aufklärer einher. Musste man sich früher nach «Indianerart» zu Fuss dem Gegner vorsichtig anschleichen, kam es nach neuer Lehre abwechselnd zu gestaffelten Vorstössen und zu Spähphasen aus dem Fahrzeug heraus. Einen vergleichbaren technischen Fortschritt machte im Jahr 2000 auch die L Flab Lwf Abt 6 durch einen Pilotversuch mit dem «Stinger Night Sight». Dieses Wärmebildvisier als Zusatzgerät zur Fliegerabwehrlenkwaffe erlaubte es, die Abteilung während 24 Stunden einzusetzen, also den Luftraum des Divisionsraumes auch in der Nacht zu überwachen.[138] Zusammen mit dem «FEBEKO 2000» (Feuer- und Fliegerbewegungskoordinationssystem), das eine Freund-Feind-Identifikation gewährleistete, war die aufgerüstete Stinger-Abteilung nun zu einem abgerundeten Gesamtsystem geworden. Im Bereich der Führungsunterstützung auf Stufe Division brachte der Einsatz des neuen Funkgerätes SE-235 und vor allem der neue «Radio Access Point» (RAP) in der Uem Abt 6 einen weiteren Schritt nach vorn. Der RAP ermöglichte es, das Funknetz mit dem definitiv eingeführten IMFS zu koppeln. Dadurch wurde es möglich, von einem militärischen Telefonapparat abhörsicher auf ein militärisches Funkgerät zu sprechen und umgekehrt.[139] Dies stellte für den

---

137 «Das Genie-Bataillon 35 räumt auf», in: Info F Div 6, 2/2000.
138 «Neu: 24 Stunden im Einsatz dank ‹Stinger Night Sight›», in: Info F Div 6, 3/2000.
139 «Das Handy der Army», in: Info F Div 6, 3/2000.

Betrieb in den Kommandoposten eine starke Vereinfachung der Kommunikation dar.[140] Im selben WK probte die Uem Abt 6 die Errichtung aller Funkverbindungen zwischen den Kommandoposten der unterstellten Verbände und dem Divisions KP, dies im Hinblick auf die grosse Gesamttruppenübung des Jahres 2001.

In der Reihe der grossen Übungen, in denen die Division nach und nach die Regimenter testete, musste sich im Jahr 2000 das Flhf Rgt 4 bewähren. In einem «Kaltstart» gleich nach Beginn des WK zeigte das Regiment während dreier Tage in verschiedenen subsidiären Einsätzen mit unterschiedlichen Bedrohungsbildern unterhalb der Kriegsschwelle in der Volltruppenübung «HERKULES» ihr Können. Dabei wurden in Zusammenarbeit mit der Bahnpolizei zwischen Schaffhausen und Bülach Zugskontrollen durchgeführt.[141]

Die Offiziere der nicht WK-leistenden Verbände mussten wiederum an einem TTK teilnehmen. Für die Infanteristen des Inf Rgt 26 und des Pz Bat 6 war dies mit einem Besuch im TTZ verbunden, bei dem die taktischen Fähigkeiten am Computer verbessert wurden.[142]

Von allen sehnlichst erwartet: Das neue Funkgerät SE-235 vereinfachte die Übermittlung.

Dieses einigermassen «normale» Jahr bestärkte Divisionär Hans-Ulrich Solenthaler in seiner Einschätzung der Lage. Für ihn war es wiederum ein erfolgreiches Jahr, weil ein forderndes Kader auch gute Leistungen bewiesen habe.[143] Dennoch konnten im Jahr 2000 die grundsätzlichen Probleme der zu vielen Neueinführungen und der kurzen Ausbildungszeiten ohne Möglichkeit zu Verbandsschulungen nicht gelöst werden. Aus diesem Grund veränderte sich auch nicht das Ziel der Division für das Jahr 2001. Es sollte weiterhin an der Verbandsschulung gearbeitet werden. In der Formulierung des Jahresmottos hiess es nun nicht mehr wie 2000 «Den Erfolg im Visier», sondern «Dem Erfolg verpflichtet».

Die TTK für die Offiziere und die Wiederholungskurse für einen Teil der Verbände verliefen zu Beginn des neuen Jahrtausends wieder im gewohnten Rahmen.

140 Vgl. zu den Erfahrungen der Uem Abt 6 mit dem IMFS: «Erfahrungen bei der Uem Abt 6», in: ASMZ 11/2000.
141 «Immer auf dem Laufenden», in: Info F Div 6, 2/2000.
142 «Muskelkater an der Mouse», in: Info F Div 6, 2/2000.
143 Medienmitteilung anlässlich des Divisionsrapports der F Div 6 vom 13. Januar 2001.

Das hochmoderne Aufklärungsfahrzeug 93 «Eagle» oder «Hummer».

Armee XXI: Unaufgeregtheit angesichts der bevorstehenden Auflösung der F Div 6

Es war bereits seit März 1996 absehbar, dass sich die Schweizer Armee in der Mitte des ersten Jahrzehnts des neuen Jahrtausends erneut reformieren muss.[144] Dieser nächste Reformschritt wurde nicht nur wegen der demografischen Entwicklung zwingend notwendig, sondern auch wegen den ersten Erfahrungen, die man mit der Armeereform von 1995 gesammelt hatte. Die Diskussion um die Ausgestaltung der neuen Armee begleitete also die Implementierungsphase der Armee 95, ohne sich allerdings besonders negativ auf den Alltag der Truppe auszuwirken. Erst mit den wachsenden Problemen in der Ausbildung und dem voranschreitenden politischen Entscheidungsprozess des Reformprojektes Armee XXI wurde letzteres auch ein Diskussionsthema in Kursen von Truppe und Kader, ohne dass allerdings das Wissen um die zukünftigen Strukturen besonders tief war. Alle waren sich einig, dass sich die Ausbildungssituation verändern musste, wollte man eine glaubwürdige Armee bleiben. Nach dem bundesrätlichen «Sicherheitspolitischen Bericht 2000» war die konzeptionelle Ausrichtung der zukünftigen Sicherheitspolitik nach dem Leitgedanken «Sicherheit durch Kooperation» allgemein bekannt. Es war auch klar, dass es wegen der Brigadisierung der Armee die F Div 6 in ihrer aktuellen Form nicht mehr geben würde. Doch dies führte in der F Div 6 zu keinen Grundsatzdiskussionen oder gar zu politischem Widerstand gegen eine Auflösung der Division. Anlässlich des Divisionsrapportes im Januar 2001 bestätigte schliesslich Divisionär Hans-Ulrich Solenthaler gegenüber seinen Offizieren das Ende der F Div 6 mit dem Start der Armee XXI.[145] Die Unaufgeregtheit, mit der die Auflösung der Division zur Kenntnis genommen wurde, hing vielleicht auch mit der Tatsache zusammen, dass in den

---

144 «Zur Armeereform 2005», in: Info F Div 6, 1/1996.
145 Medienmitteilung anlässlich des Divisionsrapports der F Div 6 vom 13. Januar 2001. Vgl. auch das Interview, das Divisionär Hans-Ulrich Solenthaler kurz vor dem Divisionsrapport der Divisionszeitung gewährte: «Die F Div 6 steht vor der grössten Veränderung der Geschichte», in: Info F Div 6, 3/2000.

Oberstlt i Gst Christoph Grossmann

vergangenen zehn Jahren einhergehend mit neuen Geräten und Waffen bereits viele technische Neuerungen und moderne Einsatzverfahren gelernt und angewandt wurden. Diese entsprachen nämlich eher einem neuen Kriegsbild als die Strukturen der Armee 95, die 1989, also noch im Kalten Krieg geplant worden waren. Zudem dominierten im Umfeld der Abstimmung über die Bewaffnung von Auslandeinsätzen im Juni 2000 eher neutralitätsrechtliche Aspekte die Diskussion als die vorgesehene Gliederung der Armee in Brigaden. Darüber hinaus herrschte unter den Offizieren, Unteroffizieren und Soldaten wohl eher eine emotionale Bindung an die eigene Kompanie beziehungsweise an die eigene Batterie, und weniger an die Division.

Die Übung «COMPLETO» – vollständig modernisiert in einen Divisionseinsatz

Sinn und Zweck der gross angelegten, zweitägigen Volltruppenübung «COMPLETO» im Raum Winterthur – Schaffhausen – Weinland am 26. und 27. März 2001 war es, die neu gelernten Kampfverfahren zu testen. Seit den Manövern «DREIZACK» des FAK 4 von 1986 hatte die F Div 6 keine so umfassende Truppenübung mehr durchgeführt. Um die Jahrtausendwende zeigte sich die F Div 6 im Vergleich zu 1986 mit einem praktisch vollständig neuen Gesicht: Die Mechanisierung der Infanterie war mit der Einführung der mechanisierten Füsilierbataillone weit vorangeschritten und die Panzerabwehr hatte sich mit den neuen Panzerjägern und den Panzerfäusten total verändert. Die Panzertruppen der Division hatten hingegen ein Bataillon verloren. Die Fliegerabwehr konnte den Bodentruppen auch nachts vollständigen Schutz bieten. Die Übermittlung hatte begonnen, sich wahrlich zu revolutionieren und schliesslich hatte sich die persönliche Ausrüstung des Soldaten komplett gewandelt. Dies waren nur die Änderungen auf der unteren taktischen Stufe, die um das Jahr 2000 zu einem vorläufigen Abschluss, und – trotz allen Umständen – in ihrer Anwendung zu einer gewissen Reife gekommen waren. Mit der Armeereform von 1995 war ja auch die Gz Br 6, die bisher eine Art Schutzgürtel vor der F Div 6 an der Landesgrenze gebildet hatte, aufgelöst worden. Insofern hatte sich auch die operative Lage verändert.

In der Übung «COMPLETO» führte der Divisionskommandant auch aus dem Hubschrauber, einem Element der Kommandantenstaffel. (Bild: Sascha Kienzi)

Nicht zuletzt war es auch an der Zeit, den Theorieraum mit den Gefechtssimulatoren zu verlassen und sich im «Feld» den konkreten Führungsherausforderungen zu stellen.
Das Übungsszenario eines drohenden terrestrischen Angriffs war hingegen ähnlich gestaltet wie 1986. Die F Div 6 konzentrierte sich also klar auf die Kernkompetenz der Verteidigung. Als Hintergrund der Übung für die rund 2000 Teilnehmer wurde ein fiktiver Konflikt in Europa angenommen, von dem die Schweiz zwar nicht direkt betroffen war, aber zwischen den Kriegsparteien stand. Angesichts der gegnerischen Möglichkeit, eine Offensive gegen die wirtschaftlichen Zentren der Schweiz zu starten, erhielt die F Div 6 den Auftrag, einem möglichen Aggressor die Abwehrbereitschaft der Schweiz zu demonstrieren. Ein zentrales Gefäss zur Machtdemonstration war die EAB. Sie wurde mit der Armee 95 eingeführt und bezeichnete die spezifische Ausbildung von Verbänden unterhalb der Kriegsschwelle, das heisst die auftragsorientierte Vorbereitung bei langen Vorlaufzeiten. Die Kommandanten der WK-Verbände sollten ihre Stäbe und Truppen konkret auf einen kommenden, möglichen Einsatz hin ausbilden.
Ein «Manöverbericht» in der Allgemeinen Schweizerischen Militärzeitung (ASMZ) schilderte die Übung «COMPLETO» folgendermassen: «Im Hinblick auf die Armee XXI war das Thema der Übung die «einsatzorientierte Ausbildung bei erhöhter Bedrohung» für den Kampf der verbundenen Waffen im Rahmen der aktiven Verteidigung. Dazu zählten sowohl die spezifische Einsatzausbildung für die beübte Truppe als auch anspruchsvolle Entschlussfassungsübungen

für die Stäbe und Kommandanten. Insgesamt sollten möglichst viele Komponenten «echt» trainiert und überprüft werden. Die wichtigste Voraussetzung für den «Manövereinsatz» war die Konstellation, dass sich fünf Truppenkörper der Felddivision 6 überlappend im Wiederholungskurs befanden. Weil dazu auch die divisionseigenen Führungs- und Kommunikationsmittel gehörten, war die Aufgabenstellung für den Divisionsstab gegeben: Führung ab «Kriegs-KP» sowie ab der Kommandantenstaffel und damit auch Führung unter Echtverhältnissen. Das Div Stabsbat 6 und die Uem Abt 6 wurden in die Lage versetzt, die theoretisch und praktisch bekannten Übungsabläufe nach Jahren der Pause wieder konkret im Verbund zu trainieren und das Integrierte Militärische Fernmeldesystem IMFS im Langzeiteinsatz zu testen. (...) Mit dem Inf Rgt 27, mit einer Abteilung aus dem Art Rgt 6 (Pz Hb Abt 63) und mit der «STINGER»-Abteilung 6 ergänzt, liess sich zwar eine zahlenmässig kleine, aber in der Führung anspruchsvolle Divisions-Kampftruppe im Sinn eines «Force Mix» bilden. Mit ganz ähnlichen Herausforderungen sehen sich in der Armee XXI die Einsatzbrigaden konfrontiert, wenn sie alle paar Jahre mit den Bataillonen, modulmässig zum Training im Waffenverbund zusammengestellt, in einer Volltruppenübung als Brigade trainieren. «COMPLETO» erfüllte bereits heute diesen zukünftigen Anspruch.»[146]

An der Übungsanlage war auch neu, dass die Truppen nicht mehr wie früher nur durch Schiedsrichter beurteilt wurden, sondern dass sie sich durch ein Controlling-System selbst «steuerten». Im praktischen Einsatz bewähren musste sich erstmals auch die neu gebildete Führungsstaffel des Divisionskommandanten, das neue Aufklärungsfahrzeug «Eagle» und die neue «Untergruppe Kommunikation» des Divisionsstabes, die gemäss Reglement Führungs- und Stabsorganisation (FSO) noch gar nicht vorgesehen und deshalb wiederum eine Innovation der Zürcher Division war.[147] Zu den Aufgaben der

Oberst i Gst Christoph Hiller

Oberstlt i Gst Christian Hagmann

Oberstlt i Gst Felix Huber

Oberstlt Pieter Versluijs

Oberstlt i Gst Markus Bachofen

146 Thomas Gehrig, «Neuer und erfolgreicher Weg für Truppenübungen», in ASMZ 7/2001, S. 43.
147 Medienmitteilung der F Div 6 zur Übung «COMPLETO» vom 26. März 2001; vgl. auch: «Übung «COMPLETO»: Ein echter Test für die F Div 6», in: Info F Div 6, 1/2001.

Untergruppe gehörte es, nach aussen und innen zu informieren. Eine gut besuchte Medienkonferenz, ein Besuchsprogramm für militärische Vereine und Organisationen, ein Truppenbesuch der Vorsteherin der Zürcher Direktion für Soziales und Sicherheit, Regierungsrätin Rita Fuhrer, sowie ein Videofilm mit Sequenzen aus der zweitägigen Übung[148] waren Leistungen des neuen Elements des Divisionsstabes. Schliesslich bestand auch der neue Stabschef der Division, Oberst i Gst Peter Stocker, seine «Feuertaufe» in dieser Übung.

Einsatz an der Expo.02

Die anderen WK-pflichtigen Verbände der F Div 6 absolvierten ihren Wiederholungskurs im Herbst desselben Jahres. Für einen Teil der Artillerie brachte das Jahr 2001 einen entscheidenden Schritt nach vorn: Die Pz Hb Abt 16 wurde in einem ersten Umschulungskurs in Bière auf die neue, kampfwertgesteigerte Panzerhaubitze M-109 (KAWEST Pz Hb) umgerüstet. Mit einem längeren Rohr, einem Navigationssystem und einer erhöhten Munitionsautonomie entsprach das Geschütz endlich auch den Anforderungen, die ein modernes Gefechtsfeld an die Artillerie stellte. Die Pz Hb Abt 17 und Pz Hb Abt 63 trainierten ebenfalls das artilleristische Handwerk, allerdings noch auf den «alten» Geschützen[149], und das Inf Rgt 26 nahm die Thematik der EAB der Übung «PANDORA» in der Regimentsübung «REALITY» auf. Der Kommandant des Inf Rgt 26 zog am Ende des WK die zeittypische Bilanz: «Generell haben wir einfach viel zu wenig Zeit. Die Planung einer solchen Übung ist sehr aufwändig, für eine realistische Umsetzung benötigt man mehr Zeit. Es sind zu viele Faktoren, die einberechnet werden müssen. Die Vorgesetzten müssen mehr erklären können, mehr ins Detail gehen und mehr lehren können. Mit der Einschränkung natürlich, dass gewisse Dinge eben so sind, wie sie sind, und die Truppe dies akzeptieren muss.»[150] Das Füs Bat 63 testete in seinem WK einen neuen Gewehraufsatz für das Stgw 90, mit dem Granaten

---

148 *Der Film ist Teil des Videos «Geschichte der Felddivision 6».*
149 *«Panzerhaubitzen kommen: Donnergrollen bei Bière», in: Info F Div 6, 3/2001.*
150 *«Wir haben zu wenig Zeit», in: Info F Div 6, 3/2001.*

verschossen werden konnten. Diese neue Waffe sollte primär im Häuserkampf zum Einsatz kommen und ersetzte teilweise die bisherige Handgranate.[151] Die Sap Kp I/6 baute im Sommer 2001 für die Expo.02 an der Arteplage in Murten mit einer Leistung von mehreren hundert Arbeitsstunden.[152] Im Laufe des Jahres 2002 sollten noch Teile des G Bat 6 und des Flhf Rgt 4 für die Landesausstellung zum Einsatz kommen.[153] Das Flhf Rgt 4 bestand im Juni 2001 zusätzlich die Alarmübung «CONDOR», in der neben dem Alarmierungsablauf auch der Objektschutz im Rahmen von subsidiären Sicherungseinsätzen geübt worden war.[154]

Der Divisionskommandant bezeichnete das Jahr 2001 am Jahresrapport vom Januar 2002 nicht zufälligerweise als sein «bisher bestes Kommandojahr». Mit den Ergebnissen der Übung «COMPLETO» und den Leistungen der andern Verbände der F Div 6 konnte er die Früchte seiner Arbeit ernten. Er sah die Gründe für seine Einschätzung denn auch im ungebrochenen Willen der Armeeangehörigen, gute Arbeit zu leisten und in

Genietruppen der F Div 6 bauten den Pavillon des VBS am Expo.02-Standort Murten. (Bild: S. Klameth)

der Akzeptanz seiner Idee des sportlichen Coachings für das Verbandstraining.[155] Nichtsdestotrotz musste er allgemein feststellen, dass das Ausbildungsniveau in der Armee 95 «höchstens knapp genügend»[156] war. Die Ursachen waren seit langer Zeit bekannt und lagen vor allem in den unverkrafteten materiellen Erneuerungen und der vernachlässigten Verbandsausbildung. Im Hinblick auf die Armee XXI sagte der Divisionskommandant: «Wir befinden uns auf einer permanenten Talfahrt und erhalten jetzt noch eine Chance, Gegensteuer zu geben.»[157] Die Leidtragenden dieser negativen Entwicklung seien vor allem die Kompanie- und Batteriekommandanten.

151 «Konkurrenz für die Handgranate», in: Info F Div 6, 3/2001.
152 «Weit über tausend Stunden für die Expo.02 geleistet», in: Info F Div 6, 2/2001.
153 «G Bat 35: Der letzte Schliff für die Expo.02», in: Info F Div 6, 1/2002.
154 «2200 Soldaten geweckt», in: Info F Div 6, 2/2002.
155 Medienmitteilung anlässlich des Divisionsrapports 2002 vom 12. Januar 2002.
156 Ebd.
157 Ebd.

Die Armeerefom wird konkret: Traditionsverbände der F Div 6 verschwinden

Anlässlich des Divisionsrapportes 2002 machte Divisionär Hans-Ulrich Solenthaler auch erstmals einem breiteren Publikum bekannt, welche Verbände in der Armee XXI erhalten bleiben und welche aufgelöst werden sollten.[158] Grundsätzlich hatten jene Verbände eine Chance in die neue Armee transferiert zu werden, die in den vergangenen Jahren mit dem neusten Material ausgerüstet worden waren. Aus dem Inf Rgt 26 und dem Inf Rgt 28 «überlebten» die beiden bereits mechanisierten Füs Bat 65 und 70. Um die Bestände der in der Armee XXI mannschaftsmässig fast verdoppelten Bataillone zu garantieren, wurden die Wehrmänner aus dem Inf Rgt 27 auf die beiden Verbände verteilt. Auch das G Bat 6 existierte nach 2004 weiter. Es bekam Personal vom G Rgt 4, welches aufgelöst wurde, weil es mit der Armee XXI auch das FAK 4 nicht mehr gibt. Die beiden Fliegerabwehrabteilungen der Division (L Flab Lwf Abt 6 und L Flab Lwf Abt 16) fusionierten und werden neu der Luftwaffe zugeteilt. Eine Reorganisation erfuhren auch das Div Stabsbat 6 und die Uem Abt 6. Sie leisten in einer neu gebildeten Führungsunterstützungsformation ihren Dienst. Im Januar 2002 war noch nicht sicher, was mit der Artillerie und mit dem Panzerbataillon geschehen würde. Im Verlaufe des Jahres wurde sodann bekannt, dass die kampfwertgesteigerte Pz Hb Abt 16 als Art Abt 16 in die neue Armee übernommen werden soll. Die beiden andern Abteilungen des Art Rgt 6 wurden auf Ende 2003 aufgelöst.

Das Hauptproblem bei der Überführung der Armee 95 in die Armee XXI bildeten für den Divisionskommandanten weniger die Soldaten als vielmehr die Kader. Die Offiziere mussten in einem langwierigen Prozess für die neuen Funktionen in der Armee XXI rekrutiert werden. Der Divisionsstab verteilte sich auf dem Papier schon ab Januar 2003 auf die neuen Stäbe der zukünftigen Infanteriebrigade 7, der Panzerbrigade 11, der Territorialregion 4, den Armeestab und des Lehrverbandes Infanterie 3/6. Ein Kernstab stellte die Einsatzführung der Division auch in der Phase der Transformation sicher. Bereits im Hinblick auf die Armee XXI sollten in den beiden letzten Jahren der Division möglichst viele Wehrmänner auf ihre zukünftigen Funktionen hin geschult werden.[159]

Anlässlich des letzten Divisionsrapportes der F Div 6 am 11. Januar 2003 machte Divisionär Hans-Ulrich Solenthaler inmitten der Phase des Umbruchs und der Unsicherheit bekannt, dass

---

158 Vgl. dazu: «Traditionsverbände verschwinden», Medienmitteilung der F Div 6 vom 12. Januar 2002.
159 Medienmitteilung anlässlich des Divisionsrapports 2002 vom 12. Januar 2002.

der «Lehrverband Infanterie» insbesondere die Nummer «6» der alten Zürcher Division weitertragen werde.[160] Damit wurde ermöglicht, alte Zürcher Wehrtraditionen, zumindest symbolisch, auch auf der Ebene der Grossen Verbände aufzunehmen.

2002 und 2003: Jahre des Übergangs

Die Kurse der Verbände der F Div 6 standen in dieser Phase sowohl unter dem Zeichen des Abschieds, als auch unter dem Zeichen der Vorbereitung auf das Neue.
Als erstes Infanterieregiment der Division verabschiedeten sich die «28er» als Oberländer-Regiment Ende Juli 2002 auf dem Flugplatz Dübendorf, nachdem sie die Volltruppenübung «HERA» erfolgreich bestanden hatten.[161] Die L Flab Lwf Abt 16 hingegen testete in ihrem WK 2002 die Neuerungen, die die Armee XXI brachte. Drei Lenkwaffenbatterien der Stinger-Einheit übten erfolgreich den Schutz des Luftraumes, der sich über 1200 km² erstreckte, in Koordination mit den Fliegertruppen, ihren zukünftigen «Chefs».[162]
Das Flhf Rgt 4 musste im selben Jahr noch die Alarmübung «TRADEMARK» bestehen. Das Übungsszenario war auf einen Terror-Anschlag auf den Flughafen Zürich-Kloten hin angelegt, spiegelte somit eine aktuelle Bedro-

Korpskommandant Ulrico Hess (links) im Gespräch mit Divisionär Hans-Ulrich Solenthaler im Rahmen der U «FINALE», 2003.

---

160 *Referat von Divisionär Hans-Ulrich Solenthaler anlässlich des Divisionsrapports 2003 vom 11. Januar 2003, Archiv Christoph Ebnöther.*
161 *«Der letzte Fahnenmarsch», in: Info F Div 6, 2/2002; «Letzte Fahnenabgabe des Infanterieregiments 28», in: Schweizer Soldat 11/2002.*
162 *«Sehr gute Noten für die umgebaute Fliegerabwehr», in: Info F Div 6, 3/2002.*

hungssituation wider. Das Flhf Rgt 4 sollte in dieser Lage einen subsidiären Unterstützungseinsatz zu Gunsten der zivilen Behörden leisten. Doch der Übungsverlauf war nicht befriedigend, da zunächst zu wenig Angehörige des Flhf Rgt einrückten und danach das Absperrmaterial nicht rechtzeitig ausgeliefert worden war.[163]

Zwei Geniebataillone und drei Bataillone des Flhf Rgt 4 waren zudem in den Sommermonaten an der Expo.02 im Einsatz. Am Divisionsrapport 2003 meinte Divisionär Hans-Ulrich Solenthaler zum Arbeitsprogramm an der Landesausstellung, das hauptsächlich aus der «Bewachung» von Fussgängerstreifen und der Verkehrsregelung bestand, lakonisch: «Sie haben ihren teilweise fragwürdigen Auftrag hervorragend gelöst.»[164] Wenige Monate vor ihrer Auflösung bekam die F Div 6 auch noch einen neuen Stellvertreter. Der ehemalige Instruktionsoffizier Oberst i Gst Ernst Hungerbühler übernahm diese Aufgabe im Juni 2002 mit dem Verantwortungsbereich der personellen Transformation der F Div 6 in die neuen Strukturen der Armee XXI.[165]

163 «Einen Anschlag auf den Flughafen verhindern», in: Info F Div 6, 3/2002.
164 Begrüssungsansprache des Divisionskommandanten anlässlich des Divisionsrapports vom 11. Januar 2003.
165 «Bin ein ruhiger Schaffer», in: Info F Div 6, 3/2002.

Der letzte Stab F Div 6 anlässlich des Vorbeima

Am letzten Rapport der F Div 6 am 11. Januar 2003 stellte Divisionär Hans-Ulrich Solenthaler das Jahr des Abschieds und des Neuanfangs vor. Abschied deshalb, weil sich die Division 2003 in der grossen Abschiedsübung «FINALE», inklusive einem Vorbeimarsch, nochmals in der vollen Kraft bewiesen und sich am Sechseläutenumzug sowie mit einem Festakt am 7. November 2003 auf dem Sechseläutenplatz von Zürich verabschiedet hat[166]; Neuanfang deswegen, weil der Divisionskommandant bestimmte, dass die letzten Wiederholungskurse in der Armee 95 bereits im Sinne der Armee XXI geleistet werden sollten.[167]

166 Vgl. dazu den folgenden, separaten Beitrag in diesem Band.
167 «F Div 6 im Jahr 2003», Rede des Divisionskommandanten anlässlich des Divisionsrapports vom 11. Januar 2003.

der U «FINALE» am 19. März 2003 in Kloten.

Impressionen vom Vorbeimarsch nach der U «FINALE» am 19. März 2003 in Kloten.

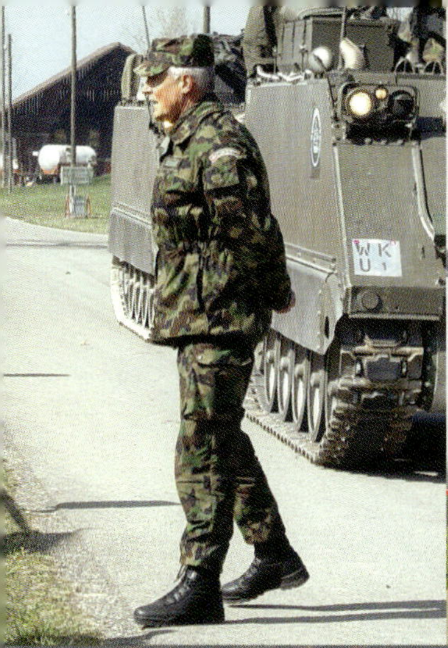
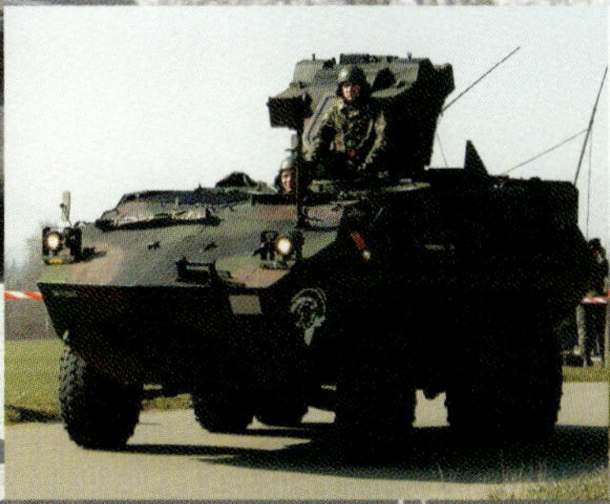
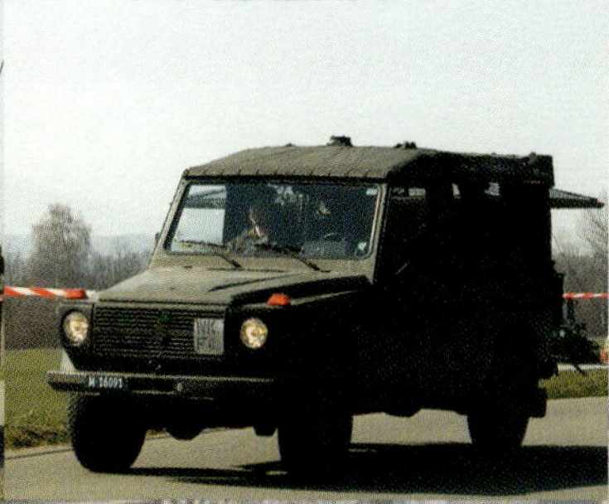
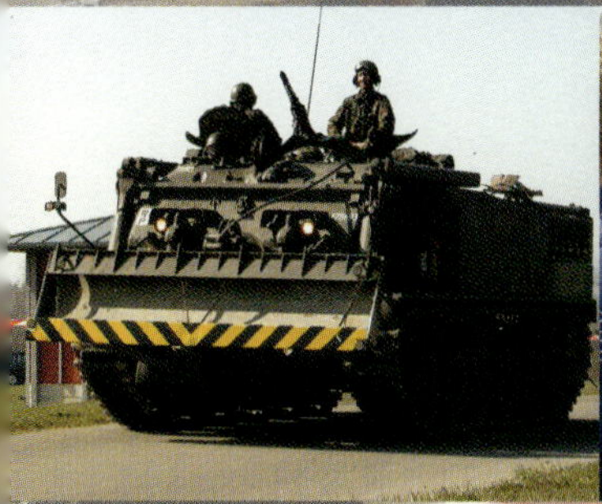
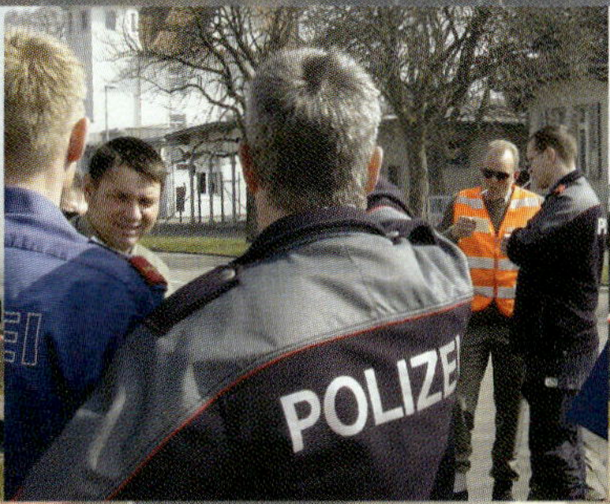
POLIZE
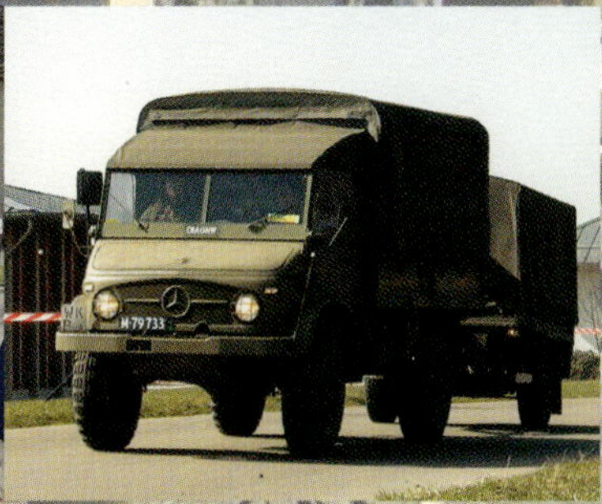
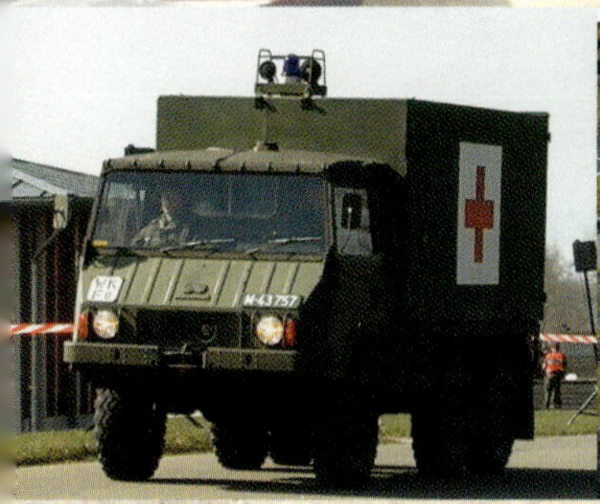
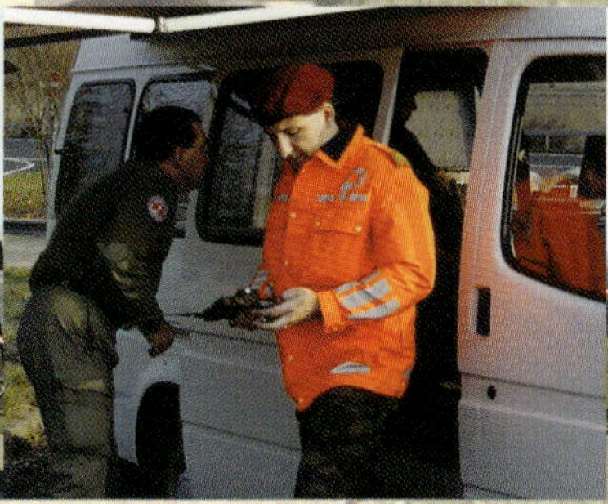
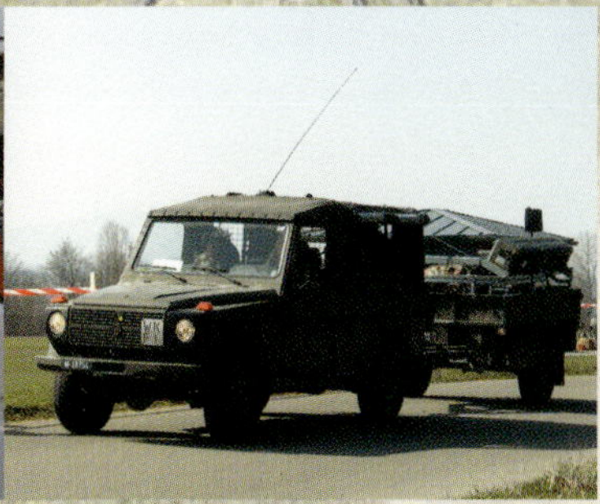
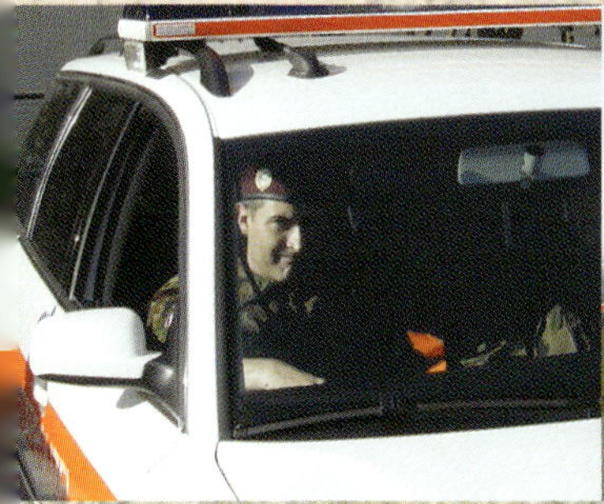
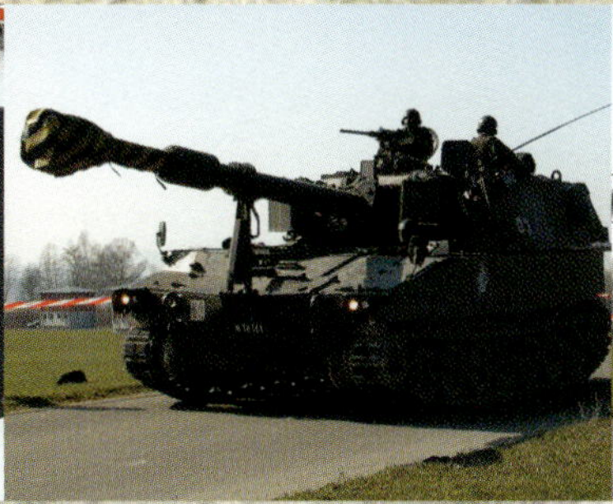
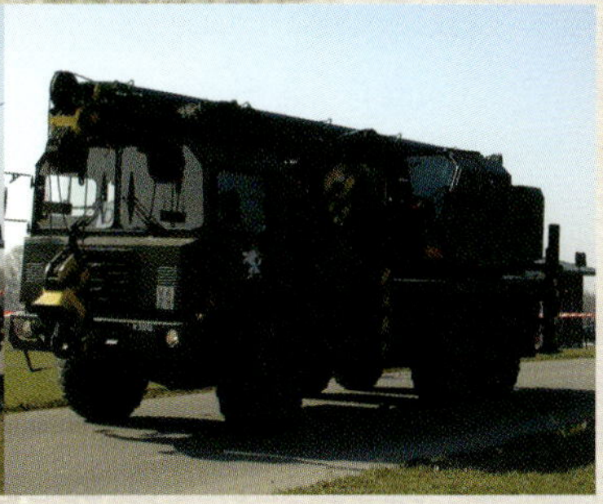

Die Aktivitäten der Felddivision 6 im Jahr ihrer «Überführung» in die Armee XXI

Oberstlt i Gst Felix Huber, USC ND F Div 6 2000–2003

2003 war für die Felddivision 6 nicht nur das Jahr der Transformation und des Übergangs in die Armee XXI, sondern auch ihrer «Überführung», klarer gesagt, ihrer «Auflösung» – ein Vorgang, der von vielen ihrer traditionsbewussten Angehörigen nicht verstanden wurde. Vor dem Urnengang vom 18. Mai 2003 durfte aber nie von «Auflösung» oder «Verabschiedung» gesprochen oder gar Verbände verabschiedet werden, weil dies dem Volksentscheid vorgegriffen gewesen wäre. So erliessen das Armeekommando und das Feldarmeekorps 4 schon Anfang 2002 Befehle für die Überführungsaktivitäten. Vorgeschrieben war, vor Mitte 2003 überhaupt keine öffentlichen Anlässe durchzuführen. Obschon rechtlich korrekt, eine unrealistische Auflage, weil zahlreiche Verbände im letzten WK ihre letzte Rückgabe der Feldzeichen festlich gestalten wollten und die Gelegenheit zur eigenen Verabschiedung wahrnahmen. Der Begriff «Überführung» umfasste zahlreiche Planungs- und Führungsmassnahmen auf allen Stufen und wurde in unserer Division zugleich als Projektname verwendet.

Eine wesentliche Grundlage für alle Konzepte des Projekts «ÜBERFÜHRUNG» war eine Anfang 2002 durchgeführte Umfrage bei verschiedenen Offizieren aller Stufen und Alterskategorien nach ihren Vorstellungen für eine «Verabschiedung» der F Div 6. Mit über 60 Prozent Rücklaufquote kamen zahlreiche Aussagen und Ideen zusammen, welche aufgrund der entsprechenden Grobkonzepte in insgesamt acht verschiedene Teilprojekte unter einheitlicher Projektleitung aufgeteilt wurden.

All diese Teilprojekte stellten eine Mischung von militärischen, festlichen letzten Auftritten der F Div 6 und von möglichst nachhaltigen Beiträgen an ihre Geschichtsschreibung in Form eines Videos und eines neuen Buches dar. Eine zentrale Fahnen- bzw. Standartenrückgabe der ganzen Division Ende 2003 einerseits und ihrer Einzelverbände im letzten WK andererseits, waren neben einem Truppen-

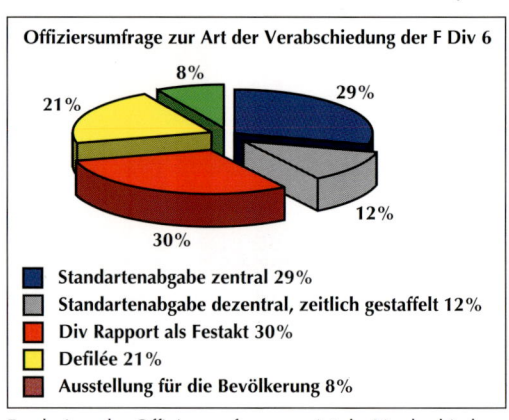

Ergebnisse der Offiziersumfrage zur Art der Verabschiedung der F Div 6. (Grafik: Felix Huber)

Vorbeimarsch («Defilée») die meistgenannten Wünsche der befragten Offiziere. Die gleiche Umfrage wurde nach Ankündigung im «Info F Div 6» per Internet noch bei allen Soldaten durchgeführt: Das Ergebnis auf dieser Stufe war ganz anders, nämlich ein «Abschiedsfest» in den Einteilungseinheiten mit «Wurst und Bier». Auch zahlreiche Einzelanlässe wurden gewünscht, wie etwa «Bau eines Aussichtsturmes», «Sternmarsch», «Festumzug durch die Stadt Zürich» oder «Wehrvorführung für die Bevölkerung». Von «gar nichts tun» bis zu «mit Schneid auftreten» wurden zahllose Vorschläge gemacht, die allerdings nicht alle realistisch waren. Zudem mussten die für die F Div 6 primär bedeutsamen Regionen Schaffhausen und Winterthur angemessen berücksichtigt werden. Der nicht einfache Entscheid des Kdt F Div 6 zugunsten der hinten beschriebenen Anlässe hatte sich schliesslich an der Optimierung aller Mittel (insbesondere der begrenzten Finanzen) und an der zuverlässigen Machbarkeit zu orientieren.

Die inhaltlich und organisatorisch bewusst unterschiedlichen, aber breit gefächerten Überführungsaktivitäten der F Div 6 wurden von insgesamt 40, angesichts der aktuellen ungünstigen Wirtschaftslage meistens nur punktuell eingesetzten Offizieren des Divisionsstabes vorbereitet und geleitet. Die vier Militärspiele der F Div 6 traten im ganzen Überführungsjahr 2003 im Rahmen von Dienstleistungen insgesamt an 24 Anlässen auf Stufe Division, Rgt oder Bat/Abt auf. Alle Überführungsanlässe wurden mit einem Maximum an milizmässig erbrachten Eigenleistungen durchgeführt und auch von Einzelsponsoren (Institutionen, Privaten und Firmen) verdankenswerterweise unterstützt.

Die Überführungsaktivitäten der F Div 6 im Einzelnen

VIDEO «Die Geschichte der Felddivision 6» (Januar 2003)

Im Rahmen des traditionellen Jahresrapportes der F Div 6 im Kongresshaus Zürich vom 11. Januar 2003 wollte der Kommandant neben einem Ausblick auf die Armee XXI auch einen Rückblick auf die reiche Geschichte der Division geben. So ist als Eigenproduktion ein Videofilm von über 50 Minuten Dauer entstanden, der mit den Rückblicken auf die Aktivitäten der F Div 6 in den Jahren 2001 und 2002 ergänzt ist. Angesichts des mehrheitlich «toten» Quellenmaterials in Form von Bildern und Büchern, die teilweise auf Flohmärkten in der ganzen Schweiz gefunden werden konnten, sind historische Szenen von rund 50 Angehörigen der Compagnie 1861 des Kantonalen Unteroffiziersverbandes Zürich und Schaffhausen (KUOV) in original historischen Uniformen der Zürcher Miliz nachgestellt worden. Alle noch lebenden ehemaligen Divisionskommandanten konnten ebenso ausführlich interviewt werden, wie zwei Zeitzeugen, die in der Zürcher Division als Soldaten Aktivdienst geleistet hatten.

VORBEIMARSCH nach der Volltruppenübung «FINALE» (19. März 2003)

Als Abschluss der Übung «FINALE» nahmen am 19. März 2003 alle Übungsverbände an einem Vorbeimarsch auf der Panzerpiste des Waffenplatzes Kloten-Bülach in Gegenwart von rund 1000 Zuschauern und 100 persönlich geladenen Gästen aus Politik, Wirtschaft (primär aus der Region) und Armee, darunter auch hochrangige deutsche Offiziere und eine Delegation von Artillerie-Aufklärungsspezialisten der Honourable Artillery Company London (HAC), teil. Der Vorbereitungsaufwand für diesen Anlass war wegen der zahlreichen Auflagen riesig und nur dank einem enormen Engagement der aktiven und «pensionierten» Verkehrs- und Transport-Offiziere aller Stufen unter Leitung des C Vrk+Trsp F Div 6 und des Eisb Of F Div 6 und vieler Dienstchefs (primär aus den Bereichen Sanität, Militärische Sicherheit und Kommissariatsdienst) sowie den Vertretern der Gemeinden, der Polizei, des Waffenplatzes Kloten-Bülach und der Unique Zurich Airport in 15 vordienstlichen Abspracherapporten zu bewältigen. Gleichzeitig war diese Herausforderung aber auch ein sehr positives kameradschaftliches Erlebnis! Die Marschreihenfolge der Verbände in der aktuellen Kampfgliederung, direkt aus der Übung «FINALE» kommend, war wie folgt:

1. Spiel Inf Rgt 26 (mit einem Platzkonzert vor der Tribüne)
2. Divisionskommandant auf seiner Kdt Staffel mit dem Fanion F Div 6
3. Inf Rgt 26 (–) mit rund 100 AdA zu Fuss
4. Div Stabsbat 6
5. Uem Abt 6
6. Pz Bat 6
7. L Flab Lwf Abt 6
8. Art Rgt 6
9. G Bat 4 (Gastverband aus der Pz Br 4)

Jeder Verband führte seine Fahne bzw. Standarte auf dem Spitzenfahrzeug mit und rollte mit rund 30 km/h auf der Panzerpiste an den Zuschauern vorbei. Die zahlreichen mitgeführten Anhänger boten auch Anlass für die humorvolle Bemerkung, dass es vor der Abstimmung dennoch erfreulich viele «Anhänger der Armee» gebe – eine Feststellung, die wahr werden sollte. Der Vorbeimarsch begann planmässig um 1330 Uhr und endete früher als geplant um 1530 Uhr. Das von vielen befürchtete Verkehrschaos auf dem öffentlichen Strassennetz im Grossraum Kloten blieb zum Glück aus. Nur wenige Stunden nach unserem erfolgreichen und friedlichen Vorbeimarsch begann der Angriff der Alliierten im Irak.

«FIRE N' ICE» – die F Div 6 als Ehrengast am AOG-Ball (22. März 2003)

Im Sinne eines gesellschaftlichen Kontrapunktes im Überführungsjahr nahm die F Div 6 als Ehrengast an den traditionellen Zürcher Offiziersball der Allgemeinen Offiziersgesellschaft (AOG) im festlichen Grand Hotel Dolder teil. Hoch über der Stadt Zürich tanzten rund 250 Paare in Anwesenheit von vielen Ehrengästen nach einem Apéro in der kühlen Eisbar schwungvoll bis in die frühen Morgenstunden. Neben den «Singing Pinguins» gab es eine Bar und sogar eine «Zigarren Lounge». Der Kdt F Div 6 schenkte als Hauptpreis für die Tombola ein altes Militärmotorfahrrad «Condor». Als «Glücksfee» des Abends zog Frau Regierungsrätin Rita Fuhrer das Los der Gewinner. Der stimmungsvolle Ball war ein bleibendes Erlebnis für viele tanz- und festfreudige Offiziere unserer Division.

Stimmungsvolle Eindrücke vom AOG-Ball im Grand Hotel Dolder (Bilder: Beyeler-Foto, Zürich)

BÖÖGG: Teilnahme der F Div 6 am Zürcher Sechseläuten (28. April 2003)

Umrahmt von farbenfrohen Jägern der Compagnie 1861 des Kantonalen Unteroffiziersverbandes Zürich und Schaffhausen (KUOV) in original historischen Uniformen der Zürcher Miliz eröffneten an einem überaus warmen Sechseläutenmontag, 28. April 2003, alle Fahnen und Standarten der F Div 6, eine kleine Delegation von ausgewählten hohen Offizieren und das Spiel des Stadtzürcher Inf Rgt 27 den traditionellen Sechseläutenumzug nach der berittenen Stadtpolizei und vor den Delegationen des Gastkantons Schwyz. Diese eindrückliche Abordnung im Ausgangsanzug (aus Rücksicht auf den Irak-Krieg und auf Wunsch des Zentralkomitees der Zünfte Zürichs) motivierte die zahlreichen Zuschauer bei sonnigem Frühlingswetter spontan zu anhaltendem Applaus und

Die F Div 6 eröffnet den Sechseläutenumzug 2003 mit dem Spiel Inf Rgt 27, einer Delegation von hohen Offizieren sowie all ihren Fahnen und Standarten, umrahmt von historischen Uniformen der Compagnie 1861 (Bilder: Beyeler-Foto, Zürich).

lösten in der Bevölkerung ein grosses, positives Echo aus. Zudem konnte die F Div 6 im offiziellen Sechseläutenprogramm auf insgesamt fünf Seiten nach einem Vorwort des Kdt F Div 6 ihre Geschichte darlegen. Divisionär Solenthaler war als Ehrengast auf den Vereinigten Zünften zur Gerwe und zur Schuhmachern eingeladen, wo er beim Mittagessen eine launige Rede hielt – mit einem Appenzeller-Witz sogar dem Gastkanton Schwyz trotzend. Oberst i Gst Stocker war bei der Zunft Oberstrass als Ehrengast geladen. Nach der Ankunft beim Böögg waren die Fahne des Inf Rgt 27 und die Standarte der Pz Hb Abt 16 auf der Zunft Fluntern im Restaurant «Lakeside» offiziell eingeladen. Die Teilnahme der F Div 6 am schönen Frühlingsfest der Stadt Zürich war die erste und zugleich die letzte in ihrer Geschichte – aber auch in derjenigen des Sechseläutenumzugs.

MUNOT: Übergabe eines Blockhauses mit Rastplatz und Feuerstellen für Behinderte als Geschenk an den Kanton Schaffhausen (22. Mai 2003)

Am neu eröffneten «Wanderweg für Behinderte» im Eschheimertal nördlich der Stadt Schaffhausen baute das G Bat 6 ein Blockhaus mit Rastplatz und mehreren Feuerstellen nach den Bedürfnissen der Behinderten. Die Bauten wurden am 22. Mai 2003 durch den Kdt F Div 6 mit einem Apéro im Beisein von zahlreichen Behördenvertretern den Behinderten und der Bevölkerung übergeben. Der symbolisch dafür übergebene Schlüssel war aus Brotteig und fand zusammen mit den abgegebenen Würsten ebenso Anklang wie das ganze «Geschenk» an den Kanton Schaffhausen selbst.

KYBURG: Vortrag des Divisionskommandanten auf der Kyburg (13. Juni 2003)

Im Rahmen des traditionellen Jahresanlasses der Offiziersgesellschaft Winterthur und Umgebung auf der Kyburg war der Kdt F Div 6 am 13. Juni 2003 als Gastreferent eingeladen. Unter dem Titel «Ausbildung in einer moder-

Der Divisionskommandant als Referent auf der Kyburg
(Bild: Sascha Kienzi)

nen Armee» erhielten die zahlreich anwesenden Gäste brandaktuelle Informationen über den neuen Lehrverband mit einem Standort in Winterthur sowie über die Ausbildung in der Armee generell. Als symbolischen Dank an die Region Winterthur lud anschliessend der Kdt F Div 6 alle Teilnehmer zu einem «Schlummertrunk» mit «Plättchen» ins Restaurant «Linde» ein.

ZÜRILEU: Standartenüberführung und Verabschiedung der Felddivision 6 auf der Zürcher Sechseläutenwiese (7. November 2003)

Schon früh war klar, dass die offizielle Überführungsfeier als militärischer Festakt mitten in der Stadt Zürich, auf der Sechseläutenwiese, stattfinden sollte. Sie wurde in Zusammenarbeit mit dem Militärprotokoll von einem Teilstab von rund 30 Offizieren und zivilen Partnern minutiös geplant. Zu diesem Festanlass wurden rund 300 Gäste aus Politik, Wirtschaft und Armee, zahlreiche Ehemalige sowie alle 1500 Offiziere der F Div 6 im Tenue Dienstanzug eingeladen. Alle Eingeladenen bildeten in einer angepassten militärischen Formation eine «Arena».

Nach der Eröffnung durch das Schützenspiel des Unteroffiziersvereins Zürich und die Alphorn-Gruppe Albisblick marschierten alle vier Regiments-Spiele jeweils zu ihren eigenen Regiments-Märschen ein. Jedes Regiments-Spiel hatte schon seit dem Morgen mit zahlreichen Platzkonzerten in den Stadtkreisen und Aussenquartieren zum Dank an die Bevölkerung aufgespielt. Der ganze Anlass wurde mit Reden umrahmt und moderat mit Symbolen aus der Vergangenheit, Gegenwart und Zukunft ergänzt. Festredner waren Bundesrat Samuel Schmid, Nationalrat Max Binder, Regierungsrätin Rita Fuhrer, Stadträtin Esther Maurer,

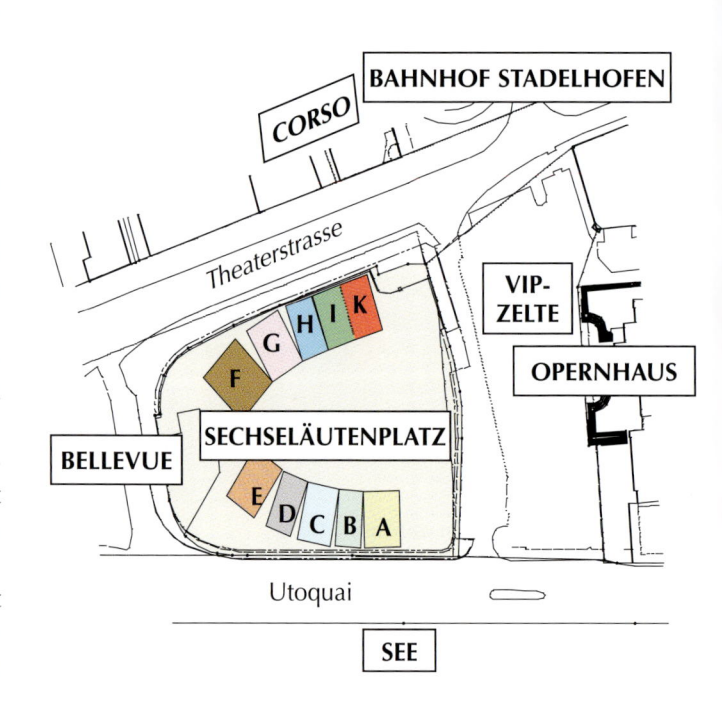

Aufstellung der Teilnehmer an der Standartenüberführung auf der Sechseläutenwiese (Grafik: Karl Schwegler AG) vor der traditionsreichen «Kulisse» des Opernhauses

Korpskommandant Ulrico Hess und Divisionär Hans-Ulrich Solenthaler. Die Eingeladenen und die Zürcher Bevölkerung konnten den Anlass dank Videoübertragung auf einer Grossleinwand mitverfolgen. Als Erinnerung an diesen Anlass wurde ein umfangreicher Festführer mit Aspekten aus der Geschichte der F Div 6 gedruckt. Nach dem Anlass konnten die Offiziere aller Stufen mit ihren Verbänden den Abend bei einem Nachtessen ausklingen lassen. Die Gäste wurden in militärischen «Party-Zelten» auf dem Platz mit einem Apéro aus der im Opernhaus eingerichteten Truppenküche bedient.

Die Geschichte der Felddivision 6 ist nun in zwei Büchern vollständig

Auf die offizielle Verabschiedungsfeier hin wurde die vollständige Geschichte unserer traditionsreichen Felddivision 6 aufgelegt. Das vergriffene Buch «Felddivision 6» von Robert Gubler, Brigadier a D ist in einer zweiten, unveränderten Auflage nachgedruckt worden. Gleichzeitig ist das vorliegende Buch mit vielen Bildern, Reminiszenzen und Impressionen erschienen. Die beiden Bände zeigen in unterschiedlicher Art den raschen militärischen Wandel als Faktor der gesellschaftlichen und politischen Entwicklung auf. Der zweite Band ist von zahlreichen Autoren inhaltlich bewusst heterogen und aus verschiedenen Perspektiven verfasst. Der reichen und vielseitigen Geschichte unserer Division soll damit umfassend und gebührend Rechnung getragen werden.

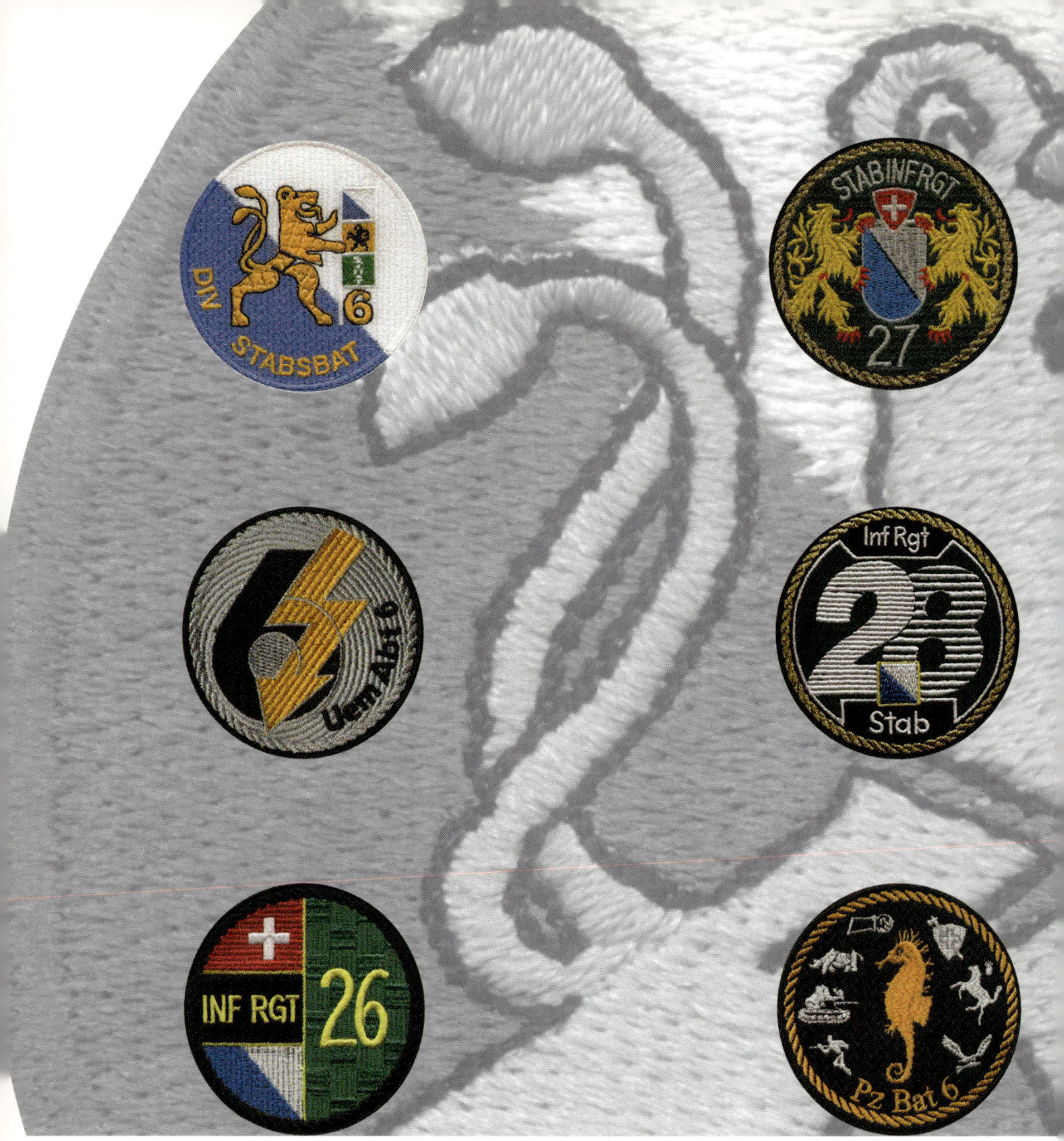
DIV
STABSBAT
6
STABINFRGT
27
Uem Abt 6
Inf Rgt
28
Stab
INF RGT
26
Pz Bat 6

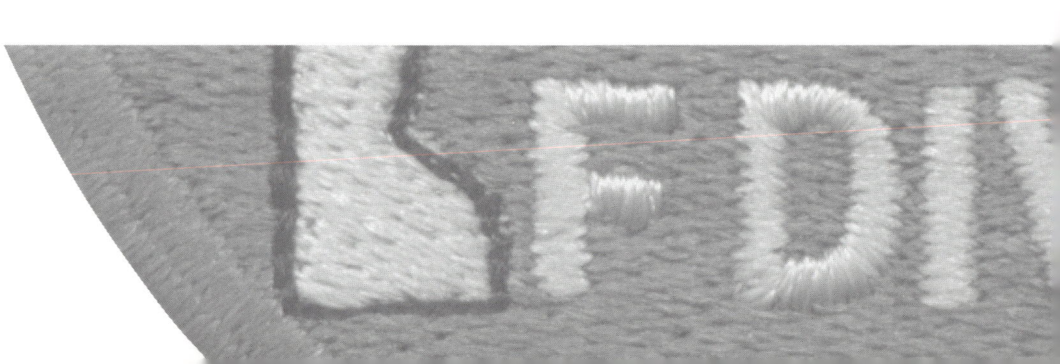
F DI

II. Kapitel: Die Entwicklung der Verbände der Felddivision 6

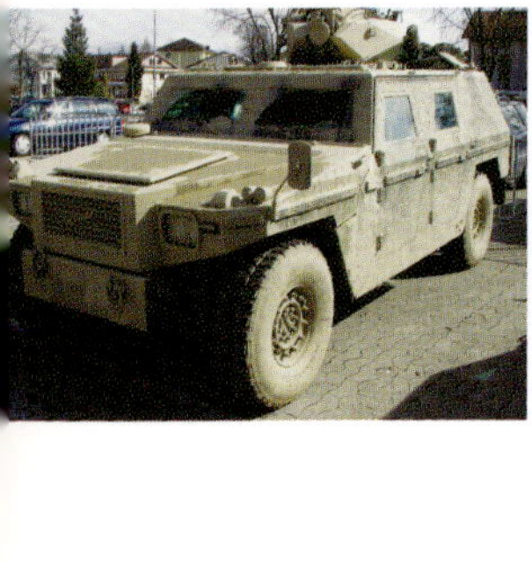
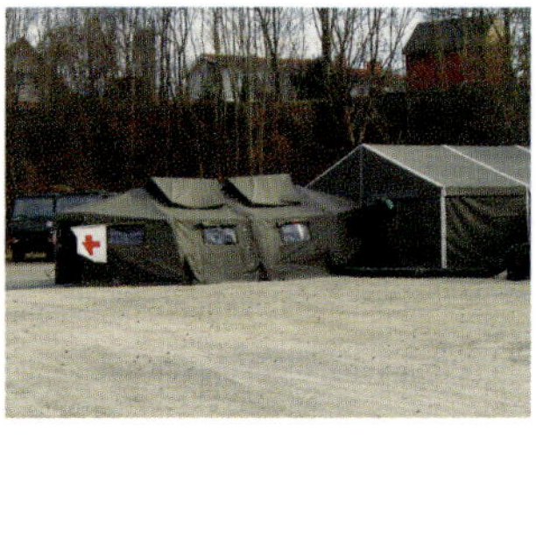
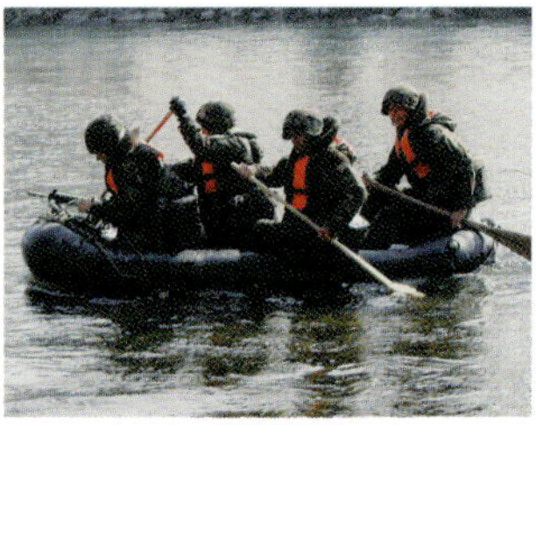
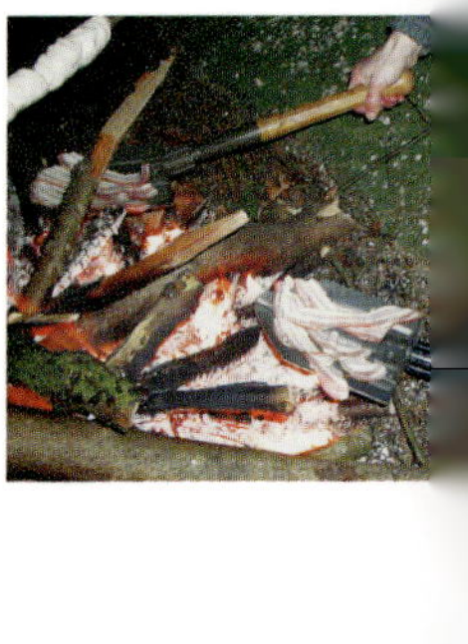

Div Stabsbat 6

Div Stabsbat 6

Oberstlt Alfred Jacober, Kdt Div Stabsbat 6 2000–2003

1990: Im Januar rückte das Div Stabsbat 6 zu seinem WK (22. Januar bis 10. Februar 1990) ein. Im Raume Zürichsee–Rüti–Sternenberg–Wila wurden vorwiegend KP-Bezug und KP-Verschiebungen trainiert und in mehreren Einsatzübungen unter Leitung des Bat Kdt getestet.

1991: Der WK fand im Oktober in der March und im Raum Iberg-Ägeri statt. Zentral war die Aufgabe, während einer Woche im Rahmen einer Stabs-Rahmenübung KP H und KP E für den Div Stab zu betreiben.

1992: Das Div Stabsbat 6 absolvierte seinen WK im Oktober in reduzierter Formation (nur die beiden Stabs Kp) am rechten Zürichseeufer.

1993: Der WK fand im Juni im Zürcher Unterland und im Rafzerfeld statt. Letztmals war die Mot Trsp Kp V/6 Teil des Div Stabsbat 6.

1994: Im Juni rückte das Div Stabsbat 6 wiederum im Zürcher Unterland in den WK ein. Die Str Pol Kp 6 absolvierte zum letzten Mal ihren WK mit dem Div Stabsbat 6. Zudem stellte das Bat die Infrastruktur für einen TTK in der Kaserne Teuchelweiher in Winterthur.

1995: Der Umbau im Rahmen der Armee 95 erfasste auch das Div Stabsbat 6. Die beiden Div Stabskp wurden zur Div Stabskp I/6 zusammengelegt und der Weggang der Str Pol Kp 6 und der Mot Trsp Kp V/6 wurde durch die Neubildung der San Kp III/6 «kompensiert». Seinen WK führte das Bat im Oktober/November im Säuliamt durch. Die Div Stabskp I/6 stellte in der Kaserne Reppischtal die Infrastruktur für einen TTK.

1996: Wiederum war der WK im Säuliamt. Erstmals absolvierte das Div Stabsbat 6 den WK in vollständiger, neuer Zusammensetzung: Div Stabskp I/6, Aufkl Kp IV/6 und San Kp III/6. Im Mai wurden in Übungen die neuen Strukturen gefestigt. Zudem war die Div Stabskp I/6 wiederum in der Kaserne Reppischtal für einen TTK Dienstleistungskompanie.

1997: Die Div Stabskp I/6 wurde im KVK/WK im November 1997 von der Kantonspolizei Zürich im Bereich Wachtdienst / Personen- und Fahrzeugkontrolle in Eschenbach ausgebildet. Das Schwergewicht lag auf der Verbandsausbildung mit den Hauptaufgaben: Bezug und Betrieb des Div KP (Div Stabskp

Personenidentifikation und Zutrittskontrolle zum Div KP im Fahrzeugdeckungsraum, WK 2003.

I/6), Bezug und Betrieb von Sanitäts-Hilfsstellen (San Kp III/6), Bezug und Betrieb von Aufklärungs- und Beobachtungsposten (Aufkl Kp IV/6).

1998: Der KVK/WK des Div Stabsbat 6 fand im September im Raum Bauma – Turbenthal – Russikon statt. Aus Bestandesgründen belegten die Stabskp I/6 und die San Kp III/6 in Russikon gemeinsame Räumlichkeiten (in den Folge-WK ist man jedoch wieder von diesem Konzept weggekommen. Eine brauchbare Alternative wäre einzig die Zusammenlegung von Kp inkl. Kommandostruktur). Das Div Stabsbat 6 stellte mit rund 150 Mann die Infrastruktur für den Sommermannschaftsmehrkampf vom 5. September 1998 (inkl. vorausgehendem Sportleiterkurs) in Bülach sicher, was praktisch das ganze Bat beanspruchte. Eine teilnehmende Stafette des Div Stabsbat 6 erreichte den guten dritten Rang.

Das Aufkl Fz 93 der Mech Aufkl Kp IV/6 nach einem Einsatz, WK 2003.

1999: Das Div Stabsbat 6 führte seinen KVK/WK im Oktober im Raum Zuckenriet – Oberbüren – Sulgen durch und war dem Inf Rgt 26 unterstellt. Die Aufkl Kp IV/6 – nachfolgend neu Mech Aufkl Kp IV/6 – war nicht im Bat Verband, da sie in Thun auf das neue Aufkl Fz 93 «Eagle» umgeschult wurde (UK I). Schwergewicht dieses WK war neben der Ausbildung in der üblichen Hauptaufgabe die Einführung von NGST für das Stgw 90, Restlichtverstärkern, Laserpointer und Richtladungen.

Die Neunzigerjahre zeichneten sich massgeblich durch technische Reformen und Neueinführungen aus: Neue Fahrzeuge (Puch, Duro, 6 DM, 10 DM, BMW Motorrad), Tarnanzug TAZ 90, CSA 90 und SM 90, Stgw 90, Nachtsichtgerät, Laserpointer, HG 85, Richtladungen, Panzerfaust (PzF) sowie Feldtelefon 96 wurden im Div Stabsbat 6 eingeführt. Ferner erhielt die Aufkl Kp IV/6 mit dem Eagle ein modernes, leicht gepanzertes Aufklärungsfahrzeug (Aufkl Fz 93) und wurde zusätzlich mit dem neuen Funkgerät SE 235 sowie mit Wärmebildgeräten ausgerüstet. Das Material der San Kp III/6 wurde um Sanitätszelte (San Zelte mit Heizaggregat und Stromgenerator) und

Der Sanitätscontainer der San Kp III/6

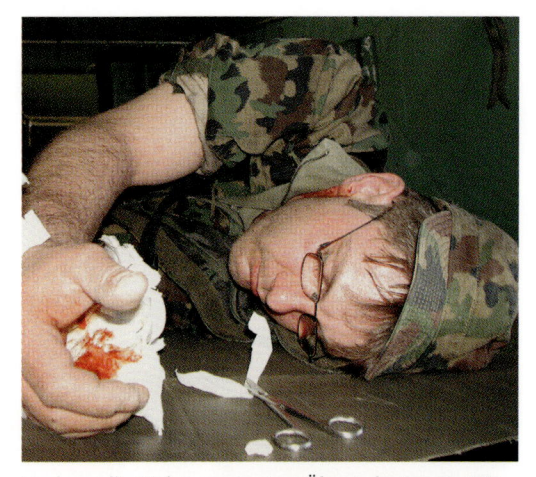

Nachgestellte Verletzung in einer Übung der San Kp III/6, WK 2003.

mobilen Sanitätscontainern (Behandlungscontainer und Materialcontainer) erweitert. Die Neue Gefechtsschiesstechnik (NGST) für Stgw und Pistole ersetzte die traditionelle Handhabung der persönlichen Waffen.

2000: Der WK des Div Stabsbat 6 fand im August im Raum Greifensee – Volketswil – Uster statt. Wiederum erfolgte eine Unterstellung, dieses Mal unter das Inf Rgt 28. Die Mech Aufkl Kp IV/6 genoss ein dienstfreies Jahr infolge der Umschulung auf das neue Aufklärungsfahrzeug 93. Schwergewicht dieses WK war die Vorbereitung auf die Truppenübung «COMPLETO» des Folgejahres. Zu diesem Zweck wurden Übungen in beiden «scharfen» Div KP durchgeführt. Hauptfokus der Ausbildung war der Bezug und die äussere Organisation von Div KP und San Hist. Als Konsequenz wurde die Personenidentifikation angepasst und nach «hinten» in den Fahrzeugdeckungsraum verlegt. Zudem konnte seit langem wieder einmal der Betriebsschutzzug durch das Festungswachtkorps ausgebildet werden.

2001: Der WK 2001 wurde im März im Raum Volketswil – Uster – Hinwil – Grüningen wieder als selbstständiges Bat durchgeführt. Die erste Hälfte dieses WK diente wiederum der Vorbereitung auf die Divisionsübung «COMPLETO», welche im KP vom 26. bis 27. März 2001 stattfand (Bf Ausgabe am 22. März 2001 in einem vorgeschobenen KP). Die Mech Aufkl Kp IV/6 wurde nach Abschluss des UK II am Freitag der 1. WK-Woche wieder in den Bat-Verband integriert und nahm an der U «COMPLETO» teil. Ein absolutes «Highlight» war die 72-stündige San U «AIUTO», in welcher über 70 zivile Samariterinnen und Samariter «engagiert» waren und die rund 110 Einsätze als Figuranten leisteten, die täuschend echt moulagiert wurden. Daneben

San Hist in der Übung «FINALE» in Kleinandelfingen, WK 2003.

waren noch rund 20 militärische Figuranten im Einsatz, so dass sich total etwa 150 Patienteneinsätze rund um die Uhr durchführen liessen. Die Übung fand sowohl auf der zivilen als auch auf der militärischen Seite grossen Anklang. Der WK 2001 wurde mit einem «Tag der Angehörigen» mit integrierter Fahnenrückgabe auf dem Gelände des AMP Hinwil beschlossen.

2002: Im Juni führte das Div Stabsbat 6 den KVK/WK im Raum Uster – Rüti – Eschenbach – Grüningen wiederum als selbstständiges Bat durch. Für die Div Stabskp I/6 ging es einerseits darum, die Lehren aus der U «COMPLETO» des WK 2001 umzusetzen, andererseits bereits Vorbereitungen für die Divisionsübung «FINALE» des folgenden Jahres zu treffen und gleichzeitig für den Sicherungszug die Panzerfaust einzuführen. Die San Kp III/6 war mit den Einführungen von NGST für die Pist 75, dem San Container und der Sauerstoffausrüstung sowie der obligatorischen Übung «AIUTO» (etwas reduzierter als im Vorjahr) völlig ausgelastet. Für die Mech Aufkl Kp IV/6 war der ordentliche WK-Betrieb nach der längeren «Dispensation», bedingt durch den UK, noch etwas ungewohnt und sie musste sich erst wieder an den Dienstbetrieb gewöhnen. Zudem war das Gros des Div Stabsbat 6 am 22. Juni 2002 für die Unterstützung des Militärwettkampfes am Zürcher Kantonalschützenfest engagiert.

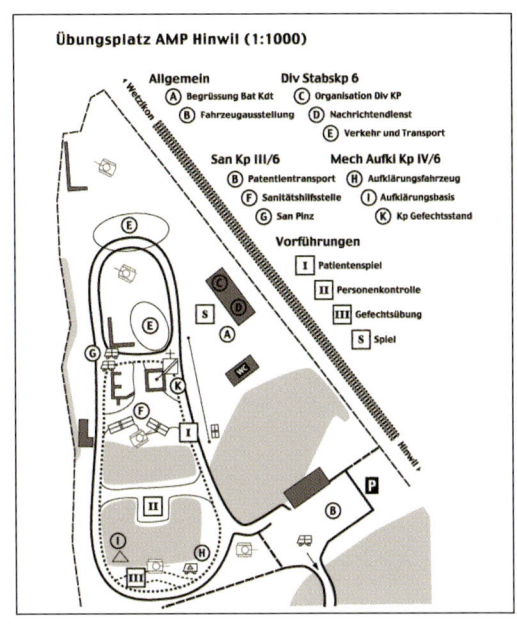

Räumliches Konzept für den Tag der Angehörigen Div Stabsbat 6, WK 2001.

2003: Der KVK/WK wurde im März im Raum Rüti – Eschenbach – Grüningen – Pfäffikon – Bauma durchgeführt. Das Div Stabsbat 6 wurde durch die Mech Aufkl Kp II/4 verstärkt. Die stattfindende Übung «MECANO» diente als Vorbereitung auf die Schlussübung der Division, die Volltruppenübung «FINALE». Diese begann für die Div Stabskp I/6 wie gewöhnlich schon lange vor dem eigentlichen Start der Übung, da die Infrastruktur (Div KP)

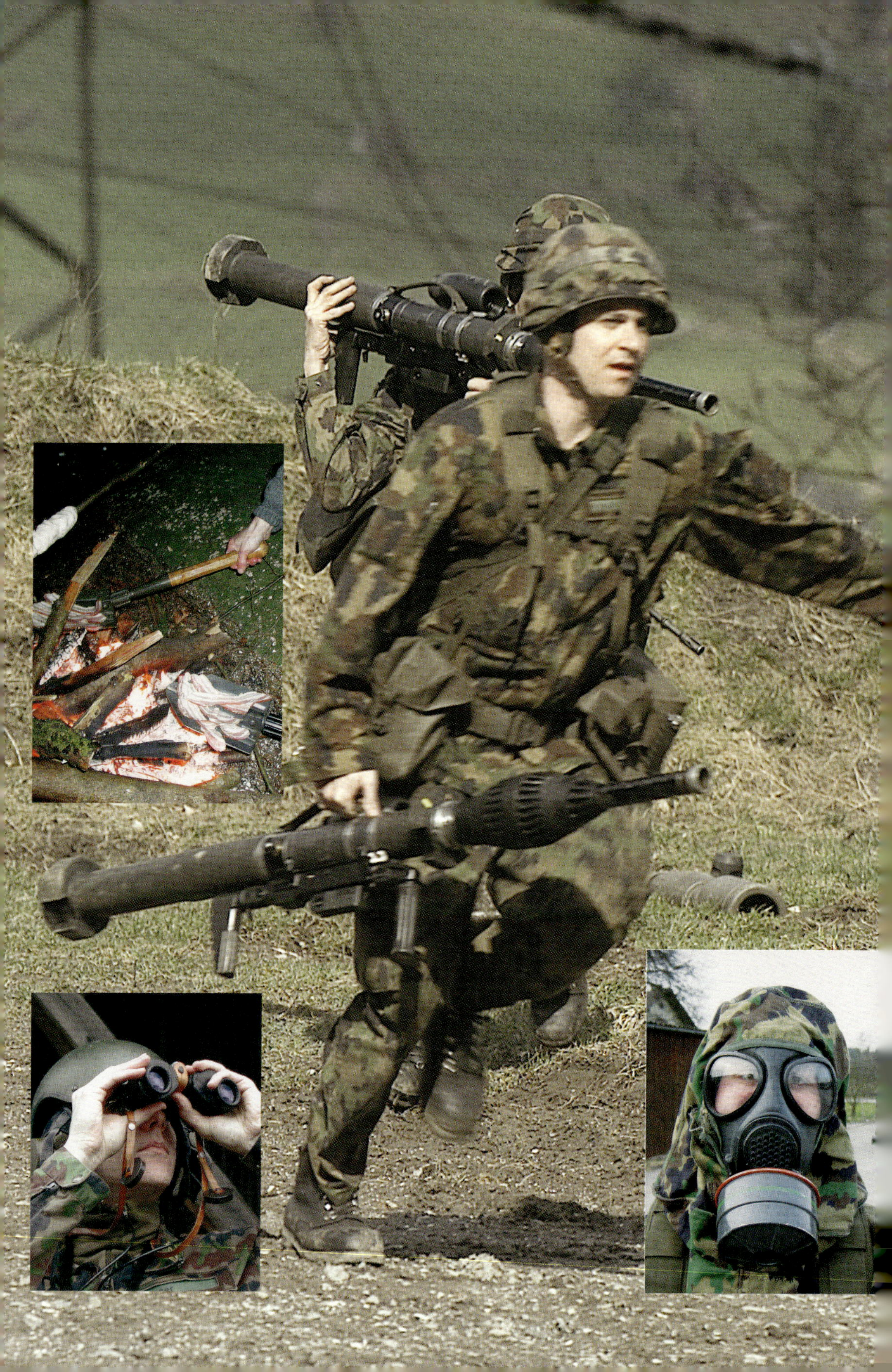

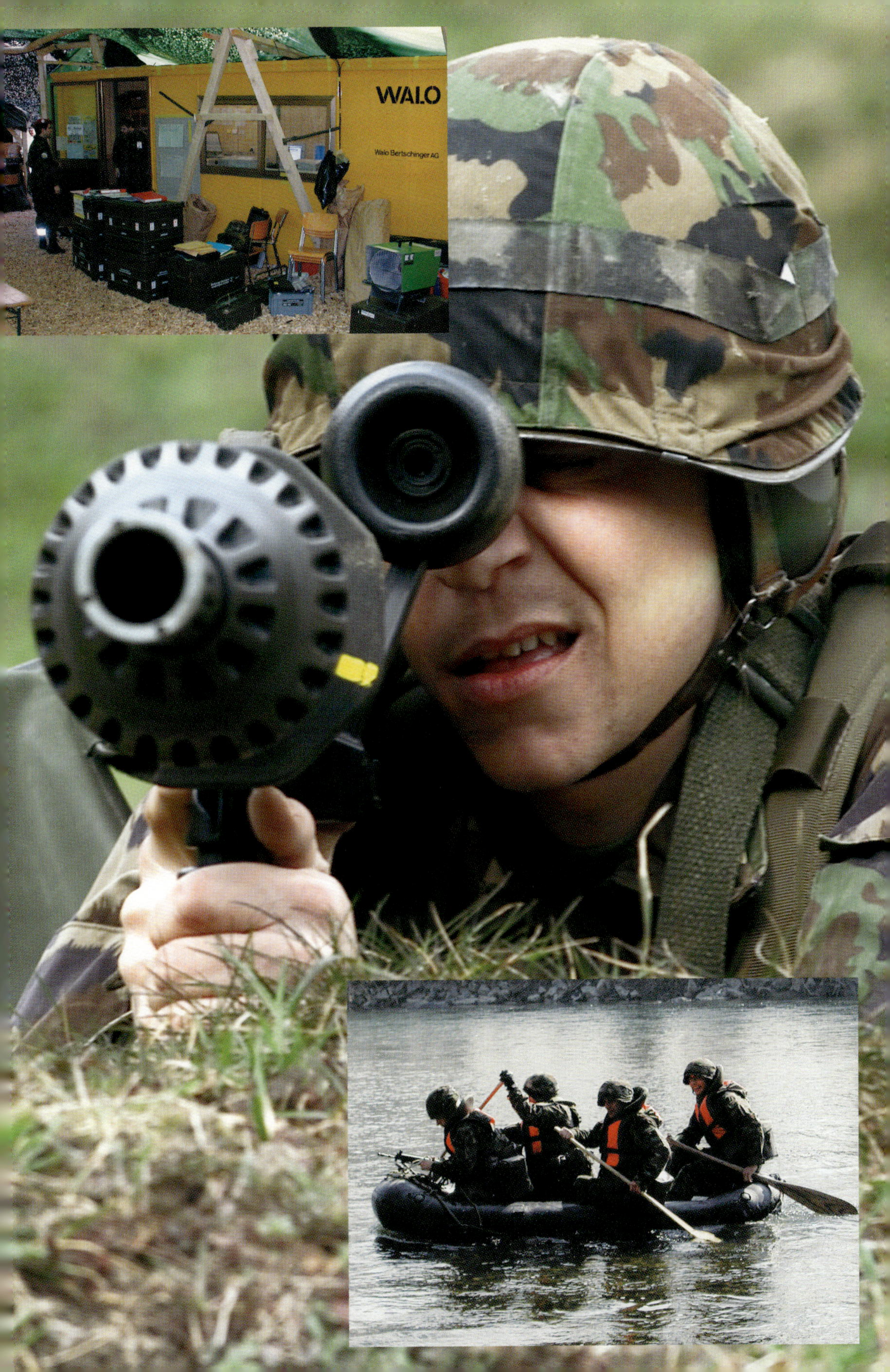
WALO
Walo Bertschinger AG

zum Zeitpunkt des offiziellen Übungsbeginns (17. März 2003) bereits voll funktionsfähig sein musste. Erstmals in der Geschichte der F Div 6 wurde der Div KP als «mobile Containerburg» betrieben (Standort Kleinandelfingen).

Auch die San Kp III/6 konnte die im WK 2002 neu eingeführten San Container erstmals in einer Gefechtsübung einsetzen, wobei sie diesmal mit eigenen Figuranten üben musste. Die beiden Mech Aufkl Kp (Mech Aufkl Kp IV/6 und Mech Aufkl Kp II/4 vom FAK 4) kamen schliesslich doch noch dazu, auf dem Schiessplatz Cholloch mit dem Mg 51 ab dem «Eagle» scharf zu schiessen. Die festliche Fahnenrückgabe in der Altstadt Rapperswil am 20. März 2003 setzte einen würdigen Schlusspunkt unter die Geschichte des Div Stabsbat 6. Damit meldete sich das Div Stabsbat 6 von der Armee 95 ab, um in die neuen Strukturen der Armee XXI überführt zu werden. Die offizielle Auflösung des Div Stabsbat 6 erfolgte per 31. Dezember 2003.

Resümee und Ausblick: Die Entwicklung aller Einheiten des Div Stabsbat 6 zur Führungsunterstützungsformation zeigt die zunehmende Gewichtung von Mobilität und Flexibilität, um rascher agieren und sich den Einsatzdoktrinen anpassen zu können:

- Basierten die Div KP ursprünglich auf atomsicheren «festen Anlagen», so werden diese in Zukunft vermehrt von mobilen KP-Containern abgelöst (analog «Camp Solenthaler» in der U «FINALE»). Diese müssen allerdings einen hohen Standardausrüstungsgrad aufweisen, um mit den «festen Anlagen» konkurrieren zu können. Entscheidend ist neben dem Ausrüstungsgrad vor allem der Zeitbedarf für das Einrichten und die Verschiebung eines KP.
- Ausrüstung der San Kp III/6 mit dem mobilen San Container (bestehend aus einem Behandlungs- und einem Materialcontainer) zur Ablösung der San Hist in Gebäuden oder Zelten.
- Ausrüstung der Mech Aufkl Kp IV/6 mit dem splittergeschützten Aufkl Fz 93 zur Mechanisierung der ursprünglich rein infanteristischen Aufklärung (auch mit Einsatz von Leichtfahrzeugen).

Die Mobilisierung und Modernisierung der Führungsunterstützungsformationen ist ein laufender und damit nie abgeschlossener Prozess. Viele Anforderungen sind noch nicht erfüllt und werden in den FU Formationen der Armee XXI bearbeitet: Ausrüstung mit technischem Be- und Überwachungsmaterial (Infrarot-Kameras, Digitalfunk, Informatikmittel usw.). Ich freue mich auf die Arbeit in den FU Formationen der Armee XXI. Es gibt viel zu tun, packen wir es an.

Die letzte Fahnenrückgabe des Div Stabsbat 6 in Rapperswil am 20. März 2003.

Div Stabsbat 6 (+) in der Aufstellung zur letzten Fahnenrückgabe: v.l.n.r.: Div Stabskp I/6, San Kp III/6, Mech Aufkl Kp

Salutschüsse der Ehrenkompanie (Compagnie 1861 des KUOV Zürich und Schaffhausen) eröffnen und beschliessen die Fahnenrückgabe 2003 des Div Stabsbat 6.

Aufkl Kp II/4, Fahnenzug.

Divisionär Hans-Ulrich Solenthaler dankt Oberstlt Alfred Jacober am Schluss der letzten Fahnenrückgabe des Div Stabsbat 6.

112

Uem Abt 6

Uem Abt 6

Oberstlt i Gst René Baumann, Kdt Uem Abt 6 2000–2003
Oberstlt Richard Gamma, CUD F Div 6 1996–2003

Seit 1992 hat die Übermittlung in der F Div 6 nicht nur den Übergang ins 21. Jahrhundert vollzogen, sondern – etwa nach dem Motto «vom Einzelblitz zum Netzwerk» – einen eigentlichen Sprung in ein neues Zeitalter. Dieser Sprung vollzog sich in zahlreichen einzelnen kleineren und grösseren Sprüngen auf technischer, aber auch auf organisatorischer Ebene. An Hand einzelner Episoden aus diesem Zeitraum soll dies dargestellt werden. Noch 1992 musste für eine Verbindung von der Division zu einem unterstellten Truppenkörper die Telefonkurbel gedreht werden und es meldete sich – wie im Zivilen 50 Jahre früher das «Fräulein vom Amt» – der «Pionier vom Dienst» mit der Frage: «Verbindung bitte?» Die Leitungskapazitäten waren sehr beschränkt und am aussichtsreichsten und vielfach auch qualitativ am besten war es, eine Amtsnummer zu verlangen, um den gewünschten Gesprächspartner zu erreichen. 1992 war zwar schon nicht mehr die schöne, Natel-lose Zeit, aber das Handy war doch noch nicht unverzichtbarer – und oft auch unüberhörbarer – Begleiter jedes Kdt und Stabsmitarbeiters. Man war noch auf die militärischen Kommunikationsmittel angewiesen.

1992 war schon die gesamte Palette der verschiedenen Übermittlungsmittel vorhanden, aber die Geräte basierten im Wesentlichen auf 20-jährigen und älteren Technologien und es gab keinerlei Vernetzung der verschiedenen Systeme. Entsprechend waren auch die einzelnen Kp der Uem Abt für einen ganz bestimmten, z.T. eng abgegrenzten Bereich der Übermittlung zuständig.

Die neue Epoche wurde 1993 eingeläutet: Die Uem Abt 6, verstärkt mit der Tg Kp IV/24, hatte damals die Chance, während eines ganzen WK für das FAK 4 die Systemprüfung des Integrierten Militärischen Fernmeldesystems durchzuführen, das sogenannte P-IMFS (beschafft worden waren Pilot-Komponenten). Der Schrecken beim Anblick der «Materialschlacht» war zu Beginn zwar recht gross, schlug aber trotz gewisser Kinderkrankheiten der Geräte bald in Begeisterung für das neue Material um. Der Schlussbericht, verfasst auf Grund einer mehrtägigen technischen Übung «PROVA» und einer Stabsrahmenübung «SALOMON», sprach für sich: «Das IMFS hat sich bei den Trp Versuchen der F Div 6 als robustes, flexibles und zukunftsgerichtetes Uem System erwiesen. Das System erwies sich sowohl als feld- und truppentauglich wie auch für den Einsatz bei einer Milizarmee absolut als geeignet.»

Der gewaltige Aufwand – für viele AdA der Uem Abt 6 verbunden mit einigen zusätzlichen Diensttagen – hatte sich gelohnt. Die Aussage des Leiters Versuchsstab P-IMFS, «So etwas werden Sie in Ihrem Übermittlerleben nur einmal erfahren», galt für den gesamten WK. Ein besonderes Ereignis blieb allen Beteiligten in Erinnerung: Wegen der riesigen notwendigen Menge an bestehendem Richtstrahlmaterial, insbesondere der seit langem eingeführten R-912, mussten auch Geräte aus dem FAK 2 eingesetzt werden. Diese hatten aber andere Spezifikationen, weshalb zwischen den Geräten aus den beiden Korps keine Verbindung möglich war. Dies wusste selbstverständlich niemand, hatte doch keiner je eine Übung mit zwei oder gar mehr Korps erlebt. Die Logistiker der Uem Abt 6 waren dann kurz vor der Betriebsbereitschaftszeit etwas gefordert, um den notwendigen Austausch der Geräte vorzunehmen.

Nach 1993 begann eine Durststrecke, während der es nicht immer leicht war, Truppe und Kader zu motivieren. Während vier Jahren mussten sich Betreiber wie Benutzer nämlich weitgehend mit dem alten Material begnügen, das zwar bewährt, aber bei weitem nicht mehr zeitgemäss war. Technische Ausfälle einzelner Komponenten, die langsam in die Jahre kamen, machten es auch nicht leichter, die Übermittlungsmittel den unterstellten Truppenkörpern und dem Div Stab zu verkaufen.

Erst 1998 begann das IMFS-Zeitalter definitiv, zumindest auf Ebene der Division. Die unterstellten Trp Körper, resp. die verantwortlichen Uem Of, konnten lediglich in Kursen und Truppenbesuchen während den Einsatzübungen der Uem Abt 1998 bis 2000 erste «IMFS-Luft schnuppern». Die praktische Zusammenarbeit Uem Trp – Uem Dienste musste noch bis 2001 warten. Ganz generell waren die Uem D bis zur Einführung der neuen Funkgerätefamilie SE-235 im Jahr 2001 mit den technischen Geräten nicht am Puls der Zeit. Zwar gab es punktuell Verbesserungen, aber der grosse Sprung blieb aus. Dass noch bis 2003 die Telefonzentrale 57 (57 steht für das Baujahr, immerhin 1957) mit dem «Na Sdt vom Dienst» und «Verbindung bitte?» ein wesentlicher Bestandteil der Telefonverbindungen auf Ebene Rgt – Bat – Kp darstellte, mag dies verdeutlichen.

So brachte denn das Jahr 2001 mit der Übung «COMPLETO» einen neuen Höhepunkt, konnte doch nach zweijähriger Vorbereitungszeit in einer Volltruppenübung die Zusammenarbeit der Übermittler aller Stufen und Truppengattungen erfolgreich erprobt werden, für die meisten silbergrauen wie farbigen Übermittler das erste Mal. Der Wermutstropfen, aber auch eine spezielle Herausforderung war, dass ein Teil der teilnehmenden Trp Körper noch mit den alten Funkgeräten SE-412/227 ausgerüstet war. Auch hier brachte es die Gesamtbeurteilung eines Rgt Uem Of auf den Punkt: «Die U «COMPLETO» war für die Zusammenarbeit ideal; es war ein grosser Quantensprung. Es wäre zu begrüssen, wenn in jedem WK speziell mit den Silbergrauen, das heisst mit der Uem Abt, trainiert werden könnte. Theorie ist gut, aber Praxis ist hundertmal besser, denn plötzlich werden nun die Mittel von den Benutzern genutzt!».

2002 erfolgte dann eine weitere Steigerung der Integration, indem die Vernetzung des Funksystems SE-235/435 mit dem bereits bestens eingeführten Ristl System von AdAmatisch auf automatisch umgestellt und zusätzlich die Kapazität wesentlich erweitert werden konnte. Mit der U «FINALE» konnte 2003 nochmals die Zusammenarbeit in einer Volltruppenübung erprobt werden. Der Sprung ins 21. Jahrhundert ist aus Sicht der Übermittlung gelungen und die silbergrauen wie farbigen Übermittler erweisen sich als fit für den Einsatz in der Armee XXI.

Letzte Fahnenrückgabe der Uem Abt 6 am 20. März 2003 in Kloten.

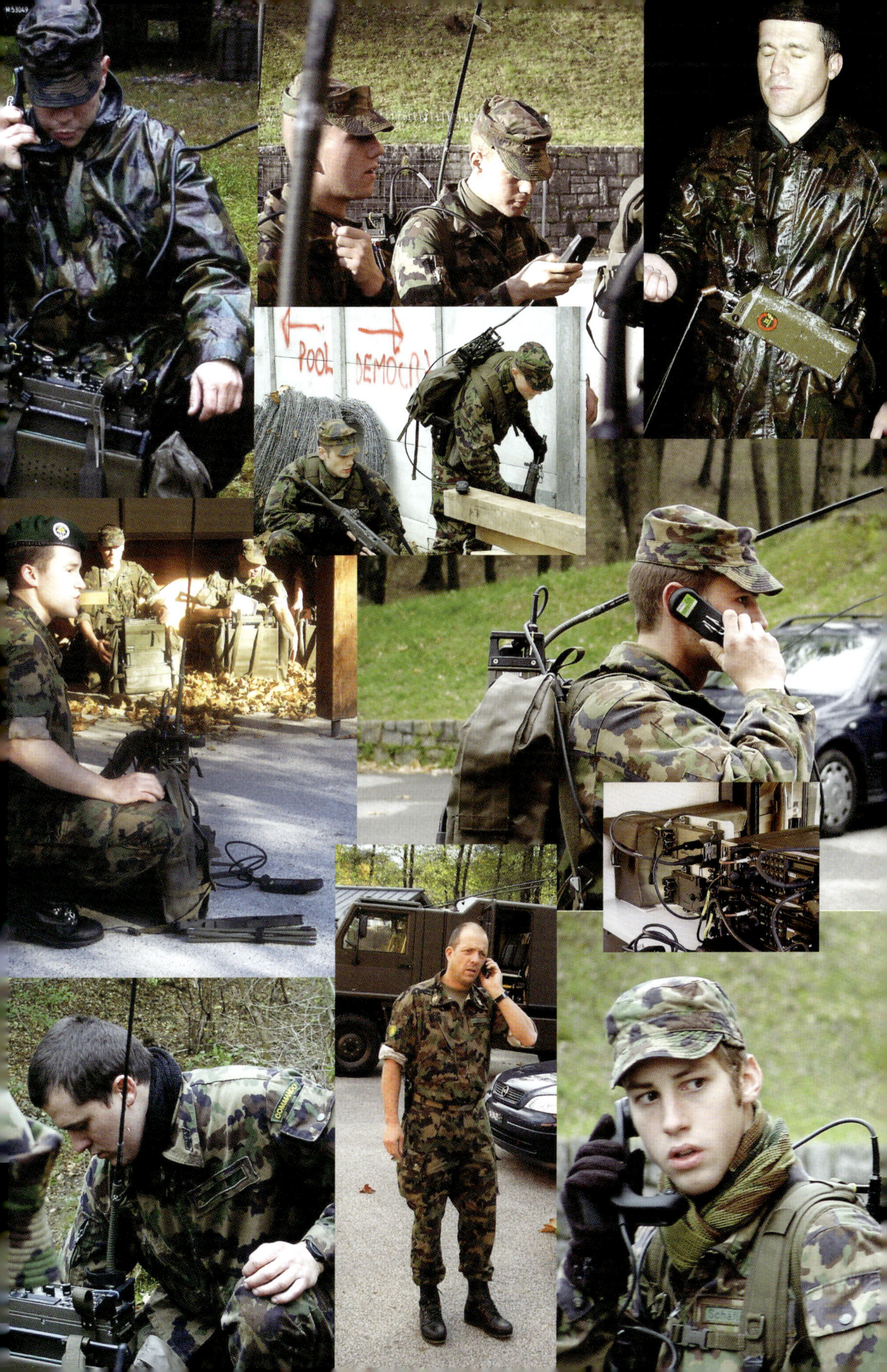
POOL
COMMANDO

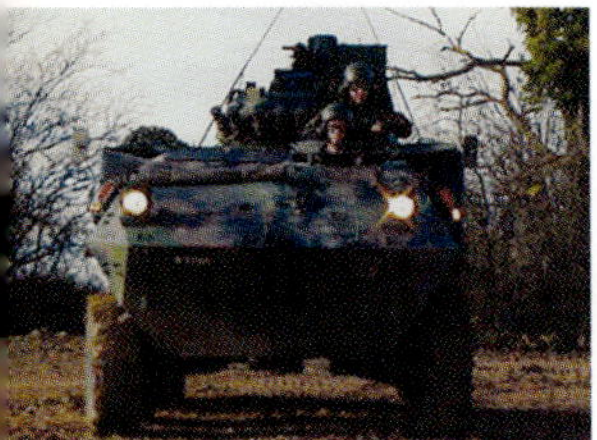
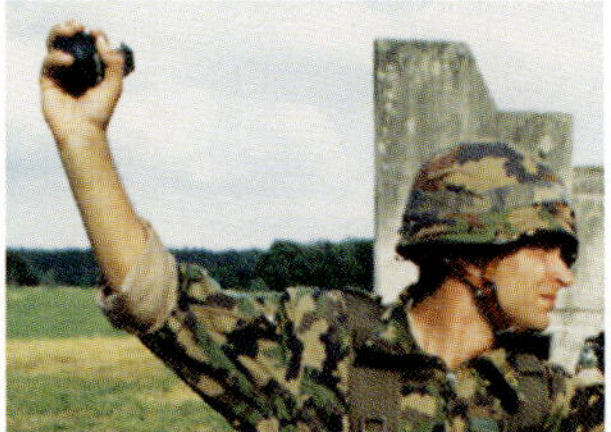
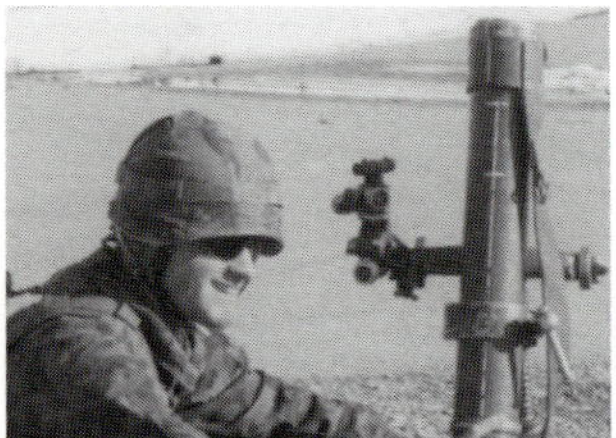
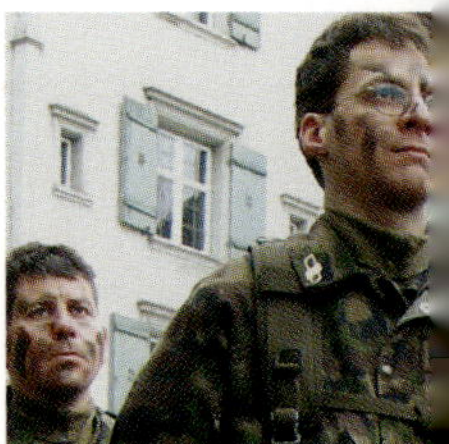

Inf Rgt 26

Inf Rgt 26

Oberst Walo Bertschinger, Kdt Inf Rgt 26 2001–2003

Die Wiederholungskurse des Inf Rgt 26 standen in den Jahren 1992 bis 1996 ganz im Zeichen der neuen persönlichen Ausrüstung und der modernen Bewaffnung der Infanterie. Die neue Ausrüstung und Uniform wurde von allen Wehrmännern bald einmal sehr geschätzt. Sie leistete für die unterschiedlichen Jahreszeiten und Witterungsverhältnisse und damit vor allem für die Arbeit bei Kälte, Hitze, Nässe und Schlamm ausgezeichnete Dienste. Die Ausrüstung mit der Grundtrageinheit erleichterte die Bewegungsfreiheit und optimierte die Handhabung der persönlichen Kampfausrüstung im Gefecht enorm. Gleichzeitig verbesserte die neue Uniform das Erscheinungsbild der Truppe.

Das Schwergewicht der Ausbildung musste während dieser Zeit auf die neue Bewaffnung der Infanterie gerichtet werden. Die allgemeine Umschulung auf das Sturmgewehr 90, auch mit dem Zielfernrohr (ZF), die Handgranate 85 und die Panzerfaust verlangten von den meisten älteren Wehrmännern eine völlige Umstellung und führten dazu, dass der Feuerkampf der Füsiliere von Grund auf neu erlernt werden musste. Es war aber allen bewusst, dass diese intensive Arbeit wesentlich zur gesteigerten Kampfkraft der Infanterie beitragen würde.

Im Jahre 1994 wurde die Neueinführung der topmodernen AC-Schutzanzüge ICS 90 und der Schutzmasken SM 90 als Pilotprojekt realisiert. Das Inf Rgt 26 startete damit als erstes Regiment in der Schweizer Armee in eine neue Ära des AC-Schutzdienstes, die weltweit keinen Vergleich zu scheuen braucht.

Die zugewiesenen Ausbildungs- und Schiessplätze konzentrierten sich neu in der Ostschweiz. Wiederholungskurse im Kanton Bern und in Graubünden gehörten damit definitiv der Vergangenheit an.

Den KVK / WK 1997 absolvierten das Inf Rgt 26 und das G Bat 6 im Raum Toggenburg – Zürcher Oberland – St.Gallen – Glarus und Linthtal. Nach der Grundeinführung der neuen Waffen und Gefechtstechniken ging es nun darum, mit den neu zugeteilten, hochmodernen Simulationsgeräten für Sturmgewehr, Panzerfaust und Panzerabwehrlenkwaffen den sehr realistischen Kampf auf Gegenseitigkeit zu fördern. Musste früher das gefechtstechnische Verhalten in Deckung und die Ausnutzung der Geländedeckungen praktisch befohlen werden, konnte die Gefechtstechnik in kurzer Zeit enorm verbessert werden. Wer die Deckungen nicht ausnutzte, riskierte umgehend ausser Gefecht gesetzt zu werden. Wie sich in den nächsten Jahren zeigen sollte, war diese Dienstleistung der letzte Wiederholungskurs, den das Inf Rgt 26 mit dem kompletten Regiment durchführen konnte, denn das Füs Bat 65 wurde zu diesem Zeitpunkt bereits administrativ auf das neue Mech Füs Bat 65 vorbereitet. Die Ausrüstung eines ganzen Bataillons mit den neuen Rad-Schützenpanzern war der Start zur völligen Neuorientierung der Infanterie. Die langsame, mühsame und ungeschützte Verschiebung ganzer Heerscharen und Generationen von Füsilieren und Mitrailleuren zu Fuss sollte innert Kürze ihr Ende finden. Die Mechanisierung der In-

Oberst i Gst Ernst Hungerbühler   Oberst Max Fenner

fanterie wurde zum Hauptausbildungsthema auf allen Stufen.

Der TTK 1998 in Birmensdorf stand bereits im Zeichen dieser Mechanisierung. Themen für die Offiziers- und Stabsausbildung waren die aktive Verteidigung und die Einsatzdoktrin eines Mech Füs Bat. Die Themen wurden nach interessanten Einführungsreferaten mit der taktischen Übung «NEPTUN» vertieft. Trotz dieser Quantensprünge wurde auch weiterhin grossen Wert auf die Kampfausbildung der Zugführer gelegt. Bei ihnen hatte nach wie vor die intensive NGST-Ausbildung mit dem Stgw 90 einen hohen Stellenwert. Denn diese neue Gefechtsschiesstechnik bildete die wesentliche Grundlage für die einwandfreie Auftragserfüllung bei Bewachungs- und Überwachungsaufgaben, bei Aufgaben also, die ab Mitte der Neunzigerjahre in einem immer intensiveren Rhythmus durch die Armee wahrgenommen wurden.

Der KVK/WK 1999 wurde durch das Inf Bat 26, Füs Bat 63 und Füs Bat 107 als Ausbildungs-WK detailliert vorbereitet. Zusätzlich sollte das Div Stabsbat seine Ausbildung im Rahmen des Inf Rgt 26 durchführen. Es war vorgesehen, unter Leitung des Div Kdt die Truppenübung «PANDORA» mit den Themen «Verhalten im Bereitschaftsraum, Verschiebung und Verteidigung durch Einsatzorientierte Ausbildung bei erhöhter Bedrohung (EAB)» zu absolvieren. Der Kampf im Vorgelände und der Häuserkampf sollten die infanteristischen Hauptthemen sein. Die Einführung des programmierbaren Rechners 98 der Sch Mw, des neuen Restlichtverstärkers und C Nachweisgerätes sowie des Feldtelefons 96 war parallel dazu vorgesehen.

Das Inf Rgt 26 war gleichzeitig Bereitschaftsregiment der Armee und hielt sich bereit, zur Unterstützung der zivilen Behörden, für den Assistenzdienst zur Betreuung von Asylsuchenden oder zur Bewachung von diplomatischen Vertretungen eingesetzt zu werden. Nachdem diese Ausbildung präzis vorbereitet worden war, wurde das Gros des Regiments unmittelbar nach dem Einrücken für die

Bewachung diverser Konsulate, Residenzen und Gebäude der UNO in Genf eingesetzt. Der damalige Kurden-Konflikt und die Verschärfung des Nahost-Konfliktes warfen ihre Schatten voraus. Die geplanten Ausbildungen und Übungen mussten zugunsten der nationalen Ruhe und Ordnung kurzerhand auf die nächste Dienstleistung verschoben werden. Die Pzj Kp 26 hatte dann doch zusätzlich die Gelegenheit, dem damaligen Oberkommandierenden NATO-General Wesley Clark im Raum Gossau das Können der schweizerischen Panzerjäger zu zeigen.

Das Füs Bat 65 führte in Bière im gleichen Jahr den KVK/UK I für Mech Füs durch. Die Ausbildung konzentrierte sich auf die Handhabung und Technik des Radspz 93. Damit konnte erstmals ein Teil der Füsiliere des Inf Rgt 26 konkret auf ihren zukünftigen mechanisierten Einsatz vorbereitet werden. Gleichzeitig wurde damit auch das Saatkorn für ein neues mechanisiertes Zürcher Inf Bat in der Armee XXI gepflanzt.

Das Inf Rgt 26 konzentrierte sich im Jahr 2000 auf die Offiziersausbildung in TTZ und TTK. Die intensive Stabsausbildung und die Fortsetzung der Ausbildung in Taktik und Mobilität standen im Vordergrund.

Das Jahr 2001 brachte dann wiederum einen KVK/WK. Diese Dienstleistung konnte nun endlich mit der von der F Div 6 geplanten U «PANDORA» gestartet werden.

Der Kampf der verbundenen Waffen auf Stufe Regiment und die intensive Verbandsausbildung zeigten ab WK-Start die Stärken und Schwächen im Gefechtsverband glasklar auf. Aufgrund dieser Erkenntnisse beschloss der Rgt Kdt, das Konzept der U «PANDORA» als

Basis für die ganze weitere Ausbildung unter seinem Kommando zu nutzen. Entsprechend gipfelte der WK in zwei Bat Gef U «REALITY», die im Raum Stein am Rhein – Diessenhofen – Stammheim den Kampf an den Rheinübergängen trainierten.

Der hohe Rhythmus der Einführung von neuen Waffen gipfelte für die Füsiliere in derjenigen des neuen Gewehraufsatzes 97, der vor allem im Häuserkampf eine wesentliche Kampfwertsteigerung der Infanterie bewirkt.

Die taktische Ausbildung der Stäbe und Offiziere des Regimentes und der Bataillone fand im Jahr 2002 im Taktischen Trainings Zentrum (TTZ) in Kriens LU statt. Durch die Koordination zwischen dem Div und Rgt Kommando konnte der bereits im Gelände praktisch durchgeführte Kampf an den Rheinbrücken im technologisch ausgereiften Taktik- und Führungs-Simulator mit der U «NEPTUN» verfeinert werden. Geländekenntnis, Auftragsanalyse und -erfüllung in echten Sperren und Stützpunkten und Perfektion der Feinddarstellung auf dem Computer entwickelten so über die Dienstleistungen von zwei Jahren eine überdurchschnittliche Einsatzbereitschaft des Inf Rgt 26 für einen möglichen Kampf am Rhein.

Oberst Walo Bertschinger

Die Verbandsschulung im Rahmen der EAB prägte auch den letzten WK des Inf Rgt 26 im Jahre 2003. Die Übung «INIZIO» führte das personell leider stark reduzierte Regiment in den Raum Fricktal – Staffelegg. Das Füs Bat 63, als Zusammenzug aus dem Füs Bat 107 und 63, und das Inf Bat 26 verschoben sich in der ersten WK-Nacht aus der Ostschweiz nach Baselland und trainierten während 48 Stunden intensiv den Kampf in einem Verteidigungsdispositiv in bisher unbekanntem Gelände. Auch hier waren Stärken und Schwächen der Verbände rasch festzustellen. Dieses Profil lieferte wertvolle Hinweise für die Schwerpunkte der Ausbildung während der folgenden zwei Wochen. Bei prächtigem Frühlingswetter konnten zusätzlich die Minenwerfer beider Kaliber im Säntisgebiet ihre Treffsicherheit und Schnelligkeit unter Beweis stellen. Das grosse Finale fand in der letzten WK-Woche mit der vom Div Kdt persönlich geleiteten und geführten U «FINALE» statt. Das Inf Rgt 26 hatte den Auftrag, die Rhein- und Thurübergänge im Rahmen der mechanisierten Verzögerung zu sichern und auf Zeit zu halten. Es zeigte sich dabei, dass die Verbands-Ausbildung der vergangenen Jahre Früchte trug und eine Zusammenarbeit über alle Stufen für den Gefechtserfolg entscheidend ist.

Das Inf Bat 26 wurde zuerst mit zwei Kompanien, dann mit dem ganzen Bat in der Stadt Bern zur Botschafts- und Residenzbewachung während der Irak-Krise eingesetzt. Schliesslich leistete das Mech Füs Bat 65 für das IAZ in Walenstadt den letzten Dienst eines Verbandes im Rahmen des Inf Rgt 26.

Fahnenübernahme Mech Füs Bat 65 am 28. April 2003 in Walenstadt.

WK Raum Toggenburg (Churfirsten).

Eindrücke aus dem letzten WK des Inf Bat 26

Oberstlt i Gst Markus Meile, Kdt Inf Bat 26 2001–2003

Allgemeines
- Das Inf Bat 26 bestritt nebst einem Ausbildungs-WK auch den Einsatz «GEPARD CINQUE» (Botschaftsbewachung in Bern).
- Während zu Beginn der WK-Planung für diesen Einsatz von einer Detachementsgrösse von rund einer Kp (ca. 100 AdA) ausgegangen wurde, so waren es zu WK-Beginn des WK 174 AdA und am Ende gar 267 AdA.

Personelles
- Von den WK-pflichtigen AdA (679) rückten 86% (586) ein. Die Einrückungsquoten reichten von 99% bei der Sch Mw Kp 26 bis 55% bei der Pzj Kp 26. $^2/_3$ der Dispensationsgesuche waren 14 Tage vor WK-Beginn bekannt. Bei der Pzj Kp 26 wurde während der letzten 14 Tage vor WK-Beginn rund $^1/_4$ des Kp-Bestandes dispensiert.
- Anlässlich der Sanitarischen Eintrittsmusterung wurden 4,1% des Einrückungsbestandes entlassen. Dies entspricht in etwa dem Wert der Vorjahre.

- Das Inf Bat 26 wurde durch die Gren Kp 34 und die FP Kp 92 verstärkt.
- Die Na Kp 26 und die Rgt Stabskp 26 wurden aus personellen und synergietechnischen Überlegungen zusammengelegt.
- Mit zwei jungen Zfhr wurden Personalgespräche betreffend weiterer Verwendung in der Armee XXI geführt.
- Mit zwei Of Anw und einem Anw für eine Stabsfunktion wurden Anwärtertests durchgeführt. Ein Of Anw erhielt den Vorschlag, ein Of Anw erhielt den «Kommt in Frage-Vorschlag», ein Stabsfunktions-Anwärter erhielt keinen Vorschlag.
- Drei Uof Anw erhielten den Vorschlag zum Unteroffizier.

Ausbildung
- Das Konzept der Startübung «INIZIO», mit der Möglichkeit einer Erstellung eines Leistungsprofils und dem Training von Schwächen bis zur Schlussübung «FINALE», bewährte sich.
- Mittels des Ausbildungscontrollings konnte das Niveau der Verbandsleistungen am Ende der U «INIZIO» festgestellt, während der U «TORNADO», «MOVE», «DMP TWO» und «LINTH» trainiert und in der Schlussübung «FINALE» teilweise angewandt werden.
- Die Ausbildung für den Einsatz «GEPARD CINQUE» wurde während des KVK durch das FWK Kdo 7 unterstützt. Während dem WK wurden die Detachemente 2 und 3 durch bereits ausgebildete und einsatzerprobte Kader der Gren Kp 26/34 ausgebildet.
- Die Ausbildungsunterstützung durch die Ausbildungsabschnitte 41, 42 und 43 war sehr gut. In enger Zusammenarbeit konnten die Ausbildungsplatzbedürfnisse im Zusammenhang mit der «GEPARD CINQUE»-Ausbildung einer Lösung zugeführt werden.

Telefon Z beim Leitungsbau am Kreisel von Frick, U «INIZIO», WK 2003.

Besuch des Kdt FAK 4 beim Stab Inf Bat 26 im Gef KP in Gais, v.l.n.r.: Wm Rüegg, Aufkl Zfhr, KKdt Hess, Hptm Zanatta, Kdt Rgt Stabskp 26, Oberstlt i Gst Meile, anlässlich der Übung «DMP TWO», WK 2003.

Übungen

Für die U «INIZIO» und «FINALE» muss der Inf Bat Stab ab dem Orientierungsrapport bis zur Befehlsgebung mit Teilen vertreten sein. Nur so können die Führung, die Infrastrukturen und die Logistik rasch und koordiniert zum Einsatz gelangen.

Infrastruktur

- Die Infrastruktur für eine Stabskp in Nesslau war ungenügend: Drei Ukft mit grossen Distanzen, boten eine suboptimale Lösung. Den durch den Kdt Rgt Stabskp mitgeteilten Einrückungszahlen wurde zu wenig Beachtung geschenkt.
- Die Ukft des Bat KP im Kapplerhof in Ebnat-Kappel war sehr zweckmässig und ermöglichte ein effizientes Arbeiten ebenso wie eine gute Erholung.

Varia

GEPARD CINQUE

Die Dynamik der bereitzustellenden Quantitäten im Zusammenhang mit der Bedrohungseskalation eines möglichen militärischen Schlages gegen den Irak überraschte das Bataillon ebenso wie die Tatsache, dass für die Anzahl an permanent stehenden Posten der Faktor 10 als Detachementsgrösse vorzusehen war.

- So ist es zu erklären,
  - dass geeigneten Unterkünften nicht mit letzter Konsequenz nachgegangen wurde,
  - dass die Präsenz vor Ort durch Teile des Bat Stabes gering war, und
  - dass sich der Kdo Weg über die Stufen Einsatzkommandant – Kdt Inf Bat – Kdt Inf Rgt – Kdt F Div als träge erwies.
- Als Lehren können gezogen werden:
  - Die Konzeptpräsentation der Organisation «GEPARD CINQUE» hat während des KVK zu erfolgen. So kann die Denkweise des Einsatzkommandanten mit den Möglichkeiten des Bat Kdt in Übereinstimmung gebracht werden.
  - Ein Teil des Bat Stabes hat mit der Personalplanung z G des Einsatzes «GEPARD CINQUE» beauftragt zu werden. So kann der Übersichtlichkeit und Präsentation der Bedürfnisse z Hd der vorgesetzten Kdo Stelle proaktiv begegnet werden.
  - Die Entsendung eines permanent anwesenden Verantwortlichen für die ärztliche Betreuung hat sich als richtig und wertvoll erwiesen.

San Z z G Spital Wattwil
In der zweiten Ausbildungswoche konnte für die San Sdt ein unvergessliches Erlebnis geschaffen werden. Diese wurden während fünf Tagen in den Pflegedienst des Spitals Wattwil integriert und dort auf verschiedenen Stationen verteilt, so dass sie die Patientenbetreuung realistisch praktizieren konnten. Das diesbezügliche Echo war sowohl von ziviler Seite als auch seitens der AdA durchwegs positiv.

Eindrücke aus dem letzten WK des Füs Bat 63

Oberstlt Martin Diethelm, Kdt Füs Bat 63 2000–2003

Kaltstart am Anfang vom Ende des temporären Füs Bat 170
Die sinkenden Bestandeszahlen in den vergangenen WK haben es erahnen lassen: Das Ende für Füs Bat 63 und 107 naht! Die «Schrumpftruppen» beider Bataillone wurden für einen WK in das temporäre Füsilier Bataillon 170 zusammengeschweisst. Gleich zu Beginn des WK stiegen wir in die Übung «INIZIO» ein und wurden so zu einem Kaltstart gezwungen. Neues Kaderteam, neues Bataillon, seit zwei Jahren keine Übung mehr und das alles irgendwo zwischen Armee 95 und Armee XXI. Ob das nur gut gehen kann? Das Resultat kennen wir mittlerweile: So übel war es gar nicht. Unser Apparat hat sich relativ schnell warm gelaufen.

«Wo mache ich dieses Jahr meinen WK?» habe ich mich vor zwei Wochen gefragt. Auf dem Aufgebot steht Füs Bat 63, der Kadi hingegen ist der Kadi vom «107ni». Als dann beim Einrücken viele bekannte, aber auch unbekannte Gesichter auftauchten, war die Verwirrung perfekt. Doch wir wissen ja, dass man sich im Militär mit etwas Flexibilität auf alle Situationen einstellen kann. Dies gilt auch für den ersten Leidtragenden des Temporären Füs Bat 170, unserem Adj Uof Freddy Derrer. Mangels Fahnenstoff konnte innert nützlicher Frist keine neue Fahne für das Temporäre Füs Bat 170 genäht werden, so dass Freddy gleich zwei durch den Stadtkern von Herisau tragen durfte. Zumindest arithmetisch ging das auf. Bataillonskommandant Oberstlt Martin Diethelm (Motto: «Der letzte WK, mir wänd's nomal wüsse!») hatte die Situation schnell erfasst. Seine Truppe (Motto: «Der letzte WK, lassen wir's sein») brauchte einen grösseren Motivationsschub, um den Kaltstart ohne «Motorenschaden» zu überstehen. Ob er dies mit dem Aufmarsch vor der wohlwollenden Bevölkerung von Herisau schaffte, welche den kurzfristigen Verkehrskollaps auch ohne Autogehupe ertragen hat?

In einer sternenklaren und bitterkalten Nacht ging es dann los Richtung Fricktal. Für den Funker Zug der Stabs Kp erwies sich der Start als zu kalt: alle Anhängerbremsen waren eingefroren. Somit musste das halbe Funkermaterial zurückgelassen werden. Mit etwas Sonnenschein am folgenden Morgen lösten sich auch diese ersten «Verkrampfungen». Und dank einem

Der Stab Füs Bat 63 zwischen AC-Teil- und Vollschutz, Teufen, 13. März 2003.

nicht sehr ereignisreichen ersten Übungstag konnte auch der entstandene Rückstand wieder aufgeholt werden.

Mittlerweile schwirrten die Regiments- und Bataillons-Inspektoren im ganzen Bereitschaftsraum umher, um jede Kompanie begutachten zu können. Die beispielhaft eingerichtete Stabs Kp hat scheinbar besonders Eindruck gemacht (Zitat Regiments-Inspektor: «In meinen 30 Jahren Armeezeit habe ich noch nie eine so gut organisierte San Hist gesehen...»). Jedenfalls drang der gute Ruf des temporären Füs Bat 170 anscheinend bis zum Regierungsrat nach Zürich, der sofort Regierungsrätin Rita Fuhrer für eine Besichtigung nach Appenzell delegierte.

Der zweite Tag war geprägt von Verbandsübungen, in welchen wir die meist befahrene Passstrasse der Schweiz, die Staffelegg, sperrten. Dass die feindlichen Markeure mehr die vorbei brausenden Brummis als den Gegner fürchteten, war da nicht erstaunlich. Vielleicht deshalb haben die Drehleuchten fleissig geblinkt und die Sim-Westen das Tal mit ihrem «Gepiepse» aufgeschreckt.

Und dann ging es wieder zurück ins Appenzellerland. Hätte da nicht ein Brückentransporter der Genie-RS die ganze Strasse versperrt, wäre auch die halbstündige Verspätung am Fixpunkt verhindert worden. Dafür empfing uns der frischgebackene Feldweibel im wahrsten Sinne des Wortes herzlich in der Unterkunft. Als hätte er es nie anders gelernt, meisterte er seinen Einstand mit Elan und Überzeugung.

Letzte Fahnenrückgabe Füs Bat 63, Kreuzbleiche, St. Gallen, 20. März 2003.

Eindrücke aus dem letzten WK des Mech Füs Bat 65

Oberstlt Christian Stucki, Kdt Mech Füs Bat 65 2002–2003

Unseren letzten WK, den wir noch in der Gliederung von Armee 95 leisteten, absolvierten wir im Raum Walenstadt – St. Lutzisteig, wo wir vom Regiment losgelöst als Übungstruppe zu Gunsten des IAZ Walenstadt zur Verfügung standen. Da wegen des von uns erwarteten Vollbestandes

Die künftige stufenübergreifende Zusammenarbeit wurde unter das Credo «MECH» gestellt («Mit Engagement, Courage und Härte»). Der neu auf allen Fahrzeugen aufgemalte Skorpion symbolisiert die zahlreichen Gemeinsamkeiten unseres Inf Bat 65 der Armee XXI.

das Füs Bat 107 aufgelöst wurde, trainierten wir mit zahlreichen «nicht-Radschützenpanzergewohnten» Füsilieren, was alle Stufen forderte. Darin bestand auch die wertvolle Chance, die im Rahmen der Armee XXI zu uns umzuteilenden Mannschaften und Kader bereits schon auf Mechanisierte Infanterie umschulen zu können.

Während in den ersten 2 Wochen die Kampfkompanien im IAZ zu Armee XXI-gegliederten Zugs- und Kompanieübungen anzutreten hatten, konnten wir mit der Stabskompanie die künftigen Elemente der mechanisierten Führung bereits vor der Einführung von Armee XXI aufbauen.

Krönender Abschluss des WK bildete die Rückmarschübung «MOVE». In Form eines bataillonsgeführten Gefechtstrainings ging es um die Schulung der Bewegungsführung und das 1:1-Überprüfen der im WK gefassten Entschlüsse und Kampfvorbereitungen. Aus einem Bereitschaftsraum Bütschwil wurde im Morgengrauen der mechanisierte Verteidigungseinsatz ausgelöst, worauf wir den Kampf mit Simulatoren auf Gegenseitigkeit führten. Die G Kp II/6 baute bei Weieren zu Gunsten unserer Beweglichkeit eine unterspannte Brücke über die Thur ein, wo wir insgesamt dreimal übersetzten.

Nach dem Lösen vom Gegner setzte sich das ganze Bat in den AMP Hinwil ab, wo direkt in die Armee XXI-Überführungsfeier übergegangen werden konnte. Diese Feier «LET'S GO» wurde als Bataillonsmittagessen in Form eines festlichen «Foodcourts» mit freien Fassstrassen organisiert, womit die künftige Durchmischung bzw. Umgliederung aller Kompanien des künftigen Inf Bat 65 symbolisiert werden konnte.

Let's go – wir sind bereit für die Armee XXI!

Die Übungsanlage «MOVE» im Rahmen einer verstärkten Infanteriebrigade und Armee XXI-Gliederung diente dem Kader während dem ganzen WK als Grundgerüst für Stabsübungen und andere Ausbildungssequenzen.

133

Eindrücke vom letzten WK des Füs Bat 107

Oberstlt Thomas Kindt, Kdt Füs Bat 107 2000–2003

Aufgrund der prekären, schwierigen personellen Ausgangslage, vor allem im Kaderbereich, wurde das Füs Bat 107 bereits im Jahr 2002 für die Vorbereitung des KVK/WK 2003 personell aufgeteilt. Mit diesem einschneidenden Entscheid für das Füs Bat 107 konnte jedoch sichergestellt werden, dass die übrigen Bat im Inf Rgt 26 über angemessene Bestände verfügten und so eine effiziente und glaubwürdige Ausbildung umgesetzt werden konnte. Dabei leisteten ca. 160 AdA ihren Dienst im Füs Bat 63 (KVK/WK 24. Februar bis 21. März 2003) und ca. 260 AdA ihren Dienst im Mech Füs Bat 65 (21. April bis 16. Mai 2003).
Mit der personellen Aufteilung des Füs Bat 107 haben alle «107er» und insbesondere die Kader dem Reformprozess Armee XXI und der Zukunft einen grossen, wertvollen und letzten Dienst erwiesen. Hoher Besuch wie im WK 2001 blieb diesmal jedoch aus

Besuch von Regierungsrätin Rita Fuhrer bei der Füs Kp I/107 mit (v.l.n.r.) Fw Roger Herzog, Oberstlt Thomas Kindt (Kdt Füs Bat 107), Oblt Christian Mühlethaler (Kp Of), Hptm Daniel Oriesek (Kp Kdt Füs Kp I/107), Eichberg, WK 2001.

Besuch von Regierungsrätin Rita Fuhrer beim Füs Bat 107 mit Oberstlt Thomas Kindt (Kdt Füs Bat 107), rechts versetzt mit Beret Maj Fritz Frischknecht (Adj Inf Rgt 26), Altstätten, WK 2001.

Fahnenübernahme Füs Bat 63 und 107 (bei genauerer Betrachtung sieht man die beiden Fahnen auf dem Bild), WK 2003. Fähnrich: Adj Uof Alfred Derrer (Füs Stabskp 107), Appenzell, 3. März 2003.

136

Inf Rgt 27

Inf Rgt 27

Oberstlt Daniel Rathgeb, Kdt Stv Inf Rgt 27 2002–2003
Hptm Christoph Brunner, Kdt Füs Kp II/67 1998–2003

Die Geschichte des Inf Rgt 27 in den Jahren 1992 bis 2003 soll mit den Worten eines seiner damaligen Kommandanten eingeleitet werden: «Wir sind im WK 2001 von einem heterogenen, bataillonsartigen Laden zu einem Regiment geworden.» Oberst i Gst Hans Hess, vom dem die Aussage stammt, führt diese Entwicklung auf die Art der Dienstleistungen zurück, welche in seinen Kommandojahren zu leisten waren. So war das Füs Bat 68 im Jahr 1999 mit der Flüchtlingsbetreuung in drei Kantonen beauftragt, während das Füs Bat 67 als Übungstruppe für die Schiessschule in Walenstadt eingesetzt wurde. Ungewöhnlich ist das allerdings nicht: Mit der Einführung der Armee 95 und dem damit verbundenen Zweijahresrhythmus für Wiederholungskurse dürfte der angesprochene Zustand der Heterogenität auf viele Verbände zugetroffen haben. Damit ist für Oberst i Gst Hans Hess aber auch klar, dass die eigentliche Arbeit des Inf Rgt 27 während seiner Kommandojahre oftmals auf den Stufen Bataillon, Kompanie und Soldat gemacht wurde. Für ihn gab es nur eine einzige Gelegenheit, seinen Verband als Ganzes zu führen – anlässlich der U «COMPLETO» kommandierte er ein verstärktes Infanterieregiment über mehrere Tage hinweg in einer Gefechtsübung im Raum zwischen Andelfingen und Pfungen.

Truppentransport mit dem «SUPER PUMA» anlässlich der U «COMPLETO»

Wird der Versuch unternommen, die Geschichte eines militärischen Verbandes zu schreiben, dann stellt sich unweigerlich die Frage nach den Eigenheiten und den herausragenden Figuren der betreffenden Formation. Letzteres zu beantworten ist im Fall des Inf Rgt 27 einfach, führte doch Ulrico Hess, der spätere Kommandant der F Div 6 und nachmalige Korpskommandant des FAK 4, diesen Truppenkörper von 1987 bis 1989.
Ihn näher vorzustellen, hiesse wohl Eulen nach Athen zu tragen. Eine einzige Begebenheit sei trotzdem erwähnt. Oberst i Gst Hess, im Winterthurer Mot Inf Rgt 25 «aufge-

Oberst i Gst Ulrico Hess (Bild: Privatarchiv Ulrico Hess)

Kdt, Adj und Qm Inf Rgt 27 beim Schlauchbooteinsatz (Bild: Privatarchiv Ulrico Hess)

Divisionär Ulrico Hess, Oberst i Gst Otto Frey und Command Sergeant Major George L. Horvath III von der US Army in Einsiedeln (1991). (Bild: Markus Kick)

Divisionär Ulrico Hess beim Besuch seines ehemaligen Stabes Inf Rgt 27.

wachsen», stellte sich als frisch gebackener Kommandant des Inf Rgt 27 wie folgt vor: «Mein Name ist Hess, aber ich bin nicht ‹dä Hess›.» So gesehen ist die Feststellung nicht übertrieben, dass das Inf Rgt 27 im letzten Jahrzehnt des letzten Jahrhunderts die F Div 6 massgeblich mitgeprägt oder gar alimentiert hat und zahlreichen Offizieren als Sprungbrett für höhere Aufgaben diente.

Für letzteres gibt es Hinweise: Major Robert Briner, Kdt i V im WK 1994, erinnert sich, dass zu jener Zeit die Bataillonskommandanten überdurchschnittlich starke Persönlichkeiten gewesen seien. Auch deshalb habe eine so grosse Zahl von Offizieren auf Kompanie- und Bataillonskommandant aspiriert wie nie zuvor. Viele von ihnen, so Major Robert Briner, bekleiden heute höhere Chargen. Auch der vom damaligen Kdt der F Div 6, Divisionär Ulrico Hess, initiierte und im Jahr 1990 erstmals durchgeführte Commandokurs hat seine Wurzeln im Inf Rgt 27. Nach seinen Dienstjahren als Kdt der Gren Kp 27 war es nämlich Hptm Robert Siegrist, der damals als «Commander» die Ausbildung der Aufklärer verantwortete.

Die Antwort auf die Frage nach den spezifischen Eigenheiten des Inf Rgt 27 fällt ungleich schwerer als die prägenden Charaktere zu benennen. Für den ehemaligen Kommandanten Oberst i Gst Hans Albrecht beispielsweise war eigentlich nichts speziell an seinem Verband. Er hält ihn für ein repräsentatives Abbild der Durchschnittszürcher. Etwas anders formuliert es Oberst i Gst Hans Hess: Für ihn besitzt das Inf Rgt 27 einen Charakter, der sich rund um die Stadt Zürich herum finden lässt. Geprägt wurde das Inf Rgt 27 aber sicherlich nicht einzig durch den zürcherischen Truppenkörper, sondern auch durch Charaktere und Führungsphilosophien seiner Kommandanten, die ihrerseits – wie bereits erwähnt – von der ausgeprägten «motivational leadership» eines Ulrico Hess profitierten. Das (inoffizielle) Motto des Inf Rgt 27 unter Oberst i Gst Otto Frey lautete: «Train hard, fight easy». Auch sein Nachfolger wählte diesbezüglich einen griffigen, neudeutschen Ausdruck: Für das Inf Rgt 27 galt unter der Führung von Oberst i Gst Kurt Vontobel die Devise «No Nonsense». Er legte grossen Wert darauf, dass während der Ausbildungssequenzen keine Zeit mit ziellosen Aktivitäten vergeudet wurde.

Major Robert Briner, der 1994 den erkrankten Regimentskommandanten vertrat, führte diese Linie fort. Major Robert Briner vermutet in diesem Zusammenhang, dass man bis Mitte der Neunzigerjahre noch davon profitierte, «richtig Militär machen» zu können. Man probierte, hart und zielgerichtet auszubilden, dabei aber das Formelle nicht zu übertreiben. Briner selbst legte den Schwerpunkt auf die Ausbildung der

Oberst i Gst Kurt Vontobel († 1995)

Stäbe, die seiner Meinung nach zu lange vernachlässigt worden waren. Den Stab des Füs Bat 67 beübte Briner bei dieser Gelegenheit mit einem fiktiven Bombenalarm im Hauptbahnhof Zürich. Unter Oberst i Gst Hans Albrecht wurde im Inf Rgt 27 ein Feedback-System eingeführt, das es erlaubte, den Kadern ihr Führungsverhalten aufzuzeigen (Pilotprojekt Feedback-Kultur WK 1995). Dies war Mitte der Neunzigerjahre nicht der einzige Input aus der zivilen Industrie: Albrecht setzte auch auf allen Stufen das Prinzip der leistungsorientierten Führung durch, bei dem das Erreichen eines Ziels honoriert wird. Oberst i Gst Hans Hess schliesslich war es ein Anliegen, das Potenzial Aller möglichst optimal zum Tragen zu bringen, weil er das für den entscheidensten Faktor für erfolgreiche Arbeit hält. Höhepunkte gab es in den 14 Jahren des Rückblicks zahlreiche, und eine Aufzählung an dieser Stelle bliebe unvollständig. Trotzdem verdienen einige «Highlights» eine Erwähnung. Unvergesslich wird allen Angehörigen des Füs Bat 67 die U «HARUS» bleiben, die 1991 im Raum Goldau und Zugerberg stattfand. Das Bataillon hatte sich dabei auf engen Strassen verfahren und es dauerte Stunden, bis alle Fahrzeuge gewendet, aufkolonniert und erneut abfahrbereit waren. Neben der bereits erwähnten U «COMPLETO» war es vor allem die dreitägige U «SCIROCCO» im Jahr 1995, die das gesamte Inf Rgt 27 und das G Bat 6 forderte. Auf der SBB-Strecke Etzwilen–Winterthur galt es, heikle Abschnitte und eine Zugskomposition zu sichern. Von gravierenden Tiefschlägen blieben Truppe und Kader in all diesen Jahren verschont. Allerdings ist Oberst i Gst Albrecht eine bleibende Enttäuschung nicht erspart geblieben: Er hatte die Absicht, den WK 1995 in der Stadt Zürich durchzuführen. Albrecht ist noch heute überzeugt, dass dies mit etwas gutem Willen aller Beteiligten und unter Einbezug der Standorte Birmensdorf, Allmend Brunau und sogar der Sechseläutenwiese organisatorisch möglich gewesen wäre. Letztlich fehlte aber sowohl das Interesse als auch die Unterstützung von Seiten der Politiker und Behörden.

12 September 1995   **Inf Rgt 27**

«Scirocco»: Sondereinsatz a

Regimentsübung stellte die Zusammenarbeit von Inf Rgt 27 und G Bat 6 auf eine harte Probe. Dabei sicherten e

Baute innert kürzester Zeit eine Kombinierte Brücke über die Thur: Sap Kp I/6.

Sappeure unterstützen und überwachen das Einfahren der Brücke.

«Geile Sache»: Gren Gfr Pascal Leibacher b

Inf Rgt 27 September 1995 13

chiene und Brücke

der Infanterie eine Eisenbahnstrecke mitsamt einem Zug

In der letzten WK-Woche blies im Inf Rgt 27 nochmals ein heftiger Wind: Die Übung «Scirocco» stand auf dem Programm. Zur modulartig zusammengesetzten, gut zweitägigen Truppenübung gehörte unter anderem die Schulung der engen Zusammenarbeit des Inf Rgt mit dem G Bat 6. Die Übungsanlage umfasste eine eigentliche Brückenbau-Competition: Im Rahmen eines Gefechtstests waren drei Flussübergänge zu queren. Ein Novum stellte die Sicherung einer Eisenbahnlinie dar. Als Trainingsfeld diente die SBB-Strecke Etzwilen–Winterthur. Aktuelle Aufgabenstellung: Die Bewachung heikler Abschnitte und Gebäude – zum Beispiel Bahnhöfe oder Trafostationen – sowie die Sicherung und Begleitung eines Zuges. Hier kam die Gren Kp 27 zu einem «Sondereinsatz». (dw)

...urgauischen Etzwilen. (Bilder: Kpl Michael Gut)

Impression eines Grenadiereinsatzes.

Für das Inf Rgt 27 gilt für die Jahre 1992 bis 2003 das, was für viele Verbände auch gilt. Eine Aussage von Oberst i Gst Hans Hess bringt aber vielleicht eine Stimmungslage des «27» auf den Punkt, welche sich in dieser ganzen Zeitspanne bestätigte: «Ich glaube nicht daran, dass man im absoluten Sinn ‹the best› sein muss – aber man sollte das Gefühl haben, dass man zusammengehört.» Ebenso wie für jeden vergleichbaren Truppenkörper gilt auch für das Inf Rgt 27, dass alle ehemaligen Angehörigen sich an die geleisteten Dienste zurückerinnern werden. Aber das «27» dürfte das einzige Regiment sein, welches auf einem Schweizer Autobahnteilstück seine Spuren bis heute sichtbar hinterlassen hat: Die im Jahr 1991 für den gigantischen Vorbeimarsch im Knonauer Amt angebrachten Markierungen sind noch heute zu erkennen.

Oberst i Gst Hans Hess

Oberst i Gst Karl Heinz Graf

Vorbeimarsch Inf Rgt 27, Frauenfeld, 2001

Gemeinsame Fahnenrückgabe Füs Bat 67, 68, 69, 5. April 2001

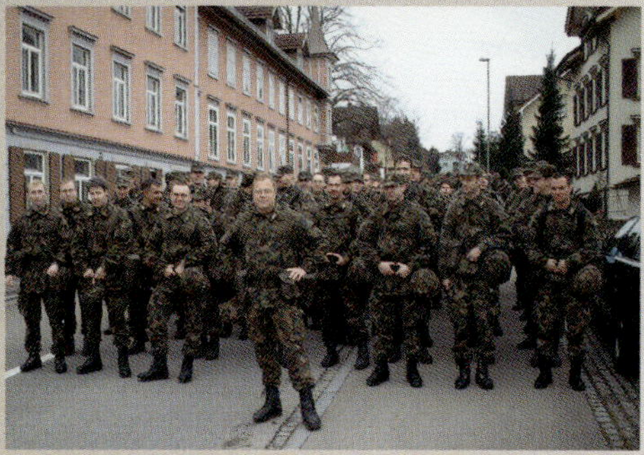
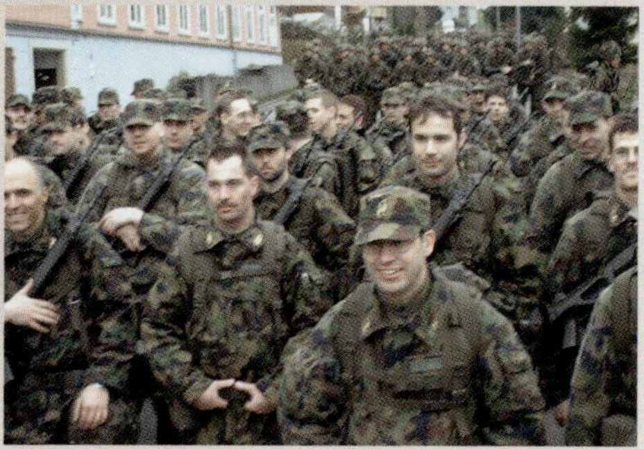
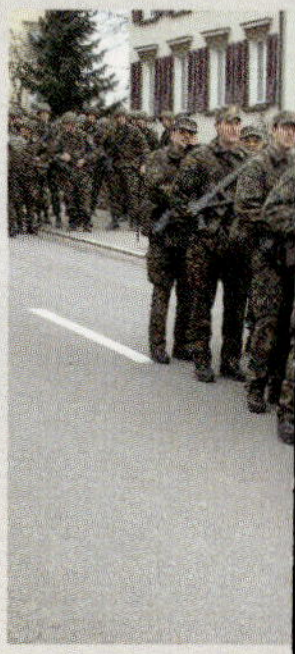
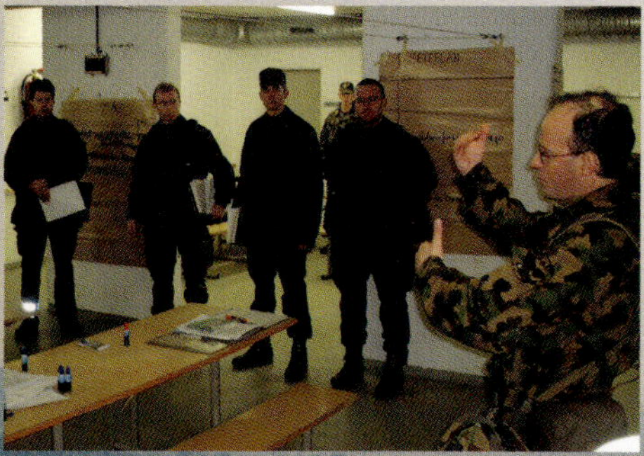
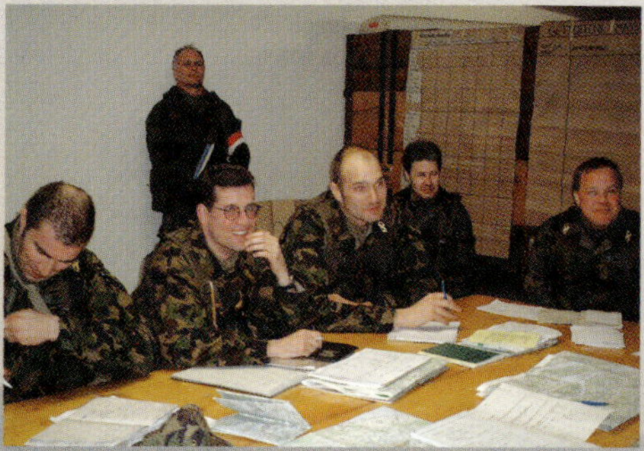
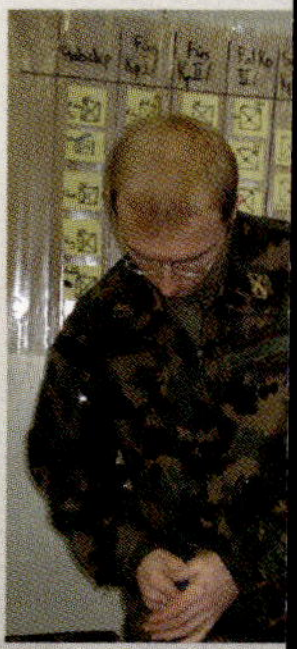
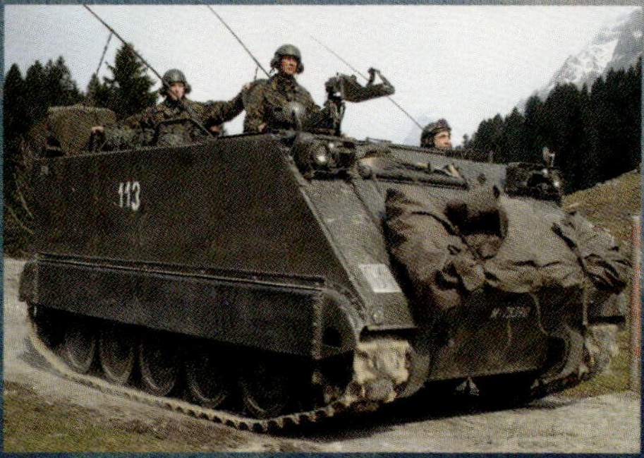
113
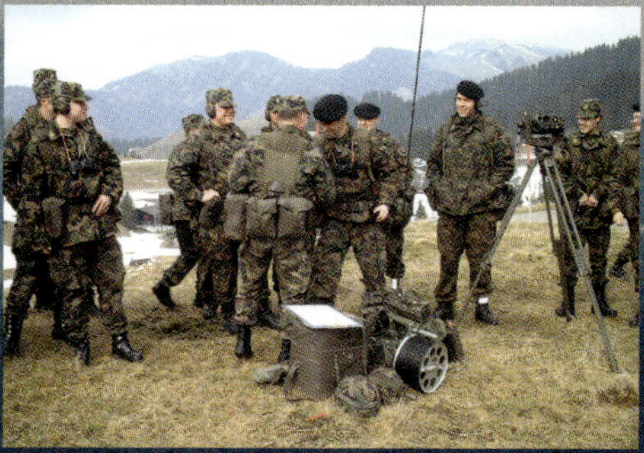
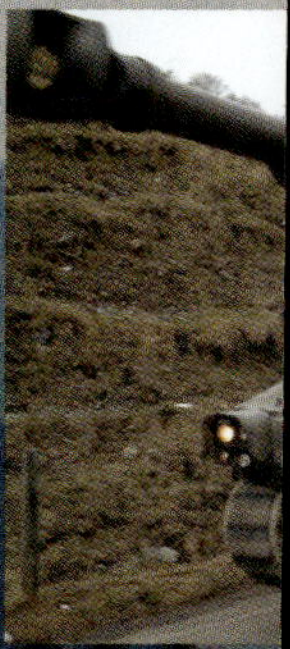
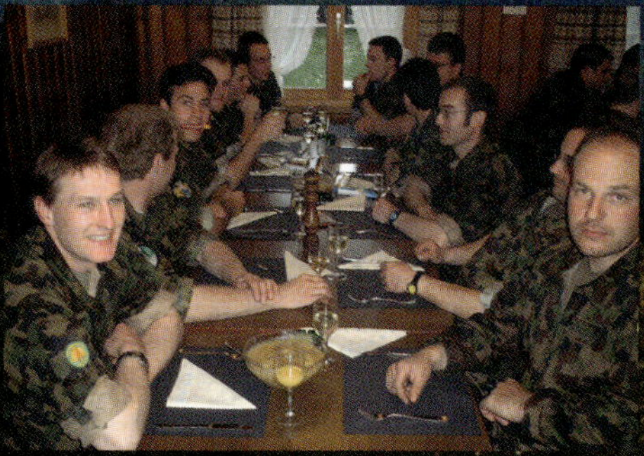
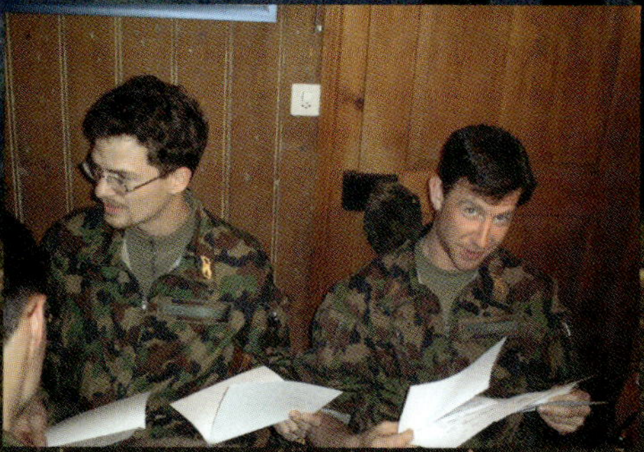
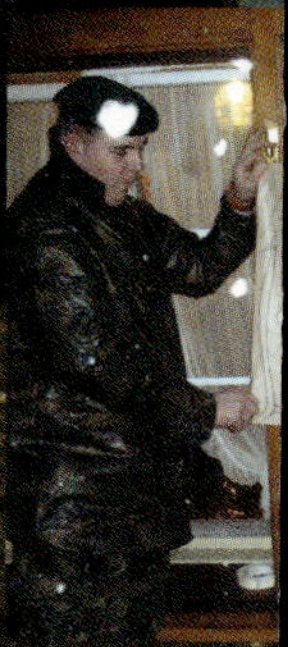
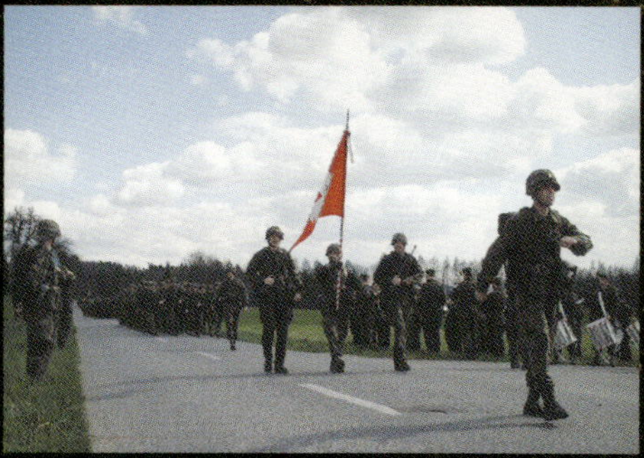
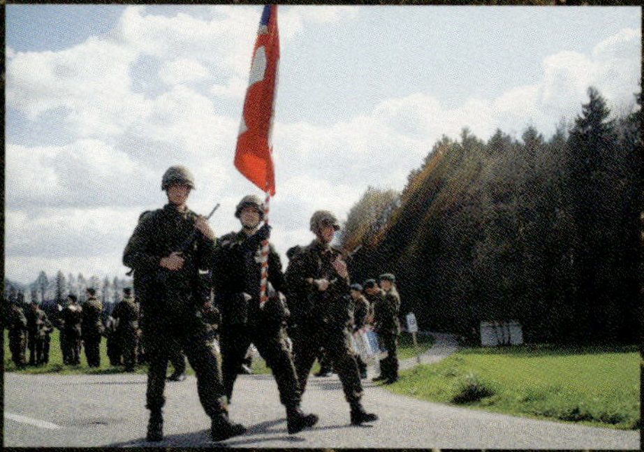
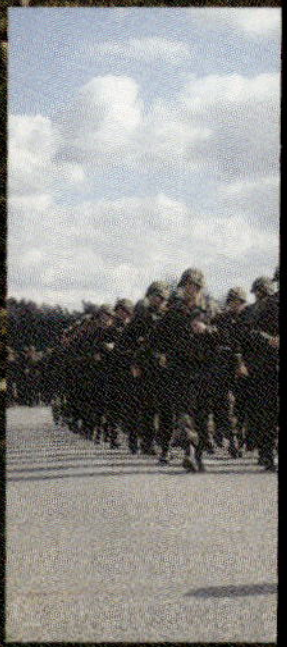

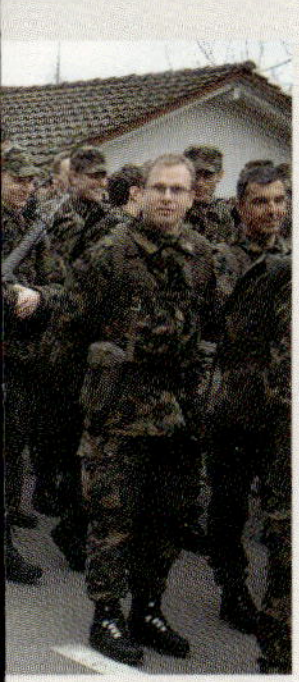
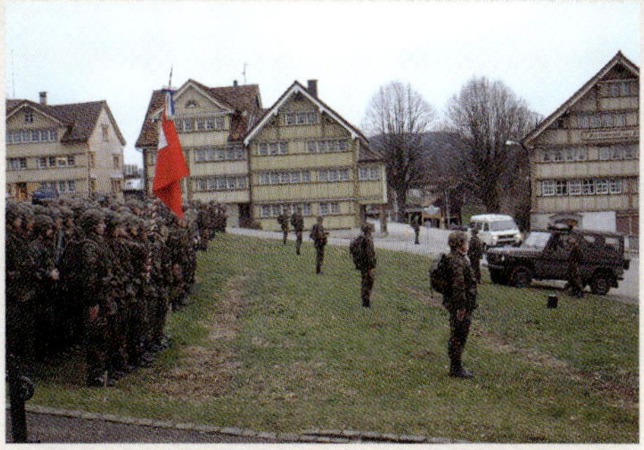
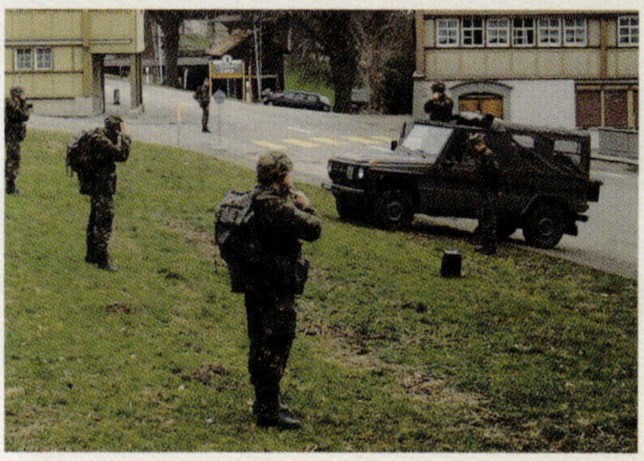
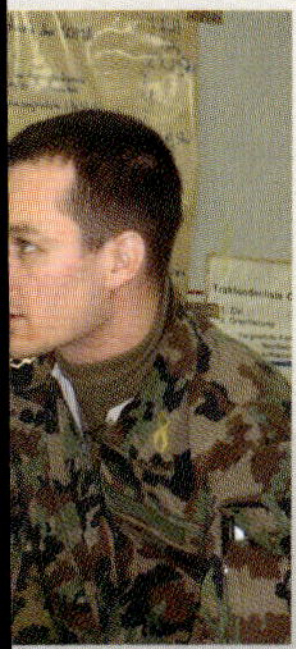
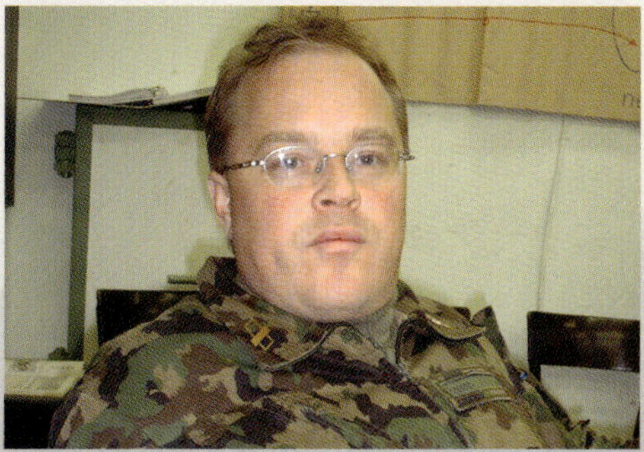
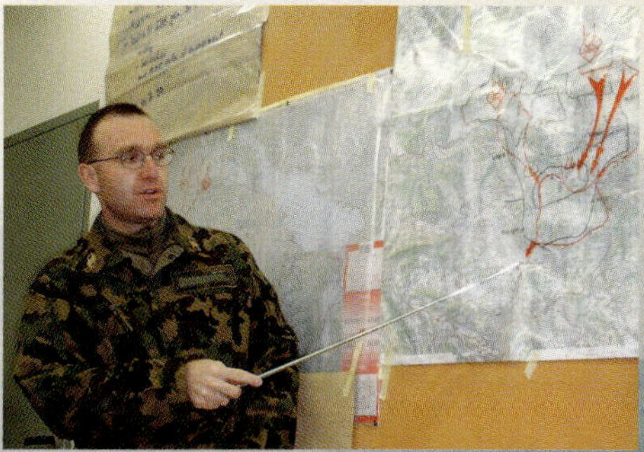
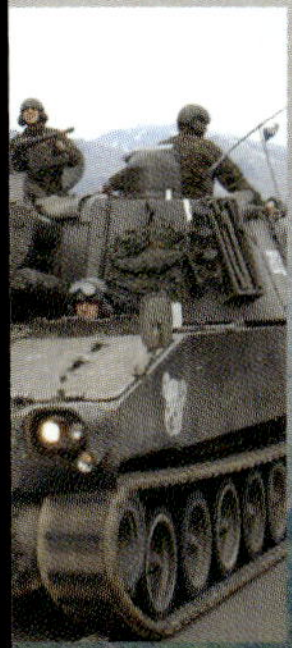
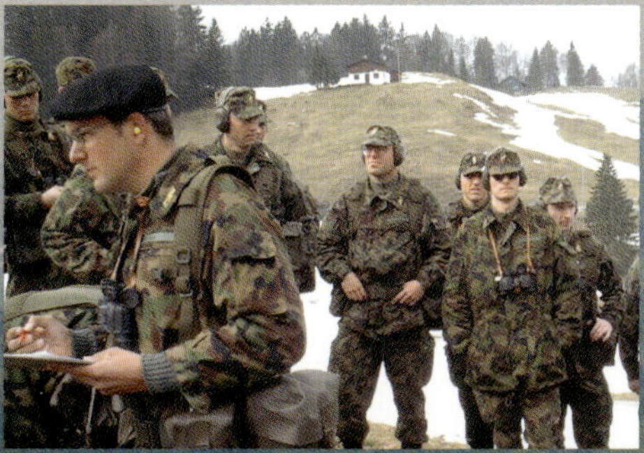
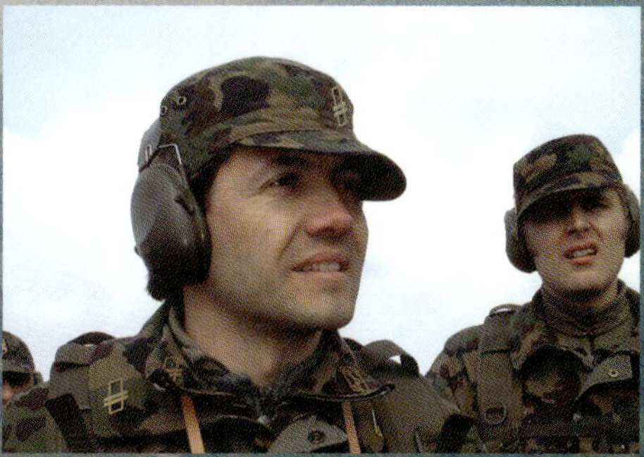
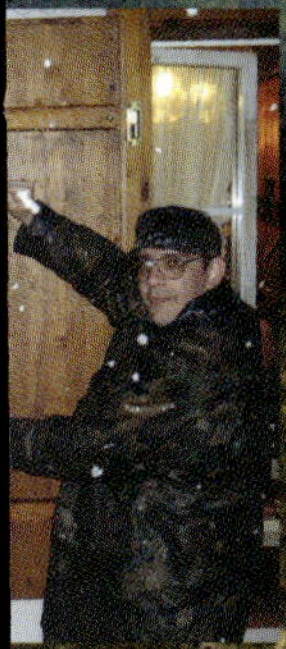
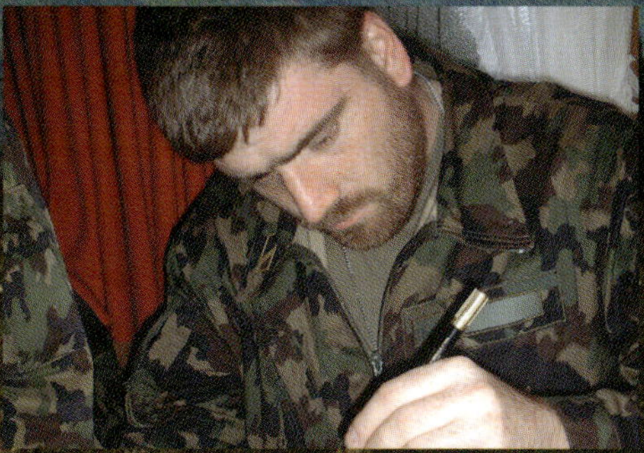
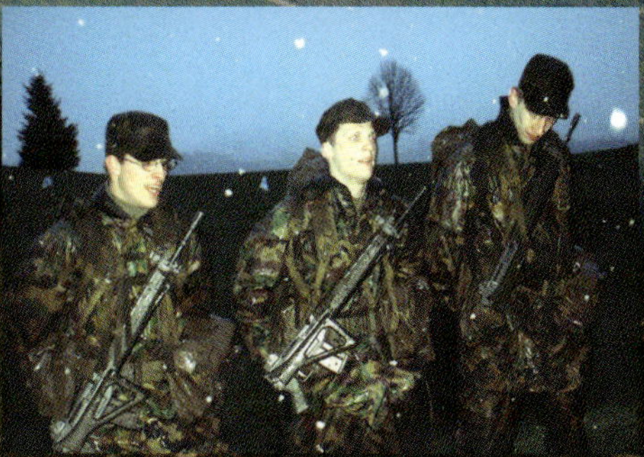
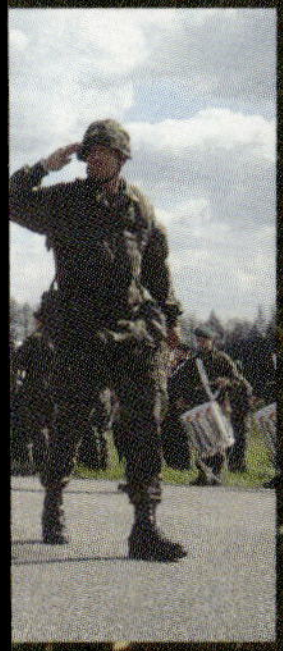
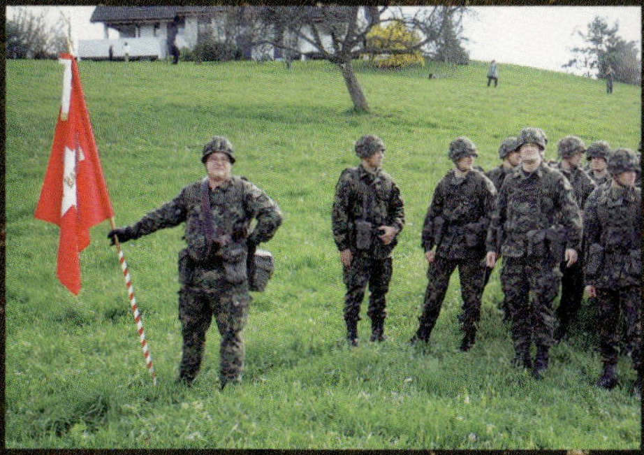
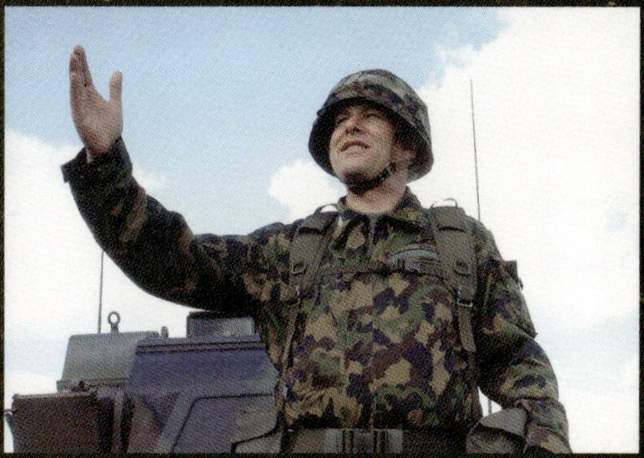

148

Inf Rgt 28

Inf Rgt 28

Kpl Rainer Hugener
Oberst i Gst Andres Türler, Kdt Inf Rgt 28 2000–2003

Das Infanterieregiment 28 an der Wende zum 21. Jahrhundert

Die Neunzigerjahre standen militärisch ganz im Zeichen des Wandels. Die veränderte weltpolitische Lage sowie die technische Entwicklung brachten für die Schweizer Armee grundlegende Veränderungen mit sich. Den neuen Bedrohungsszenarien und neuen Verteidigungsstrategien, neuen Waffensystemen und neuen Einsatzbereichen sollten die Reformen zur Armee 95 und zur Armee XXI Rechnung tragen, die auch für das Infanterieregiment 28 zahlreiche Änderungen und Neuerungen mit sich brachten und denen das traditionelle Zürcher Oberländer Regiment schliesslich selbst zum Opfer fiel: Am 26. Juli 2002 wurde das Infanterieregiment 28 auf dem Militärflugplatz Dübendorf mit Schlussparade und Fahnenabgabe im

Wiederholungskurs des Füs Bat 66 im Winter 2000: Bei eisigem Wind und heftigem Schneefall müssen die Soldaten das Rohr (21 Kilogramm), den Richtaufsatz (fünf Kilogramm) und die Lafette (18 Kilogramm) sowie die benötigte Munition in verschiedenen Stellungen aufbauen, auf Befehl feuern und weiter verschieben. (Bilder: Sascha Kienzi)

Diener fremder Herren: In seinem Wiederholungskurs im Winter 2000 wurde das Füs Bat 66 dem Infanterieausbildungszentrum (IAZ) in Walenstadt zur Verfügung gestellt. Die Füsiliere führten die Befehle aus, welche sich künftige Kompaniekommandanten im technischen Lehrgang (TLG) «ausgeheckt» hatten. (Bild: Sascha Kienzi)

Beisein von Regierungsrätin Rita Fuhrer und Divisionär Hans-Ulrich Solenthaler feierlich aufgelöst.[1] Dabei war gerade das Infanterieregiment 28 an zahlreichen Neuerungen der Armee massgeblich beteiligt gewesen oder hatte gar Pionierarbeit geleistet: So zählten Angehörige des Regiments im Winter 1998 zu den ersten Soldaten, die gemäss der neuen Einsatzdoktrin der Schweizer Armee zur Unterstützung ziviler Strukturen bei der Bewachung und Betreuung von Flüchtlingen aus dem Kosovo eingesetzt wurden. Und bereits neun Jahre bevor die Stimmbürgerinnen und Stimmbürger über eine entsprechende Vorlage zur Zusammenarbeit des Schweizer Militärs mit ausländischen Armeen abstimmten, trainierten Soldaten des Infanterieregiments 28 im Sommer 1992 in einer beispiellosen Übung zusammen mit österreichischen Truppen den Panzerabwehrkampf auf dem Übungsgelände Allentsteig nordöstlich von Wien. Auf diese und weitere Highlights des Infanterieregiments 28 soll im Folgenden kurz Rückschau gehalten werden.

Öffnung gegen Innen: Das Infanterieregiment 28 unterstützt zivile Strukturen

Die Reform zur Armee 95 sah vor, militärische Verbände vermehrt auch für zivile Einsätze zur Verfügung zu stellen.[2] Dies bekamen die Angehörigen des Infanterieregiments 28 am eigenen Leibe zu spüren, als sich im Sommer 1998 die Lage im Kosovo verschärfte, Tausende von Flüchtlingen in die Schweiz strömten und die Kapazitätsgrenzen der zivilen Organisationen zu sprengen drohten. Am 21. Oktober 1998 beauftragte der Bundesrat daher die Armee mit der Betreibung von

---

1   Tages-Anzeiger, 26.7.2002, S. 17; Anzeiger von Uster, 26.7.2002, S. 14; Glattaler, 2.8.2002, S. 2; Info F Div 6, Nr. 2/2002, S. 5.
2   Information F Div 6/Gz Br 6, Nr. 3/1993, S. 1; Information F Div 6/Gz Br 6, Nr.4/1994, S. 1.

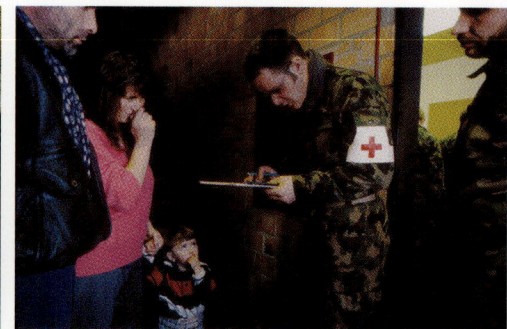

Echteinsatz für das Infanterieregiment 28: Wie hier in Gurnigelbad BE betreuten Freiwillige im Auftrag des Bundesamtes für Flüchtlinge (BFF) über Weihnachten und Neujahr 1998/1999 Asylsuchende aus dem Kosovo. Die Soldaten organisierten sogar einen Deutschkurs sowie eine kleine Weihnachtsfeier für die Flüchtlinge. (Bilder: Armeefilmdienst)

Notunterkünften für die Asylsuchenden.[3] Für diesen Auftrag wurde unter anderem das Infanterieregiment 28 aufgeboten und dessen regulär vorgesehener Wiederholungskurs vom November kurzerhand in die Weihnachts- und Neujahrszeit verlegt – anfänglich sehr zum Ärger vieler Truppenangehöriger, die bereits Ferien geplant hatten oder die Festtage im Kreise ihrer Familie verbringen wollten. «Zuerst glaubte ich, es sei ein Scherz von Armeegegnern», beteuerte etwa Soldat Adrian Kindlimann gegenüber der Truppenzeitung.[4] Auch für den damaligen Regimentskommandanten Conrad Meyer kam die Verschiebung zunächst ungelegen: «Ich musste meine Skiferien im Wallis absagen», so Meyer. Auch er wäre über die Festtage gern bei seiner Familie gewesen: «Meine Familie war zuerst schon überrascht, hatte aber dann Verständnis für diesen speziellen Einsatz.»[5] Als Regimentskommandant setzte sich Meyer persönlich für eine flexible Urlaubsregelung ein, die jedem einzelnen Truppenangehörigen einen verlängerten Urlaub über Weihnachten oder Silvester ermöglichte. Für die Festtage liess der Generalstabschef Korpskommandant Hans-Ulrich Scherrer sogar eigens den Verpflegungskredit verdoppeln. Der christliche Verein Junger Männer (CVJM) stiftete Telefonkarten.[6]

Am 21. Dezember 1998 rückten rund 1200 Angehörige des Infanterieregiments 28 zu dieser besonderen Dienstleistung ein (das Mech Füs Bat 70 hatte seinen Dienst bereits im Sommer geleistet). Für die Betreuung und Bewachung der fünf Flüchtlingsunterkünfte in Mollis GL, Tennen-Turtmann VS, Niedergestelen VS, Gurnigelbad BE und in der Gantrischhütte BE wurde aber lediglich ein Drittel der Truppe, etwa 420 Mann, benötigt. Weitere 320 Personen wirkten in den Stäben indirekt für die fünf Betreuungskompanien. Die restlichen 460 Grenadiere, Kanoniere und

---

3 *TID-Bulletin, Nr.1/1999, S.4.*
4 *Info F Div 6, Nr.3/1998, S.4.*
5 *Info F Div 6, Nr.3/1998, S.5.*
6 *Anzeiger von Uster, 22.12.1998, S. 1; Tages-Anzeiger, 23.12.1998, S. 13.*

Füsiliere absolvierten einen «normalen» WK. Allerdings kamen auch sie angesichts der besonderen Umstände in den Genuss einer Spezialbehandlung: Sie mussten nicht wie üblich in irgend einem stickigen, dunklen Luftschutzbunker hausen, sondern in vergleichsweise komfortablen Armeekasernen wie etwa in Birmensdorf. Ausserdem konnten auch sie über Weihnachten oder Silvester ein verlängertes Wochenende geniessen.[7]

Zivile Fachleute bereiteten die Militärs auf ihren ungewöhnlichen Einsatz vor. Im Kadervorkurs instruierten sie Offiziere und Unteroffiziere, die das erlernte Wissen sodann an die Soldaten weitergaben. Die Wehrmänner mussten den Flüchtlingen Essen und «Ämtli» verteilen sowie für die Einhaltung der Hausordnung sorgen; verboten waren insbesondere das Rauchen und der Konsum von Alkohol in der Unterkunft. Ebenfalls zuständig war die Armee für die Sicherung der Unterkünfte. Jeder männliche Asylsuchende wurde von den Soldaten am Eingang kontrolliert; Frauen und Kinder wurden hingegen von Rotkreuzschwestern oder weiblichem Sicherheits-Personal untersucht.[8] Wenn es in einer der Unterkünfte zu Streitereien gekommen wäre, wie es etwa in Gurnigelbad bereits geschehen war, hätten die Soldaten die Polizei verständigen müssen, die dann für Ordnung zuständig gewesen wäre. In den Unterkünften waren die Angehörigen der Armee zwar uniformiert, aber nicht bewaffnet. Die Wachposten am Eingang waren bewaffnet, allerdings nicht wie zunächst von der Armeeführung vorgesehen mit geladenen Schusswaffen, sondern mit Tränengassprays.[9]

Die Medien verfolgten den Einsatz der Armee mit grossem Interesse.[10] Fast täglich waren Medienvertreter vor Ort. Um die Soldaten, deren Angehörige sowie die Öffentlichkeit möglichst umfassend zu informieren und den Einsatz der Armee so transparent wie möglich zu gestalten, griff Regimentskommandant Conrad Meyer zu einer für die Schweizer Armee aussergewöhnlichen Massnahme: Unter der Adresse www.infrgt28.ch lancierte er den Internet-Auftritt des Regiments und liess die Website täglich von im Regiment eingeteilten Journalisten betreuen. Wie die Einträge im Gästebuch der Homepage bewiesen, stiess die Idee überall auf ein positives Echo.[11]

Nachdem der erste Frust über die verschobene Dienstleistung verflogen war und der Einsatz begonnen hatte, beurteilten die meisten Soldaten diese unerwartete und neue Art der Dienstleistung positiv. «Die Angehörigen der Truppe absolvierten den Dienst mit hoher Motivation und grossem persönlichem Einsatz», erinnert sich Regimentskommandant Conrad Meyer.[12] Er habe bei seinen Truppenbesuchen festgestellt, dass «das Gros der Soldaten und Offiziere den Sinn der

---

7   *Tages-Anzeiger, 23.12.1998, S. 13.*
8   *TID-Bulletin, Nr.1/1999, S. 6.*
9   *Tages-Anzeiger, 23.12.1998, S. 13.*
10 *TID-Bulletin, Nr. 1/1999, S. 6; Zürcher Unterländer, 28.10.1998, S. 1; Glattaler, 30.10.1998, S. 1; Tages-Anzeiger, 23.12.1998, S. 13; Neues Bülacher Tagblatt, 23.12.1998, S. 5; Anzeiger von Uster, 23.12.1998, S. 19.*
11 *Info F Div 6, Nr. 1/1999, S. 15.*
12 *Interview mit Conrad Meyer vom 2.12.2002.*

Dienstleistung ausserhalb des militärischen Alltags» durchaus anerkenne.[13] Für ihn selbst war diese Dienstleistung «ohne Zweifel das herausragendste und unvergesslichste Erlebnis» während seiner Zeit als Kommandant des Infanterieregiments 28. «Obwohl der WK vor allem an das Kader grosse Anforderungen bezüglich Planung, Flexibilität und Organisationsgabe stellte, wird die Dienstleistung sicher allen als ‹Highlight› ihrer militärischen Erfahrungen in Erinnerung bleiben», schwärmt der inzwischen aus der Dienstpflicht entlassene Oberst noch heute. «Ich erlebte diesen WK als ‹Echteinsatz›, von den Medien kritisch-positiv begleitet.» Dass sich die Armee für derartige Subsidiär-Einsätze zur Verfügung stellt, wertet Meyer als grosse Herausforderung, die «von ‹neuen› Erlebnissen, mehr Glaubwürdigkeit und hoher Flexibilität» geprägt seien.[14]

Für das Infanterieregiment 28 war die Bewachung und Betreuung von Flüchtlingen 1998 jedoch bei weitem nicht der erste Einsatz zur Unterstützung ziviler Strukturen: Bereits 1993 hatten sich 50 Wehrmänner der San Kp 28 zur Verfügung gestellt, um dem Schweizer Paraplegikerzentrum (SPZ) im luzernischen Nottwil bei der Durchführung der Rollstuhl-Meisterschaften zu helfen, da der Anlass die personellen Kapazitäten des Zentrums überstieg. Die Soldaten halfen bei der Vorbereitung, beim Aufstellen und beim Abräumen des international beachteten Anlasses.[15]

Als Aushängeschild der Armee versteht sich auch das Militärspiel. «Wir Militärmusiker sehen uns mit unseren Konzerten in der Öffentlichkeit als Bindeglied zwischen der Armee und der Bevölkerung», erklärte der langjährige Dirigent Adj Uof Marcel Ingold im August 2000 anlässlich seiner Abschiedstournee durch das Zürcher Oberland.[16] Das Militärspiel sei daher bemüht, sein Programm zu erweitern und neben der traditionellen Marschmusik vermehrt auch moderne Stücke zu spielen, so Ingold weiter. Trotzdem darf das Spielen von Märschen im Militär natürlich nicht zu kurz kommen: So konnte sich das Infanterieregiment 28 im Wiederholungskurs vom Oktober 1994 sogar mit einem eigenen Marsch feiern. Zu Ehren des scheidenden Regimentskommandanten Oberst i Gst Han-

---

13 *Neues Bülacher Tagblatt, 23.12.1998, S. 5.*
14 *Interview mit Conrad Meyer vom 2.12.2002.*
15 *Information F Div 6/Gz Br 6, Nr. 3/1993, S. 1.*
16 *Glattaler, 25.8.2000, S. 7; vgl. hierzu auch Info F Div 6, Nr. 3/1996, S. 4f.*

speter Schenk wurde am 21. Oktober in Neerach der von Blasmusik-Komponist Jakob Bichsel verfasste «Marsch des Infanterieregiments 28» uraufgeführt – ein Ereignis, das dem damit beglückte Kommandanten laut eigenen Angaben als «einer der schönsten Momente in seiner militärischen Laufbahn» in Erinnerung blieb.[17]

Bereits früher war das Spiel des Infanterieregiments 28 schlagartig einer breiten Öffentlichkeit bekannt geworden, als der Blasmusikspezialist Kurt Brogli am 12. Februar 1990 in seiner traditionellen Montagssendung die neuste CD-Aufnahme des Spiels vorstellte.[18] Im Rahmen der Landesausstellung Expo.02 stand das Spiel ein letztes Mal vor der Auflösung des Regiments im Rampenlicht der schweizerischen Öffentlichkeit. Vom 23. bis 25. Juli 2002 traten die rund 80 Militärmusiker des Infanterieregiments 28 unter der Leitung von Oberleutnant Bernhard Meier auf der Arteplage von Yverdon-les-Bains auf. In der Woche davor befand sich das Spiel mit seiner neuen CD «live in concert» auf Abschiedstournee durch seine Stammlande im Zürcher Oberland.[19] Einen noch grösseren Medienauftritt hatten allerdings die Füsiliere der Füs Kp II/66: Im Rahmen ihres Wiederholungskurses im Winter 1990 konnten sie nicht nur ihr kämpferisches, sondern auch ihr schauspielerisches Talent unter Beweis stellen, als ein Fernseh-Team um den bekannten Moderator Walter Eggenberger Aufnahmen für einen Beitrag des Nachrichten-Magazins «10 vor 10» machte. Mit dem Filmmaterial wurde ein Bericht zur veränderten Bedrohungslage in Europa realisiert. Die Journalisten wollten in Erfahrung bringen, ob das viel zitierte, neue Bedrohungsbild für die Schweiz bereits Auswirkungen auf Stufe Kompanie zeigte. «Während die Gefahr, von einem grossen, mechanisierten Feind angegriffen zu werden, eher schwindet, erlangen Terroranschläge und Sabotageakte zunehmend an Bedeutung», hiess es dazu in der Truppenzeitung.[20] Um dieser veränderten Situation Rechnung zu tragen, führte Feldweibel Peter Leimgruber, der sonst Polizisten und privates Sicherheitspersonal ausbildet, die Soldaten für die Kamera in die Kunst des Nahkampfs ein. Mehrere Stunden filmte das dreiköpfige Kamera-Team von SF DRS die Wehrmänner bei der Talstation Hoch-Ybrig. Dass der gezeigte Beitrag dann kaum 90 Sekunden dauerte, vermochte den beteiligten Soldaten den Spass an der willkommenen Abwechslung im WK wohl kaum zu verderben.

Öffnung gegen Aussen: Das Infanterieregiment 28 übt die Zusammenarbeit mit ausländischen Armeen

Mit der Volksabstimmung vom 10. Juni 2001 bewilligten die Schweizer Stimmbürger die eidgenössischen Vorlagen zu bewaffneten Auslandeinsätzen der Schweizer Armee sowie zur Ausbil-

---

17   *Interview mit Hanspeter Schenk vom 12.12.2002.*
18   *Information F Div 6/Gz Br 6, Nr. 1/1990, S. 15.*
19   *Anzeiger von Uster, 17.2.2002, S. 17; Info F Div 6, Nr. 2/2002, S. 5.*
20   *Information F Div 6/Gz Br 6, Nr. 4/1990, S. 7.*

dungszusammenarbeit mit ausländischen Armeen. Auch in diesem Bereich hatte das Infanterieregiment 28 eine Vorreiterrolle inne: Bereits neun Jahre vor dieser Abstimmung standen Angehörige des Regiments auf österreichischem Territorium im Einsatz. Die hiesigen Tageszeitungen titelten: «Schweizer Soldaten im ‹Krieg› gegen Österreich!»[21] Wie war es dazu gekommen?
Anfangs der Neunzigerjahre förderte die Umschulung der Panzerabwehrkompanien auf den Panzerjäger Piranha folgende Probleme zutage: Wo sollten die Einsatzübungen mit den 3,5 Kilometer weit wirkenden Waffen und einem 11 Tonnen schweren Fahrzeug stattfinden? Wo die Einsatzdoktrin, die Gefechtsgrundsätze für den Panzerjägereinsatz real überprüft werden?[22] Für

21 Blick. 6.7.1992, S. 1; Zürcher Oberländer, 6.7.1992, S. 1; Neue Zürcher Zeitung, 6.7.1992, S. 13; Tages-Anzeiger, 7.7.1992, S. 8; Basler Zeitung., 8.7.1992, S. 13; Defense, 12.8.1992., S. 29.
22 Interview mit Jürg Philipp vom 30.12.2002, Truppendienst, 6/1992, S. 576–579. Die Panzerabwehrkompanie 28 war die erste Kompanie innerhalb der Felddivision 6, die in ihrem Wiederholungskurs im Spätsommer 1990 in eine Panzerjägerkompanie umgewandelt wurde, die neuen Piranhas sowie die Lenkwaffe TOW2 erhielt und damit auf dem Schiessplatz Wendenalp BE die ersten Schüsse abgab. Vgl. hierzu Information F Div 6/Gz Br 6, Nr. 3/1990, S. 8.

«Schweizer Soldaten im ‹Krieg› gegen Österreich!» So titelten die Schweizer Medien im Sommer 1992, als Wehrmän erprobten. (Bilder: Jürg Philipp)

eine realistische Erprobung der neuen Waffen war selbst der grösste Truppenübungsplatz der Schweiz in Bure JU zu klein und die Auflagen des Landschafts- und Umweltschutzes zu hoch.[23] Der Schulkommandant der Panzerjägerschulen und Umschulungskurse Hanspeter Schenk, der in seiner Milizfunktion im Jahr 1992 auch das Kommando über das Infanterieregiment 28 übernommen hatte, knüpfte Beziehungen zum österreichischen Heer, das sich soeben mit der Beschaffung von Panzerabwehrlenkwaffen befasste. «Wir Schweizer haben den Panzerjäger, Österreich das entsprechende Übungsgelände», sagte Divisionär Paul Müller, Unterstabschef Planung im Stab der Gruppe für Generalstabsdienste und Projektleiter Armee 95, gegenüber den Medien.[24]

Aufgrund eines bilateralen Zusammenarbeitsvertrags reisten im Juni 1992 rund 40 Soldaten der Panzerjägerkompanie 28 – als Reisegruppe getarnt – von Zürich nach Wien zum ehemals sowjetischen Truppenübungsplatz Allentsteig. «Die Rekrutierung für diesen Einsatz war gar nicht so ein-

23 Neue Zürcher Zeitung, 6.7.1992, S. 13; Basler Zeitung, 8.7.1992, S. 13.
24 Information F Div 6/Gz Br 6, Nr. 3/1992, S. 1; Neue Zürcher Zeitung, 6.7.1992, S. 13.

Länder im Sommer 1992 auf dem österreichischen Truppenübungsplatz Allentsteig den neuen Panzerjäger Piranha

Ideales Übungsgelände: Auf dem Truppenübungsgelände im österreichischen Allentsteig konnte der Piranha erstmals unter «echten» Gefechtsbedingungen erprobt werden. Dazu gehörte auch das Tarnen der Fahrzeuge mit Ästen und Jungtannen sowie das Fahren abseits der Strasse. Beides ist in der Schweiz verboten. (Bild: Jürg Philipp)

fach», schildert der damalige Kompaniekommandant Jürg Philipp. «Alle mussten sich verpflichten, auch bei einem Stellenwechsel für drei Wochen am Stück nach Österreich einzurücken.»[25] Jeder Wehrmann erhielt ein umfangreiches Dossier mit Zielsetzungen, Organigrammen, Picasso, Geheimhaltung – und nicht zu vergessen: mit Prospekten für Ausflüge zur Erkundung der Weltstadt Wien an den Wochenenden.

Aus den wenigen Schweizern sowie aus 70 bis 80 österreichischen Soldaten der 3. Panzergrenadierbrigade wurde spontan eine Panzerjägerkompanie gebildet. «Die Integration der österreichischen Armeeangehörigen in die Panzerjägerkompanie 28 stellte eine grosse Herausforderung dar», erinnert sich deren «Kadi» Jürg Philipp. «Als Kompaniekommandant musste ich mich über Funk auf Hochdeutsch unterhalten – ausser in heiklen Gefechtssituationen, wenn ich befahl: ‹Zugführer ans Funk!›»[26]

Die Zugehörigkeit zur Schweizer Kompanie erfüllte die Österreicher mit Stolz: «Sie trennten sich auch in ihrer Freizeit kaum von den rot gefleckten Panzerkombis», so Philipp. Bald hiess es, die Schweizer seien sehr lang im Ausgang, zu lang. «Meine Nachforschungen bestätigten, dass die Österreicher unsere Tenüs bis in die Morgenstunden in der Umgebung zur Schau stellten», erzählt der passionierte Panzerjägerkommandant. «Ab dann war ihnen der Ausgang nur noch in zivil oder im eigenen Tenü erlaubt.»[27]

Anlässlich der «Fahnenübernahme» übergab der österreichische Kommandant der 3. Panzergrenadierbrigade seinem Schweizer Kollegen die Befehlsgewalt, aber auch die Verantwortung für

25 Interview mit Jürg Philipp vom 30.12.2002.
26 Interview mit Jürg Philipp vom 30.12.2002.
27 Ebd.

seine 70 bis 80 Soldaten. «Ich will sie alle wieder gesund zurück haben», sagte er in seiner freundlichen, aber bestimmten Art, die den Schweizer Milizoffizier in jenem Augenblick Hühnerhaut spüren liess. «Für die Österreicher war es undenkbar, dass die Funktion des Kompaniekommandanten von einem ‹Milizler› wahrgenommen wird», so Philipp. «Sie hatten uns im Verdacht, die besten Wehrmänner aus der ganzen Deutschschweiz zusammengesucht zu haben. Wahr ist aber, dass ich aufgrund der Anmeldungen und der erforderlichen Funktionen praktisch keine Wahl hatte.»[28]

Die Ausgangslage war folgende: Die neun mit TOW-Lenkwaffensystemen ausgerüsteten Piranhas der schweizerischen Panzerjägerkompanie 28 verteidigten ihren Raum gegen eine Übermacht von 30 österreichischen Kampfpanzern, 63 Schützenpanzern und vier Kampfhubschraubern. «Die erste Übung war ein Frust für uns», erinnert sich Philipp. «Wir sahen keinen einzigen Panzer, beendeten aber die Übung mit hohen Ausfällen, weil unser ungetarntes Einfahren in die Stellungen im staubigen Gelände vom Gegner auch in vier Kilometern Entfernung beobachtet werden konnte.»[29] Die Schweizer mussten schnell merken, dass sie ohne Tarnung leicht aufgespürt und abgeschossen werden konnten. Fortan tarnten auch sie ihre Fahrzeuge mit Ästen und ganzen Jungtannen, was in der Schweiz verboten gewesen wäre. Und so wendete sich das Blatt am 7. Juli 1992 definitiv: Die Schweizer Kompanie landete 48 Treffer bei nur zwei eigenen Verlusten. Die

Hoher Besuch: Divisionär Sollberger, Waffenchef der Infanterie, besuchte die von Hauptmann Jürg Philipp (links) geleitete gemischte Panzerjägerkompanie 28 in Österreich.
Einzig an den unterschiedlich getragenen Berets kann man die Schweizer von den vorübergehend «eingebürgerten» österreichischen Soldaten unterscheiden. Diese waren so stolz auf ihre roten Kämpfer, dass sie sie sogar im Ausgang zur Schau stellten.
(Bild: Jürg Philipp)

28 Ebd.
29 Ebd.

«Sollen wir's wagen – noch zuwarten oder einen anderen Überraschungscoup landen?» Regimentskommandant Hanspeter Schenk und Kompaniekommandant Jürg Philipp diskutieren im Gefechtsstand die Lage.
(Bild: Hanspeter Schenk)

Trefferquote lag bei 57 Prozent. «Ein sehr gutes Resultat», wie der Kommandant beurteilte.[30] Oberst im Generalstab Hanspeter Schenk war stolz auf das einmalige Know-how in seinem Regiment:[31] «Wir konnten dank des real angreifenden Gegners einen enormen Lernerfolg erzielen», betonte er gegenüber den Medien. «Die Panzerjägerkompanie 28 ist nun die beste Panzerjägereinheit der Schweiz.»[32] Auch sein österreichischer Kollege Oberstleutnant Dieter Jocham zollte dem Infanterieregiment 28 seinen Respekt: «An den Schweizern imponierte vor allem die Präzision ihrer Arbeit.» Weiter lobte er deren soldatisches, kameradschaftliches Verhalten.[33]

«Aus dem Österreich-WK konnten ganz wesentliche Erfahrungen gezogen werden», erklärte Leutnant Daniel Schindler in der Truppenzeitung. Man habe die Staubentwicklung des Panzerjägers bei grösseren Distanzen unterschätzt. «Neu fahren wir deshalb bei einem Einsatz sofort aus dem Bereitschaftsraum möglichst in die Nähe der Feuerstellung. Anschliessend können wir dann langsam und ohne Aufsehen in die Feuerstellung fahren», so Schindler weiter.[34] Die Erkenntnisse aus den Übungen in Allentsteig fanden auch ihren Niederschlag in den beiden Reglementen für Panzerjäger, die aufgrund der gemachten Erfahrungen in wesentlichen Belangen grundlegend überarbeitet werden mussten. Und auch die schweizerisch-österreichische Militärfreundschaft hielt an: Im folgenden Jahr organisierte Regimentskommandant Hanspeter Schenk für sein Kader einen

---

30 Ebd.
31 Interview mit Hanspeter Schenk vom 12.12.2002.
32 Übungszeitung Piranha 92, 9.12.1992, S. 16.
33 Übungszeitung Piranha 92, 9.12.1992, S. 16.
34 Information F Div 6/Gz Br 6, Nr.3/1993, S. 1.

Besuch am Offiziersball des österreichischen Bundesheers in Wien. Umgekehrt hatte das Infanterieregiment 28 bereits zuvor hohen ausländischen Besuch empfangen: Der höchste deutsche Militär, Admiral Dieter Wellershoff, Generalinspekteur der deutschen Bundeswehr, besuchte die Truppe von Oberst im Generalstab Hans-Dieter Vontobel am 8. November 1990 im Wiederholungskurs auf dem Hoch-Ybrig. Knietiefer Neuschnee, prächtiges Wetter und ein herrliches Alpenpanorama umrahmten den Besuch des Admirals. Anders als das Wetter zeigte sich das Regi-

Regimentskommandant Hanspeter Schenk in Aktion: Er hatte die gemeinsame Übung eingefädelt. Die bis dahin beispiellose Zusammenarbeit stiess in ganz Europa auf grosses Medieninteresse. (Bild: Jürg Philipp)

ment allerdings nicht von seiner besten Seite. Der Admiral zeigte sich bei der Vorführung der Füsiliere, Mitrailleure und Minenwerfer des Füsilierbataillons 66 trotzdem beeindruckt und richtete einige anerkennende Worte an die «Gebirgs»-Infanteristen. Die Darbietung habe gezeigt, dass eine Milizarmee in Anbetracht der vorhandenen Rahmenbedingungen durchaus überzeugend wirken könne. Regimentskommandant Vontobel versicherte dem hohen Gast, dass die gute Stimmung der Truppe dem schönen Wetter sowie seinem Besuch zuzuschreiben sei. Des Admirals Antwort: «Besten Dank, aber solchen Illusionen gebe ich mich schon lange nicht mehr hin…»[35]
Im selben Jahr schauten den Soldaten des Infanterieregiments 28 noch einmal ausländische «Beobachter» über die Schultern; allerdings keine alten Militär-Hasen, sondern junge Füchse, die den Militärdienst noch vor sich hatten. Auf ihrer Maturreise durch die Schweiz besuchten die Schülerinnen und Schüler der Handelsschule aus Sønderborg in Dänemark im November

---

35 *Information F Div 6/Gz Br 6, Nr. 4/1990, S. 5.*

Die Füsiliere des Füs Bat 70 können ihre Schuhe an den Nagel hängen: Als erstes Bataillon der Felddivision 6 und erst viertes Bataillon der ganzen Armee wurden sie im Juli 1998 auf dem Waffenplatz Bière zum Mech Füs Bat 70 umgeschult. (Bilder: Stefan Michel)

1990 die Grenadierkompanie 28 bei ihrem Wiederholungskurs in Walchwil am Zugersee. Die Grenadiere wussten den Schülerinnen und Schülern einiges zu bieten: Der Besuchstag begann mit einer Führung durch die Zivilschutzanlage Walchwil, wo die Kompanie eigens eine Ausstellung mit Waffen und Ausrüstung der Schweizer Armee aufgebaut hatte. Dann ging es in vier Pinzgauern durch dicken Nebel auf den Zugerberg, wo endlich die Sonne durchbrach und einem wunderschönen Spätherbsttag Platz verschaffte.

Krieg auf dem Bildschirm: Im Taktischen Trainings Zentrum (TTZ) in Kriens wird das Kader des Infanterieregiments 28 am Simulator beübt. Regimentskommandant Conrad Meyer (zweiter von links) und sein Stab befehlen bei dieser Übung im Frühjahr 1999 per Mausklick die Bewegungen ihrer Kompanien. (Bild: Sascha Kienzi)

Hier demonstrierten die Grenadiere einen spektakulären Gefechtsparcours. Einer der jungen Dänen wurde beim Zugarbeitsplatz für Sanitäts-Ausbildung in einen Kämpfer gesteckt und mit Kameradenhilfe traktiert. Demonstriert wurden anschliessend auch ein U-Rak-Schiessen, ein AC-Türk, eine Sturmgewehr-Drillpiste und ein Gefechtsschiessen – alles mit dem Auftrag, keine Show zu zeigen, sondern einen «normalen» WK-Tag. Einsamer Höhepunkt bildete für die Dänen ein «Erlebnis-Parcours» mit Zielfernrohr- und Leuchtspurmunition-Schiessen. Am Abend dieses Besuchstages kamen die 30 jungen Leute zu teilweise überraschenden Erkenntnissen: Im Vergleich zur dänischen Armee seien die Haare der Schweizer Soldaten erstaunlich lang, bemerkte beispielsweise Mette Nielsen. Ihrem Schulkollegen Jan Olsen fiel auf, dass in der Schweizer Armee ein sehr lockerer Ton, ja geradezu ein kameradschaftliches Verhältnis zwischen Soldaten und Offizieren herrsche.[36]

In diesem Punkt stimmte die Führung des Infanterieregiments 28 der Ansicht der ausländischen Gäste zu jeder Zeit zu: Für Oberst im Generalstab Conrad Meyer zeichnet sich der besondere Geist dieses traditionsreichen Zürcher Oberländer Regiments durch «Engagement, Einsatzfreudigkeit und Kameradschaft» aus.[37] Für seinen Vorgänger Hanspeter Schenk waren «der regionale Zusammenhalt sowie der grosse Anteil ländlicher Einzugsgebiete» besonders charakteristisch für das Infanterieregiment 28.[38] Diesem Fazit kann auch der letzte Kommandant des Regiments, der

36 Information F Div 6/Gz Br 6, Nr. 4/1990, S. 7.
37 Interview mit Conrad Meyer vom 2.12.2002.

163

Ein Stadtrat schiesst scharf: Andres Türler, Kommandant des Infanterieregiments 28, erzielte mit 71 von 72 möglichen Punkten das beste Einzelresultat am Militärwettkampf 2002 der Zürcher Truppen im Albisgüetli. Nur Millimeterbruchteile fehlten zum Maximum. Auch der Stab des Regiments bewies seine hervorragende Treffsicherheit: Major Hansjürg Renk, Oberst im Generalstab Andres Türler sowie Major Philippe Achermann (von links nach rechts) landeten im Gruppenschiessen ebenfalls auf dem obersten Podestplatz. (Bild: Beat Isler)

Zürcher Stadtrat Andres Türler, nur zustimmen. Bei der Verabschiedung «seines» Regiments am 25. August 2002 auf dem Dübendorfer Militärflugplatz sagte er in seiner offiziellen Ansprache: «Ich bin mit dem Erreichten zufrieden. ‹Meine› Soldaten haben immer die Pflicht erfüllt.» Sein Regiment sei immer bereit gewesen, habe spontan bei Katastrophen geholfen, Asylbewerber betreut oder an Schützenfesten mitgearbeitet, erinnerte sich Türler vor den rund 1000 anwesenden Soldaten und Offizieren, Prominenten und Ehemaligen. Danach grüssten die vier stramm stehenden Bataillone zum letzten Mal ihre Fahnen, die nun ihren Platz im schweizerischen Landesmuseum finden.[39] Einzig das moderne Mech Füs Bat 70 wird im Rahmen der Armee XXI weiterbestehen.

38 Interview mit Hanspeter Schenk vom 12.12.2002.
39 Tages-Anzeiger, 26.7.2002, S. 17; Anzeiger von Uster, 26.7.2002, S. 14; Glattaler, 2.8.2002, S. 2; Info F Div 6, Nr. 2/2002, S.5.

Der letzte Fahnenmarsch: Am 25. August 2002 verabschiedete der Regimentskommandant Andres Türler im Beisein von Regierungsrätin Rita Fuhrer und Divisionär Hans-Ulrich Solenthaler seine Truppen auf dem Dübendorfer Militärflugplatz. Einzig das Mech Füs Bat 70 wird im Rahmen der Armee XXI weiterbestehen. Die anderen Soldaten werden auf verschiedene Einheiten verteilt. Die Fahnen kommen ins Landesmuseum. (Bilder: Christoph Kaminski)

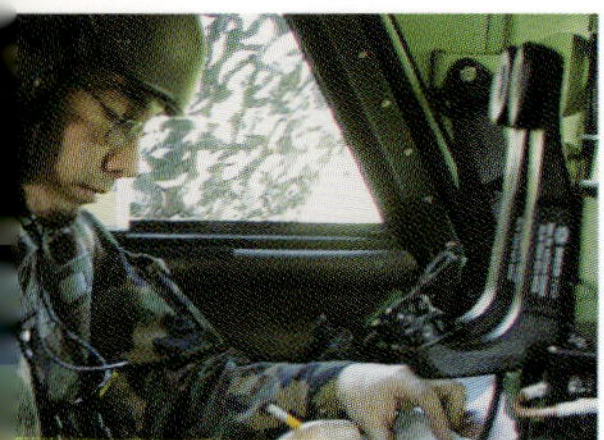
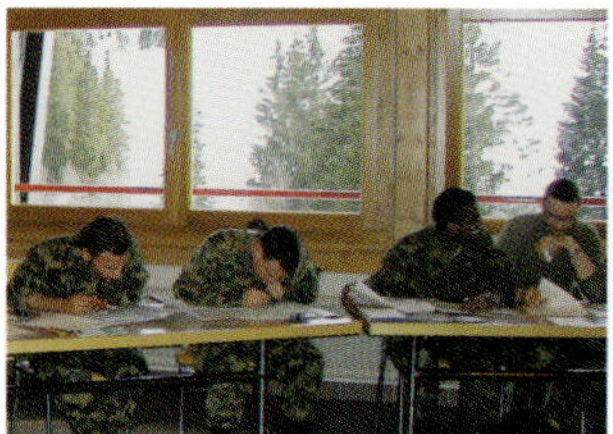
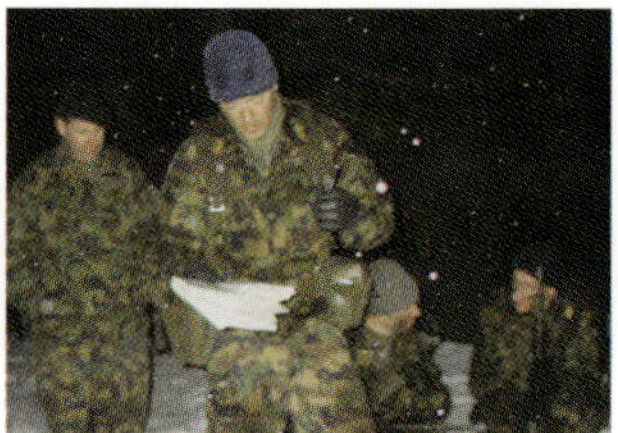
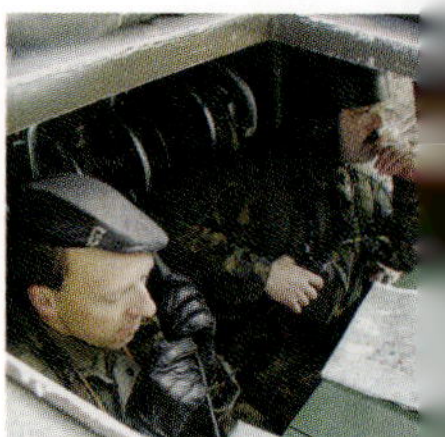

Pz Bat 6

Pz Bat 6

Oberstlt Reto Ketterer, Kdt Pz Bat 6 2000–2003
Hptm Benjamin Fehr, Kdt Pz Kp I/6 2000–2003
Hptm Andreas Hensch, Kdt Pz Mw Kp V/6 1998–2003

ADF 1998 Pz Bat 23

Die im Jahre 1998 in der Geschäftsleitung VBS getroffenen Entscheide über die vorzeitige Ausmusterung der Pz 68 und konsequenterweise über die Zusammenlegung der bestehenden Pz Bat per Ende 1999 in allen F Div hatten unmittelbare Auswirkungen auf den geplanten WK 1998 des Pz Bat 23.
Auf Initiative des Kdt Pz Bat 23, Major Didier Sangiorgio, und in enger Absprache mit dem Kdo F Div 6 sowie dem Versuchsstab (VS) MLT wurde das ursprüngliche Programm in einen Umschulungskurs auf den Pz 68/88 umgeändert. Der neu strukturierte WK wurde gemäss ursprünglicher Terminplanung auf dem Spl Hongrin im Oktober/November 1998 durchgeführt.

Der Kdt Pz Bat 23 formulierte in seinem WK Befehl die folgende Absicht:
Ich will:
- allen Angehörigen des Pz Bat 23 für ihre zukünftige militärische Verwendung die Perspektiven aufzeigen;
- die Voraussetzungen für eine erfolgreiche Überführung in das Pz Bat 6 schaffen.

Diese Absicht war für alle Kader Leitlinie für die praktische Umsetzung im WK. Alle Pz Sdt wurden im Rahmen des UK auf den Pz 68/88 umgeschult, die Pz Mw Kp V/23 absolvierte ebenfalls

Panzerpark «Jorat» Schiessplatz Hongrin, WK 2003

unter Leitung des VS den UK II. Der Stab konzentrierte sich auf die Durchführung der Kp Übungen mit der Pz Stabs Kp und der Pz D Kp. Auf Bf des Bat Kdt wurde die Übung «METAMORPHASE» (Verabschiedung des ganzen Bat mit einer Wehrausstellung und einem Vorbeimarsch auf dem Fpl Dübendorf) im Detail vorbereitet.

Als Abschluss der Schiessausbildung auf dem Hongrin wurde unter Leitung des Bat Kdt eine Schlussübung mit dem ganzen Bat im scharfen Schuss durchgeführt. Dies war für alle Beteiligten eine eindrucksvolle Demonstration von Feuer und Bewegung. Die unter Leitung der Division durchgeführte Rückmarschübung führte über zwei Bereitschaftsräume in den Raum Zürich. Als Vorbereitung auf die Schlussübung retablierte das ganze Bat an verschiedenen Standorten. Nach der Verschiebung aller Fz in den Raum Dübendorf wurde Kp-weise die Ausstellung der Ausrüstung vorbereitet. Die Angehörigen hatten die Gelegenheit, nicht nur das Material, sondern auch ihre Soldaten im Einsatz zu sehen. Die feierliche Standartenrückgabe, ein Vorbeimarsch aller je im Bat eingesetzten Pz und das Defilee des ganzen Bat auf der Piste in Dübendorf beschlossen diesen denkwürdigen Anlass. Im Hinblick auf die Zusammenführung der beiden Bat wurden die Kp Kdt und der Stab Pz Bat 6 an die Verabschiedung eingeladen.

Kader Pz Stabskp 6 beim Planen

TTK 1998 Pz Bat 6

Für das Pz Bat 6 ergaben sich aus den geplanten organisatorischen Veränderungen zuerst keine Anpassungen. Der TTK 1998 wurde gemäss Planung auf dem Wpl Thun im noch nicht voll ausgebauten Führungssimulator ELTAM durchgeführt.

ADF 1999 Pz Bat 6

Der Waffenplatz Bure ist allen «Pänzälern» bestens bekannt: Bei schlechtem Wetter versinkt alles im Schlamm und bei Sonne macht einem der aufgewirbelte Staub zu schaffen! Am Einrückungstag im Februar 1999 bot Bure aber für einmal ein ganz anderes Bild: Meterhoher Schnee lag auf den Panzerpisten, und so präsentierte sich uns bei klirrender Kälte eine prächtige Winterlandschaft.
NGST war das Zauberwort, das während des KVK und der ersten beiden WK-Wochen am meisten beschäftigte. Die Neue Gefechtsschiesstechnik, welche gefechtstechnisches Verhalten und Schiesstechnik geschickt verbindet, fand dabei auch bei den «alten Kämpfern» rasch Anklang. Es zeigte sich aber auch, dass derartigen Nacheinführungen im Zweijahresrhythmus enge Grenzen gesetzt sind. So genügen ein paar Tage Ausbildung nicht, um das in der RS Erlernte (das auch nur noch in Bruchstücken vorhanden ist) wirklich nachhaltig zu verdrängen. Selbstverständlich wurde die Zeit aber auch intensiv genutzt, um unser eigentliches Handwerk wieder auf Vordermann zu bringen. So führten die Panzer verschiedene Zugsübungen durch, welche dank der vorhandenen Simulationssysteme auch auf Gegenseitigkeit gefahren werden konnten. Bei den Pz Gren wurde Sperre um Sperre bezogen und auch Stab- und Dienstkp wurden in verschiedenen Übungen hart gefordert. Nur den Pz Mw vermochte der Waffenplatz Bure aufgrund der fehlenden Möglichkeit zum scharfen Schuss keine richtigen Trainingsmöglichkeiten zu bieten und so entschlossen sie sich, eine Woche auf dem Waffenplatz Bière zu verbringen.
Höhepunkt dieses winterlichen WK war zweifellos die Schlussübung. Am Montagnachmittag erfolgte der Transport des gesamten Bat in das Zürcher Unterland. Die Kp luden ihre Panzer auf verschiedenen Bahnhöfen ab, um anschliessend über Nacht ihren ersten Bereitschaftsraum zu

Brückenlegepanzer im Einsatz an der Thur

beziehen. Nicht überall verlief dieser Bahnablad aber so reibungslos wie geplant. So machte insbesondere eine Pz Kp Bekanntschaft mit einem verrosteten Rampenwagen, welcher sich erst nach einer Stunde intensivster Bemühungen absenken liess, so dass die Pz erst mit erheblicher Verspätung im Bereitschaftsraum anlangten. Diese Episode, welche auch dem verärgerten Div Kdt nicht entgangen war, verhalf der Kp anlässlich des darauf folgenden Divisionsrapports zu zweifelhafter Berühmtheit. Der Dienstagmorgen stand ganz im Zeichen eines ersten Angriffs, welcher uns das erste Mal über eine vom G Bat 6 erstellte Brücke führte. Nach Bezug eines weiteren Bereitschaftsraums, rekognoszierte das Kader den Einsatzraum für den in der Nacht vom Mittwoch auf den Donnerstag stattfindenden Hauptangriff in die Stammheimer Senke. Um Mitternacht rollten die vordersten Panzer über Pfungen nach Flaach, um dort mittels einer genietechnisch vorbereiteten Brücke über die Thur vorstossen zu können. Um 0030 Uhr war die Baustelle aber noch immer mit Scheinwerfern hell erleuchtet und die Sappeure waren emsig damit beschäftigt, die letzten Arbeiten abzuschliessen. Nach einer Warteschlaufe war dann alles bereit und man erkannte nur noch die grünen Taschenlampen der Einweisposten, die zur Einbaustelle wiesen. Unter den skeptischen Blicken der Sappeure (hält sie oder hält sie nicht?) setzte der erste Panzer langsam auf die Brücke auf. Nachdem er die Brücke problemlos passiert hatte und in voller Fahrt Richtung Angriffsziel rollte, wich die anfängliche Skepsis der Kameraden vom G Bat 6 und ging in ein triumphierendes Freudengeheul über. So war der Anblick der nun über die Brücke stossenden Panzer wohl auch etwas motivierender, als derjenige des über die Brücke radelnden Fouriers. Allen Kameraden, die an diesem Werk geschuftet haben, sei an dieser Stelle herzlichst gedankt!

Nach Beendigung des Angriffs in den frühen Morgenstunden wurde die Übung abgebrochen und das ganze Bat nach Hinwil verschoben, um dort den WK mit den üblichen WEMI-Arbeiten zum Abschluss zu bringen. Diese Dienstleistung war zugleich unsere letzte in alter Besetzung, denn auf den 1. Januar 2000 wurden die beiden Pz Bat der F Div 6 bekannt-

Feuerleitstelle der Pz Mw Kp V/6

lich zusammengelegt. Dies erfüllte uns zwar ein bisschen mit Wehmut, doch freute man sich auch gleichzeitig auf die neuen Kameraden, getreu dem Motto unseres neuen Verbandes: Aufrecht in jeder Strömung!

Übergang Pz Bat 23/Pz Bat 6 im Jahr 2000

Mit der definitiven Einsetzung von Oberstlt Reto Ketterer als designiertem Kdt Pz Bat 6 ab 1. Januar 2000 konnten die Vorbereitungsarbeiten für den Zusammenschluss der zwei Schwesterbataillone gestartet werden. Neben den rein organisatorischen und personellen Arbeiten galt es auch zu versuchen, dem vereinten Bat eine neue Identität und damit verbunden einen neuen Korpsgeist zu geben. Dieser sollte auf den überlieferten Werten aus beiden Bat bestehen und möglichst die positiven Seiten der bestehenden Verbände verbinden. In vielen Gesprächen mit ehemaligen und den neu designierten Kp Kdt und den Stabsangehörigen wurde versucht, die wichtigsten Komponenten zu bestimmen und in geeignete Massnahmen umzusetzen.
Die personelle Überführung basierte auf detaillierten Richtlinien der Untergruppe Personelles der Armee. Die Besetzung der Kp Kdt Positionen und die Alimentierung des Stabes erfolgten in sehr enger Absprache mit dem Kdt F Div 6. Für die Überführung der Uof und Sdt war alleine die Untergruppe zuständig. Leider wurde in vielen Fällen die abgesprochene Vorgehensweise nicht eingehalten und damit viel Frustration bei den umgeteilten Wehrmännern und deren Kader geschaffen.

Schaffung eines einheitlichen Bat Emblems

Basierend auf den Traditionen in anderen Armeen beim Zusammenschluss von Traditionsverbänden, wurde schon sehr früh eine gemischte Arbeitsgruppe eingesetzt, mit dem Ziel, die vorhandenen Kp und Bat Embleme in den beiden Pz Bat in einen gemeinsamen Rahmen zu überführen. Viele Vorschläge für die Neugestaltung wurden erarbeitet, wieder verändert oder verworfen. Der definitive Vorschlag der Arbeitsgruppe wurde allen neuen Kp Kdt und dem Stab zur Vernehmlassung unterbreitet und fand einhellige Unterstützung.
Im Begrüssungsbrief des neuen Kdt wurde der neue Badge wie folgt eingeführt:
«Unser Pz Bat 6 steht vor einem klaren Neubeginn mit dem per 1. Januar 2000 erfolgten Zusammenschluss mit grossen Teilen des Pz Bat 23. Der neue Badge symbolisiert die geplante Zusammenarbeit in ausgezeichneter Weise, indem er die bestehenden Kp Zeichen aus dem Pz Bat 6 mit dem Bat Emblem aus dem Pz Bat 23 und dem dazugehörenden Motto «Aufrecht in jeder Strömung» zu einem neuen Ganzen verbindet. Dies erlaubt nahtlos an die bestehenden Traditionen, Werte und den ausgezeichneten Ausbildungsstand im vereinten Bat anzuknüpfen und in den bevorstehenden Dienstleistungen weiter auszubauen und zu pflegen.»
Die meisten Angehörigen des «verstärkten» Pz Bat 6 begrüssten das neue Emblem als Zeichen der kameradschaftlichen Zusammenarbeit auf allen Stufen. Doch gab es auch eine Minderheit, die sich gegen die geplanten Veränderungen und die möglichen Konsequenzen auflehnte. Der überwiegende Teil davon konnte in den nachfolgenden Dienstleistungen von den Vorteilen der kooperativen Zusammenarbeit überzeugt werden. Es kam zu keinen nennenswerten Problemen im neuen Verband. Heute tragen alle Angehörigen mit Stolz das neue Emblem auf ihren Jacken.

Traditionen

Beide Bat blicken auf eine ganze Reihe von gut etablierten und hochgehaltenen Traditionen auf Stufe Kp und Bat zurück. Die Kunst bestand nun darin, diese Traditionen zur Weiterführung auszuwählen, die dem Zusammenhalt, der Verbundenheit und der Integration am förderlichsten waren.
In beiden Bat war es Tradition, unter den Of eine Übung inklusive Aufnahme der neu eingeteilten Of durchzuführen. Die bewährte U Leitung unter der Federführung des Adj Hptm Wyss und mit grosser Unterstützung durch den ACSD Of Major Wolfensberger hat es geschafft, in allen gemeinsamen Dienstleistungen des Pz Bat 6 einen anspruchsvollen und spannenden Wettkampf unter dem historischen Namen «HUSAR» zu organisieren. Da praktisch keine neuen Offiziere mehr ins Bat eingeteilt wurden, kamen leider die witzigen und manchmal denkwürdigen Präsentationen etwas zu kurz. Das traditionelle, im Anschluss an einen Bat Rapport organisierte Nachtessen der Kp Kdt mit dem Stab konnte ebenfalls in jeder Dienstleistung in einem gemütlichen Rahmen durchgeführt werden. Der Stab wurde ebenfalls in jedem WK mit einer anspruchsvollen, sportlichen Übung zu Höchstleistungen angespornt.
Nach einem sehr gelungenen Auftakt zum traditionellen ausserdienstlichen Anlass Stab/Kp Kdt inkl Angehörige war in den Folgejahren leider das Interesse nicht mehr vorhanden – dies sicherlich ein klares Zeichen, das alle ihre Prioritäten vermehrt auf zivile Tätigkeiten ausrichten.

TTK 2000 Pz Bat 6

Die erste Dienstleistung im zusammengefassten Verband war der TTK 2000, der neben einem ersten gegenseitigen «Beschnuppern» am Divisionsrapport Gelegenheit gab, die Zusammenarbeit zwischen den verschiedenen Of auf dem Simulator «ELTAM» in Thun im Massstab 1:1 zu üben. Die im Of Kader durchgeführten Gruppenarbeiten zur Standortbestimmung gaben sehr wertvolle Hinweise für die weitere Arbeit im gemeinsamen Rahmen und haben klar die Schwerpunkte für den Bat Kdt im Rahmen der nachstehenden Dienstleistungen vorgegeben.

ADF 2001 Pz Bat 6

Der nachstehende Bericht schildert aus Sicht eines «miterlebenden» Kp Kdt den Verlauf des ersten gemeinsamen WK:
«Der ADF 2001 (Montag, 21. Juni bis Freitag, 15. Juni) des Pz Bat 6 stand im Zeichen der personellen und materiellen Zusammenführung mit dem ehemaligen Schwesterbataillon Pz Bat 23. Die gelungene Kaderübung ‹HUSAR 01›, die bereits am zweiten Abend des im Hinterrhein zentral durchgeführten Kadervorkurses stattfand und einmal nicht das militärische Wissen und Können in den Vordergrund stellte, zeigte deutlich, dass einem erfolgreichen ADF nichts im Wege zu stehen schien. Doch alle waren sich bewusst, dass die harten Zeiten noch vor der Tür warteten. Der KVK stand im Zeichen von vielen Neueinführungen und Umschulungen. Neben der Einführung des C-Nachweisgerätes, des 27 mm Ei Laufes, des 40 mm

GwA 97, des 7.5 mm Ei Lauf Syst PzF und der mobilen San Hist machte vor allem der Einführungskurs am neuen Funkgerät SE-235 zu schaffen, da der zeitliche Rahmen sehr eng gesteckt war. Trotzdem war allen klar, ohne funktionierende Verbindungen ist das Bataillon im Einsatz unführbar und würde an der grossen Rückverschiebungsübung der dritten Woche scheitern. Dieses Bewusstsein half sicher, die noch zusätzlich existierenden, materiellen Engpässe zu überwinden und die Ausbildung soweit voranzutreiben, dass die nötigen Voraussetzungen für den ADF geschaffen waren.»

Repetitorium für Schützenpanzerfahrer auf dem Schiessplatz Wichlen, WK 2001

Der auf den KVK folgende ADF stellte grosse logistische Herausforderungen an das Pz Bat, insbesondere an die Pz Stabskp und die Pz D Kp. Während den ersten zwei Wochen waren jeweils zwei Pz Kp im Hinterrhein stationiert und kamen dort zum scharfen Schuss. Eine dritte Pz Kp übte gleichzeitig auf dem Waffenplatz Bülach / Kloten. Für die Pz Gren Kp und die Pz Mw Kp stand während der ersten Woche der Spl Wichlen zur Verfügung, wo nicht nur im scharfen Schuss geübt, sondern auch die Spz Fahrerausbildung vorangetrieben wurde.

Den Abschluss der ersten Woche bildete die kombinierte Kp Übung «HANNIBAL» (Thema Beweglichkeit, Gefechtstechnik, Vs, Überprüfung EAB im Raum Wichlen-Hinterrhein), deren geographisches Ziel die neuen Kp Standorte, Grono und Roveredo für die Pz Mw Kp und Andeer für die Pz Gren Kp waren. Die zweite Woche ADF war tangiert durch die organisatorische Herausforderung, dass jeweils Teile des Pz Bat zur Verfügung des TLG MLT im Raume Hinterrhein abkommandiert werden mussten. Gleichzeitig fand der Tag der Ehemaligen auf dem Waffenplatz statt. Somit stellte sich die Situation so dar, dass im Pz Gelände Kloten eine Kp Zugsübungen durchführte, unter winterlichen Bedingungen zwei Pz Kp verstärkt durch einen Mw Zug und Teile der Grenadiere im Hinterrhein Gefechtsübungen schossen, während die Pz Mw Kp unter hochsommerlichen Bedingungen den Kampf abseits an der Grenze zum Kanton Tessin führte.

Ein besonderes «Highlight» für die Angehörigen der Pz Mw Kp war der Kp Abend am Ende der zweiten Woche, der in einem Grotto nahe dem Kp Standort durchgeführt wurde.

Die Stimmung erinnerte mehr an einen ausgelassenen Ferienabend in südlichen Gefilden als an einen militärischen Anlass. Doch die gute Stimmung konnte sicher so gedeutet werden, dass trotz der vielen Verschiebungen und der grossen fachlichen Herausforderung aufgrund der Neueinführungen die Kameradschaft nicht zu kurz kam und die Integration der beiden Pz Bat als Ganzes gelungen war.

Der Kdt Pz Mw Kp V/6 im «Einsatz», WK 2001

Die Rückmarschübung «ROHAN» unter Leitung des Kdt F Div 6 wurde so angelegt, dass die Kp von ihren dezentralen Standorten (Hinterrhein, Grono und Rafz) im Einsatzraum zusammengeführt wurden. Nach dem Bahntransport wurde ein erster Bereitschaftsraum bezogen und das gefechtsmässige Verhalten überprüft. Es zeigte sich, dass das Verbesserungspotential an allen Ecken und Enden noch sehr gross und die Kader entsprechend gefordert waren. Der Bezug eines zweiten Bereitschaftsraumes und die Kampfvorbereitungen wurden mit sehr grossem Erfolg durchgeführt. Den Abschluss der Übung bildeten der ausgelöste Angriff ins Lauchental und die Rückverschiebung über die Autobahn in den Raum Hinwil.

Die Fahnenrückgabe für das ganze Bat wurde in Gossau in feierlichem Rahmen durchgeführt. Der ADF endete mit der Korpsvisite und der jeweils mühsamen, doch wichtigen Übung WEMI im Raume Uster / Hinwil. Rückblickend kann der KVK und ADF 01 als eine der herausforderndsten, spannendsten, aber auch erlebnisreichsten und besten Dienstzeiten des Pz Bat 6 der vergangenen Jahre bezeichnet werden.

TTK 2002 Pz Bat 6

Der TTK 2002 stand ganz im Zeichen der Ausbildung auf dem voll ausgebauten Taktiksimulator ELTAM. In einer Angewöhnungsphase wurden die Kp Kdt und die Zfhr wieder mit dem Simulator vertraut gemacht. In dieser Zeit war der Bat Stab gefordert, die übergeordneten Br Einsatzbefehle auf Stufe Pz Bat umzusetzen. Die beiden gewählten Themen Verzögerung und Angriff boten im unbekannten Einsatzraum genügend Knacknüsse für eine anspruchsvolle Stabsarbeit. Die einmalige Chance, den getroffenen Entschluss mit dem ganzen Bat im Simulationsrahmen 1:1 umzusetzen, war für alle Beteiligten hochmotivierend. Die Kp Übung unter Leitung des Stv oder C Ei ergaben auch für die Kp Kdt eine optimale Ausgangslage für die geplanten Schlussübungen im Bat Rahmen.

Der Erfolg und/oder Misserfolg der Aktionen wurde in einer kritischen, aber sehr konstruktiven Übungsbesprechung jeweils mit dem ganzen Of Kader analysiert. Der spektakuläre Ausfall des Bat Kdt in der Schlussübung nach einem Fahrfehler mit anschliessendem Fliegerbeschuss an einer der Tauber Brücken stellte einerseits eine grosse Herausforderung für den Stv dar und bot andererseits guten Gesprächsstoff nach der Übungsbesprechung.

Der Stab Pz Bat 6 beim Orientierungsrapport

ADF 2003 Pz Bat 6

Das Programm des ADF wurde in der Einladung an die ehemaligen Kdt der Pz Bat 23/6 wie folgt umschrieben: «Nach einem zentralen KVK des Bat im Hongrin werden die Gef Grenadiere der Pz Gren Kp IV/6 eine Woche den Häuserkampf in Le Day trainieren und die Pz Kp II/6 im Wechsel mit der Pz Kp I/6 die Gefechtsausbildung in Bure fortsetzen. Die Besatzungs Gren und die anderen Pz Kp werden die Schiessausbildung auf dem Hongrin vornehmen. Die Pz Stabskp 6 wird für die ganze ADF-Dauer in Aigle stationiert sein und dort primär Fachausbildung betreiben. Die Pz D Kp 6 wird mit Schwergewicht aus dem Rm Hongrin die Versorgung des ganzen Bat

Offiziere des Pz Bat 6 bei der Übungsbesprechung, WK 2003

sicherstellen. Die Pz Mw Kp V/6 wird ihren ADF im Hongrin leisten und die Weiterausbildung auf dem FARGO/INTAFF vorantreiben. Zusätzlich plane ich die Einsatzbereitschaft und Ausbildung jeder Kp in einer durch das Bat geführten Kp Übung zu überprüfen. Das ganze Bat wird im Rahmen der Rückmarschübung «FINALE» in der letzten ADF-Woche durch die F Div 6 im Raum Schaffhausen/Thurgau/Zürich beübt werden (die WK Gruppe umfasst neben dem Pz Bat 6 das Div Stabs Bat 6, die Uem Abt 6, das Inf Rgt 27, das Genie Bat 4, Teile des Art Rgt 6 und die L Flab Lwf Abt 6, abgeschlossen wird die Übung durch einen Vorbeimarsch auf dem Wpl Kloten/Bülach am 19. März 2003).»

Von Anfang an war die grösste Herausforderung, der Tendenz entgegenzutreten, alle Programme dem Thema «letzter WK» anzupassen. Die Absicht war klar, das Programm sollte möglichst wenig Kompromisse umfassen und allen AdA nochmals eine echte Herausforderung und damit die notwendigen Erlebnisse vermitteln. Von den Kp U stechen vor allem die Übung «EXPLOSIVO» mit der Pz Gren Kp und die Anforderungen an die Pz Stabs- und D Kp im Rahmen der Übung «INFERNO» hervor. Das Sichern, Säubern und Halten eines Flugplatzes für den gefahrlosen Transfer von VIP war das Thema der Gren Übung. Die Zusammenführung der Kp erfolgte mittels Superpuma auf dem Fpl Bex, der VIP und die Polizei waren echt, die Aufgabe anspruchsvoll und die Herausforderungen zahlreich. Dies ergab die notwendige Mischung für eine spannende und erlebnisreiche Übung. Der Bezug von KP, das Aufklären unter erschwerten winterlichen Bedingungen und die Betreuung einer Gruppe von Behinderten bildeten einen Teil der Übungsanlage für die Stabs- und Dienst Kp. Die Pz Kp waren im scharfen Schuss gefordert und konnten das Thema Verzögerung und die daraus notwendige Koordination hautnah miterleben.

Die Verabschiedung im Rahmen des Bat fand in einer Festhalle in Aigle statt. Die logistischen Herausforderungen der Organisation von Fondues für 500 Personen wurden durch die Übungsleitung hervorragend gelöst, die Stimmung war von Anfang an gut, das Duo «Pfändler & Suter» brachte mit seinen Cabaret-Einlagen den militärischen Alltag auf den Punkt. Der versuchte «Saubannerzug» auf die Kp Fahne der Gren Kp wurde nach mil ungenügender Aufklärung durch die wachsamen Gren im Keime erstickt. Die offizielle Entschuldigung durch das Kdo «Raub»

Sicherung des Flugplatzes Bex   VIP-Transport im Rahmen der U «EXPLOSIVO»

wurde vom Of Kader der Pz Gren Kp im Rahmen der Korpsvisite akzeptiert.

Die Übung «FINALE» unter Leitung der F Div 6 bildete den Abschluss der Ausbildungsarbeiten auf dem Hongrin. Nach den Abgabearbeiten im Hongrin und in Bure wurde das ganze Bat dezentral auf die Bahn verladen. Am Sonntagabend erfolgte das Einrücken in Schlieren und Dietikon und der Verlad der Mannschaft auf Couchette-Wagen. Der Ablad ab 0245 Uhr erfolgte gestaffelt auf der Achse Winterthur – Schaffhausen. Der vorbereitete und rekognoszierte Berrm Weinland wurde termingemäss in der Nacht vom Sonntag auf den Montag bezogen. Die Planungsaktivitäten im Stab waren intensiv, galt es doch, die vorbereiteten Einsätze im Rahmen der Gegenkonzentration und dann die Verzögerung inklusive Training auf die Stufe Bat/Kp umzusetzen. Mit dem Bezug eines zweiten Berrm im Klettgau erfolgte der Start der Verzögerungsphase. Mit dem

Festhalle Aigle und Küche bereit für U «EXERCICIO»

Fondueplausch

Der Vrk+Trsp Offizier der Pz Bat 6 im Einsatz

effektiven Einüben der Verzögerung im Klettgau durch die Pz Formationen und die Erkundung der Verzögerungsräume 2 und 3 durch die Pneufahrzeuge wurde das erarbeitete Trainingskonzept in die Realität umgesetzt. Die Verzögerung wurde dann am Dienstagabend gegen 2100 ausgelöst und führte das ganze Bat über zwei Vz Räume über den Rhein und eine eingebaute Kriegsbrücke bei Alten über die Thur. Nach Übungsabbruch wurde das ganze Bat in 2 Staffeln auf den Wpl Kloten-Bülach respektive die Demob Standorte verschoben. Auf dem Wpl fand am Nachmittag vor dem Kdt FAK 4 und dem Kdt F Div 6 ein Vorbeimarsch aller an der Übung beteiligten Verbände statt. Die feierliche Standartenrückgabe erfolgte bei strahlendem Wetter und vor einer unvergleichlichen Kulisse auf dem Hasenstrick. Das Spiel der Inf RS 7 umrahmte den gelungenen Anlass wirkungsvoll. Der Abschied im intimen Rahmen des Bat (ohne Ansprachen von Politikern oder Vertretern des Kdo F Div 6) fand bei allen AdA Anklang als eine dem Pz Bat 6 angemessene Art,

Letzte Standartenrückgabe am 20. März 2003 auf dem Hasenstrick

Abschied zu feiern. Der würdevolle Abwurf der Seepferd Fahne und das langsame Versinken dieser hinter dem Horizont markierten für alle Angehörigen den endgültigen Abschied vom Seepferd Bat.

Mit einer stilvollen Korpsvisite und den notwendigen Abgabearbeiten im Rahmen der WEMI wurde dieser letzte ADF Pz Bat 6 ohne Unfälle erfolgreich abgeschlossen.

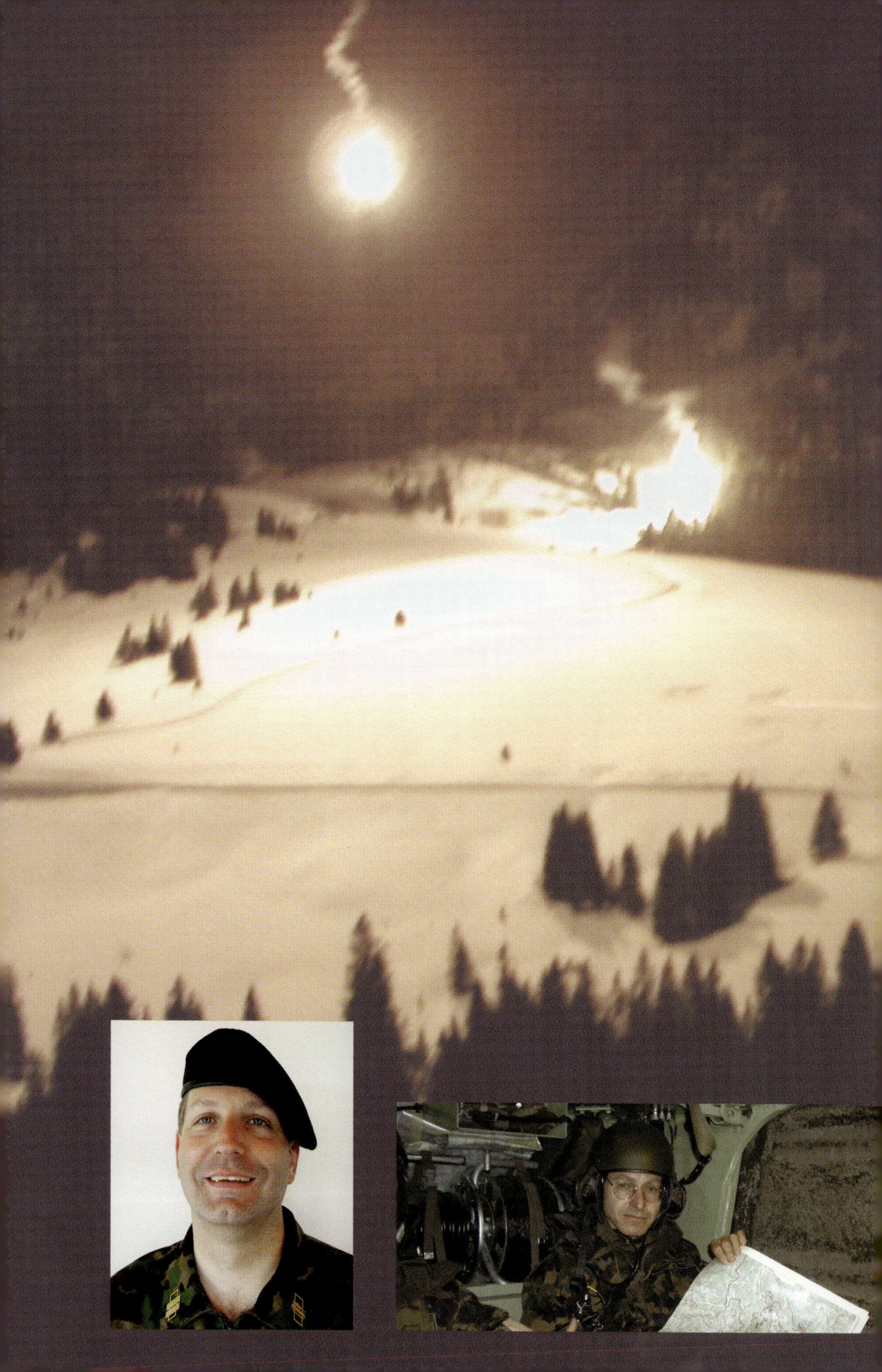

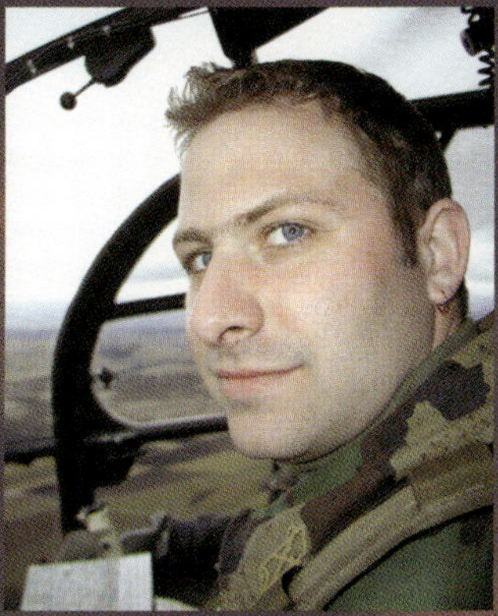
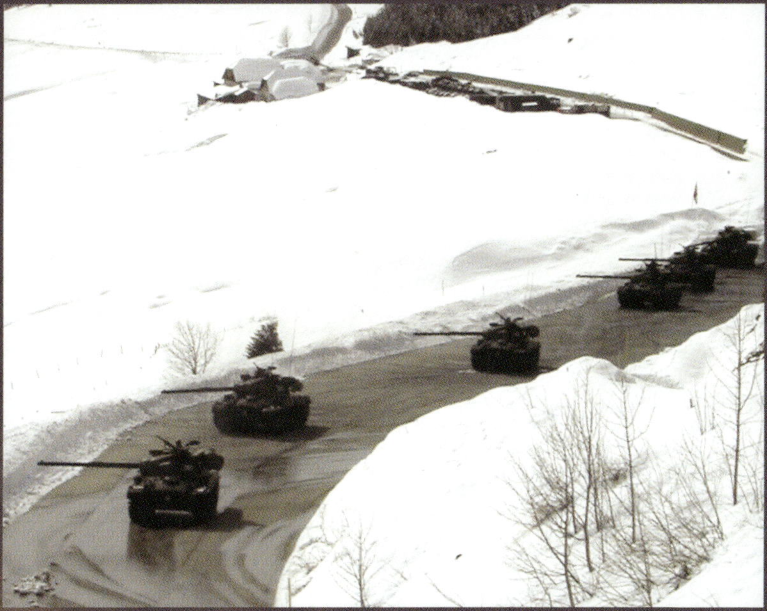
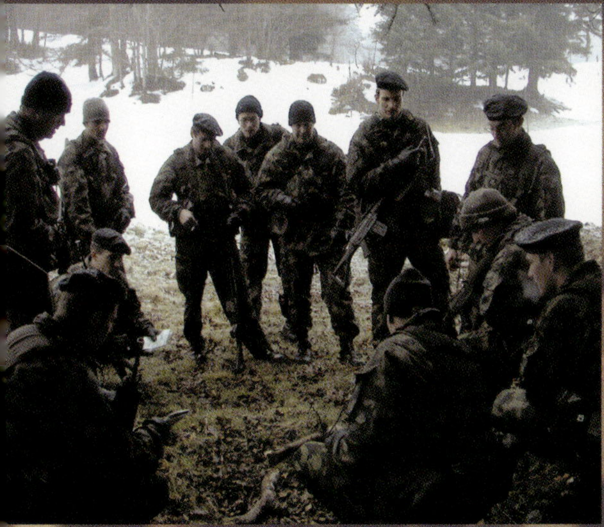
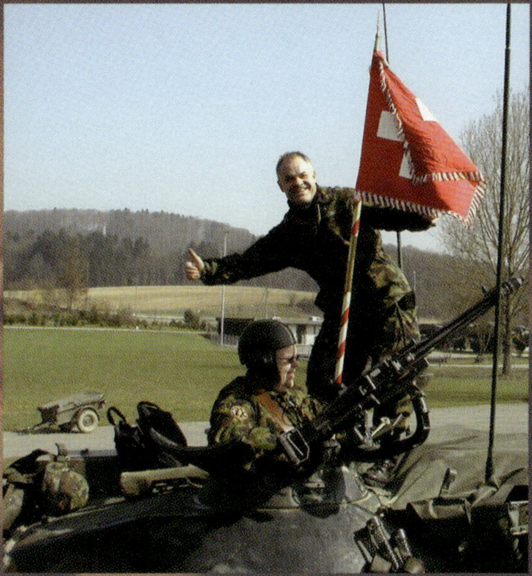
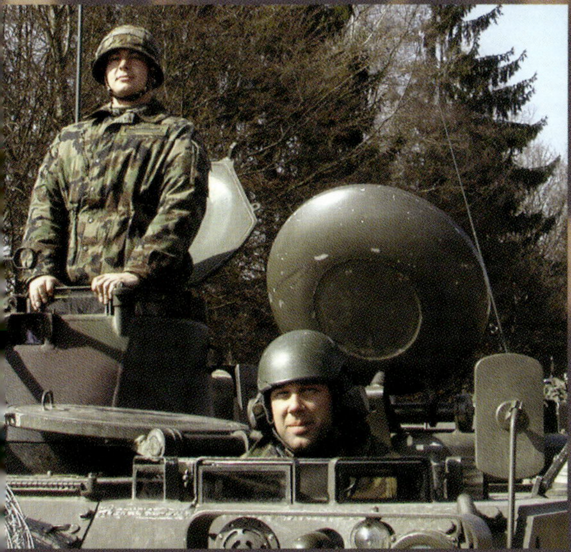
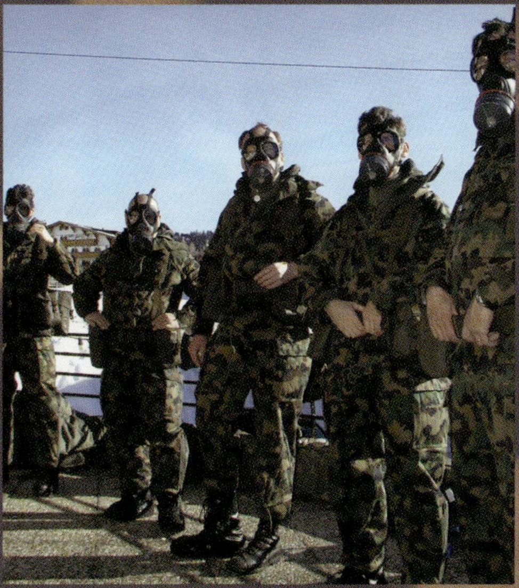

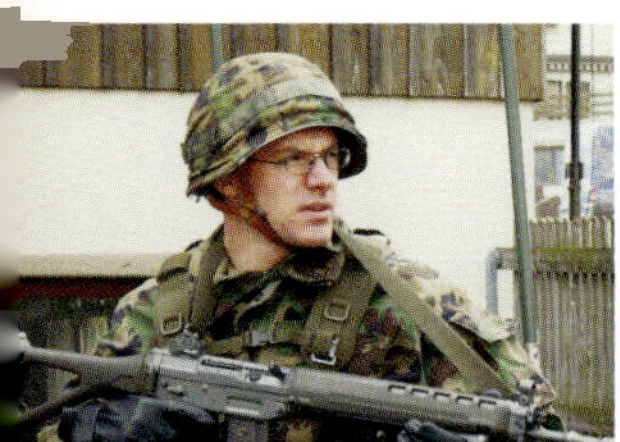
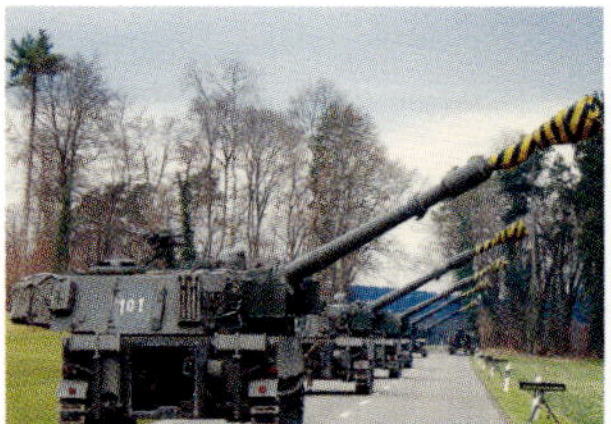
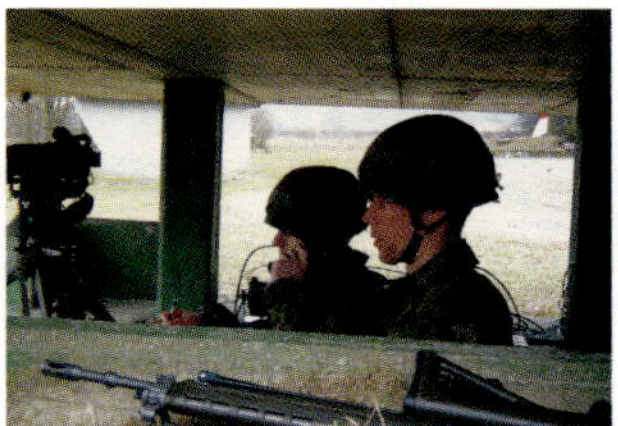
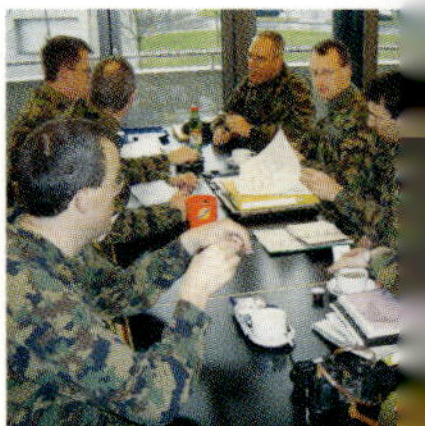

Art Rgt 6

Art Rgt 6*

«Set high standards» (General N. Schwarzkopf)

Oberst Thomas Würgler, Kdt Art Rgt 6 1999–2003

Konsequenzen der Mechanisierung

Für das Art Rgt 6 waren die Neunzigerjahre bis zur Auflösung des Regiments Ende 2003 vom Bemühen geprägt, den Ausbildungsstand auf einem hohen Niveau zu halten. Dabei erwies sich immer klarer, dass der mit der Armeereform 1995 eingeführte Zweijahresrhythmus der Ausbildungsdienste für eine technische Waffengattung wie die Artillerie kaum kompensierbare Nachteile mit sich brachte. In Bezug auf Struktur und Bewaffnung des Art Rgt 6 wirkten sich zudem Entscheide aus, welche bereits in den Siebziger- und Achtzigerjahren gefällt worden waren. So wurden seit 1977 die Haubitzen und Schweren Kanonenabteilungen der F Div 6 – bis dahin mit

Stellungsbezug mit der Panzerhaubitze M-109 während der U «COMPLETO», 2001.

* Eine umfangreiche Geschichte des Artillerieregiments 6 in der zweiten Hälfte des 20. Jahrhunderts findet sich in Christoph Ebnöther, Die Geschichte des Art Rgt 6 von 1951 bis 2003, (CXCV. Neujahrsblatt der Feuerwerker Gesellschaft auf das Jahr 2004), Zürich 2003. Zu beziehen durch die Buchhandlung Beer, St. Peterhofstatt 10, 8022 Zürich.

Geschützen aus der Zeit des Zweiten Weltkrieges ausgerüstet – auf die selbstfahrende Panzerhaubitze M-109 umgeschult. Als letzte Abteilung des Regiments absolvierte die Pz Hb Abt 16 im Jahre 1991 den entsprechenden Umschulungskurs. Damit waren drei von vier Abteilungen mit einer modernen Korpswaffe ausgerüstet. Aus Bestandesgründen nicht modernisiert wurde die Sch Kan Abt 46, die noch über Geschütze Baujahr 1936 verfügte. Nachdem in der Armee 95 keine gezogene Artillerie mehr geführt werden sollte, war es

Stellungsbezug mit einer Sch Kan 1991 (Bild: Willfried Epprecht)

naheliegend, diese Abteilung in Vorwegnahme der Reform bereits im Jahre 1993 aufzulösen. Aus Zürcher Sicht endete damit eine wichtige Phase in der Geschichte der Schweizerischen Armee und leitete über in jene der vollständigen Mechanisierung der Artillerie. Das Art Rgt 6 bestand nunmehr aus den beiden zürcherischen Pz Hb Abt 16 und 63, der mehrheitlich schaffhausischen Pz Hb Abt 17 sowie der Stabsbttr Art Rgt 6.

Ausbildungsschwergewichte

Mit dem Abschluss der Umschulung auf die Panzerhaubitze war die Artillerie endgültig zu einem sehr leistungsfähigen, jedoch komplexen Waffensystem geworden. Die starke Vernetzung aller Bestandteile trat wegen der neuen Beweglichkeit der Verbände und den rascheren Stellungsbezügen durch die Geschützbatterien deutlicher als früher zutage. Die gegenseitige Abhängigkeit der einzelnen Systembestandteile – Beobachtungsorganisation (Schiesskommandanten), Feuerleitung und Feuerführung (Feuerleitstellen), Feuermittel (Geschütze) sowie Logistik und Übermittlung – war eklatant. Allfällige Fehler in einem Bereich äusserten sich in erster Linie in einem erheblichen Zeitverlust bezüglich der geforderten artilleristischen Verbandsleistung. Der Zeitfaktor wurde deshalb zum entscheidenden Element in der Verbandsführung. In der Folge stellte sich heraus, dass mit dem Absolvieren der Umschulung allein die Mechanisierung der Verbände nicht

Die Artillerie versteht sich als Waffensystem mit verschiedenen Komponenten. Dazu gehören auch die Beobachtung und die Feuerleitung.

abgeschlossen war. In neuartiger Weise waren die Vorstellung vom Gefecht und die Beurteilung der eigenen Möglichkeiten zu schulen; auch im Führungsverständnis der Kader drängte sich eine eigentliche Neuorientierung auf. Die eingeleitete Mechanisierung in diesem Sinne umzusetzen war dementsprechend das eigentliche Bestreben der Kommandanten des Art Rgt 6 im Verlaufe des letzten Jahrzehnts. Die Regimentskommandanten Oberst Rudolf Ziegler (1991 – 1993), Oberst i Gst Jürg Krebser (1994 – 1997), Oberst Mathias Schwegler (1998 – 1999†) und Oberst Thomas Würgler (1999 – 2003) setzten in ihren Ausbildungsvorgaben unterschiedliche Schwergewichte, um den verschiedenen Aspekten der Mechanisierung Rechnung zu tragen. Besondere Aufmerksamkeit wurde namentlich der Logistik zuteil: Immer wieder übte man zum einen das Zusammenspiel zwischen der rückwärtigen und der vorgeschobenen Versorgungsstaffel (RVST und VVST), zum andern das Anlegen von Munitionsdepots in den Stellungsräumen, was angesichts der grossen Tonnagen neue, bislang unbekannte Probleme aufwarf. Ein weiteres Ausbildungsthema war die Entwicklung und Einführung einer mechanisierten Einsatzkonzeption. Mit der Vorgabe, wonach stets nur zwei Geschützbatterien während wenigen Minuten in Stellung bleiben sollten, während die dritte verschob, sollte die Beweglichkeit der mechanisierten Verbände zum Tragen kommen. Dabei musste allerdings nicht nur die eigene Führung (Schiesskommandanten und Feuerleitoffiziere) entsprechend geschult, sondern auch bei den taktischen Kommandanten der Inf Rgt und Bat sowie der Pz Bat das Verständnis für den Zusammenhang zwischen Wirkungsfähigkeit und Eigenschutz geweckt werden. Ein drittes Schwergewicht der Ausbildung legte man sodann auf die Führungstätigkeit, hatte doch die Mechanisierung sämtliche Abläufe erheblich beschleunigt. Gegenüber früher war es auf allen Stufen unabdingbar geworden, in jeder Situation mit Vorbefehlen zu arbeiten, um Aktionen jederzeit auf Stichwort auslösen zu können.

Konsequenzen der Armeereform 95

Im Rückblick ist die Armeereform von 1995 der wohl markanteste Einschnitt der letzten Jahrzehnte in Bezug auf den Ausbildungsstand des Art Rgt. Die Einführung des Zweijahresrhythmus und die gleichzeitige Abschaffung der Kurse an den Artillerieschiessgeräten stellte eine erhebliche Erschwerung der Ausbildung dar. Kompensiert wurden die zweimal jährlich an je zwei Tagen für alle Offiziere abgehaltenen Baranoff Kurse durch die so genannten «taktisch technischen Kurse» (TTK). Letztere fanden ab 1996 in den jeweiligen Zwischenjahren der Wiederholungskurse statt. Ihre Ausrichtung mit Konzentration auf eine intensive Schulung in der Primärcharge blieb die gleiche wie diejenige der alten Baranoff Kurse. Und doch vermochte das neue Konzept von alternierenden WK und TTK das alte System nicht vollwertig zu ersetzen. Insbesondere die Reduktion der zu leistenden Diensttage pro Jahr wirkte sich auf der Stufe Soldaten und Unteroffiziere drastisch aus, kommt doch dem Zusammenwirken auf Stufe Gruppe – Geschützbedienung, Vermessungstrupp, Feuerleitstellen usw. – ein ausserordentlich grosses Gewicht zu. Zudem hatten die alle sechs Monate durchgeführten Baranoff Kurse jeweils den Offizieren Gelegenheit gegeben, in kurzen Sequenzen das artilleristische Handwerk zu repetieren, so dass jenes auf einem hohen Niveau gehalten werden konnte. Neben diesen und anderen Vorteilen kam ihnen aber auch ein gewichtiger Nachteil zu: eine systematische, von der Fachtechnik zur Taktik modulartig fortschreitende Ausbildung war jeweils in so kurzer Zeit nicht möglich. Zusammenfassend brachte der neue Zweijahresrhythmus erhebliche Nachteile in den Bereichen Fachtechnik und Teamwork mit sich, während durch die Einführung der TTK gewisse Vorteile im Bereich der taktischen Schulung zu verzeichnen waren.

Erkenntnisse aus Verbandsübungen

Ab 1990 bewies das Regiment mehrmals seine Fähigkeiten in grösseren Übungen, teilweise unter Leitung des Divisionskommandanten. So fiel in der Übung «BARBAROSSA» (1990) nicht einmal 24 Stunden nach dem Einrücken der erste scharfe Schuss mit einer Panzerhaubitze – eine Leistung, welche auch ausländische Beobachter tief beeindruckte. Weitere Abteilungseinsatzübungen mit Artillerieschiessen waren «FRECCIA ROSSA» (1993), «ECCO» (1994), «PRESTO» (1995), «LOBSTER» (1997), «ORGEL» (1999), «COMPLETO» (2001) und «FINALE» (2003). Sämtliche Übungen setzten hohe Anforderungen an das artilleristische Handwerk (zeitliche/örtliche Erfüllung des Feuerauftrages) und an die Beweglichkeit der Verbände (längere Verschiebungen via Strasse und Bahn in einen Einsatzraum, häufige Stellungswechsel). Mängel zeigten sich dabei namentlich im Übermittlungsbereich: Die mangelhafte Reichweite der Funkgeräte war und ist eine erhebliche Einschränkung des Waffensystems. Im Jahre 2003 wurde bei allen Verbänden des Art Rgt 6 das Funkgerät SE-235 neu eingeführt, womit die Abhörsicherheit zwar entscheidend erhöht, aber keine Verbesserung bei der Reichweite erzielt werden konnte. Die erkannte Schwachstelle war nur teilweise durch optimale Standortwahl sowie tadellose Gerätebedienung und -wartung wettzumachen, was steter Einflussnahme der Kader bedurfte. Weitere Mängel zeigten die Einsatzübungen namentlich auch im Bereich des taktischen Verständnisses der Schiesskommandanten auf. Hier setzte man mit entsprechender Schulung in den taktisch technischen Kursen (TTK) an. In deren Programm nahm die gemeinsame zweitägige Ausbildung der Artillerieschiesskommandanten mit den Kommandanten und Feuerunterstützungsoffizieren der Kampfverbände einen zentralen Stellenwert ein. Unter Leitung des Divisionsstabes respektive des Artilleriechefs wurden verschiedene Ausbildungsmodule absolviert, womit das gegenseitige Verständnis zwischen Techniker (Schiesskommandant) und Taktiker gefördert und grosse Fortschritte in der Zusammenarbeit erzielt wurden.

M-109 der Pz Hb Abt 17 während der Übung «FINALE», 2003.

Notwendige Reformschritte

Die Artillerie ist die Schwergewichtswaffe für die Führung des Feuerkampfes auf Stufe Division. Eingesetzt wird sie primär im allgemeinen Feuerkampf, sekundär zur unmittelbaren Unterstützung der Kampftruppen, namentlich zur Erringung der Handlungsfähigkeit. Im allgemeinen Feuerkampf (AF), wo die Artillerie weit in die Tiefe des gegnerischen Raumes zu wirken hat, machte sich in der Vergangenheit die mangelnde Reichweite der Geschütze schmerzlich bemerkbar.

Als schweres Feuermittel ist die Artillerie für einen Gegner ein besonders interessantes Ziel; sie kann leicht aufgeklärt werden und ist extrem verletzlich. Zwar verschaffen die Beweglichkeit der mechanisierten Artillerie und eine entsprechende Einsatzkonzeption mit ständigen Stellungswechseln, dezentralen Verschiebungswegen und ausgedehnten Stellungsräumen die Chance, sich der gegnerischen Aufklärung so gut wie möglich zu entziehen. Damit allein ist aber das Manko der geringen Reichweite nicht zu kompensieren. Hier vermochte die Einführung neuer Munition (Kanistergeschosse) Abhilfe zu schaffen. Einen grossen Schritt vorwärts stellte sodann die Kampfwertsteigerung der Panzerhaubitze zur «Pz Hb / M-109 KAWEST» dar. Durch ein längeres Rohr und eine modifizierte Ladevorrichtung wurde die Reichweite deutlich gesteigert. Dank weiteren Massnahmen wie dem Einbau einer Navigations- und Positionierungsanlage («NAPOS») und die Montage eines separaten Ladungsmagazins («Ladungsrucksack») wurden nicht nur die Geschütze beweglicher, sondern auch die Einsatzführung flexibler.

Der Stab Art Rgt 6 bespricht die Ergebnisse der U «ALLEGRO», der letzten Übung des Art Rgt 6 im scharfen Schuss, 2003.

Ähnlich wie bei der Umschulung von den gezogenen Geschützen auf die selbstfahrenden ist die Kampfwertsteigerung mit der materiellen Umrüstung nicht abgeschlossen. Vielmehr hat diese konzeptionelle Konsequenzen, die in zwei Umschulungskursen auszubilden und in den Folgejahren auf Anwendungsstufe zu trainieren sind. Die Pz Hb Abt 16 unter dem Kommando von Oberstlt Kaspar Niklaus, welche als einzige Abt aus dem Art Rgt 6 in die neue Armee XXI überführt wird, befindet sich mitten in diesem Prozess. Mit dem erfolgreichen Bestehen der beiden Umschulungskurse KAWEST haben sich Soldaten wie Kader das nötige Rüstzeug erworben, um in den kommenden Dienstleistungen einerseits das erworbene Wissen und Können zu automatisieren, andererseits die taktischen Konsequenzen umzusetzen. Ohne die längst ersehnte Rückkehr zum Jahresrhythmus wäre diese anspruchsvolle Ausbildungsaufgabe wohl nicht zu bewältigen. In diesem Sinne schafft das Reformprojekt Armee XXI die dringend nötigen Rahmenbedingungen für eine erfolgversprechende Ausbildung einer zeitgemässen Artillerie.

Auflösung des Art Rgt 6

Die Auflösung des Regiments im Zuge der anstehenden Armeereform ist beschlossen. Sie ist der Preis für eine notwendige Modernisierung der Artillerie, welche ohne Verkleinerung der Bestände nicht möglich scheint. Mit neu acht aktiven Abteilungen ist die Artillerie aber an einer unteren Grenze angelangt. Eine weitere Reduktion würde der Bedeutung des schweren Feuers auf dem modernen Gefechtsfeld keinesfalls gerecht und würde die Glaubwürdigkeit der Armee insgesamt in Frage stellen.

Im März 2003 war das Art Rgt 6 letztmals im Dienst. Die Pz Hb Abt 16 absolvierte in Bure den UK II KAWEST und stiess in der dritten Woche zu den aus Bestandesgründen in einem ad hoc Verband (Pz Hb Abt 80) zusammengelegten Pz Hb Abt 17 und 63. Zusammen mit der Stabsbttr legte das Art Rgt 6 in der Divisionsübung «FINALE» letztmals Beweis ab über seinen hohen Ausbildungsstand. Am letzten Tag des WK erfolgte eine gemeinsame Fahnenabgabe aller Verbände des Regiments auf dem Lindenhof in Zürich. Regierungsrätin Rita Fuhrer überbrachte dabei den Artilleristen den Dank der Zürcher Regierung für ihren Einsatz. Der feierliche Akt vom 21. März 2003 in Zürich markierte die Auflösung des Art Rgt 6 nach 105 Jahren seines Bestehens.

Oberst Thomas Würgler

Der Kdt Art Rgt 6 verabschiedete am 21. März 2003 die Standarten der Pz Hb Abt 16, 17 und 63 (im Beisein der Standarte der früher aufgelösten Sch Kan Abt 46) zum letzten Mal. (Bild: Christoph Ebnöther)

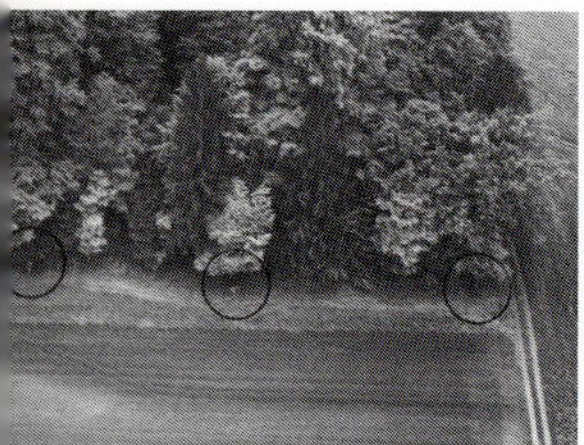
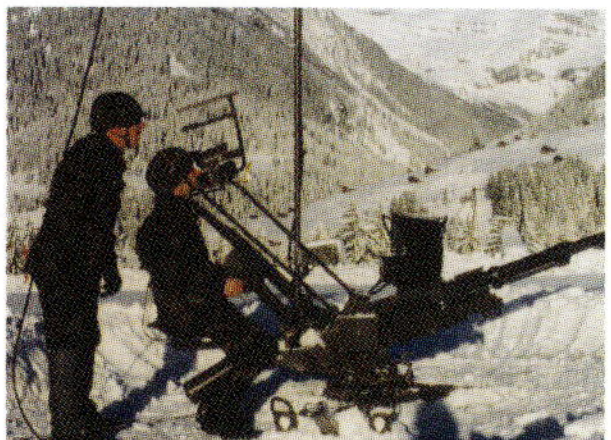
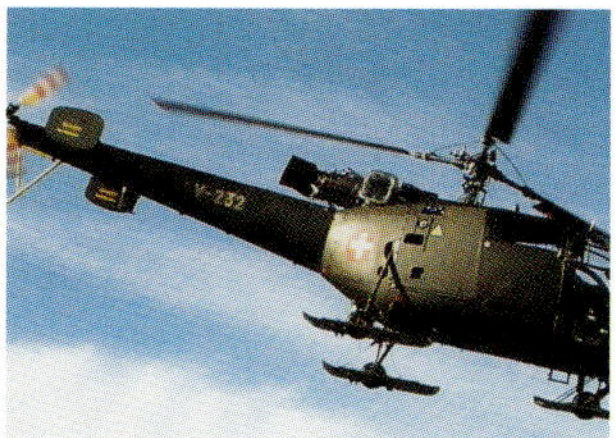
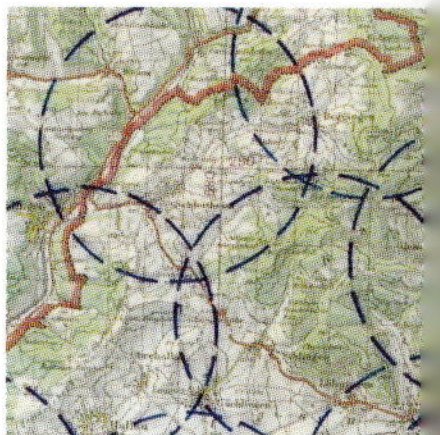

L Flab Lwf Abt 6

L Flab Lwf Abt 6

Oberstlt Pieter Versluijs, C Flab F Div 6 2001–2003

So vielfältig die Bilder der letzten 10 Jahre der L Flab Lwf Abt 6 sind, so bewegt war auch die entsprechende Geschichte. Der kurze Abriss auf den folgenden Seiten kann in keiner Weise der intensiven Zeit und den unzähligen Neuerungen gerecht werden. Darum wurde auf viel Text verzichtet und der zur Verfügung stehende Platz genutzt, um möglichst viele Impressionen aus den vergangenen zehn Jahren zu wecken.

20mm Flab Kan 54 im scharfen Schuss bei bestem Wetter und schönster Winterlandschaft auf dem Schiessplatz.

1992 war Mob L Flab Abt 6 die korrekte Bezeichnung der Abteilung, und die OB wies eine Stabsbatterie und fünf 20mm Kanonen-Batterien auf. Dazu gehörte natürlich auch ein Abteilungsstab mit neun Offizieren. Kommandant der Abteilung war Hptm i Gst André Blattmann. Der WK-Ort war das Emmental mit Langnau i E – Linden – Oberei – Süderen. Das Emmental war immer wieder ein beliebter und auch «heiss geliebter» WK-Standort der Abteilung. Fast jeder Batteriekommandant war mit seiner Einheit mindestens einmal im Emmental im WK. Es versteht sich daher von selbst, dass wir viele gute Erinnerungen ans Emmental haben. Als herausragendes Ereignis wurde im WK 1992 im Rahmen einer Volltruppenübung unter der Leitung F Div 6 zum Abschluss des WK die Bewachung des Flugplatzes Alpnach befohlen. Die falsch eingeschätzten Zeitverhältnisse hätten zum teilweisen Dispobezug in der Nacht geführt … Die Standartenrückgabe fand in Affoltern am Albis statt, wo auch das Zeughaus der Abteilung war. 1992 wurde durch das Kader während des Kaderanlasses im WK ein grosser Laib Käse hergestellt. Dieser wurde anlässlich der «Chästeiletä» im darauffolgenden Jahr mit einem ausserdienstlichen Event innerhalb des Kaders aufgeteilt. Nicht nur die «Chästeiletä» war 1993 ein herausragendes Ereignis.

1993 kann auch als «Comeback» der Leichten Fliegerabwehr in der Schweizer Armee bezeichnet werden. 1993 war der Beginn der Umschulungskurse (UK) von der 20mm Flab Kan 54 auf die Lenkwaffe «STINGER». Nachdem die Rüstungsplanung das Vorhaben minuziös organisiert hatte und die Beschaffung reibungslos vor sich ging, wurde der Umschulungskurs 1 mit der Bttr I/6 und II/6 der Mob L Flab Abt 6 durchgeführt. Für alle Leichten Fliegerabwehrverbände war aufgrund der professionellen Infrastruktur der WK-Standort in der Flabkaserne in Payerne Pflicht. Diese heute noch den Anforderungen mehr als nur genügende Infrastruktur wurde kurz vor dem ersten Umschulungskurs «STINGER» fertiggestellt. Die beiden Kommandanten, welche mit ihren Batterien in den Umschulungskurs 1 einrückten, waren Hauptmann Roger Keller I/6 und Hauptmann Pieter Versluijs II/6. Es war nicht nur ein neues Waffensystem, sondern auch eine neue Dimension von Ausbildung sowohl für die Flab als auch für die Schweizer Armee. Der Abtei-

Schiessplatz Brigels

Feuerkommando: «21…22…»   «Feuer!»

lungskommandant Major i Gst André Blattmann war damals auch gleichzeitig Kommandant der Umschulungskurse 1 und 2 «STINGER» im Kommando «STINGER». Als Abteilungskommandant war er natürlich sehr daran interessiert, wie seine beiden Kommandanten den ersten Umschulungskurs meistern würden. Tagsüber führten die Kadis ihre Einheiten und nahmen die Ausbildungsverantwortung wahr. Nachts revidierten die «Kadis» die Reglemente, so dass sie die Mannschaft verstanden. Die alte Regel, dass im Militär pro Tag 24 Stunden zur Verfügung stehen – und wenn dies nicht reicht, auch die Nacht –, wurde im Umschulungskurs konsequent angewendet. Zudem wurde mit Hauptmann Pieter Versluijs ein Batteriekommandant direkt aus der Infanterie übernommen. Für die Flab der F Div 6 bedeutete dies, eine «neue» Form von Militär kennenzulernen. Im Rückblick haben die beiden Batterien ihren Umschulungskurs 1/1993 mit Bravour bestanden. Für die Abteilung war das Jahr 1993 nicht nur der Umschulung «STINGER» gewidmet. Die Stabsbatterie sowie die Batterien III/6 und IV/6 mit ihren 20mm Flab Kan 54 absolvierten ihren WK im Raum Brigels – Illanz. Neben der Einführung «STINGER» wurde zeitgleich auch neues Material eingeführt. Wie auch in anderen Verbänden wurden der Tarnanzug (TAZ 90) und das Funkgerät SE-225 parallel eingeführt.

20mm Flab Kan 54 im Feldeinsatz. Aufnahme durch einen Mirage Aufklärer.

1994 wurde die Abteilung durch Major i Gst André Blattmann geführt. Im WK 1994 fand für die Abteilung der Umschulungskurs 2 im Zürcher Unterland im Raum Bülach – Höri – Eglisau statt. Dieser war der Einführung des «STINGER» unter Feldbedingungen gewidmet. Zugleich galt es auch, die Integration der «STINGER» in der Abteilung voranzutreiben, die fortan L Flab Lwf Abt 6 hiess. 1994 fand auch der zweite Teil der Einführung des Funkgerätes SE-225 statt. Der Umschulungskurs 2 bedeutete auch, dass die Abteilung als ganzes zum ersten Mal ein «STINGER»-Dispo-

Lenkflugkörper «STINGER»

sitiv in seiner ganzen Ausdehnung bezog. Somit war der Kommandant der Abteilung plötzlich fliegerabwehrtechnisch vom Randenturm im Klettgau bis zum Hotel Zürich in Downtown Zürich präsent. Auch dies war, rein aufgrund der Ausdehnung, wiederum eine neue Situation und Sensation, mit der man erst einmal fertig werden musste. Es zeigte sich sehr schnell, dass die Verbindungen innerhalb der Abteilung vital und überlebenswichtig sind. Ohne Verbindungen ist eine «STINGER»-Abteilung nicht führbar. Nicht führbar heisst bei den «STINGER»: Nicht einsatzbereit und somit ein Totalausfall, da weder Feuerbereitschaftsgrad noch Feuererlaubnisgrad bekannt sind. In der Einsatzübung hatte auch für die Stabsbatterie ein neues Zeitalter begonnen: Grossräumiges Übermittlungsnetz, neues Versorgungs- und Sanitätskonzept, Erhöhung der Bedeutung der Luftbeobachter. Alles in allem ein deutliches Zeichen für die erhöhte Bedeutung des Dienstleistungsbetriebes der Stabsbatterie zugunsten der Flab Abt. Während der letzten Einsatzübung der Abteilung im WK 1994 machte der Kommandant der F Div 6, Divisionär Ulrico Hess, im Anflug auf das Getreidesilo in Marthalen, gleich seine ersten Erfahrungen mit dem «STINGER». Im Anflug auf die Stellung, die er zusammen mit dem Abteilungskommandanten inspizieren wollte, wurde er von der betreffenden Feuereinheit «abgeschossen». Dies wurde vom Trupp «brühwarm» dem Divisionskommandanten mitgeteilt und der Abteilungskommandant stand mit stolzgeschwellter Brust hinter dem Divisionskommandanten. Somit wurde der «STINGER» auch für den Divisionskommandanten zu einer neuen Dimension zugunsten der mechanisierten Mittel seiner Division, an die er sich zuerst gewöhnen musste, da er bei jedem Anflug auf eine «STINGER»-Stellung gleich mal zu Übungszwecken «abgeschossen» wurde.

Der Verbund 20mm Flab Kan 54 und «STINGER» wurde ebenfalls unter dem Motto: Panzerfaust und Tow gegen Kampfpanzer, 20mm Flab Kan 54 gegen Kampfhelikopter und «STINGER» gegen Kampfflugzeuge erprobt. Für die «STINGER»-Mannschaften war dies eine neue Erfahrung, statt stundenlang hinter der 20mm Flab Kan 54 zu sitzen und auf Kommando des Zugführers auf Schleppsäcke zu schiessen, die seit Jahren durch

Waffenplatz Grandvillard voll ausgebaut   20mm Flab Kan 54 im scharfen Schuss auf Sackziele

Zielflieger gezogen auf den immer gleichen Volten vorbeiflogen. Es galt nun, durch jeden einzelnen «STINGER»-Soldaten Verantwortung zu übernehmen: Er entscheidet, ob die Lenkwaffe eingesetzt wird oder nicht.

1995 startete der WK mit einer gross angelegten Einsatzübung von Affoltern am Albis aus über den Raum Beromünster ins Emmental. Die WK-Standorte lagen im Raum Langnau i E – Oberei – Süderen – Linden. Die Einsatzübung war als Herausforderung eigentlich genug, aber als zusätzliche Auflage mussten noch alle Organisationsplätze der Batterien sowie das Zeughaus an neue Standorte verlegt werden. Während dieser Einsatzübung wurde anlässlich eines Abteilungsrapportes durch den Abteilungskommandanten festgelegt, welche «STINGER»-Stellung er am nächsten Morgen 0600 Uhr im Raum Beromünster inspizieren wollte. Trotz Eintragungen im Gefechtsjournal der betreffenden Feuereinheit und trotz offenem Funkgespräch zwischen Batteriekommandant und Zugführer um 0200 Uhr konnte nicht sichergestellt werden, dass das Resultat zufriedenstellend war. Die Feuereinheit und ihr Chef lagen noch in ihren Schlafsäcken, als der Abteilungskommandant hoffnungsvoll auf den Turm bei Beromünster stieg. Nach ausgiebigem Lehrgespräch zwischen Abteilungskommandant und Feuereinheit sowie zwischen Abteilungskommandant und Zugführer konnte die Situation gerettet werden. Während der ganzen Übung hatte eine andere Batterie fast keine Funkverbindung zur Abteilung, was den Abteilungskommandanten vollends zur Verzweiflung brachte. Dies liess ihn kurz an der militärischen Brauchbarkeit des Übermittlungsdienstes zweifeln. Somit ist der Turm von Beromünster heute noch für die Abteilung ein Mahnmal bezüglich des Erreichens des Feuerbereitschaftsgrades 2 und der Aufrechterhaltung der Funkverbindung unter allen Umständen. 1995 wurden die Handgranate 85 und die Schutzmaske 90 eingeführt. Alle Nachzügler wurden mit dem Tarnanzug 90 und den anderen wichtigen Neuerungen ausgerüstet und ausgebildet, was einen grossen Aufwand für die Abteilung bedeutete. Die Einführung der Handgranate 85 war für die Batteriekommandanten ein «Highlight». Es wurde wieder mal nach vielen Jahren so richtig Infanterieausbildung auf dem Ruchgrat im Emmental betrieben. Hier konnte den «Fläblern» der Abteilung so richtig gezeigt

16. Mai 95; 0910 Uhr, Burg, diverse Fahrzeuge und Kommandoposten   16. Mai 95; 1109 Uhr, Lutertal, 20mm Flab Kan 54

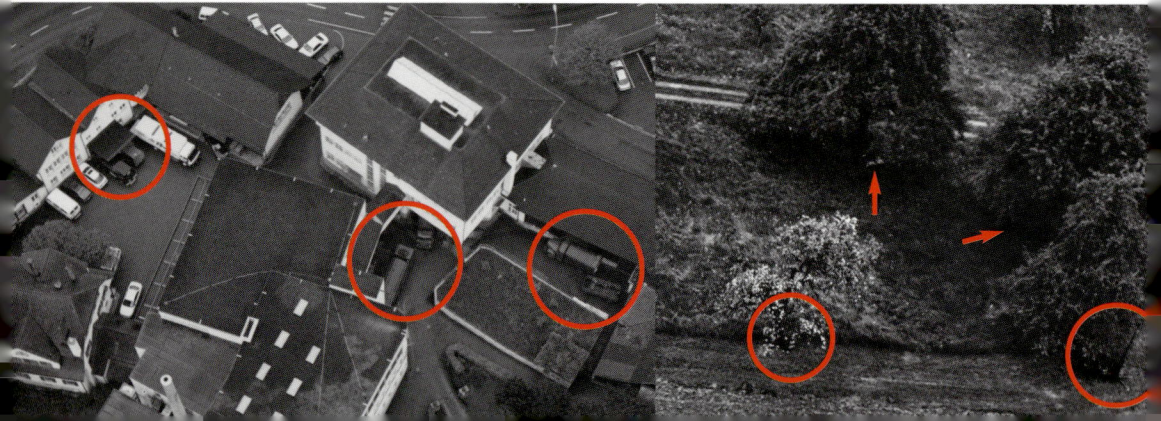

werden, was für eine harte Knochenarbeit das Füsilierhandwerk ist. Wider Erwarten gingen die «Fläbler» mit so grossem Engagement an die gestellte Aufgabe, dass die zugeteilte Munition bei Weitem nicht ausreichte. Für alle bleibt dieser WK in unvergesslicher Erinnerung, weil das Wetter traumhaft war.

1996 war das letzte Kommando-Jahr von Major i Gst André Blattmann. Die Standarte wurde auf dem Waffenplatz Grandvillard bei sehr starkem Schneetreiben übernommen. Auf die Frage des Abteilungskommandanten an seine Batteriekommandanten, wie denn die Standartenübernahme war, konnte keiner etwas sagen, da im heftigen Schneegestöber keiner den Abteilungskommandanten gesehen hatte. Auch die Mannschaften bekamen herzlich wenig mit. Diesbezüglich musste der Abteilungskommandant auch jeden Morgen einen Führerentscheid treffen: Montieren wir die Schneeketten an den Fahrzeugen ja oder nein? Die gesamte Ausbildung fand auf dem Waffenplatz Grandvillard statt. Der WK-Raum war Grandvillard – Bulle – Nerivue – Semsales. 1996 wurde auch das erste Mal probiert, die Stabsbatterie mit «STINGER»-Standards zu trainieren und sogenannte SOP (Standard Operation Procedures) zu etablieren. Als grosse Einsatzübung wurde im WK 1996 die Übung «ETAPPE» zum ersten Mal durchgeführt. Diese Übung war so konzipiert, dass alle Leichten Fliegerabwehrverbände der Schweizer Armee, die vom Rhythmus her alle zwei Jahre Richtkurse entweder auf dem Waffenplatz Grandvillard oder Brigels absolvieren mussten, diese deckungsgleich ausführen konnten. Damit war auch die Vergleichbarkeit der Gefechtsleistung unter den verschiedenen Formationen gegeben. Das Thema «Benchmark» wurde mit professioneller Ausbildungsunterstützung durch das Kommando «STINGER» in Payerne bis zum Exzess betrieben. In jedem WK hatte jede L Flab Lwf Bttr einen Tag am Simulator in Payerne zu absolvieren. Die Resultate wurden mittels Computern genau aufgezeichnet und ausgewertet. Dazu gehörte auch der Fliegererkennungsdienst und der Übermittlungsdienst. 1996 wurden das Sturmgewehr 90 eingeführt und zum letzten Mal die Nachzügler mit Tarnanzug 90 und Schutzmaske 90 nachgerüstet und nachausgebildet. Auf dem Waffenplatz Romont fand eine denkwürdige Inspektion der Batterie II/6

Die Feuereinheit ist zum Schuss bereit

16. Mai 95; 0925 Uhr, Kaltenbach, diverse Fahrzeuge und Kommandoposten

16. Mai 95; 1059 Uhr, Flugplatz Triengen, Feuereinheit «STINGER»

statt. Die Batterie gab ihr Bestes, nur das Wetter war so garstig und kalt, dass die Ziele im Zielhang nie recht beurteilt werden konnten. Da der schwungvolle Abteilungskommandant für die Inspektion direkt aus seinem stark geheizten Büro kam, erschien er zum Erstaunen aller mit heraufgerollten Ärmeln ....
1997 übernahm Major Patrick Grossholz die Abteilung. Unter seiner Leitung fand der KVK in Schwellbrunn statt und der WK im Raum Weinfelden – Näfels, was von der Ausdehnung für «STINGER» nichts Aussergewöhnliches ist. Die Übung «ETAPPE» wurde wiederum erfolgreich absolviert. Die einzigen Schwierigkeiten bereiteten die Büromatiksets in der Übung. Bei einem Besuch des Divisionskommandanten beschwerte sich der Adjutant lautstark über die Nicht-Berücksichtigung bei der Lieferung des Büromatiksets. Ein für den Adjutanten der Abteilung 6 «natürlich» schwerer Schlag, was den Divisionskommandanten umgehend dazu bewog, die Sache selber in die Hand zu nehmen. Somit geschah es, dass Divisionär Ulrico Hess «himself» am Natel zwei zusätzliche Büromatiksets im Zeughaus Kloten bestellte, die dann auch umgehend frei Haus geliefert wurden. Mit einem Zug «STINGER» wurde ein Feldversuch mit dem neuen Wärmebildvisier durchgeführt. Dies hatte nach der Einführung weitreichende Konsequenzen für die kommenden WK und die OB der Abteilung. Mittels Wärmebildvisier konnte der «STINGER» – bei transparenter Atmosphäre – zu jeder Tages- und Nachtzeit eingesetzt werden. Dadurch war natürlich eine Feuereinheit mit fünf Mann Bestand für einen 24-Stunden-Betrieb unterdotiert. Das hiess, dass die Feuereinheiten auf sieben Mann aufgestockt werden mussten, was wiederum zur Konsequenz hatte, dass jede Feuereinheit ein zweites Fahrzeug brauchte, dies nebst weiteren Kleinigkeiten zum Überleben, wie zum Beispiel einer zweiten Feuereinheitsküche. Damit die nötigen personeller Ressourcen zur Verfügung standen, wurde die 20mm Flab Kar 54 endgültig aus der Schweizer Armee verabschiedet. Die Batterien III/6 und IV/6 wurden so ausgebildet, dass sie im WK des darauffolgenden Jahres in die «STINGER»-Batterien I/6 und II/6 sowie in die Stabsbatterie 6 eingeteilt werden konnten. 1997 war zum ersten Mal ein zweiwöchiger WK. Auch dies hiess,

dass die knappe Zeit so gut wie möglich zu nutzen war, was im rückwärtigen Bereich zu einem 20-Stunden-Tag führte.

1998 begann das Jahr turbulent. Aufgrund der Bekanntgabe der Fusion von zwei Schweizer Grossbanken Anfang Dezember 1997 war es dem Kommandanten, der zudem noch aus dem «Ausland» führte, schlicht nicht möglich, den am 5. Januar 1998 startenden WK zu absolvieren. Somit begann der KVK unter hektischen Voraussetzungen, zumal dies gleichzeitig der offizielle Dienstantritt des neuen Divisionskommandanten, Divisionär Hans-Ulrich Solenthaler, war. Der vertretende Abteilungs-Kommandant, Hauptmann Roger Keller, hatte jedoch diese Angelegenheit mit Bravour gelöst. Der WK startete nicht minder schwungvoll mit der Einführung der «STINGER»-Richtkurse durch das Kommando S+K in Payerne. Diese konnten entweder in Grandvillard oder Brigels durchgeführt werden. Der WK-Raum der Abteilung war Grandvillard. Wiederum wurde eine Nachausbildung Sturmgewehr 90 organisiert und der ICS in der gesamten Abteilung eingeführt. Die OB der Abt war eine Stabsbatterie und zwei L Flab Lwf Bttr, dazu natürlich noch der Abteilungsstab mit 11 Offizieren und 1 Stabdadjutant. Auch die Luftbeobachterausbildung wurde «professionalisiert». Den Nutzen der Luftbeobachter hatte man im Zuge der Einführung «STINGER» lange ein wenig zur Seite geschoben. Damit lag ein Schwergewicht in der Ausbildung auf den Luftbeobachtern. Natürlich wollte sich der Abteilungskommandant auch während der Ausbildung im Felde bei den Luftbeobachtern zeigen. Dies führte dazu, dass der Abteilungskommandant i V im Beisein des Reparatur-Offiziers aus dem Stabe trotz genauster Koordinaten stundenlang einen Luftbeobachterposten suchte, unter dem Motto: Ich sehe ein Lichtlein – kann es das sein? Bei der Schulung der Luftbeobachter wurde scheinbar zu wenig Wert auf das Lesen von Koordinaten gelegt. Der Posten hatte in alter Manier die «echte Chance» erhalten, am Samstag die Übung zu wiederholen. Zeitgleich wurden die Soldaten aus den aufgelösten Batterien III/6 und IV/6 in Payerne in ihr neues «STINGER»-Handwerk eingeführt. Eine weitere Reorganisation der OB der Stabsbatterie fand im selben Jahr statt.

1999 wurde die Abteilung wieder durch Major Patrick Grossholz geführt. Die grosse Neuheit in diesem WK war der WK-Beginn mittels EAB, sprich «Einsatzorientierter Ausbildung unter erhöhter Bedrohung». Dazu wurden die mobilen Simulatoren aus Payerne sowie die CUA-Container (Computerunterstützende Ausbildung) für die Bereiche Fliegererkennungsdienst, Übermittlungsdienst und Vrk + Trsp D herbeigeschafft. Die EAB-Übung zu Beginn des WK dauerte zwei Tage und bestätigte die eingeschlagene Richtung. In der anschliessenden Übung «PARTNER» mit der Luftwaffe zusammen wurde das Schliessen der Lücken unter Beweis gestellt. Bei dieser Übung wurden die beiden L Flab Lwf Bttr I/6 und II/6 lufttransportiert an einen neuen Einsatzort verschoben. Das Einsatzdispositiv war entlang der A1 jeweils überschlagend.

2000 war wiederum ein Richtkurs in Grandvillard unter der Leitung von Major Patrick Grossholz. Neben der Einsatzorientierten Ausbildung zu Beginn des WK wurde auch das Wärmebildvisier unter der Leitung von Oberst Bernhard Lampert mit allen Konsequenzen eingeführt. Das bedeutete, dass die gesamte Organisation der Abteilung neu zusammengestellt werden musste. Die Übung «ETAPPE» wurde im Raum Gruyère – Burgdorf – Solothurn durchgeführt. «ETAPPE» wurde langsam aber sicher zum Klassiker in der zweiten WK-Woche, da sie alles beinhaltete, was eine L Flab Lwf Abt können muss. Bei den Mannschaften verlangt sie mit der Dauer von Montag früh bis Mittwoch abends Konzentration und Ausdauer. Zudem ist sie mit dem Wechseln der Feuerbereitschaftsgrade für die Führung anspruchsvoll. Weiter kommt die Integration der Simulatorenausbildung der «STINGER»-Schützen am Simulator in Payerne dazu. In der letzten WK-Stunde, auf der letzten Fahrt zum Zeughaus, überschlug sich wegen übersetzter Geschwindigkeit der Werkstattanhänger, der von einem 6-DM-Lastwagen gezogen wurde. Zum Glück gab es keinen Personenschaden; der materielle Schaden war jedoch sehr gross. Die Verkehrs+Transport-Offiziere sowie der Reparatur-Offizier der Abteilung träumten noch längere Zeit von den ausgefüllten Formularen.

2001 war wieder ein Wechsel an der Spitze der Abteilung angesagt. Neu war Oberstlt i Gst Richard Lutz für die Führung der Abteilung verantwortlich. Es war ein sogenannter Feld-WK, der nicht an einem Richtkursstandort stattfand. Der WK-Standort war der Raum Obfelden – Affoltern am Albis. Die grosse Übung in diesem WK war die Divisionsübung «COMPLETO», die unter der

Leitung des Kommandos Felddivision 6 mit den folgenden Verbänden Stab F Div 6 (–), Div Stabsbat 6, Uem Abt 6, Inf Rgt 27, Art Rgt 6 (–) und L Flab Lwf Abt 6 durchgeführt wurde. Die Übung fand mehrheitlich im Raum Thur – Schaffhausen – Klettgau statt. Die L Flab Lwf Abt 6 zeigte an dieser Übung eindrücklich, wie motiviert und einsatzfreudig sie auch unter schwierigen Führungsverhältnissen ist.

2002 gab es wiederum einen Wechsel im Kommando der Abteilung. 5 Tage vor dem KVK wurde Hauptmann Martin Aschwanden, der bis dato Stellvertreter des Abteilungskommandanten war, das Kommando i V anvertraut. Aus den wenigen existenten WK-Vorbereitungen machte er in der kurzen Zeit für einen reibungslosen Start das Bestmögliche. Gerade in solchen Situationen zeigte sich die Verlässlichkeit des Kaders und der Mannschaften, der Abteilung und des Abteilungsstabes. Nur dank dem Teamgeist aller Beteiligten gelang es, die gestellten Aufgaben und Vorbereitungsarbeiten zu erledigen. Es gab aber auch weitere Auflagen im WK 2002, der grundsätzlich als Richtkurs im Raum Avenches geleistet wurde. Die L Flab Lwf Abt 16 aus dem Flhf Rgt 4 unter dem Kommando von Oberstlt i Gst Andreas Moschin und die L Flab Lwf Abt 6 wurden im Hinblick auf die OB der L Flab Lwf Abt der Armee XXI zu Beginn der zweiten WK-Woche zu einer Einheit zusammengeführt. Der Ad-hoc-Verband L Flab Lwf Abt 166 stand unter der Leitung von Oberstlt i Gst Andreas Moschin und nahm an einem Truppenversuch teil. Bei diesem Truppenversuch ging es darum, unter Berücksichtigung der OB Armee XXI eine Flab-Kampfgruppe zu bilden. Die Kampfgruppe wurde verstärkt durch die Mob L Lwf Abt 11 (Rapier) und auf dem Papier durch eine M Flab Abt (35 mm) und zwei weiteren L Flab Lwf Abteilungen. Dieser Verband wurde durch einen Kampfgruppenstab geführt, welcher aus verschiedenen Offizieren und Unteroffizieren aus allen beteiligten Truppenstäben zusammengestellt wurde. Das Kommando hatte Oberstlt Pieter Versluijs, der sicher um eine Erfahrung reicher wurde. Den Abschluss der Übung für die L Flab Lwf Abt 6 bildete die Standartenrückgabe auf dem Heiternplatz in Zofingen.

2003 hatte das Kommando Oberstlt i Gst Roger Keller inne. Er führte die Abteilung, die ihren letzten Felddienst-WK im Raum Zürcher Weinland absolvierte. Nebst aller Detailausbildung und dem Simulatorentraining für die «STINGER»-Schützen wurde auch der Korpsgeist gestärkt. Zum Abschluss und vor der Auflösung der Felddivision 6 wurde auch für die Flab nochmals eine gross

Typisches Beispiel für das Ausexerzieren einer «STINGER»-Feuerstellung

angelegte Divisionsübung absolviert. In dieser sehr dynamisch angelegten Übung «FINALE» ging es um den Verzögerungskampf. Er wurde aus dem Klettgau heraus über Schaffhausen bis hinter die Thur geführt. Die L Flab Lwf Abt 6 konnte dabei nochmals ihre ganze Leistungsfähigkeit unter Beweis stellen, da sie ihr Dispositiv mehrmals im Rhythmus des sich verschiebenden Panzer- und Artillerie-Dispositivs wechseln musste. Zudem musste der Austritt des Kampfverbandes aus dem Klettgau mittels Raumschutz gesichert und alle Übergänge über den Rhein und die Thur geschützt werden. Der WK wurde mit einer würdevollen Standartenrückgabe in Stein am Rhein beendet, die den Leistungen der Abteilung sehr gerecht wurde.

Standartenübernahme am 10. März 2003 auf dem Bahnhof Andelfingen.

Standartenrückgabe am 21. März 2003 in Stein am Rhein.

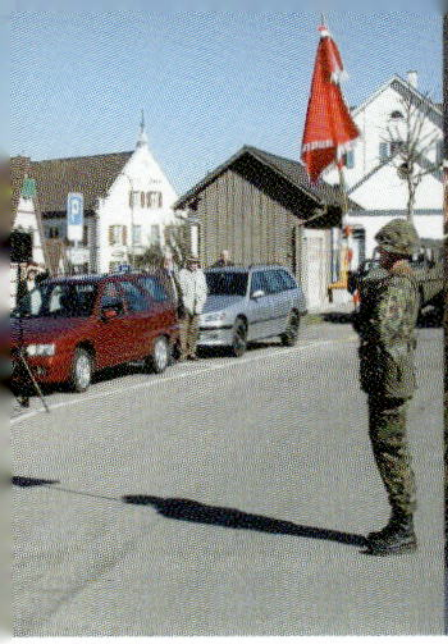
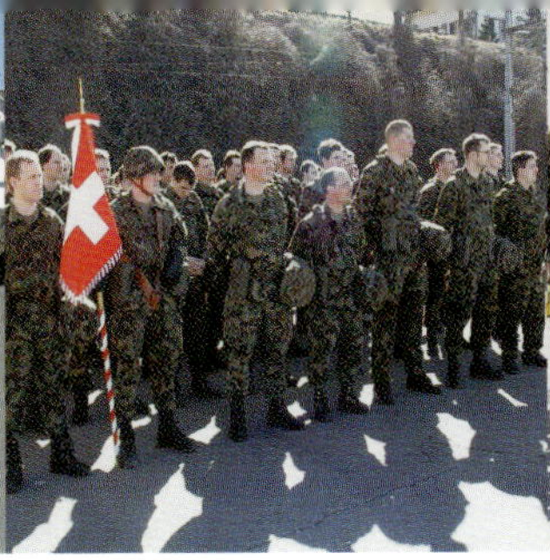
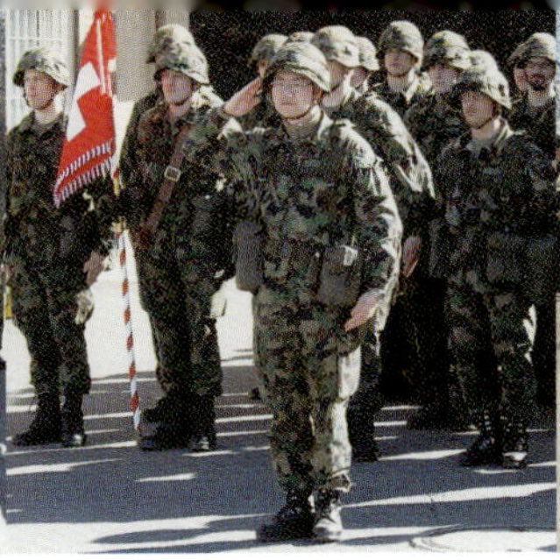
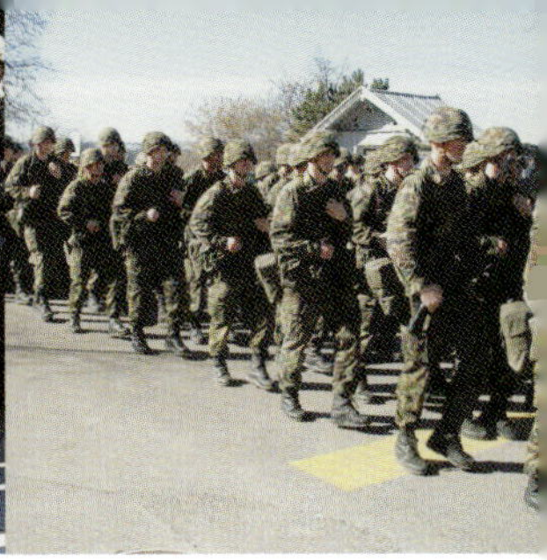
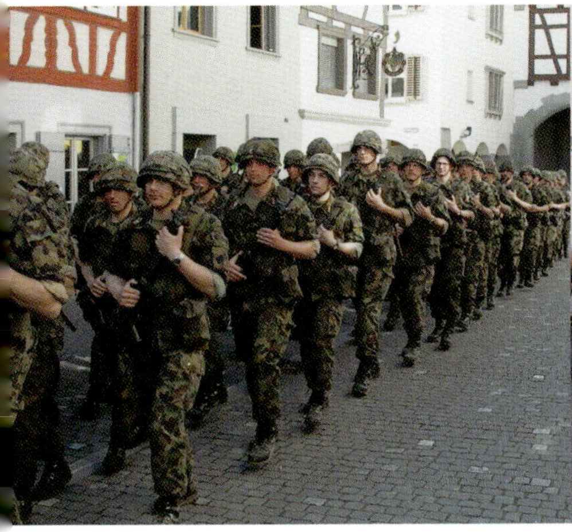
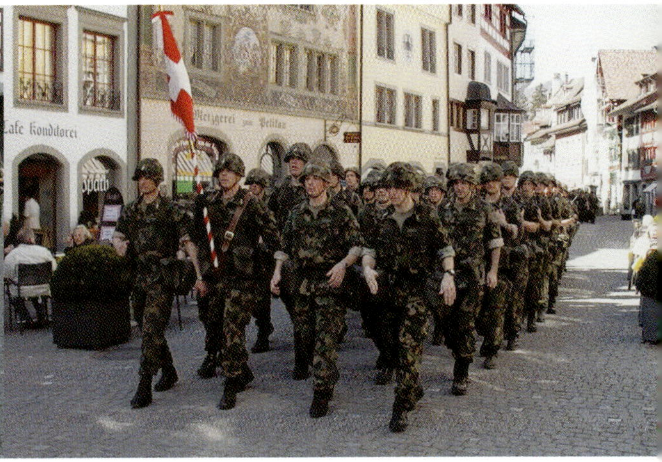
Cafe Konditorei
Metzgerei zum Pelikan
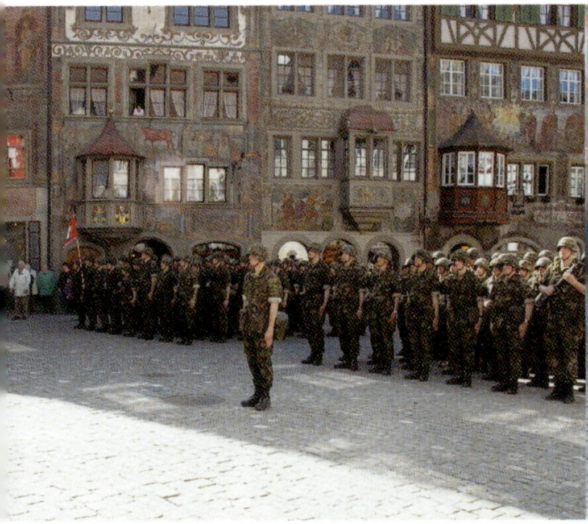
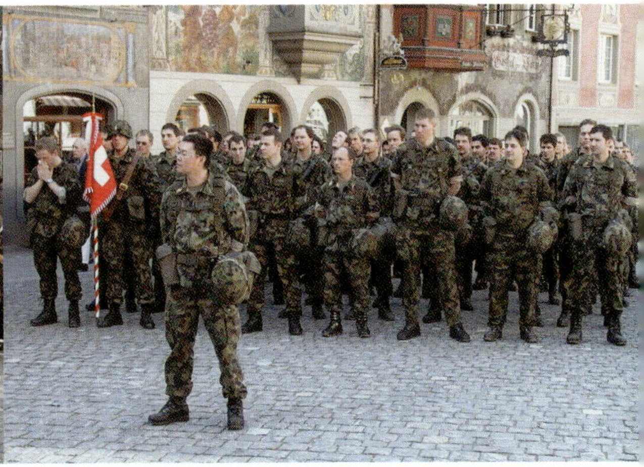
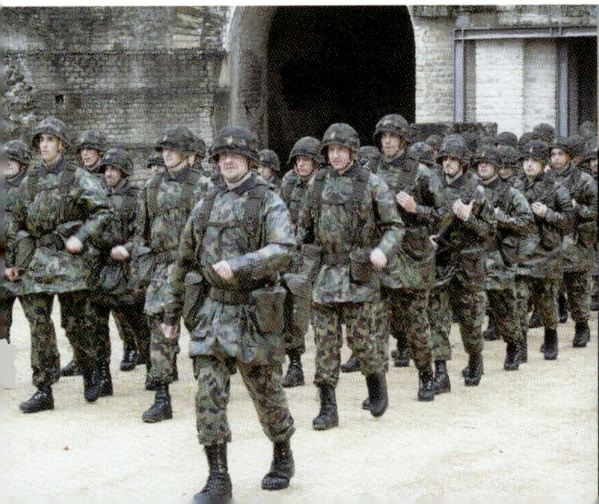
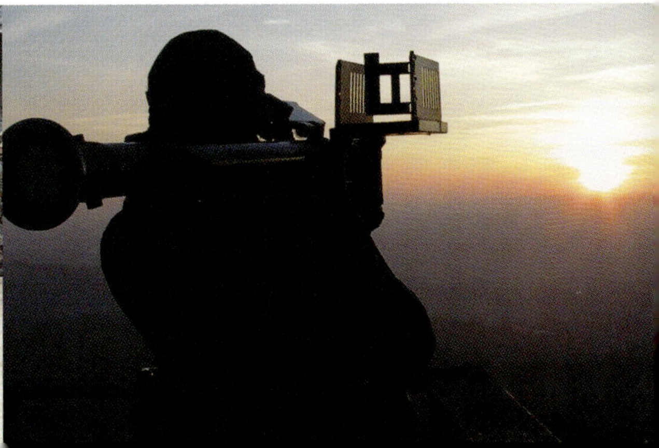

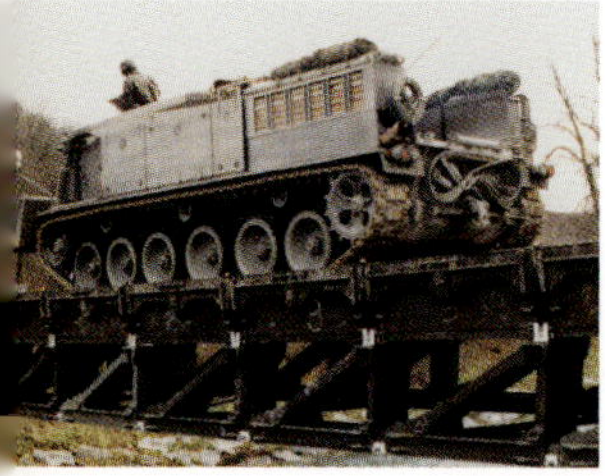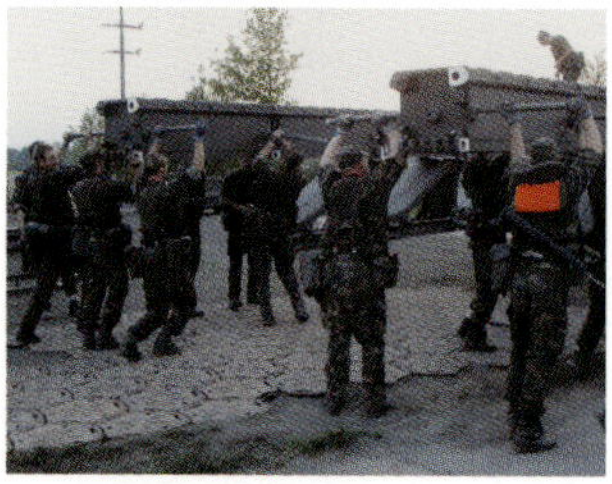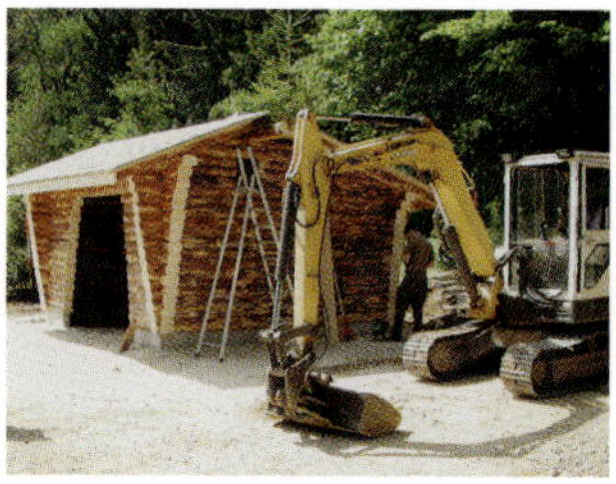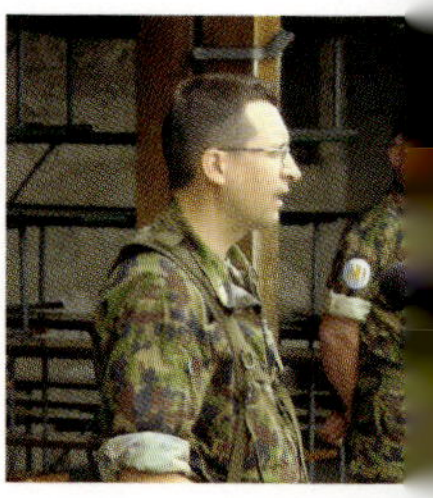

G Bat 6

G Bat 6

Hptm Stefan Sulzer, Uem Of G Bat 6 1998–2003

Einführung

Das G Bat 6 ist einer der traditionsreichsten Verbände der Schweizer Armee. Mit der Revision der Bundesverfassung vom 29. Mai 1874 wurde bekanntlich das Heerwesen zur Bundessache erklärt. Gestützt auf diese Kompetenz erliess der Bund im November 1874 die Militärorganisation der Schweizerischen Eidgenossenschaft. Diese sah in der VI. Armeedivision ein damals aus rein zürcherischen Truppen zusammengesetztes Geniebataillon vor – das G Bat 6.

In der hier dargestellten Periode, 1992 bis 2003, belegte das G Bat 6 in zahlreichen Einsätzen sein Können und bestätigte dabei seinen Ruf als exzellenten Baumeister unserer Armee. Die Hauptaufgabe des G Bat 6, das Sicherstellen und Offenhalten von Verkehrswegen, wurde dabei durch den intensiven Brückenbau, sei es die Feste Brücke 69, sei es die 1997 eingeführte Stahlträgerbrücke, trainiert.

Besonders gefordert wurde das G Bat 6 im März 1999 während der Volltruppenübung «MASSENA». Während dreier Tage erstellte das G Bat 6 zu Gunsten des Pz Bat 6 Flussübergänge über die Glatt bei Glattfelden und Hochfelden, über die Töss bei Pfungen und Rorbas sowie über die Thur bei Engi. Mit grosser Genugtuung konnte sich Divisionär Hans-Ulrich Solenthaler vom hohen Ausbildungsstand des G Bat 6 überzeugen.

Daneben wurden aber auch – vermehrt in den letzten Jahren – Dienstleistungen zu Gunsten Dritter erbracht. Namentlich beim Assistenzdienst in Sachseln stellte das G Bat 6 seine Effizienz und

Stahlträgerbrücke

Einsatzbereitschaft unter Beweis. Daneben erhielt das G Bat 6 etwa auch grosse Anerkennung für die geleistete Arbeit im Rahmen des Aufbaus der Expo.02.
1999 feierte das G Bat 6 sein 125-jähriges Bestehen. Die Jubiläumsfeierlichkeiten zeigten das doppelte Privileg eines Soldaten des G Bat 6. Einerseits das Privileg, in einem der traditionsreichsten Verbände der Schweizer Armee Dienst leisten zu dürfen, und andererseits das Privileg eines «Genisten», mit seiner Arbeit Werte zu schaffen, die auch in der Zukunft der Bevölkerung unseres Landes zur Verfügung stehen.

Einlegen der Stahlträger

Armee 95

Die Überführung des G Bat 6 von der Truppenordnung 61 in die Armee 95 brachte insbesondere Änderungen in der Gliederung des G Bat 6. Die bis anhin zu schwer ausgestattete Stabskompanie wurde durch die Ausgliederung der technischen Mittel, namentlich des Gerätezuges, des Rammzuges und des Übersetzzuges, in eine neu geschaffene G Tech Kp, leichter gemacht. Ausserdem wurde die Panzersappeurkompanie durch eine Sappeurkompanie ersetzt.

Im Zuge der Umrüstung der Soldaten mit dem neuen Tarnanzug wurde ein truppeninterner Wettbewerb betreffend die Gestaltung eines Badges durchgeführt: Der siegreiche Badge für das G Bat 6 zeigt eine Ameise auf schwarzem Grund. Jedes der sechs Beine der Ameise verkörpert dabei eine Tugend sowohl der Ameise als auch des G Bat 6: (1) Teamarbeit, Gemeinschaftssinn, Disziplin, (2) beweglich, flexibel, vielseitig, (3) Überlebenskünstler, (4) stark, ausdauernd, (5) zielstrebig und (6) talentierter Baumeister.

Assistenzdienst «Sachseln»

Sachseln, am Fusse des Hanen und Arnigrates und an den Gestaden des Sarnersees im Kanton Obwalden gelegen, ist bekannt als Bürgerort des Einsiedlers Niklaus von Flüe (1417–1487). In der um 1100 n. Chr. üblichen lateinischen Kanzleisprache finden sich erste Eintragungen von «Saxh-selen», was übersetzt «Stein» oder «Felsen» bedeutet. Sechs Bäche haben sich ihr Bett in die steilen, bewaldeten Bergflanken gegraben und führen so das Wasser aus einem Einzugsgebiet von zirka 35 Quadratkilometern ab.

Am Freitag, 15. August 1997, an Mariä Himmelfahrt, pilgerten viele an die Wallfahrtsorte. Wer hätte damals gedacht, dass sich während der friedlichen Festtagsstimmung ein verheerendes Wetterdrama zusammenbraut? Nach einem heissen Sommertag verfinstert sich gegen Abend der Himmel. Dunkelgraue Gewitterwolken künden das herannahende Unheil an. In den Abendstunden entladen sich die am Hanen und Arnigrat gestauten Gewitterwolken explosionsartig und mit sintflutartigen Regenfällen. Während des zweieinhalbstündigen Gewitters fiel dreissig Zentimeter Niederschlag pro Quadratmeter; insgesamt suchten sich 10,5 Mio. Kubikmeter Wasser ihren Weg talwärts. Die nach der letzten Unwetterkatastrophe 1984 errichteten Geschiebesammler mit rund 80 000 Kubikmeter Fassungsvermögen waren innert Kürze mit Schlamm, Felsbrocken, Baumstämmen und Wasser gefüllt. Weiteres Geschiebe verstopfte im Bereich von Brücken und Überdeckungen die Bachbette, wodurch die Wassermassen über die Ufer traten und ihren eigenen Weg Richtung Sarnersee suchten. Insbesondere der Dorfbach in Sachseln in seinem engen, künstlichen Bett konnte die gewaltigen Wassermassen nicht mehr abführen. Entlang der Bachläufe und vor allem im Dorfkern von Sachseln bot sich innert kurzer Zeit ein Bild der Verwüstung. Im Dorfkern von Sachseln waren die Keller, die Erdgeschosse und die Kanalisation mit Schlamm und Geschiebe gefüllt. Die Infrastrukturen der Wasser- und Stromversorgung, die Telefonleitungen, die Bahnlinie sowie die Verbindungsstrassen waren unterbrochen. Im Delta der Bachmündungen in den Sarnersee sammelte sich eine grosse Menge Treibholz. Trotz grosser materieller Verwüstung – es entstand ein Schaden von rund 120 Mio. Franken – kam wie durch ein Wunder keine Person zu Tode. Zur Zeit des Unwetters befand sich das G Bat 6 kurz vor Abschluss der ersten WK-Woche in der March. Für die Zeit der Dienstleistung war es Genie-Bereitschaftsverband.

Bereits in der Nacht des Unwetters formulierte der Regierungsrat des Kantons Obwalden ein Hilfegesuch an den Bundesrat beziehungsweise den Generalstab. In den frühen Morgenstunden des Samstags, 16. August 1997, teilte die Koordinations- und Leitstelle Katastrophenhilfe EMD (KLK-EMD) dem Kdt des G Bat 6, Major Bernhard Fuchs, mit, dass, gestützt auf die Verordnung über die militärische Katastrophenhilfe im Inland vom 16. Juni 1997, eine verstärkte Sappeurkompanie zur Schadenbehebung in das Gebiet Sachseln entsandt werden soll.

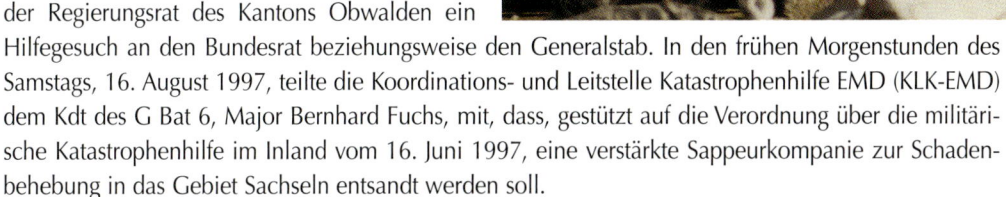

Die militärische Hilfe konzentrierte sich auf das Dorfzentrum von Sachseln, war aber auch mit Aussendetachementen an der Räumung von Geschiebesammlern oberhalb des Dorfes sowie an der Seeräumung beteiligt. Höchste Priorität galt dem Bachbett, um den Dorfbach wieder auf seinem angestammten Weg in den Sarnersee zu leiten. Mittels Einsatz von Teilen der Festen Brücke 69 über den Dorfbach konnten bereits in den ersten Stunden auch Arbeiten an sonst schwer zugänglichen Stellen aufgenommen werden. Von Hand, mit Schubkarren, Schaufeln, Kettensägen und Trennscheiben musste die Räumung der Häuser und Keller angegangen werden.

Das G Bat 6 war vom 16. bis 27. August 1997 im Assistenzdienst zur Schadensbehebung im Gebiet Sachseln. Um die für den WK gesetzten Ziele, die Bauaufträge und die innerhalb der WK-Gruppe des Inf Rgt 26 übernommenen Verpflichtungen zu erfüllen, wurden die Sappeurkompanien in einem drei- bis viertägigen Turnus im Schadensgebiet Sachseln abgelöst. Während des zweiwöchigen Einsatzes leistete das G Bat 6 rund 12 000 Mannstunden Arbeit.

Die Fahnenrückgabe des G Bat 6 am Ende des mit grosser Genugtuung über die Hilfe zu Gunsten der Bevölkerung von Sachseln geleisteten WK fand auf dem grösstenteils geräumten Dorfplatz von Sachseln statt und gehörte zweifellos zu den eindrücklichsten Erlebnissen, die die Angehörigen des G Bat 6 nach dieser Dienstleistung mit nach Hause nehmen konnten: Beim Einmarsch wurden die Kompanien von einem anhaltenden, warmen Applaus der Dorfbevölkerung begrüsst. Vertreter der Regierung des Kantons Obwalden und der Gemeinde Sachseln dankten den Armeeangehörigen für die geleistete Hilfe. Das Spiel des Inf Rgt 26 sorgte für die würdige musikalische Umrahmung der Fahnenrückgabe.

Expo.02

Einmal pro Generation leistet sich die Schweiz eine Landesausstellung; ein Spiegel des Landes soll es sein, ein riesiges Fest und vor allem ein unvergessliches Ereignis. Die sechste Schweizerische Landesausstellung – die Expo.02 – fand vom 15. Mai bis 20. Oktober 2002 in der Drei-Seen-Region statt. Auf fünf Arteplages wurden mit immensem Aufwand den über zehn Millionen Besuchern die unterschiedlichsten Ausstellungen näher gebracht.

Der WK 2001 des G Bat 6 war gekennzeichnet durch Arbeiten zu Gunsten der Expo.02. Die Sap Kp I/6 unter der Führung von Hptm Roman Specogna war während der gesamten Dienstzeit zu Gunsten der Expo.02 eingesetzt. Auch Teile der G Tech Kp 6 mit ihrem technischen Gerät leisteten ihren Dienst im Drei-Seen-Land.

In Murten erstellte der Bund die Ausstellung die «Werft», ein Ort der Diskussion über die Rolle der Schweiz und ihrer Sicherheit in Europa und der Welt. Die Arbeiten des G Bat 6 zu Gunsten dieser Ausstellung umfassten insbesondere die Pfählung, den Jochabbund, die Flachfundation und den Belagseinbau.

Der geheimnisvoll vor dem Mont Vully inmitten des Murtensees gelagerte Monolith von Jean Nouvel war bestimmt eine der Ikonen der Expo.02. Für den Monolith erstellte das G Bat 6 den Bootsanlegesteg.

Zu Gunsten des Projektes «Nuages» – temporäres Wahrzeichen von Yverdon-les-Bains – führte das G Bat 6 insbesondere Pfählarbeiten aus und arbeitete an der Molenverbreiterung.

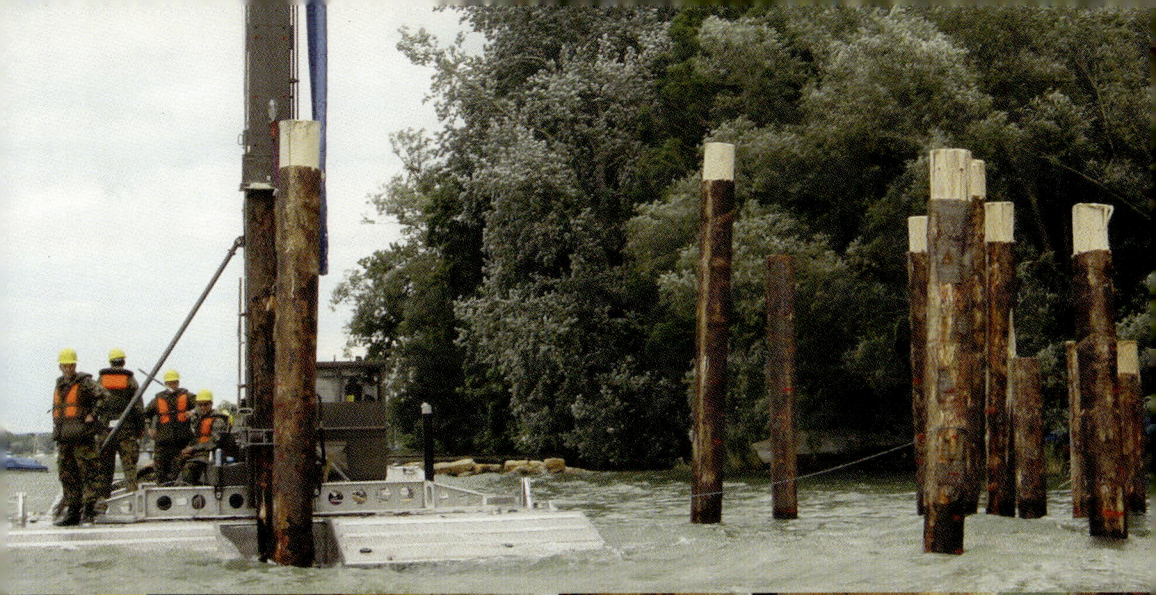
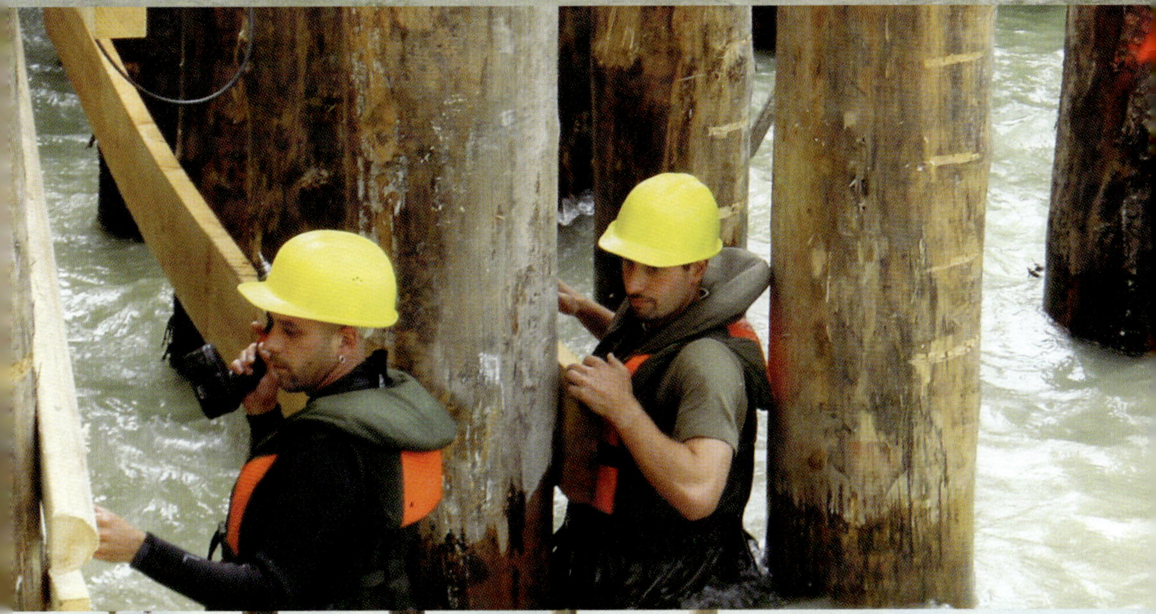
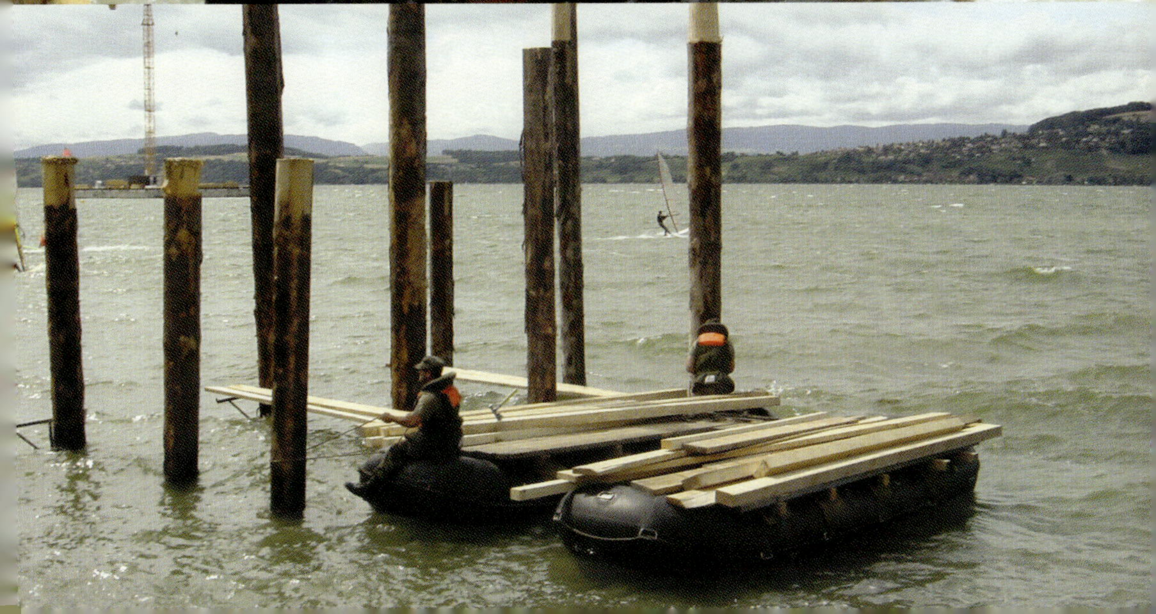

Ehrenformation

Am 14. Mai 2003 traf der italienische Staatspräsident Carlo Azeglio Ciampi zu einem zweitägigen Staatsbesuch in Bern ein. Das Staatsoberhaupt wurde auf dem Bundesplatz mit militärischen Ehren vom Gesamtbundesrat empfangen. Besondere Ehre kam in diesem Zusammenhang der Sap Kp III/6 unter der Führung von Hptm Matthias Schatzmann zu, stellte diese doch die aus 80 Soldaten bestehende Ehrenformation.

Bundespräsident Pascal Couchepin schreitet mit dem italienischen Staatspräsidenten Carlo Azeglio Ciampi die Ehrenformation des G Bat 6 ab.

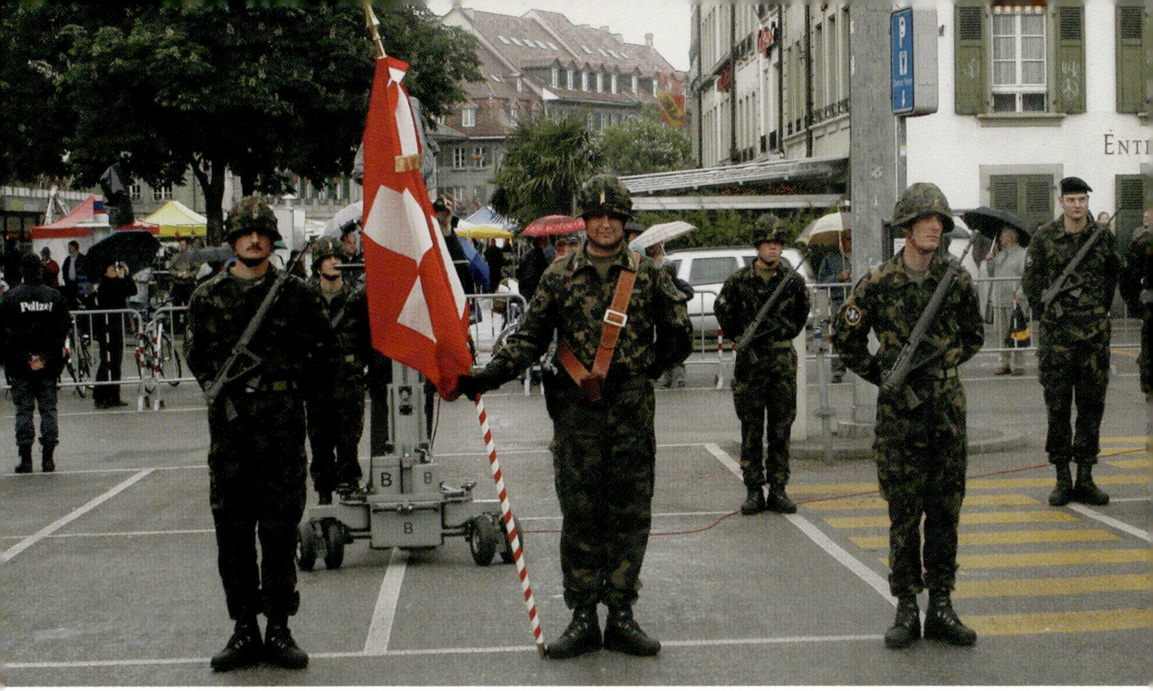
Polizei

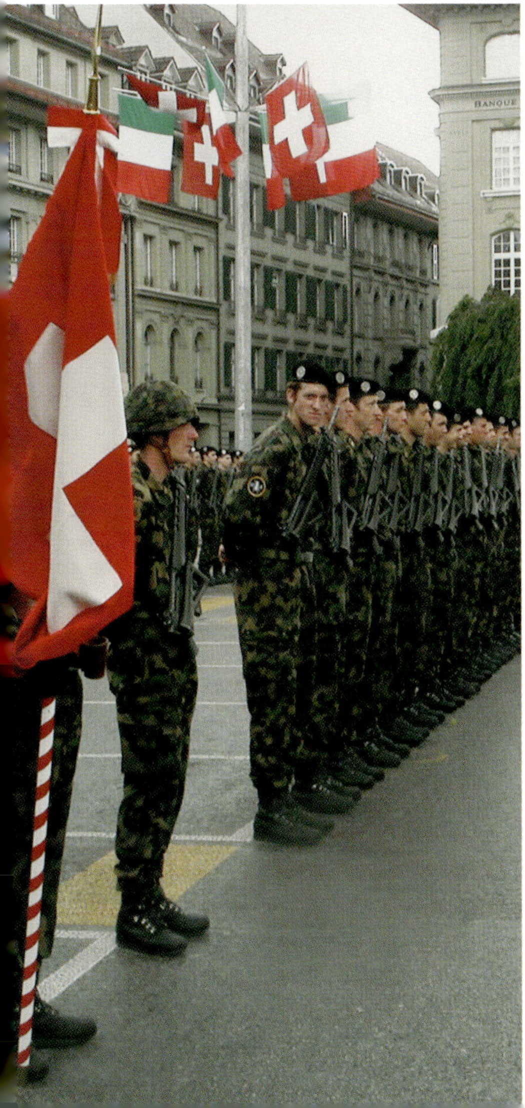
BANQUE

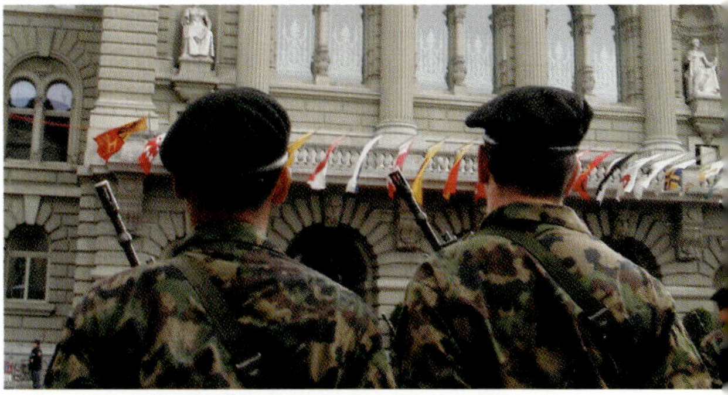

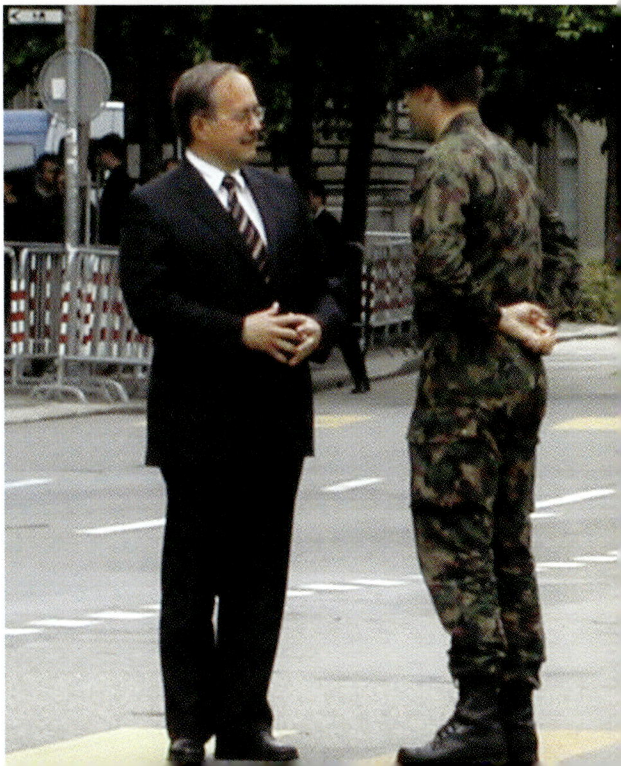

Verabschiedung der F Div 6 vom Kanton Schaffhausen

Mit der Einführung der Armee XXI wird die F Div 6 aufgelöst. Divisionär Hans-Ulrich Solenthaler liess es sich nicht nehmen, dem Kanton Schaffhausen mit einem besonderen Abschiedsgeschenk für die stets gute Zusammenarbeit zu danken: Das G Bat 6 erstellte für einen im Eschheimertal angelegten rollstuhlgängigen Behindertenwanderweg eine Blockhütte mit Feuerstellen.
Am 22. Mai 2003 übergab Divisionär Hans-Ulrich Solenthaler das Abschiedsgeschenk im Beisein zahlreicher Vertreter der Wirtschaft und der Politik des Kanton Schaffhausen an Regierungspräsident Hermann Keller.

Wiederholungskurs 2003

Im Mai 2003 führte das G Bat 6 seinen Wiederholungskurs im Drei-Seen-Land durch. Neben dem hauptsächlichen Training des Brückenbaus führte das G Bat 6 auch zahlreiche Arbeiten zu Gunsten Dritter aus, wie namentlich im Rahmen des Rückbaus der Expo.02 oder das Beheben von Unwetterschäden am Raminerweg in Elm.

Fahnenrückgabe auf dem Lindenhof in Zürich

Die Überführung des G Bat 6 in die Armee XXI bedeutet, dass es zwar als Verband bestehen bleibt, dass es aber neu gegliedert wird. Für viele Soldaten des G Bat 6 wird daher der WK 2003 die letzte Dienstleistung gewesen sein, die sie im G Bat 6 leisteten.

In einem würdigen Rahmen und in Anwesenheit von Frau Regierungsrätin Rita Fuhrer führte das G Bat 6 am 23. Mai 2003 auf dem Lindenhof in Zürich seine letzte Fahnenrückgabe in der bisherigen Gliederung durch. Der Kdt, Oberstlt i Gst Rolf Siegenthaler, wies darauf hin, dass das G Bat 6 mit dem heutigen Tag an dem Punkt angelangt sei, an dem ein Kapitel in der langen Geschichte des Bataillons geschlossen, dass gleichzeitig aber auch ein neues Kapitel des G Bat 6 aufgeschlagen wurde.

Fahnenwache auf dem Lindenhof in Zürich.

Die Direktorin für Soziales und Sicherheit des Kantons Zürich, Regierungsrätin Rita Fuhrer, überbrachte dem G Bat 6 die Grussbotschaft des Kantons Zürich.

Impressionen von der Fahnenrückgabe auf dem Munot in Schaffhausen, WK 2001

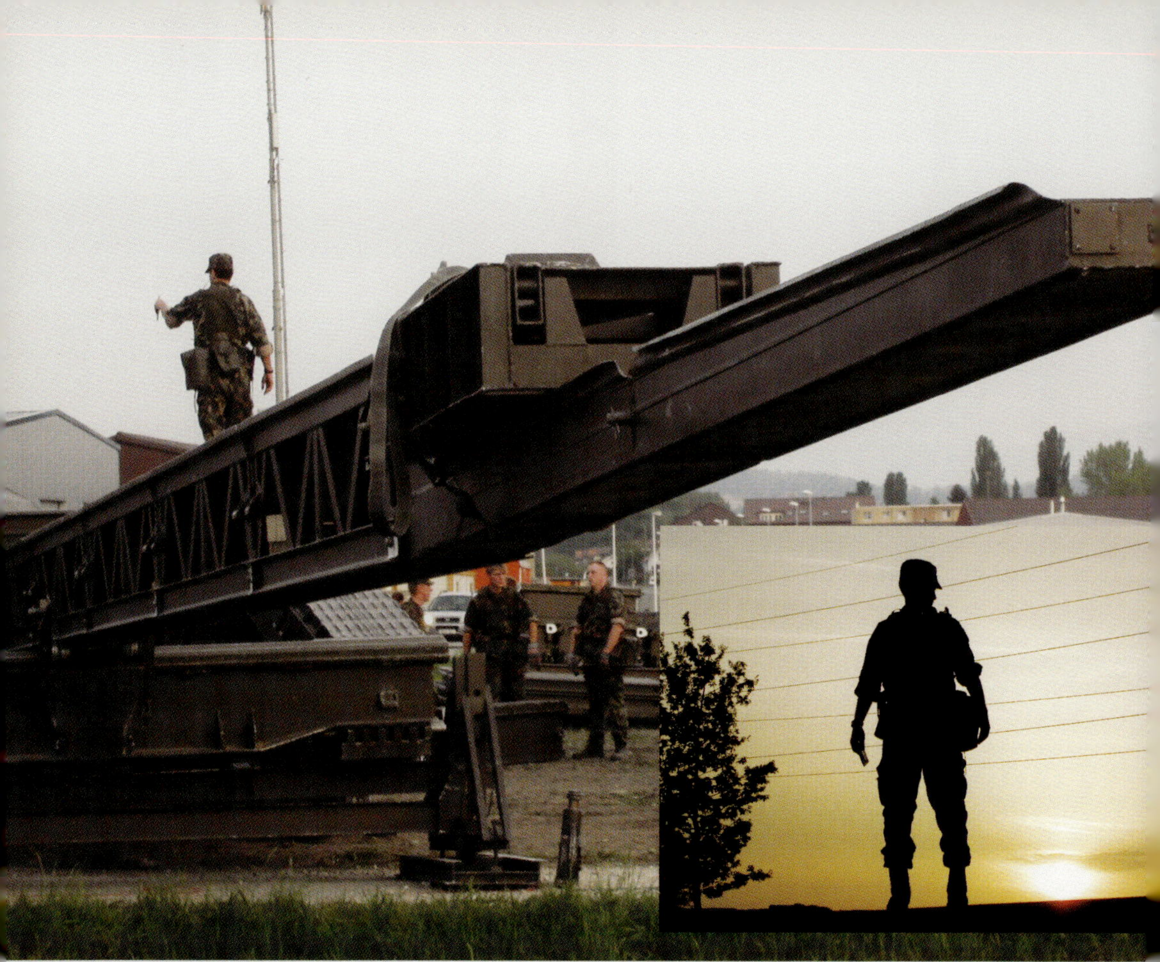
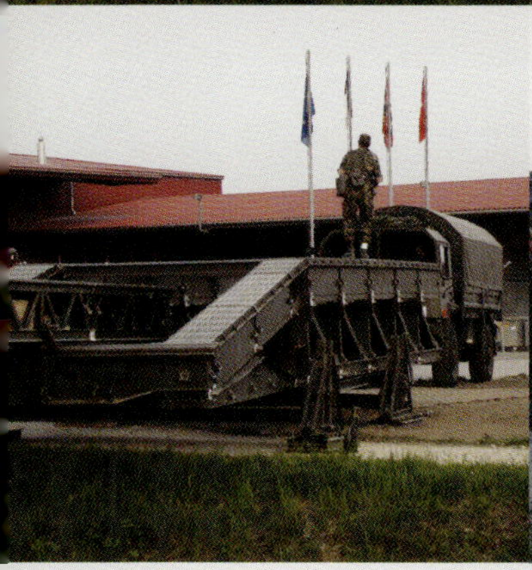
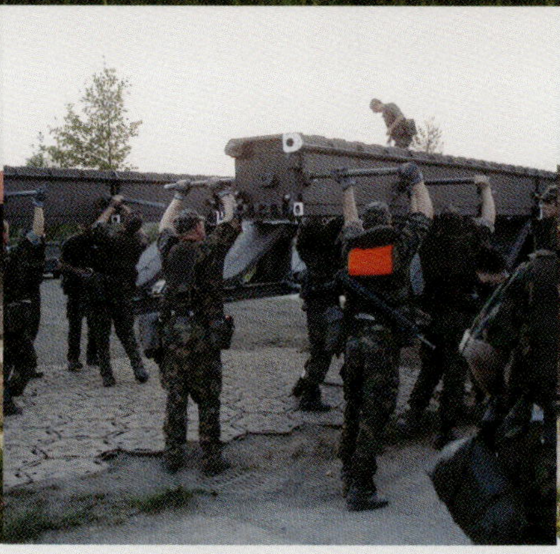
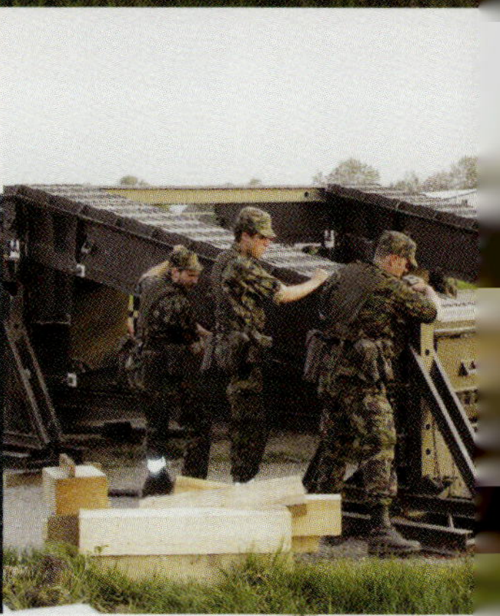
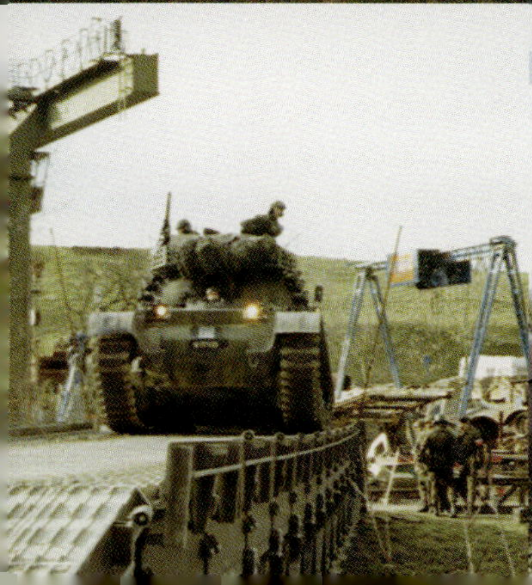
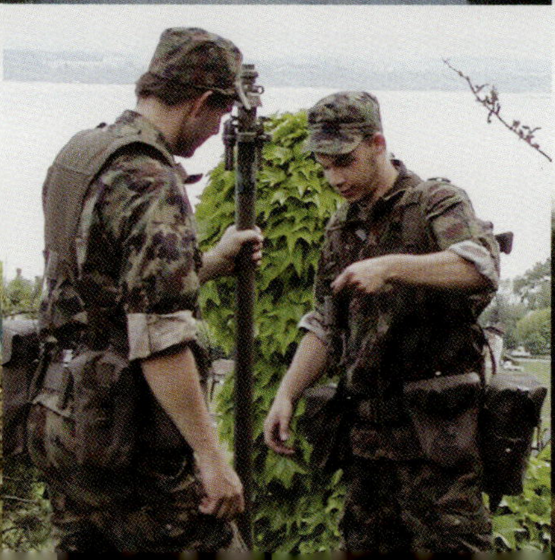
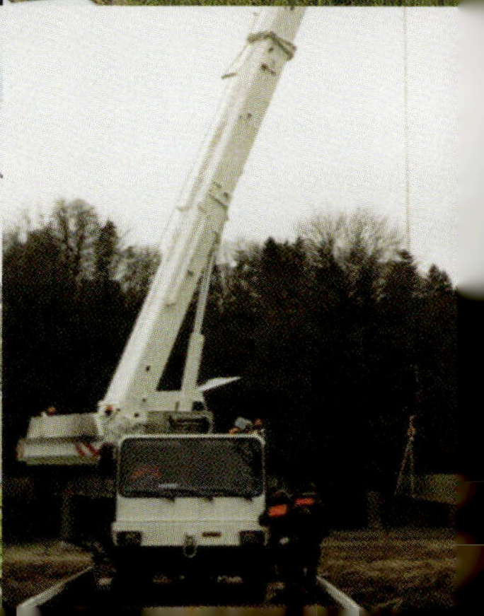

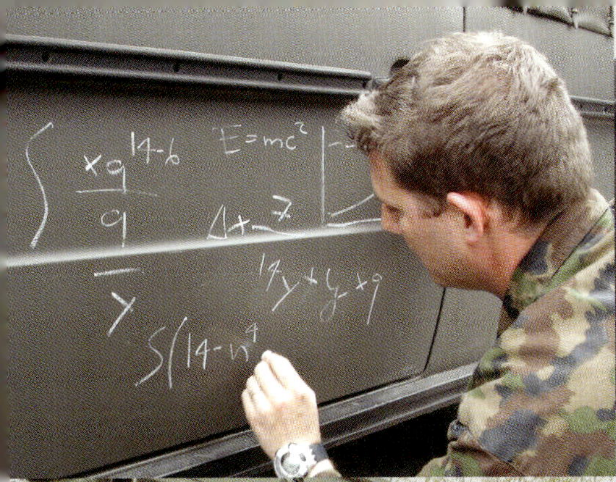
E=mc²

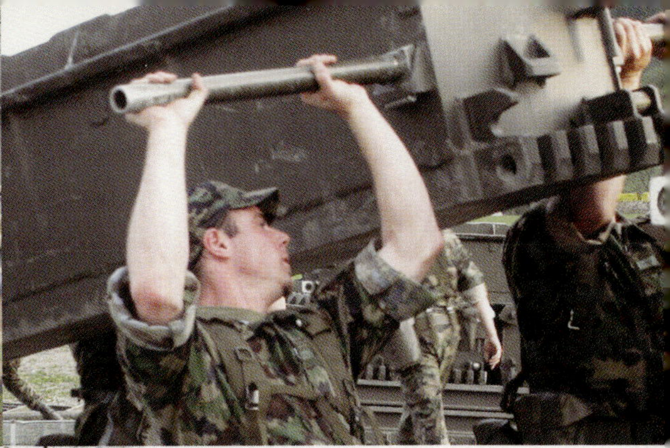

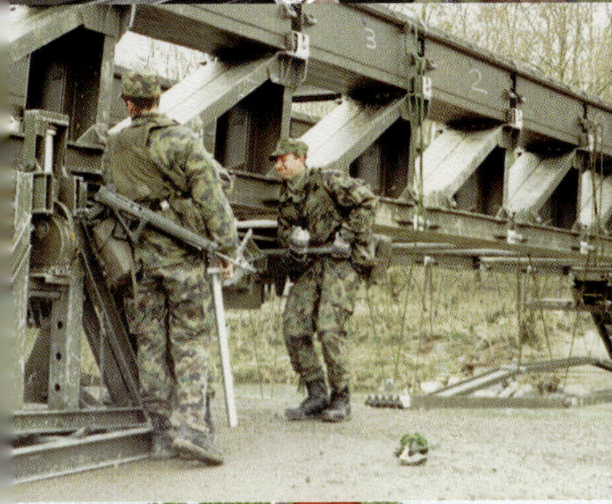

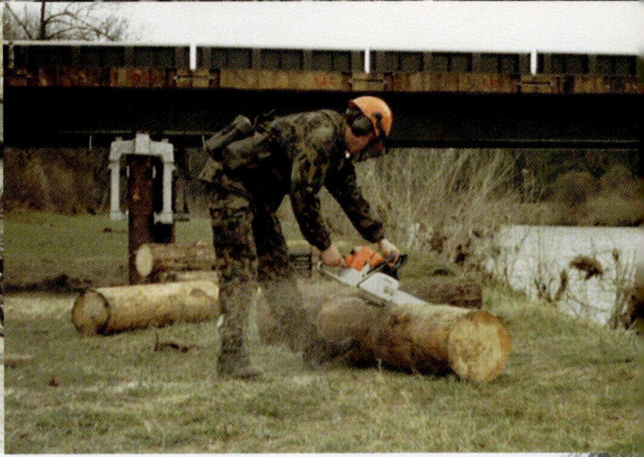

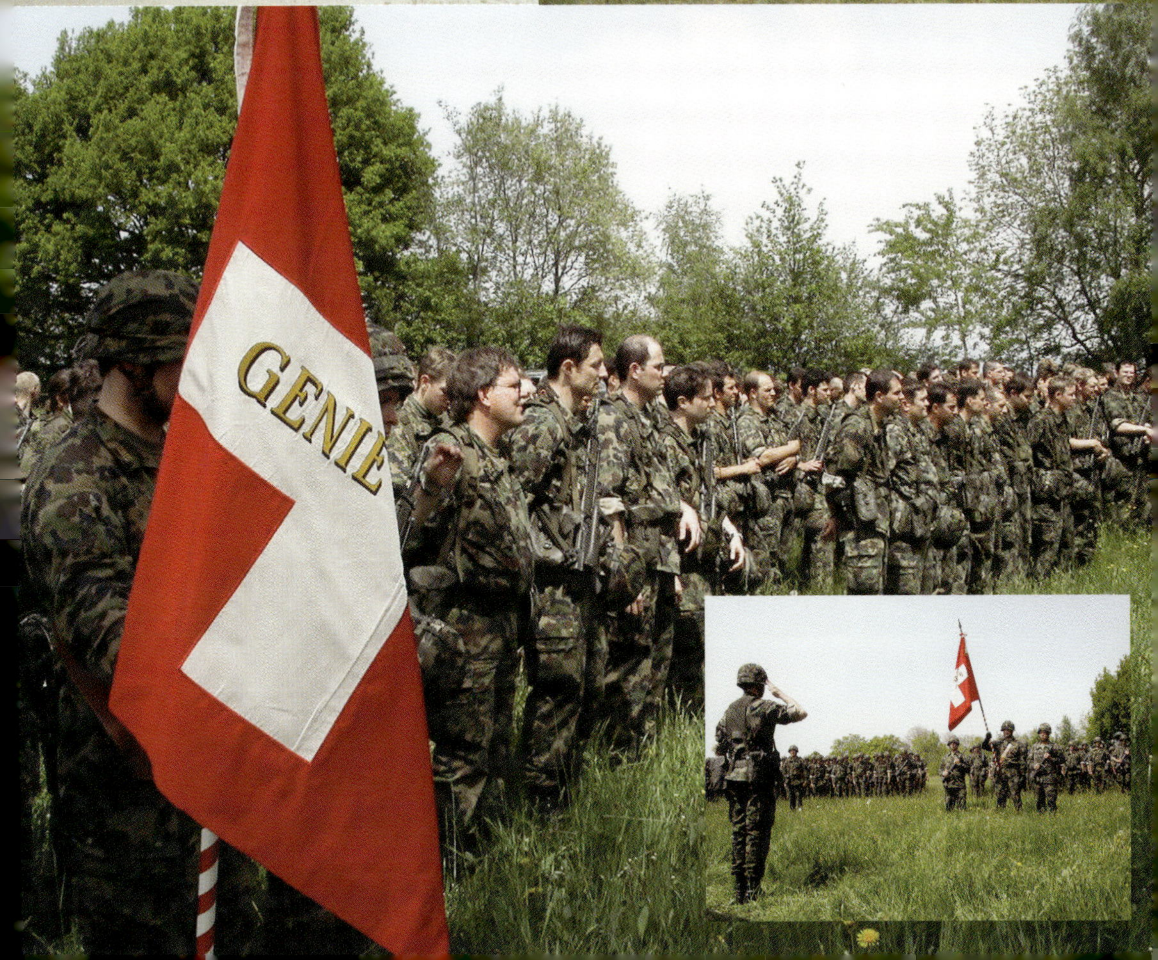
GENIE

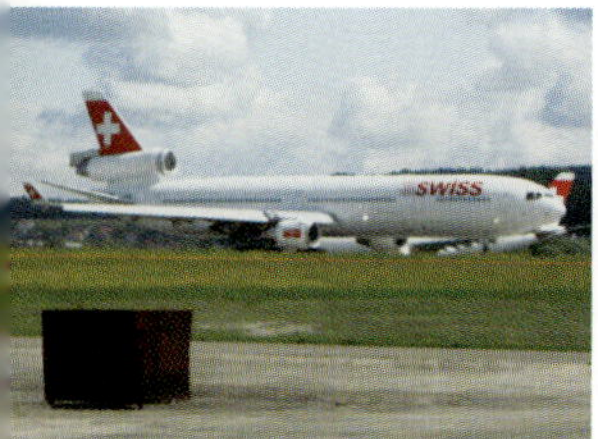
SWISS
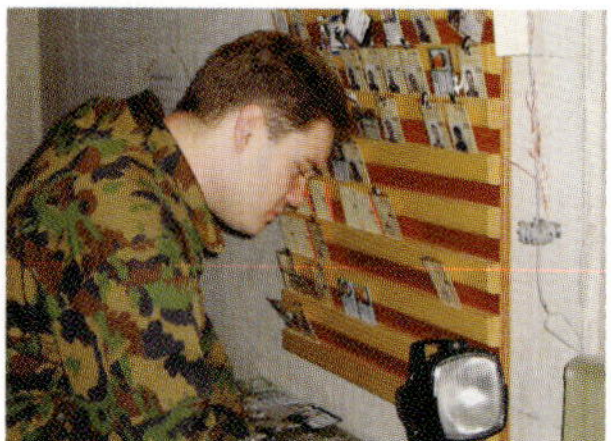
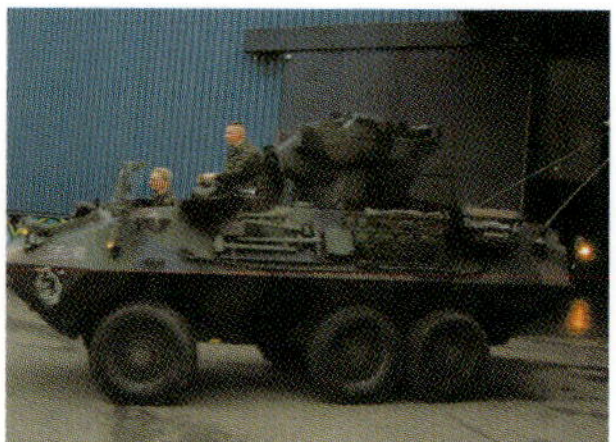
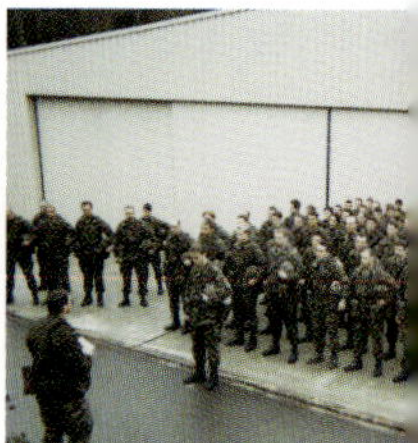

Flhf Rgt 4

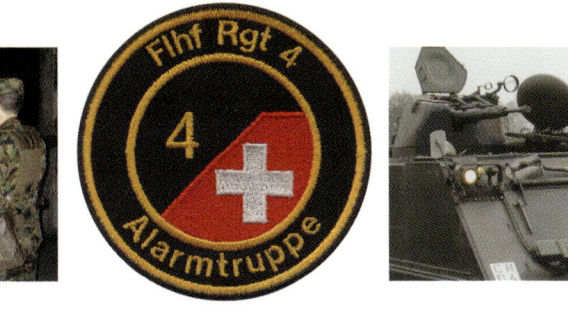

Flhf Rgt 4 – «Die» Alarmformation der Armee

Major Fridolin Blumer, C Mob Flhf Rgt 4
Major Peter Gassmann, Flab Of Flhf Rgt 4
Major Werner Büchi, FUO Flhf Rgt 4
Hptm Daniel Wiederkehr, Fpr kath Flhf Rgt 4

Mit Verordnung des Bundesrates vom 25. März 1987 wurde die rechtliche Basis für die Bildung des Flughafenregimentes geschaffen. Bereits seit Beginn des Jahres wurden die Vorbereitungen für die erste Übung in Angriff genommen, damit die neuen Einheiten im Mai zeigen konnten, was sie gelernt hatten. «Krieg auf Flughafen Kloten». So betitelte der BLICK vom Samstag, 16. Mai 1987, die erste Alarmübung des Flhf Rgt 4.

Von zu Hause direkt in den Einsatz

Einrücken im Morgengrauen, nachdem der Pager oder das Telefon den Schlaf beendet hat.

Umziehen und Ausrüsten. Die persönliche Ausrüstung hängt an einem Haken, das Sturmgewehr wird aus der Waffenkammer geholt, falls dieses nicht von zu Hause mitgebracht worden ist.

Während einzelne noch in Zivilkleidung den Zutritt zu den Magazinen sichern, betreiben bereits umgerüstete AdA eine Verkehrskontrolle zusammen mit der Kantonspolizei in Kloten. Andere stellen die Verbindungen und die Führungsinfrastrukturen sicher.

Stadlerberg – Absturz Alitalia DC-9 am 14. November 1990

Am 15. November 1990 wurden Teile des Flhf Rgt 4 zwischen 07.00 und 08.00 Uhr alarmiert. Bis zum 19. November 1990 leisten unter dem Kdo von Hptm Fritz Haller, zuget Hptm Flhf Bat 42, die Flhf Füs Kp II/41, die Mot Flhf Ber Kp I/42, die Mot Flhf Ber I/43, die LS Kp IV/10, Teile der Stabskp Flhf Rgt 4 und Militärhundeführer diesen Hilfseinsatz zu Gunsten der Kantonspolizei Zürich. Dieser harte Einsatz beinhaltete den Absperrdienst, Bergung von Leichen, Streugutsuche und Trümmerbergung. Bereits vier Stunden nach der Alarmierung konnte der Einsatz vor Ort aufgenommen werden.

Zitate beteiligter Soldaten:

«Hei – man bedankt sich bei uns – unsere Arbeit wird geschätzt!»
«Wer hätte das gedacht, dass uns das Zeughaus so unterstützen würde – die sind ja richtig flexibel und unkompliziert.»
«Hätte nicht gedacht, dass das Rgt eine so optimale Lösung bezüglich nachträglicher Beurlaubung und Anrechnung der Diensttage erarbeiten würde – Bravo.»

«Mir stösst es richtig sauer auf, alle diese Gaffer und Schaulustigen zu sehen, geradezu widerlich, wie Menschen sich brennend für die Tragik anderer interessieren.»

«Ich glaub, ich trau meinen Augen nicht, sogar mit Kinderwagen kommen Schaulustige ...»

«Ein sinnvoller Einsatz, auch wenn er die Toten nicht wieder zum Leben erweckt. Wenigstens tragen wir dazu bei, dass die Opfer in Ruhe geborgen werden können.»

«Den Anblick der zerstümmelten Toten und das Chaos auf der Unglückstelle werde ich wohl nie vergessen ...»

IK und WK

Eine Spezialität des Flughafenregimentes waren bis zur Armee 95 die jährlichen IK – Instruktionskurse zu zwei Wochen mit einem Kadervorkurs. Dazu kam mindestens eine Alarmübung von ein bis zwei Tagen für jede Einheit pro Jahr.

Dies in einer Zeit, in der das Gros der Armee noch den WK zu drei Wochen mit KVK kannte. Trotz der eigentlich kürzeren Dienstzeit am Stück waren die IK sehr effizient. Von allem Ballast befreit, konzentrierte sich die Ausbildung auf das Wesentliche.

Ab 1995 wurde dann auch für das Flughafenregiment der zweijährige Turnus gültig, ausser für die L Flab Lwf Abt 16, die weiterhin zwei Wochen WK pro Jahr absolvierte. Trotz den jährlichen Alarmübungen hinterliess der Zweijahresrhythmus Spuren im Ausbildungsstand.

Dienstleistungen

Das Flhf Rgt 4 wurde immer wieder für ausserordentliche Einsätze abkommandiert.

«CRONOS» – Bewachungseinsatz in Genf

Für den Einsatz «CRONOS» – die Bewachung von UNO-Einrichtungen und Botschaften in Genf und Bern – wurden im Jahre 1999 gestaffelt WK-Verbände eingesetzt. Da nicht genügend Truppen über das Jahr verteilt zur Verfügung standen, wurde auch das Flhf Rgt 4 für diesen Einsatz aufgeboten.

Innert vier Wochen nach Eingang der Befehle wurde dieser Einsatz vorbereitet. Trotz der kurzen Vorbereitungszeit konnten genügend AdA für «CRONOS» aufgeboten werden. Diese wurden während eines Vorkurses in der Kaserne Reppischtal intensiv für ihre Aufgabe geschult und am Vorabend ihres Einsatzbeginns mit einer Fahnenübernahme nach Genf verabschiedet.

Unter dem Kommando des Flhf Bat 42, verstärkt durch Teile des Flhf Bat 41 und des Stabsbat, wurde der Objektschutz in Genf vom 25. Mai bis 4. Juni 1999 geleistet.

Das Flhf Bat 43 bereitete sich auf einen Einsatz in Bern vor, der dann aber nicht nötig wurde. Der Einsatz in Genf forderte die Polyvalenz des Flhf Rgt 4 und verdeutlichte, dass die an den Alarmübungen und in den WK trainierten Fertigkeiten zu Recht geschult wurden. Darüber hinaus zeigte sich das Bedürfnis, das Regiment auch ausserhalb des Flughafens einzusetzen, so wie es in unseren Grundbefehlen vorgesehen ist.

«IRIS» – 50 Jahre Flughafen

Zum 50-jährigen Bestehen des Flughafens Zürich-Kloten am 22. und 23. August 1998 war das Flhf Rgt 4 mit einer kleinen Fahrzeug- und Materialausstellung präsent und stellte der Organisation eine Kompanie als Hilfe zur Verfügung.

Bei schönstem Wetter genossen fast 100 000 Besucher diesen einmaligen Anlass.

Als gleichzeitig mehrere tausend Menschen die für diesen Anlass gesperrte Blindlandepiste in beide Richtungen überqueren wollten, zeigte sich, dass es organisierte und führbare Strukturen braucht. Als gar nichts mehr ging, schreiende Kinder und aufgebrachte Erwachsene unter der Hitze zu leiden begannen, stellten sich die Panzergrenadiere in der Mitte der Menschenströme auf, kanalisierten die Menge und lösten so den Stau wieder auf.

Einsätze an der Expo.02

Was wäre die «Expo.02» ohne die Armee gewesen! Am Rande durfte sie sich präsentieren, aber die Angehörigen des Flhf Rgt 4 standen mittendrin. Als einziges Regiment schickte das Flhf Rgt 4 gleich drei Bataillone in die Drei-Seen-Landschaft.
Vom 21./27. Mai bis 14. Juni 2002 legte das Flhf Bat 43 – als drittes aller eingesetzten Bataillone nach dem Test- und dem Startbataillon – die Latte der erzielten Leistung hoch. Es erhielt ausgezeichnete Kritiken der zivilen Partner. Auch das Flhf Bat 41 vom 1./8. Juli bis 26. Juli 2002 und das Flhf Bat 42 vom 26. August/2. September bis 20. September 2002 bestätigten, dass das Regiment fast jeden Auftrag zur vollen Zufriedenheit der Auftraggeber lösen kann. Die Einsätze wurden aber kontrovers beurteilt. Einerseits konnte wieder keine Verbandsausbildung durchgeführt werden, anderseits war es eine Abwechslung zu den WK in der Ostschweiz mit den permanenten Einführungen von neuem Material.

Aufbau und Entwicklung des Verbandes

Das Flhf Rgt 4 wurde 1987 gegründet und ersetzte das ehemalige Flughafenkommando 414, einem 1970 speziell zum Schutze des Flughafens Zürich gebildeten Landsturmverband. Mit der Armee 95 erfuhr das Regiment eine wesentliche Verstärkung, sowohl personell (Erweiterung auf rund 3500 Mann) als auch bezüglich seiner Mittel. Heute umfasst das Flughafenregiment drei Kampfbataillone, eine Flababteilung sowie ein Stabsbataillon.
Zu Beginn bestand das Flhf Rgt 4 aus 3 gemischten Bataillonen und einer rund 400 Mann starker Regimentsstabskompanie. Diese vom ersten Kommandanten, Oberst Walter Bischofberger,

gewählte Struktur wurde mit der Bildung der Stabskompanien ad hoc auf Bataillonsstufe 1990 ausgebaut, um die Führbarkeit der Verbände ab der ersten Stunde zu verbessern. Dank des Engagements des nächsten Kommandanten, Oberst i Gst Hans-Rudolf Thalmann, konnten diese ad hoc Einheiten mit Material aus den Kriegsreserven ausgerüstet werden. Das Personal kam aus der Rgt Stabskp und aus den Kampfeinheiten der Bat.
Im Detail zeigte sich der «Gemischtwarenladen» des Rgt. So waren die Mot Flhf Ber Kp gleich ausgerüstet wie die Mot Inf und gelten heute als Flhf Ber Kp als deren eigentliche Nachfolger. Welcher andere Infanterieverband hatte in seinen Reihen eigene Flab Kan 54 oder Panzergrenadiere?

Oberst i Gst Hans-Rudolf Thalmann

Vor der Armee 95 bestand das Flhf Rgt 4 aus den folgenden Verbänden:

	Stab Flhf Bat 41	Stab Flhf Bat 42	Stab Flhf Bat 43
Stab Flhf Rgt 4	Flhf Stabskp 41 ad hoc	Flhf Stabskp 42	Mot Flhf Ber Kp I/43
Stabskp Flhf Rgt 4	Flhf Füs Kp I/41	Mot Flhf Ber Kp I/42	Flhf Mw Kp II/43
Fest Mw Kp 45	Flhf Füs Kp II/41	Flhf Mw Kp II/42	Flhf Pz Gren Kp III/43
	Flhf Füs Kp III/41	Flhf Pz Gren Kp III/42	Mob L Flhf Flab Bttr IV/43
	Mot Flhf Ber Kp IV/41 (mit PAK)	Mob L Flhf Flab Bttr V/42	

Die intensive Phase des Überganges zur Armee 95 stand unter dem Kommando von Oberst i Gst Konrad Peter. In die Zeit zwischen 1992 und 1996 fiel auch der Bezug der zentralen Bereitschaftsmagazine. Vorher lagerten die persönliche Ausrüstung, Fahrzeuge, Waffen und Munition an verschiedenen dezentralen Orten.
Mit der Armee 95 wurde das Rgt durch das Stabsbat verstärkt, in welchem die Festungsminenwerferkompanie und die Rgt

Oberst i Gst Konrad Peter

237

Stabskp integriert wurden, und die Festungspioniere, die Sicherungskompanie, die Nachrichtenkompanie und die Panzerjäger hinzukamen.

Dazu kam die lang herbeigesehnte Flhf Pz Gren Kp IV/42 und die Bereitschaftskompanien wurden je um einen PAL Zug erweitert und hiessen nun Flhf Ber Kp. Die PAK im Flhf Bat 41 mussten wir damit leider abgeben. Die Flab Verbände wurden aus den Bataillonen ausgegliedert, mit Stinger ausgerüstet und in die L Flab Lwf Abt 16 überführt. Nachdem zu Beginn ein Stabszug für die Unterstützung der Führung und Logistik gebildet worden war, erfolgte auch in diesem Verband bald der Ausbau zu einer Stabsbttr.

So verfügte der seit 1999 kommandierende Kommandant, Oberst i Gst Heinz Huber, über einen schlagkräftigen Kampfverband, der nur noch durch die ständigen Umrüstungen in seiner Schlagkraft beeinträchtigt wurde.

Während der ganzen Zeit des Bestehens wurde das Flhf Rgt 4 durch die Geschäftsstellenleiterin, Frau Louise Hiltbrunner, begleitet. Als «Mutter des Regimentes» galt sie als heimliche Kommandantin des Verbandes. Sie leistete im Hintergrund die notwendige Arbeit, um das Alarmsystem auf- und auszubauen, Einheiten mit AdA jeglicher Herkunft zu einer verschworenen Truppe zusammenzuschweissen und mit den vielen Partnern am Flughafen die für eine Einsatzvorbereitung notwendigen Kontakte in freundschaftlicher Atmosphäre zu schaffen und zu pflegen. Völlig unerwartet verstarb Frau Louise Hiltbrunner leider am 3. Februar 2003.

Alarmorganisation

Über ein stets nachgeführtes Alarmsystem wird die jederzeitige, rasche Einsatzbereitschaft des Flughafenregiments 4 sichergestellt. Rund ein Drittel der Verbandsangehörigen verfügen über einen Pager, über welchen sie direkt alarmiert werden können. Der Rest des Regiments wird durch Telefonanrufe alarmiert. Eingerückt wird in ziviler Kleidung vom jeweiligen Aufenthaltsort des Wehrmanns direkt in die Bereitschaftsmagazine rund um den Flughafen Zürich-Kloten und den Flugplatz Dübendorf. Die Ausrüstung, Zweitwaffe und persönliche Effekten stehen griffbereit, die Abläufe sind einexerziert und werden kontinuierlich überprüft und optimiert. Sofort verfügbar ist zudem auch das Korpsmaterial und die Munition. Die jährlich durchgeführten Alarmübungen mit Teilen oder dem ganzen Regiment haben gezeigt, dass nach rund drei Stunden 80 Prozent des Verbandes ausgerüstet und einsatzbereit ist.

Alarmübungen

Fast jährlich fanden ein- bis zweitägige Alarmübungen statt, um die Einsatzbereitschaft zu testen und den Ausbildungsstand auszubauen. Die meisten dieser Übungen wurden durch kleine Teams von Milizoffizieren des Rgt Stabes vorbereitet und unter der Leitung des Rgt Kdt durchgeführt. Als Mittel zum Aufgebot wurde dabei konsequent die Alarmorganisation verwendet.

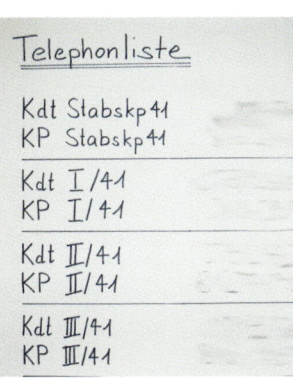

Die Alarmübungen des Flhf Rgt 4 seit 1992

Jahr	Deckname	Thema
1992	«COBRA»	Schutz Flughafen, erstmals auch Sicherungseinsatz (Flhf Bat 42 + 43)
1993	«FLEDERMAUS»	Schutz Flughafen, Sicherungseinsatz am Flughafenkopf (Flhf Bat 41 + Flhf Pz Gren Kp III/42)
1994	«SIRIUS»	Schutz Flugplatz Dübendorf, Sicherungseinsatz mit Ablösung (Flhf Bat 42 + 43)
1995	«CARGO»	Assistenzdienst ausserhalb des Flughafens, Aufbau des Grenztores Thayngen, Gaswerkexplosion in Schaffhausen
1996	«JUMBO»	Subsidiärer Sicherungseinsatz ausserhalb des Flughafens, Bewachungen KKW Leibstadt, NOK, EW Laufen
1997	«OLYMPIA»	Ausbildungssequenz mit 1/2 Rgt
1998	«ARNIKA»	Ausbildungssequenz mit 1/2 Rgt
2000	«RUMBA»	Training des Einsatzes Stabsbat Kaderausbildung für die anderen Bat/Abt im subsidiären Sicherungseinsatz
2001	«CONDOR»	Subsidiärer Sicherungseinsatz am Flughafen (ganzes Rgt – L Flab Lwf Abt 16)
2002	«TRADEMARK»	Subsidiärer Sicherungseinsatz am Flughafen (ganzes Rgt – L Flab Lwf Abt 16), Leitung Kdt F Div 6
2003	«CARAMBA»	Subsidiärer Sicherungseinsatz am Flughafen (ganzes Rgt – L Flab Lwf Abt 16) zusammen mit zivilen Elementen des Flughafens

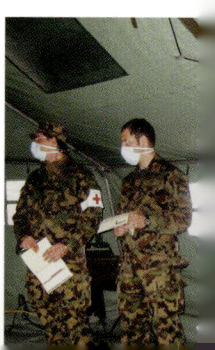

Das primäre Einsatzgebiet des Flhf Rgt

Vom strategischen Überfall zum subsidiären Sicherungseinsatz

Alarmtruppe für den Flughafen Zürich

«Zum Schutz des Flughafens Zürich wird ein rasch alarmierbarer kombattanter Truppenkörper gebildet. Diese am Freitag vom Bundesrat beschlossene Massnahme gehört nach Angaben eines Sprechers des Militärdepartements (EMD) zu der im Armeeleitbild formulierten Zielsetzung, die Armee in die Lage zu versetzen, bei Bedarf eine erste Sicherung gegen einen strategischen Überfall aufzuziehen, und jene Mittel zu verstärken, die aus dem Stand zur Wirkung gebracht werden können. Nähere Angaben wolle das EMD hierzu nicht machen. Ähnliche Massnahmen würden für Genf Cointrin und weitere strategische Punkte vorbereitet.»
(NZZ, 21./22. Dezember 1985)

Mit dem Auseinanderfallen der Sowjetunion und dem Fall des Eisernen Vorhanges relativierte sich zunächst der Primärauftrag des Alarmverbandes. Doch der endgültige Friede war damit gleichwohl nicht ausgebrochen.
Neue Bedrohungsformen gewannen aufgrund der veränderten politischen Lage und der wachsenden Migrationsbewegungen zunehmend an Bedeutung. Angesprochen sind insbesondere Einsätze unterhalb der Kriegsschwelle.

Das Flhf Rgt 4 passte sich schnell der veränderten Lage an. Bereits im IK 1992 und insbesondere 1993 wurde, gleichzeitig mit der Einführung der neuen Kampfbekleidung, unter kundiger Leitung der Polizei die Ausbildung in den Bereichen Personen- und Verkehrskontrollen intensiviert.

Schon vor dem Start zur Armee 95 wurden die Einsatzbefehle des Regimentes auf die neuen Bedrohungsformen und Einsätze angepasst.

Mit dem Start der Armee 95 und den neuen Mitteln im Flhf Rgt 4 entstand dann der heutige, vierteilige Auftrag:

- Alarmierbar sein und rasch einen Bereitschaftsraum beziehen können;
- Den Flughafen Zürich-Kloten und den Flugplatz Dübendorf sichern können;
- Die Flughäfen verteidigen können;
- Schweizweit einsetzbar sein.

Das Training im Hinblick auf mögliche Bedrohungen widerspiegelt sich in den Alarmübungen und in den mehrtägigen Übungen in den IK und WK.

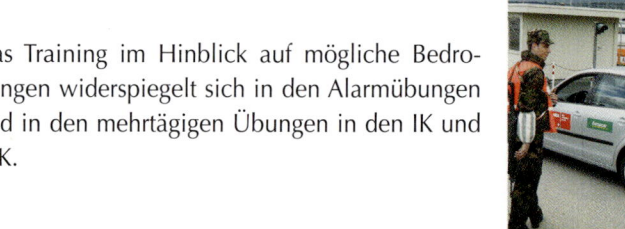

Überflug einer «STINGER»-Stellung aus einem Mirageaufklärer

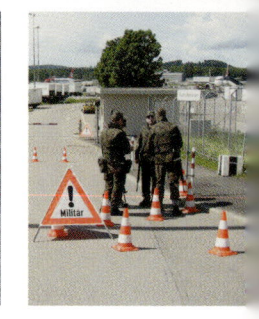

Typische Szenen aus Übungen des Flhf Rgt 4

Die Flhf Pz Gren Kp IV/42 trainiert auf der Wichlenalp, WK 2000

Die Prinzipien des Flhf Rgt 4

In der Ausbildung
e3
effizient, engagiert, ernsthaft

In der Führung
k3
konsequent, kompetent, kameradschaftlich

F ähig, den Auftrag zu erfüllen durch eine
l eistungsfähige,
h ochmotivierte,
f lexible,
R asche,
g ut geführte
t ruppe

Die einmalige Fahnenübergabe zwischen den Fingerdocks, WK 1996

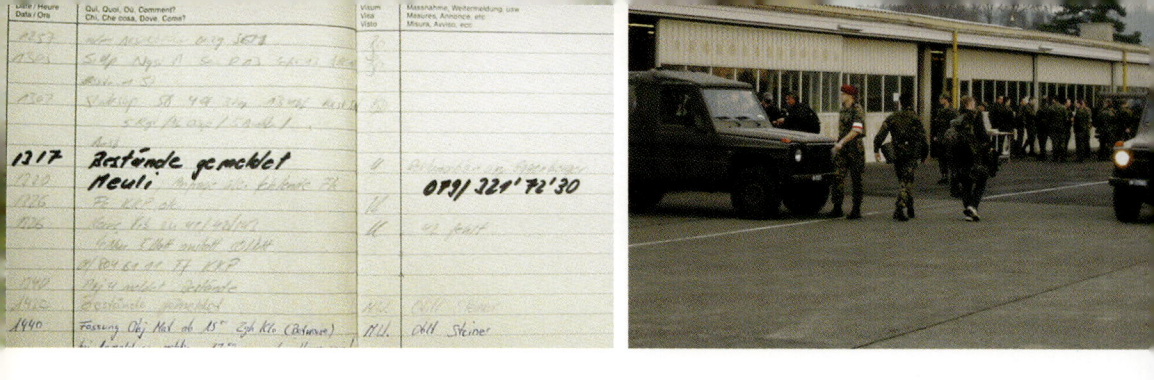

Die Elite der Miliz?
Stimmiges und Gerüchte zu den Alarmverbänden

- Das Flhf Rgt 4 ist kein Eliteverband. Als Miliztruppe können wir das per Definition nicht sein.
- Es findet kein Aufnahmeverfahren statt, damit ein AdA seinen Dienst im Flhf Rgt 4 absolvieren darf.
- Speziell ist der Verband, weil er einen klaren Auftrag hat.
- Angehörige des Flhf Rgt 4 identifizieren sich mit dem Verband. Auf die Frage, wo bist Du eingeteilt, wird der Angesprochene mit «im Flughafenregiment 4» antworten. Normalerweise nennt ein Soldat in einer solchen Situation seine Einheit.
- Kein Alarmverband hat so hohe Einrückungsbestände bei Übungen erreicht, wie das Flhf Rgt 4 – oft rückten aus dem Stand mehr AdA ein, als bei einem «normalen» Verband zum WK.

Betreuung von Flüchtlingen – angereist per Helikopter – anlässlich der Alarmübung «TRADEMARK», Flpl Dübendorf, 2002

Das Wort des letzten Kdt des Flhf Rgt 4

Nun ist es soweit! Ein sehr spezieller Verband wird aufgelöst oder – besser gesagt – geht in eine neue Organisation über. Was überwiegt zu dieser Stunde? Ist es Trauer oder gar Wut, Freude, Wehmut, Aufbruchsstimmung? Vielleicht von allem etwas. Lange haben Viele aus Politik, Wirtschaft und Militär darum gekämpft, diesen «Eliteverband» in die neue Armee zu retten. Einige Interventionen beim Bundesrat zeugen davon.

Was also weiter? Ich denke, dass die Armee XXI eine richtige Antwort auf die heutigen Bedrohungen ist. Die sogenannte abgestufte Bereitschaft, die mit Durchdienern, Militärpolizisten und WK-Verbänden erreicht werden soll, ist der richtige Ansatz.

Das war wohl nicht ein einfacher Auftrag? Kommandant Oberst i Gst Heinz Huber und sein Stabschef Oberstlt Josef Widler. WK 2002, Übung «FIDELIO», Kriegs KP Flhf Rgt 4, subsidiärer Einsatz Seuchenfall.

Ich wünschte mir, dass mindestens eines der aktiven Bataillone nach dem Muster des Flhf Rgt basiert und ausgerüstet wird. Dies ist eine kostengünstige Lösung, da alles Notwendige vorhanden ist. Wir sind überzeugt, dass nur dann eine rasche Einsatzbereitschaft an den Flughäfen erreicht wird, wenn Kader und Truppe am «Objekt» mit den zivilen Partnern üben können. Diese zur Zeit vorhandenen Fertigkeiten werden durch die Migration unserer Angehörigen in die aktiven Verbände übernommen. Wird auf meine vorgeschlagene Lösung verzichtet, verschwindet dieses Wissen mit der militärischen Pensionierung der Soldaten!

Das Flhf Rgt 4 hatte eine kurze, aber bewegte Geschichte. Es ist gelungen, quasi aus dem Nichts eine schlagkräftige und motivierte Truppe zu schaffen, welche als «Eliteverband» in die Annalen eingehen wird. Dies ist das Verdienst aller, der vier Rgt Kdt, der Kader und Soldaten aller Verbände, welche im Regiment je Dienst geleistet haben. Der Dank gilt Ihnen allen! Sie haben die Geschichte des Alarmverbandes geschrieben, eine Geschichte, welche nicht nur in diesem Buch festgehalten wurde, sondern in unseren Erinnerungen und Herzen weiterleben und teilweise in die Verbände der Armee XXI weitergetragen wird! Wir haben unseren Auftrag erfüllt!

«Ich melde das Flughafenregiment 4 ab!»

Fahnenrückgabe Stabsbat Flhf Rgt 4, 11. Mai 2000, auf dem Hauptplatz in Wil, WK 2000

Alarmübung «CARAMBA», 2003

Sanitätscontainer, Kdo Spz 63/73, Pressekonferenz

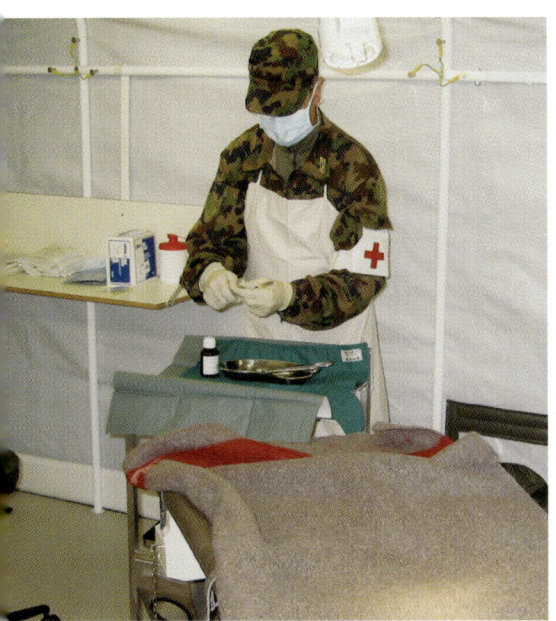

M.74095

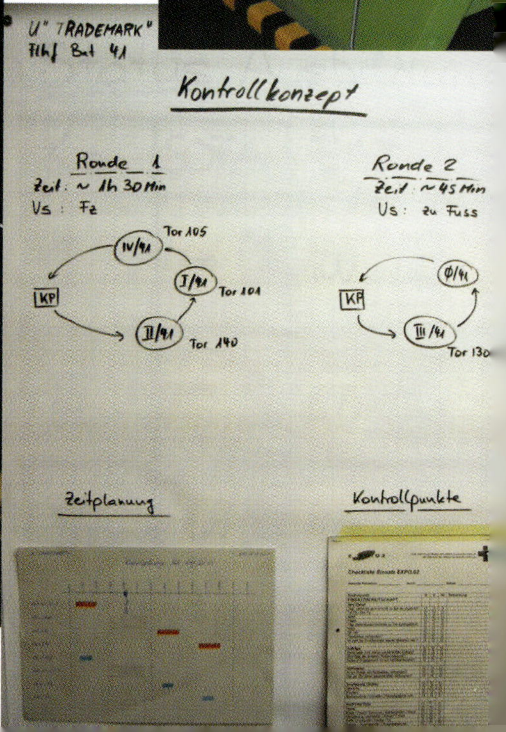
U" TRADEMARK"
Kontrollkonzept
Ronde 1
Zeit: ~ 1h 30 Min
Vs: Fz
Tor 105
IV/41
I/41
Tor 101
KP
II/41
Tor 140
Ronde 2
Zeit: ~ 45 Min
Vs: zu Fuss
Ø/41
KP
III/41
Tor 130
Zeitplanung
Kontrollpunkte
Checkliste Einsatz EXPO.02

Eindrücke von den Übungen «TRADEMARK», 2002, und «CARAMBA», 2003

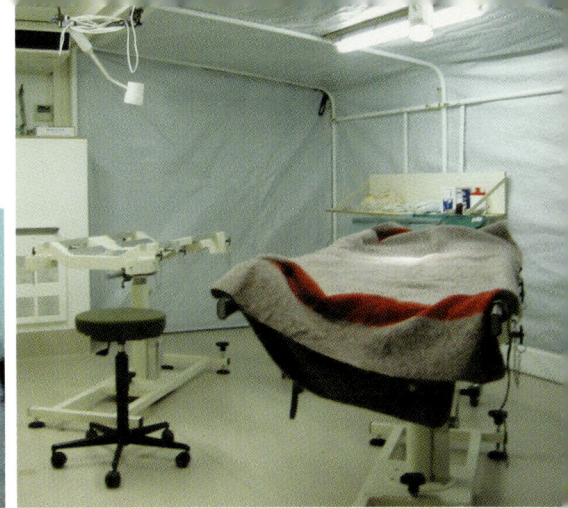

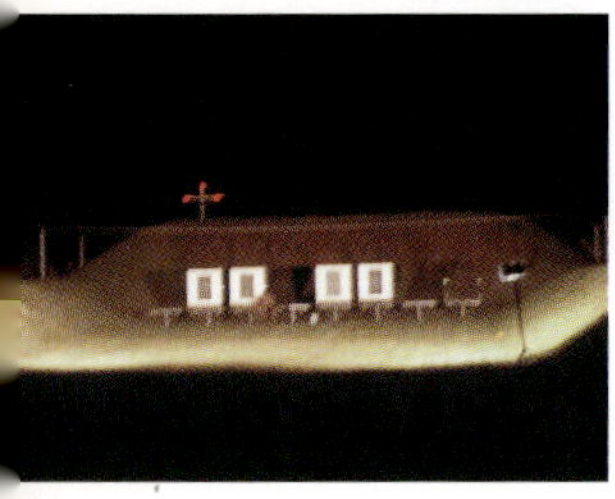
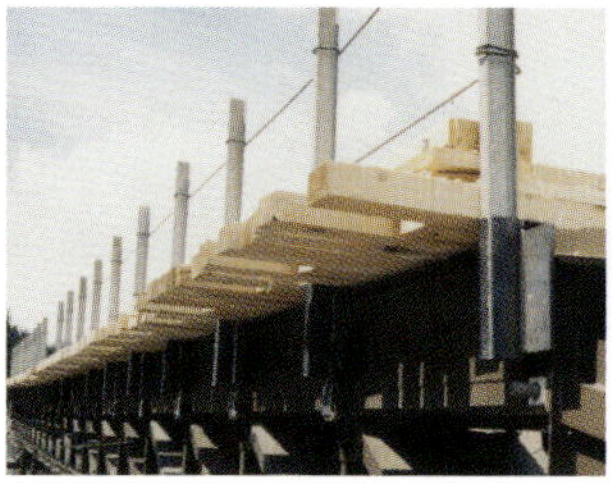
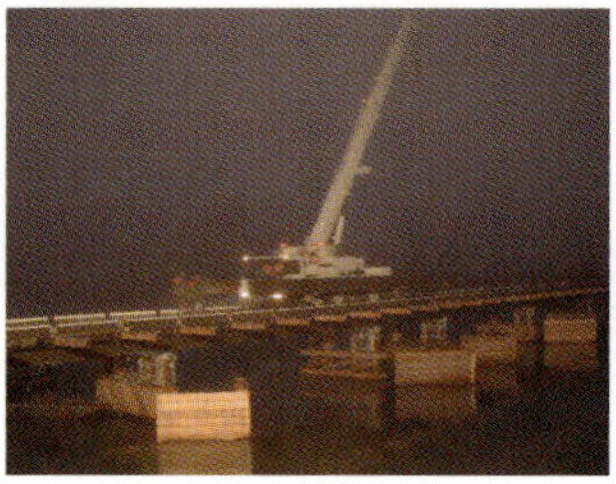
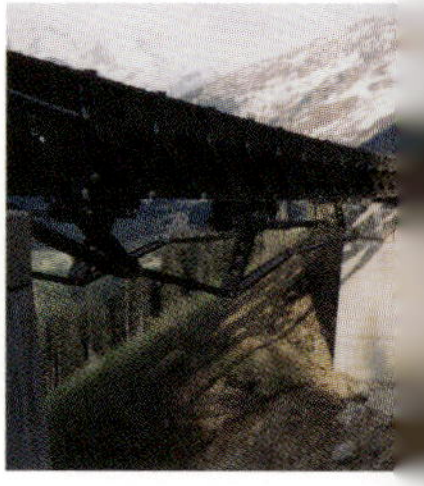

G Rgt 4

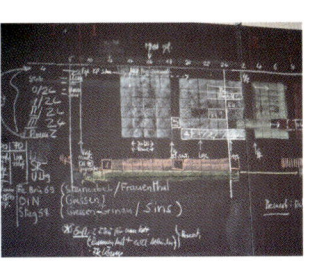

G Rgt 4

Oberst i Gst Adolf Ludin, Kdt G Rgt 4 1985–1987

Wandel
Die Genieregimenter, damit auch unser G Rgt 4, wurden mit der Truppenordnung 61 neu geschaffen und 1962 gebildet. Das G Rgt 4 war die Genieformation des Kdt FAK 4 und primär für die Unterstützung der operativen Beweglichkeit der Gegenschlagsverbände sowie für die Sicherstellung von Zerstörungen verantwortlich. Zur Ausbildung wurde es in der Regel einer Division unterstellt. Nach fünf Jahren in der Mech Div 11 erfolgte 1986 die Unterstellung zur F Div 6. Sie dauerte bis zur Auflösung des Regiments im Jahre 2003.
Die Jahre 1986 bis 2003 waren vor allem in den 90er Jahren von einem enormen Wandel geprägt. Das Ende des Kalten Krieges, der Fall des «Eisernen Vorhangs» Ende 1989, die darauf folgende Auflösung der Sowjetunion und damit auch des Warschauerpakts (1991), entspannte die militärpolitische Lage in Europa sehr rasch. Die Zeit war reif für eine Anpassung der Sicherheitspolitik. Nicht nur die Akzentverschiebung im Spektrum der Gefahren, sondern auch die gewaltigen Veränderungen in der gesellschafts- und wirtschaftspolitischen Entwicklung fanden ihren Niederschlag im «Bericht 90 des Bundesrates über die Sicherheitspolitik der Schweiz». Darauf basierte das Armeeleitbild 95, welches die Konzeption der militärischen Landesverteidigung aus dem Jahre 1966 ablöste.
Die Schweizer Armee erlebte – getrieben auch von Finanzzwängen und der Erkenntnis, dass der grosse Armeebestand wegen des Geburtenrückgangs nur noch für beschränkte Zeit gesichert wäre – eine Phase des Umbruchs. Die Leitidee der Armee 95, «kleiner aber trotzdem leistungsfähiger weil flexibler», führte unter anderem zu einer Bestandesreduktion von gegen 40 Prozent, zur Herabsetzung des Wehrpflichtalters, zur Kürzung der Rekrutenschulen und Auflösung von über 1800 Stäben und Einheiten. Die Grenz- und Reduitbrigaden wurden aufgelöst, die mechanisierten Divisionen in Panzerbrigaden umgegliedert. Zahlreiche Festungen und das Gros der permanenten Geländeverstärkungen (darunter auch die Sprengobjekte) wurden obsolet. Dieser massive Abbau führte zwangsläufig zu einer neuen Verteidigungsdoktrin. Auf die «Abwehr» der 60er Jahre folgte die «Dynamische Raumverteidigung» der Armee 95.
Das G Rgt 4 wurde durch die Armee 95 sehr stark betroffen. 1994, mit 22 Stäben und einem Bestand von rund 3600 Mann noch in «Vollblüte» stehend, verlor es die Gerätekp 4, das Pont Ba 28 und das Mineurbat 74. Trotz Übertritt des G Bat 35 aus dem Armeegenieregiment 7 in das G Rgt 4 reduzierte sich der Bestand des «neuen» G Rgt 4 auf 14 Stäbe und Einheiten mit total rund 1600 Mann. Die beiden G Bat (24 und 35) wurden mit je einer Tech Kp verstärkt.
Obwohl dazu wesentliche Elemente fehlten, wurde das Sicherstellen der operativen und taktischen Beweglichkeit nun eindeutig zur prioritären Aufgabe der Genieregimenter. Die Bedeutung der Mobilität der eigenen Truppen hatte jene der Sperrwirkung definitiv überholt. Von Zerstörungen spricht niemand mehr.

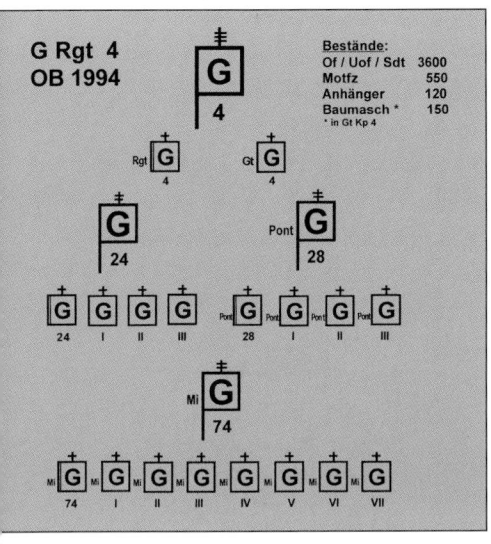

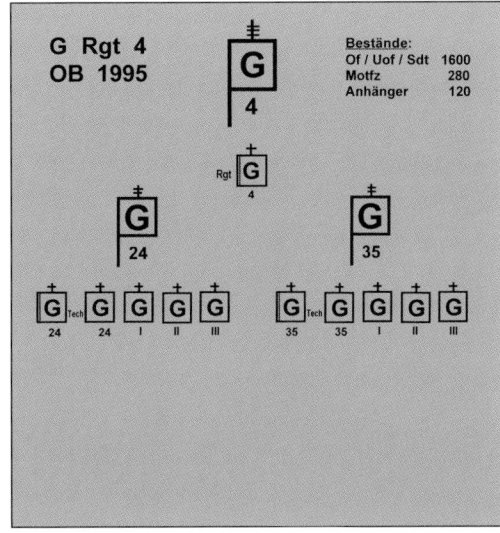

OB G Rgt 4 1994

OB G Rgt 4 1995

Weitere Folgen, welche das G Rgt 4 stark und die Ausbildung meist negativ berührten, waren der neue WK-Rhythmus (alle 2 Jahre), und die Reduktion der Zusammenarbeit mit anderen, vor allem mechanisierten Truppen, als Folge des Verzichts auf grosse Truppenübungen. Die vermehrten, meist politisch bedingten Einschränkungen bezüglich Brückenbau- und Übersetzstellen waren besonders störend, da sie die prioritären Aufgaben der Genietruppen direkt betrafen.

Der Wandel hat jedoch auch erfreuliche Veränderungen mit sich gebracht. In den 90er Jahren wurde ein grosser Teil der Ausrüstung des G Rgt 4 erneuert. So gelangte der Wehrmann in den Besitz der zweckmässigen Kampfausrüstung 90, des Stgw 90 und der neuen AC-Schutzausrüstung. Das Rak Rohr wurde durch die PzF 90 ersetzt. Die HG 85, die Richtladungen 96, die Ausrüstung für Trichtersprengungen sowie neue Spreng- und Zündmittel wurden eingeführt. Im Bereich der Übermittlung brachten neue Funkgeräte und das FTf 96 wesentliche Verbesserungen.

Die veraltete technische Ausrüstung der Truppe wurde durch moderne Werkzeuge und Geräte ersetzt sowie um eine Flutlichtanlage und eine neue Vermessungsausrüstung ergänzt. Für die Feste Brücke 69 (FB 69) wurde eine Unterspannung beschafft (Erhöhung der Nutzlast). 1997 wurde die Stahlträgerbrücke eingeführt. Sie ersetzte die altbekannte DIN-Brücke. Auch der Park an Baumaschinen und Motorfahrzeugen wurde ergänzt. Neu beschafft wurden die Rammgeräte auf Raupenfahrgestell und auf Schwimmplattform. Die alten 2 DM Lastwagen wurden durch Saurer 10 DM und Steyr 6x6 Kipper ersetzt. Der Vollständigkeit halber ist zu bemerken, dass 1995 die

Schlauchbootbrücke 61 durch die moderne Schwimmbrücke 95 abgelöst wurde. Das Pont Bat 28 gehörte zu diesem Zeitpunkt leider bereits nicht mehr dem G Rgt 4 an.

Schwimmbrücke 95 auf Transportfahrzeug

Vermehrt wurde das Regiment oder Teile davon in den Status einer Bereitschaftstruppe versetzt. Die Einsatzplanung und -vorbereitung war sehr aufwändig und musste zum grossen Teil vordienstlich geleistet werden.

Auch in anderen Bereichen gab es sichtbare Veränderungen: Der Grad des Stabsadjutanten wurde eingeführt und der heutige Bat Kdt ist Oberstleutnant. Im WK stiess man vermehrt auf ausländische Besucher; in den Einheiten konnte man nicht selten fremde «Hospitanten» erkennen: Folgen der «militärischen Globalisierung».

Bedenkt man, dass all die oben erwähnten neuen Mittel nicht nur übernommen, sondern auch eingeführt werden mussten – inklusive vorangehender Kaderausbildung – erkennt man, dass das G Rgt 4 – neben den üblichen Übungen und den vielen verordneten Arbeiten – in den wenigen WK einem steten Wandel unterworfen war und eine Fülle von Neuerungen mit grosser Verantwortung bewältigt hat.

WK – Chronik

Die Regimentskommandanten berichten:

Oberst Ulrich Kägi, Kdt G Rgt 4 1991–1994

1991 Einsatz Katastrophenhilfe Bergsturz Randa (VS) (das Pont Bat 28 hatte drei Wochen vor dem eigentlichen WK-Beginn einzurücken).

1992

Der WK-Raum im Zugerland und im Aargau mit Brücken an Emme, Reuss und Lorze brachten neue Erfahrungen besonders für den Bau von Kombibrücken (DIN-FB 69). Die Gt Kp 4 mit über 20 gleichzeitig betriebenen Baustellen bewältigte vorab Arbeiten auf der Wichenalp und am Sustenpass (Aufräumen des Explosionsschachts beim Steingletscher). Die Belastung von Material, Fahrzeugen und natürlich der Truppe in den mehrtägigen Einsatzübungen war ausserordentlich hoch. Auch der Rgt Stab wurde beübt. Der Div Kdt, offensichtlich sehr zufrieden mit der Arbeit, brach die Übung nach der zweiten Phase ab, mit den Worten «Ihr seid Saucheibe – aber guet – jetzt ein Bier!» Das bleibt in Erinnerung, genau so wie die enge Verbundenheit zwischen Zivilbevölkerung und Militär.

Rammen von Pfählen für Joche

Kombibrücke DIN-FB 69 (Thur bei Alten)

WK Raum 1993

Schlauchbootbrücke 61, Eglisau

1993

Im Raum FAK 4 am Rhein, der Thur, der Töss und auf dem Zürichsee wurden drei Dutzend Übergänge erstellt und Fähren betrieben. Die erfolgreiche Rheinüberquerung eines Pz Bat der Mech Div 11 in Eglisau bestätigte die Gewissheit: «Wir sind eine Unterstützungstruppe, wir wollen und können unsere Aufträge auf Anhieb erfüllen!»

Punktlandung auf einer Gebirgsunterkunft

Abbau von Permanenzen (Bunker)

Die Gt Kp 4, vorab mit dem Entfernen von Permanenzen (Bunker, Geländepanzerhindernisse) beschäftigt, hat dem Staat wiederum viel Geld gespart. Beim Ausbau einer Gebirgsunterkunft im Gotthardgebiet («Scimfuss») kamen viele Fachleute zum Zug: Dachdecker, Maurer, Zimmerleute, Küchenbauer, Elektriker, Schlosser, Plattenleger, Baggerführer, Steinmetz. Einmalig – die Genietruppe mit grossem Potenzial!

Das Mi Bat 74, acht Kompanien mit 2000 Mann Sollbestand, leistete seinen letzten Dienst, eine Folge von Armee 95. Die eindrückliche Fahnenabgabe auf dem Flugplatz Dübendorf mit mehr als 1000 Zuschauern war Ausdruck des Dankes für den langjährigen Beitrag zur Dissuasion für unser Land.

Rgt Stab vor der Gebirgshütte «Scimfuss»

Auch hier arbeiten Mineure (Flughafen Zürich)

1994

Im Weinland, im Klettgau und im Stammheimertal fand der letzte WK des «G Rgt 4 in alter Form» statt. Die HG 85 wurde eingeführt.

Von grosser Bedeutung und eindrücklich war der Truppenbesuch des GSC KKdt Liener mit dem Generalinspekteur der Deutschen Bundeswehr, General Naumann. Am Rhein bei Wagenhausen-Hemishofen zeigten die Pontoniere und die Gerätekompanie ihr vorzügliches Können. Selbstverständlich wurden die hohen Gäste von der Küche kulinarisch verwöhnt. Viel Freude und die Anerkennung unserer Tätigkeit bleiben in bester Erinnerung.

Hoher Besuch: General Naumann beim G Rgt 4

Kdt G Rgt 4 mit Kdt FAK 4

Schliesslich fand auch diesmal eine zweitägige Einsatzübung statt. Sie führte vom Rhein über die Limmat, die Glatt und die Töss ins Zürcher Oberland. Die Ruhezeitkontrolle wurde arg strapaziert; aber alle waren stolz auf das Erreichte.

Mit einer gewaltigen Übersetzaktion wurde das G Rgt 4 und das Spiel des Inf Rgt 27 auf die Ufenau gebracht, wo am frühen Morgen im Beisein von Regierungsvertretern und hohen Militärs die zentrale Fahnenabgabe stattfand. Ein Bauernfrühstück rundete diesen einmaligen, unvergesslichen Anlass ab.

Der Rgt Kdt, Zürcher und Berufsoffizier, verabschiedete sich stolz und dankbar, dass er die «Ingenieur- und Tiefbauunternehmung der F Div 6 respektive des FAK 4» während vier Jahren kommandieren durfte.

Oberst Rolf Brunner, Kdt G Rgt 4 1995–1998

Allgemeines

Am 1. Januar 1995 startete die Armee 95, verbunden mit hohen Erwartungen aber auch kritischen Stimmen. Die Wiederholungskurse fanden alle zwei Jahre statt; in den Zwischenjahren wurde jeweils ein einwöchiger TTK mit den Kadern durchgeführt. Diese Kurse (1995 und 1997), unter Leitung der F Div 6, verliefen für die Verbände der verschiedenen Truppengattungen praktisch gleich; dabei kamen die Geniebedürfnisse immer zu kurz.

Infolge der grossen Belastung der WK war die Einführung von neuen Ausrüstungen nicht einfach. Es war schwer, über die Anlernstufe hinauszukommen. Besser ging es bei neuen technischen Geräten, die immer wieder eingesetzt wurden.

Auch Gefechtsschiessen konnten nur noch selten durchgeführt werden, was sich beim zweijährigen WK-Rhythmus umso schlimmer auswirkte.

In allen Diensten wurde ein enges «Controlling» angewandt, um die Kommandanten in der Zielerreichung zu unterstützen. Schonungslos wurden Mängel aufgedeckt und durch entsprechende Nacharbeit Verbesserungen erzielt.

Problemlos gestaltete sich die Aufnahme des G Bat 35 in das G Rgt 4. Die Offiziere der verschiedenen Stäbe und Einheiten lernten sich bereits im TTK 95 kennen. Ein gesunder Wettbewerb zwischen den beiden gleichen G Bat zeichnete sich ab. Nach kurzer Zeit des gegenseitigen Abtastens zogen alle am gleichen Strick und erst noch in die richtige Richtung.

1996

Der erste WK mit dem G Rgt 4 nach neuer OB fand im Zürcher Weinland statt, mit KP in Andelfingen. Unterstellt war der Baustab 6, vor allem eingesetzt für die Erstellung und Nachführung der Unterlagen für Flussübergänge. Ein besonderes Ereignis im KVK, ein Senkrechtstart im wahrsten Sinne des Wortes, waren die Erkundungsflüge mit den Superpumas. Alle Kdt und deren Stellvertreter lernten ihren Einsatzraum von oben kennen.

«Turngeräte» für das G Bat 24 und G Bat 35 waren die Thur, die Töss und die Glatt. Die Zielvorgaben waren genau definiert und wurden, zum Teil mit Wiederholungen, auch erreicht. Beim DIN-Brückenbau an der Thur hatten sich die Bat bei widrigem Wetter im tiefen Schlamm zu bewähren. Eingeführt wurden unter anderem die neue Ramme auf Raupen und die Leichte Fähre 3,5 t auf dem Rhein bei Rüdlingen.

Die technisch hohe Leistungsfähigkeit der G Bat zeigte sich auch bei den Unterhaltsarbeiten im Cholloch und auf der Wichlen sowie bei einem Katastropheneinsatz (Hochwasser) am Rhein bei Landquart.

Das G Rgt 4 hat eine neue Identität gefunden; es brachte in diesem WK viermal eine sehr interessante und gut illustrierte Truppenzeitung, den «Brückenbauer», heraus.

Brückenbau: Feste Brücke 69

Die lange Nacht

Brückenbau: Kombi Brücke (DIN-FB 69)

1998

WK-Raum: Thurtal bis Bodensee und Sitterbogen, KP: Winterthur. Auch diesmal war das Rgt verstärkt, und zwar durch das G Bat 37 (Pz Br 3) und den Baustab 4.

Ein Schwerpunkt war die bauliche Sicherstellung der Armeetage 98 auf der Allmend Frauenfeld, wo übrigens das G Rgt 4 1987 sein 25-jähriges Bestehen mit einem Tag der offenen Tür gefeiert hatte. Der grosse Aufwand (Auf- und Rückbau) führte zu einer Staffelung der Dienstleistungen und somit auch zur Führung mit Teilstäben. Es zeigte sich einmal mehr, dass sorgfältige Planung, eine umfassende Arbeitsvorbereitung und eine geschickte Organisation (Typ Generalunternehmung) eine gute Realisation ermöglicht. Der Einsatz des Regimentes klappte hervorragend, und die Armeetage 98 wurden ein Erfolg. In diesem WK wurden auch die neue Kampfbekleidung 90, das Stgw 90, die Schutzmaske 90 und die Panzerfaust eingeführt.

Einen ganz besonderen Einsatz leistete die Sap Kp I/24. Eine Lawine hatte am Lukmanierpass eine Strassenbrücke fortgerissen. Am Samstagnachmittag des KVK erteilte der Rgt Kdt auf dem Schadenplatz den Einsatzbefehl zum Ersatz der Brücke. Die Sap Kp I/24 rückte am Montag auf ihrem Organisationsplatz im Raume Zürich ein und verschob sich nach der Materialfassung nach

Kdt G Rgt 4 vor der Befehlsausgabe

Notbrücke am Lukmanier

Olivone (TI). Am Dienstag wurde auf den noch vorhandenen Widerlagern eine FB 69 50 t, Spannweite 42m mit Unterspannung eingebaut und damit in kürzester Zeit die Verbindung zwischen den Kantonen Tessin und Graubünden wieder hergestellt. Bereits am Mittwoch war die Sap Kp in ihrem WK-Raum und begann mit der Ausbildung. Ein hervorragendes Beispiel für eine sehr rasche, unkomplizierte Hilfeleistung zu Gunsten ziviler Behörden.

Auch dieser WK verlief sehr erfolgreich. Beeindruckt haben die Schnelligkeit, sich rasch ändernden Situationen anzupassen, taugliche Lösungen anzubieten und aus dem Stand heraus auch schwierige Aufträge zu erfüllen. Diese Fähigkeiten gilt es zu erhalten.

Schwindelfreie Brückenbauer

Notbrücke: Feste Brücke 69 50to, 42m Spannweite

Oberst Carlo Galmarini Kdt, G Rgt 4 1999–2003

Die letzten Kommandojahre 1999–2003

Allgemeines
Die Jahre 1999 bis 2003 waren gekennzeichnet von den Arbeiten um die Armee XXI und das voraussehbare Ende der Armee 95. Truppenbesuche höherer Kommandostellen wurden seltener. Im Gegensatz zu vielen anderen Truppen standen dem G Rgt 4 aber bis zum Schluss genügend und qualifizierte Kader zur Verfügung. Immer häufiger jedoch mussten auch sehr kurzfristig

Brückenlegepanzer auf Brü Rottenschwil (Pz Br 3)

DIN-Ersatzbrücke auf Betonwiderlager

Div Kdt und Nationalrat Ernst Cincera bei einem Trp Besuch

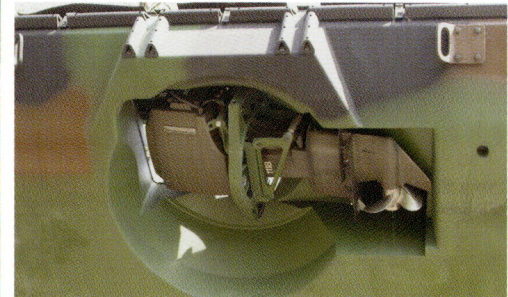

Schottelantrieb Schwimmbrücke 95

KKdt Ulrico Hess, Schlussakt Rottenschwil

Div Kdt mit Teilen Stab G Rgt 4

Einsatzplanung U «SPARTACUS»

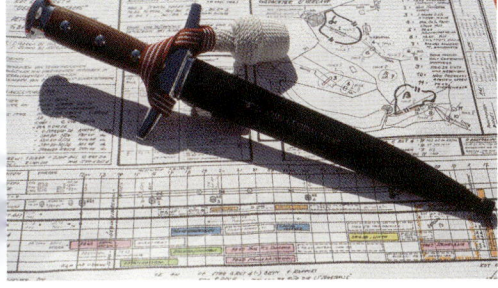

Einsatzplanung Flussübergänge, WK 93

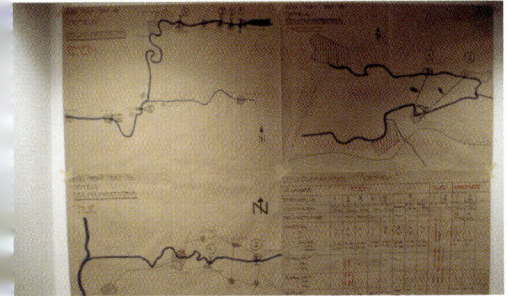

Kaderübung 1992: «Rgt Stab auf hoher See!»

Schwimmbrücke 95, Einwassern eines Brückenteils

Kader aus beruflichen Gründen ersetzt werden. Der Bestand der dienstleistenden Truppe erreichte nur noch ca. 2/3 des OTF-Bestandes.

Die WK des G Rgt 4 dauerten sieben bis zehn Wochen. Zum einen wurden die Genietruppen zwecks Sicherstellung der Katastrophenhilfebereitschaft über das Jahr verteilt, zum anderen mussten Spezialeinsätze erledigt werden.

TTK und WK im Einzelnen

In den vorangegangenen zwei WK 1996 und 1998 war sehr viel neues Material eingeführt worden. Wegen der Arbeiten für Dritte stand jedoch wenig Zeit für die Ausbildung zur Verfügung und durch den Zweijahresrhythmus ging vieles wieder vergessen. Der Verlust musste wettgemacht werden. Der TTK 1999 und der WK 2000 waren primär der Einführung der Stahlträgerbrücke gewidmet. In der dreitägigen Übung «AQUA ALTA» unter Leitung der F Div 6 wurden die erworbenen Fähigkeiten überprüft. Es galt, Teile der Art RS Frauenfeld über die Glatt, die Töss und die Thur zu übersetzen. Erprobt wurde auch der Lufttransport von Brückenelementen der FB 69 mittels Superpuma. Der Rgt Stab hatte parallel zur Führung noch Probleme aus dem Bereich Katastrophenhilfe (Hochwasser) zu bearbeiten und die entsprechenden Absprachen durchzuführen. Eine interessante und erfolgreich bestandene Übung. Anderseits wurde auch Zeit zur Vertiefung der Ausbildung der vor kurzem neu eingeführten Ausrüstung gewidmet. Eingeführt wurden die «neue Gefechtsschiesstechnik» NGST und das neue Feldtelefon 96.

Obwohl der Sturm LOTHAR am 26. Dezember 1999 riesige Schäden angerichtet hatte, behaupteten Politiker, Militärhilfe sei nicht nötig. Wenige Tage vor dem KVK G Bat 35 erteilte jedoch der Generalstab den Auftrag, umfangreiche Waldschäden am Lindenberg (AG) zu beheben – das G Bat 35 erfüllte diesen Auftrag ab Mitte der zweiten Woche mit Bravour. Wiederum wenige Tage vor dem WK G Bat 24 erging der Auftrag, grosse Schäden im Berner Oberland zu beheben und insbesondere im Diemtigtal Wasserläufe von Wildbächen freizulegen, um Schlammlawinen zuvorzukommen. Das G Bat 24 erfüllte den heiklen Auftrag vorzüglich.

Lufttransport von Elementen der Brücke FB 69

Übung «PONTICARRI»: Rammen bei Nacht   Stahlträgerbrücke mit Pz Hb, Übung «AQUA ALTA»

Der TTK 2001 wurde vollumfänglich durch die F Div 6 vorbereitet und durchgeführt und war der Führungsausbildung und der Information über die Armee XXI gewidmet.

Die Expo.02 und die Schlussfeiern Armee 95 prägten den letzten WK des G Rgt 4. Unmittelbar vor der Eröffnung der Expo baute das G Bat 35 während dem ganzen WK und über zwölf Stun-

Expo.02: Neuenburg   Expo.02: Biel

265

den pro Tag Plattformen, Passarellen, Zugänge und Abschrankungen und half, Dutzenden von nicht fertigen Projekten den letzten Schliff zu geben. Damit förderte das G Bat 35 den Erfolg der Expo. Unmittelbar nach der Expo baute das G Bat 24 viele der Installationen ab. Es half damit, das Defizit zu verringern.

Der letzte Truppendienst des G Rgt 4 wurde mit der Übung «PONTICARRI» abgeschlossen. Die Pz Br 3 setzte auf einer vom G Bat 24 gebauten Stahlträgerbrücke bei Rottenschwil über die Reuss. Die Militärbrücke ersetzte temporär die unmittelbar danebenliegende Stahlfachwerkbrücke, welche saniert werden musste. Integriert in die Übung «PONTICARRI» war der Schlussakt G Rgt 4. Ehemalige Offiziere, Gönner und Freunde trafen sich noch einmal im Regimentsrahmen, begleiteten die letzte, würdige Fahnenabgabe und hörten sich die Grüsse des Divisions- und des Korpskommandanten sowie die Höhepunkte beinahe aller noch lebenden Regimentskommandanten an.

Stahlträgerbrücke über Reuss bei Rottenschwil

Oberst Carlo Galmarini

Gesamtwürdigung

Das G Rgt 4 leistete bis zuletzt mit motivierten Soldaten und Kadern einen Beitrag an die Landesverteidigung und insbesondere auch an die Existenzsicherung unseres Landes. Die Angehörigen des G Rgt 4 unterstützten den Aufbau von neuen und der heutigen Situation angepassten Strukturen, welche die Armee 95 ablösen müssen. Sie können stolz auf die geleistete Arbeit und den Beitrag an die Armee XXI sein!

Bilanz

Die Beurteilung der Dienstleistungen des Genieregimentes 4 in den Jahren 1992 bis 2002 (2003 wurden keine Dienste geleistet), erlauben folgende Feststellungen:
- Das G Rgt 4 hat bewiesen, dass es fähig ist, auch technisch komplexe Aufgaben auf Anhieb zu lösen. Das zeugt vom hohen Stand des Führungs- und Organisationsvermögens der Kader, vom fachlichen Können, und die Bereitschaft der Truppe spricht auch für die heutige Ausrüstung.
- Der ausgesprochen gute Korpsgeist hat sich voll erhalten. Das spricht für das gegenseitige Vertrauen auf allen Stufen, für den Glauben an die Notwendigkeit der Armee und an die eigenen Fähigkeiten.
- Die Auflösung der Gerätekp und die massive Schrumpfung der Pontoniere führte zu einem enormen Kapazitäts- und «Know-how»-Verlust im breiten Bereich des Geniedienstes.
- Mit der Auflösung der Mineurverbände wurde schlagartig ein in der Welt einzigartiges Zerstörungssystem aufgegeben. Ein System, das anerkanntermassen eine wesentlichen Stütze der Dissuasion unserer Landesverteidigung war.

Kampfpanzer Leo 2 auf Schwimmbrücke 95

- Die bautechnischen Arbeiten des G Rgt 4, insbesondere der Gt Kp 4, auf den Panzerschiess- und anderen Ausbildungsplätzen des FAK 4 sowie die Beseitigung obsoleter Permanenzen haben der Armee viel Geld gespart. Andere Aufträge, zum Beispiel Unterstützung von Sportanlässen oder Auf- und Abbauarbeiten an der Expo.02, forderten höchstens im Bereiche Führung und Organisation. Die Truppe – ein Verbund ausgewiesener Fachleute – löste die Aufträge zwar mit Freude und, wie zu erwarten war, auch mit Erfolg. Ein echter Beitrag zur Ausbildung im militärischen Sinne fand bei solchen Aktionen nicht statt. Im Gegenteil, zu viel Ausbildungszeit ging verloren! Tröstend kann höchstens die Gewissheit sein, dass die Expo.02 ohne den grossen Einsatz der Armee nie in dieser Form hätte realisiert werden können.

Das G Rgt 4 wird nach 42 Jahren aufgelöst. Für die Eingeweihten werden im Korpsraum noch Spuren sichtbar bleiben; allen, die dabei waren, bleiben Erinnerungen an gute Einsätze bei Tag und Nacht und an frohe Stunden. Der ausgesprochen gute Korpsgeist der Genisten wird auch in der Armee XXI weiter Bestand haben!

Blick in die Zukunft

Unsere Genietruppen, in der Armee XXI nur mit wenigen Verbänden vertreten, dürften im Krisenfall (grosse Katastrophen, Wirren, massiver Terror, Sabotage gegen Infrastruktur oder Krieg) sehr rasch an Grenzen stossen. Folgende Faktoren sind für den Fortbestand einer leistungsfähigen Genietruppe entscheidend:
- Der gefährdete Nachwuchs an verantwortungsbewussten und fachlich ausgezeichneter Kadern aller Stufen, welche sich mit den Aufträgen identifizieren, sich selbst und die Truppe fordern, muss gesichert werden.
- Der gute Genist soll auch in Zukunft über folgende Eigenschaften verfügen: Soldat, Wehr-Mann und Techniker.
- Die Mobilität und der Schutzgrad, mindestens von Teilen der Genie, muss mit den Kampftruppen Schritt halten. Die nötigen Mittel (Transportfahrzeuge, Arbeitsmaschinen, schnelles Brückenmaterial) sind zu beschaffen.
- Der Faktor «Zeit» und die Fähigkeit zur Improvisation sind von grosser Bedeutung. Grundlagen dazu bilden umfassende Planungskompetenz, gute handwerkliche Fähigkeiten und enge dauerhafte Verbindungen zum zivilen Baugewerbe.
- Die Genietruppen dürfen nicht daran gehindert werden, ihre Fähigkeiten für innovative Lösungen zu beweisen. Die Ausbildung darf nicht durch sture, oft politisch orientierte oder selbst auferlegte Restriktionen beeinträchtigt werden.
- Die Genisten dürfen nicht als Hilfskräfte für nichtmilitärische Institutionen oder Anlässe eingesetzt und damit von ihrer Ausbildung abgehalten werden. Sie müssen bei uns in der Schweiz weiterhin sichtbar bleiben und auch üben können.

Durchblicke an der Expo.02: Neuenburg   Expo.02: Yverdon

Expo.02: Biel

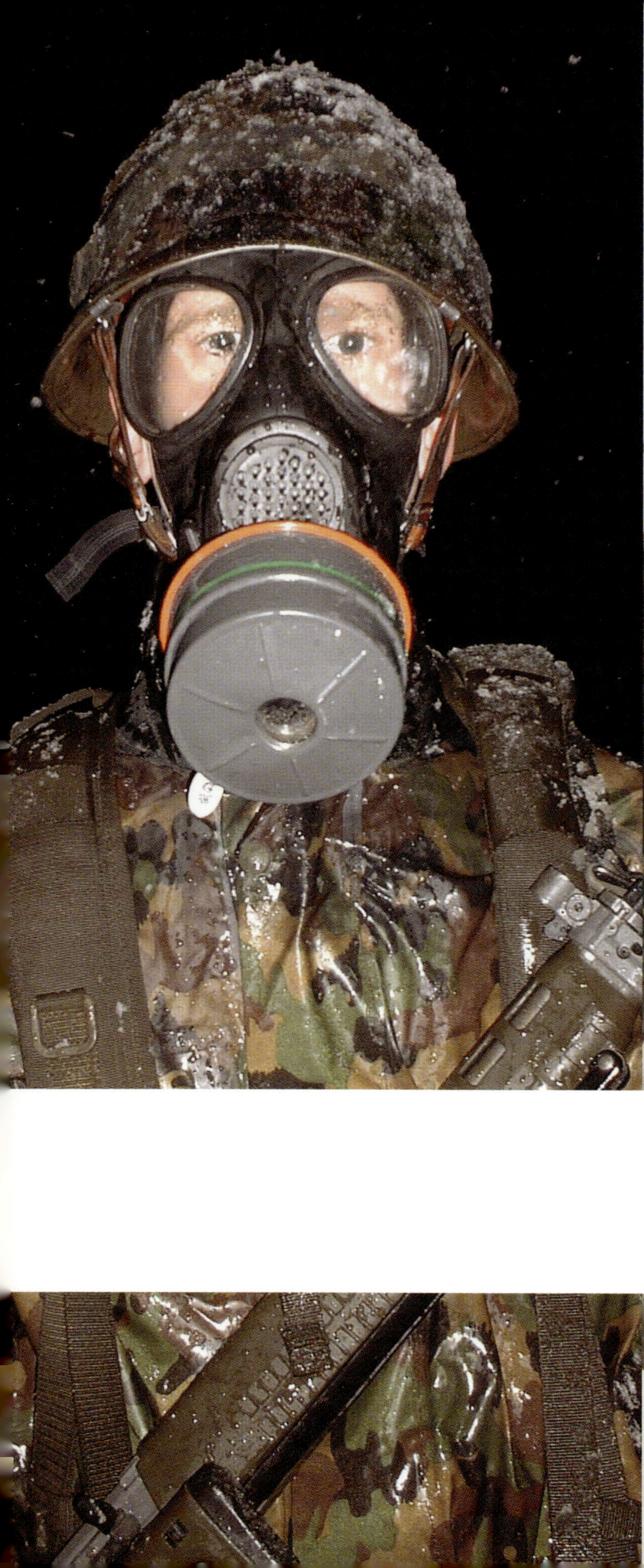

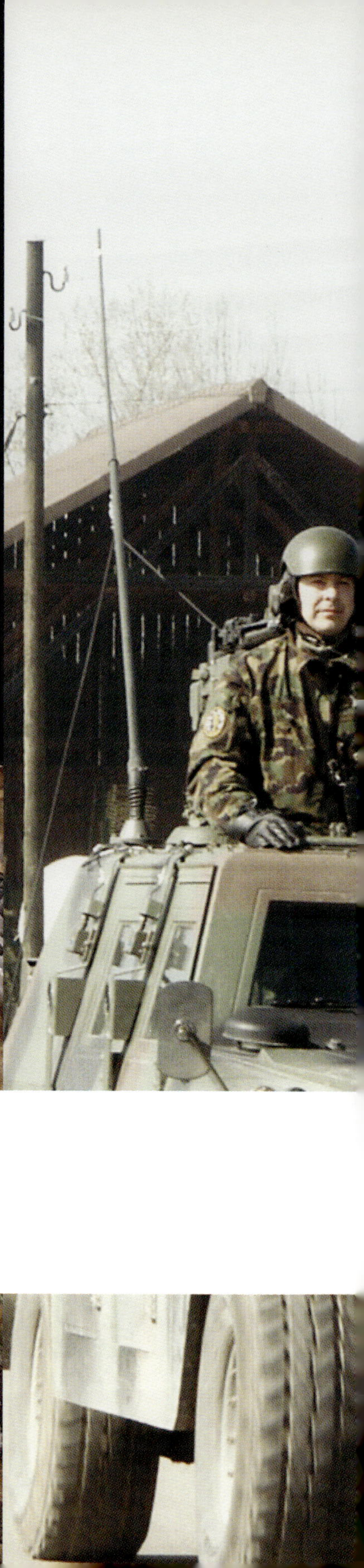

III. Kapitel: Die Entwicklung ausgewählter
          Dienst- und Fachbereiche der Felddivision 6

Die bisher anhand von «Querschnitten» der Direktunterstellten erfolgte Beschreibung der jüngsten Entwicklung der Felddivision 6 wäre aber nicht komplett ohne «Längsschnitte» durch die wichtigsten Dienst- und Fachbereiche. Der rasche Wandel in den vergangenen Jahren wird daher im folgenden noch durch ausgewählte Dienstchefs aus dem Stab F Div 6 dargestellt.

Weil die bedeutsamen Fachbereiche Artillerie, MLT, Fliegerabwehr, Genie und Übermittlung bereits im II. Kapitel erwähnt wurden, sind sie hier bewusst ausgeklammert. Diese negative Abgrenzung beinhaltet aber keine Prioritätensetzung, sondern soll auch Fachbereiche zu Wort kommen lassen, die manchmal als Selbstverständlichkeit gelten, weil sie ruhig und im Hintergrund wirken. Erneut wird aus diesen ausführlichen Beschreibungen ersichtlich, wie rasch und tiefgreifend der Wandel seit 1992 war. Aus Gründen der Geheimhaltung musste einzig der Beitrag zum Festungswesen davon eine Ausnahme machen. Verdankenswerterweise greift er aber zeitlich wesentlich weiter zurück. Neben ihrer eigenen Modernisierung haben diese Dienst- und Fachbereiche auch die Einführung der neuen Waffen und Geräte in den direktunterstellten Verbänden massgeblich unterstützt und damit den Fortschritt der F Div 6 als Ganzes ermöglicht.

Unsere Dienstchefs haben aber auch in den Stäben aller Stufen zur Entwicklung unserer Division beigetragen. Stets war die stufenübergreifende Zusammenarbeit auch von engem, kameradschaftlichem Zusammenhalt geprägt. Zahlreiche Persönlichkeiten dieser wertvollen Führungsgehilfen werden den Kommandaten aller Stufen bestimmt nachhaltig in Erinnerung bleiben. Auf Stufe des Divisionsstabes sind ihre qualitativ hochstehenden Beiträge in Stabskursen oder Übungen ein wichtiger Teil unserer vielfältigen Geschichte. Es ist daher nicht vermessen, heute festzuhalten, dass unsere Dienst- und Fachchefs die Geschichte der F Div 6 intensiv geprägt haben.

Der Systematik und Vollständigkeit halber ist hier übersichtsweise dargestellt, wie sich in der Armee 95 der Stab einer F Div reglementarisch gliederte. In unserer Division war jedoch die personelle Situation erfreulicherweise über Jahre wesentlich vorteilhafter, indem der Stab F Div 6 schon frühzeitig vor der Einführung der neuen Stabsorganisation von Armee 95 (eigentlich unreglementarisch) in je einen personell gut dotierten Führungs- und Ausbildungsstab aufgeteilt werden konnte. In seinem letzten Jahr umfasste der Stab F Div 6 insgesamt rund 200 Offiziere, die hälftig auf die beiden Teilstäbe aufgeteilt waren. Weibliche Angehörige der Armee gab es im Stab F Div 6 bis im letzten Jahr keine.

Gliederung Stab F Div

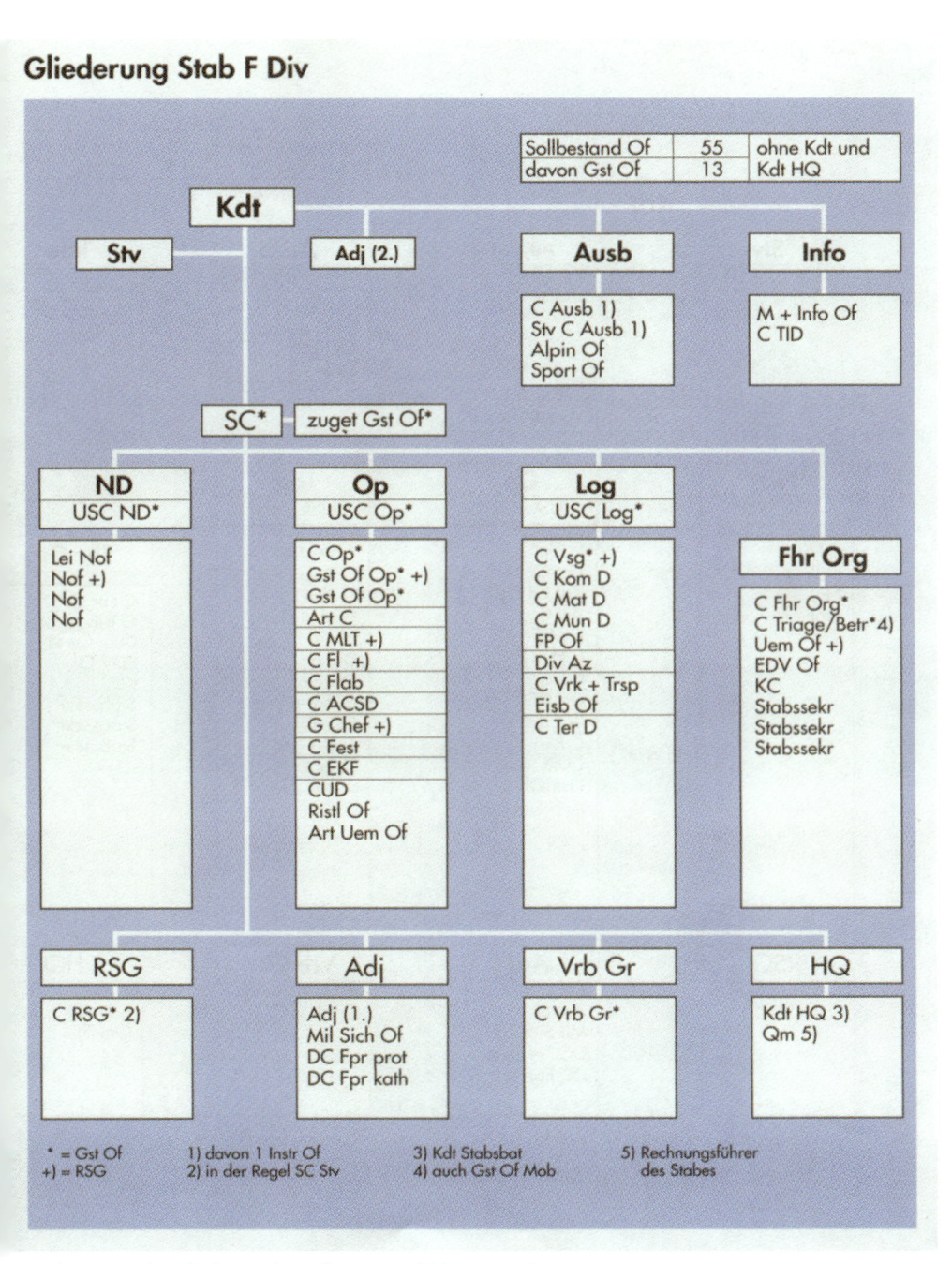

	Sollbestand Of	55	ohne Kdt und
	davon Gst Of	13	Kdt HQ

Kdt
- **Stv**
- **Adj (2.)**
- **Ausb**
  - C Ausb 1)
  - Stv C Ausb 1)
  - Alpin Of
  - Sport Of
- **Info**
  - M + Info Of
  - C TID

SC* — zuget Gst Of*

ND — USC ND*
- Lei Nof
- Nof +)
- Nof
- Nof

Op — USC Op*
- C Op*
- Gst Of Op* +)
- Gst Of Op*
- Art C
- C MLT +)
- C Fl +)
- C Flab
- C ACSD
- G Chef +)
- C Fest
- C EKF
- CUD
- Ristl Of
- Art Uem Of

Log — USC Log*
- C Vsg* +)
- C Kom D
- C Mat D
- C Mun D
- FP Of
- Div Az
- C Vrk + Trsp
- Eisb Of
- C Ter D

Fhr Org
- C Fhr Org*
- C Triage/Betr* 4)
- Uem Of +)
- EDV Of
- KC
- Stabssekr
- Stabssekr
- Stabssekr

RSG
- C RSG* 2)

Adj
- Adj (1.)
- Mil Sich Of
- DC Fpr prot
- DC Fpr kath

Vrb Gr
- C Vrb Gr*

HQ
- Kdt HQ 3)
- Qm 5)

* = Gst Of
+) = RSG
1) davon 1 Instr Of
2) in der Regel SC Stv
3) Kdt Stabsbat
4) auch Gst Of Mob
5) Rechnungsführer des Stabes

Reglementarische Gliederung des Stabes einer Felddivision in der Armee 95 (FSO 95).

Wandel in der *Führungs- und Stabsorganisation*

Oberst i Gst Peter Stocker, SC F Div 6 2001–2003
Oberstlt i Gst Christoph Grossmann, USC Op F Div 6 2000–2003

Einleitung

Peter Drucker umschrieb einmal Führung mit «to get things done by other people». In den letzten Dekaden des zwanzigsten Jahrhunderts ergoss sich eine Flut von Literatur über Führung, Management und Leadership über die Welt wie nie zuvor. Immer wieder von neuem wurden Spannungsfelder beleuchtet: Führung als Kunst versus Führung als Wissenschaft; personenbezogene Führung versus auftragsbezogene Führung; Krisenmanagement versus sogenannte normale Führung; militärische Führung versus zivile Führung. Misslang eine ausreichende Differenzierung, so wurde das hohe Lied der gegenseitigen Synergien gesungen. Praktiker und Theoretiker meldeten sich zu Wort, Experten und vermeintliche. Es erstaunt deshalb nicht, dass auch die Armee sich diesem Thema fundierter angenommen hat. Wie sich dies auf den Stab der Felddivision 6 ausgewirkt hat, wird im Folgenden anhand verschiedener Erinnerungen aufgegriffen mit dem Versuch, eine erste Skizze zu entwerfen. Wie hat der Stab der Felddivision 6 «andere Leute dazu gebracht, Dinge zu tun»?

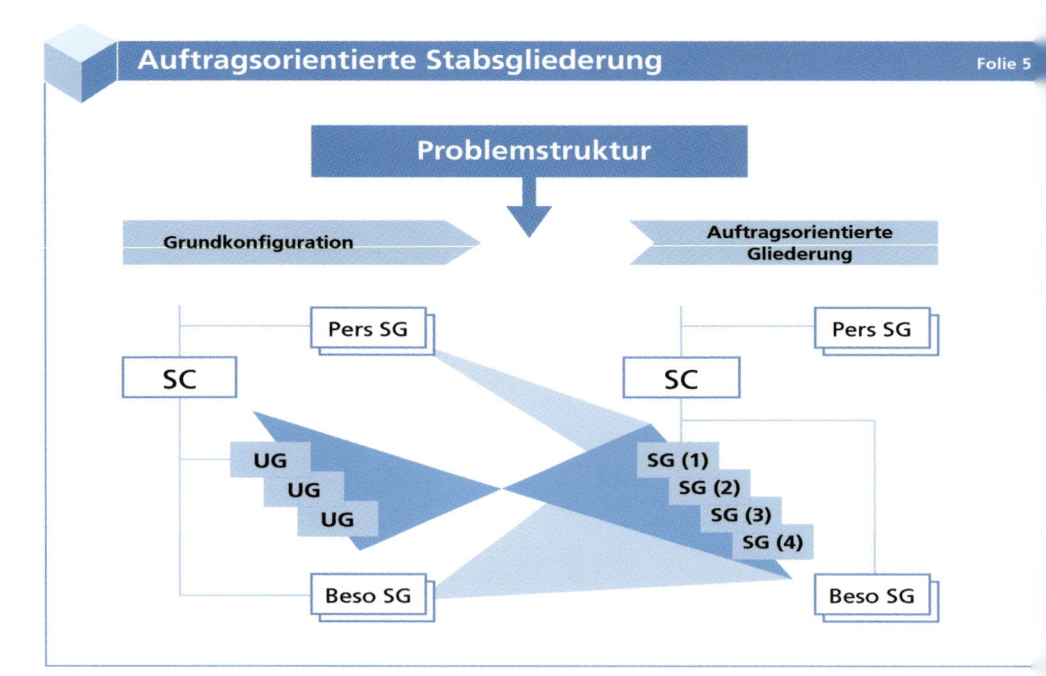

Auftragsorientierte Stabsgliederung (FSO 95)

Verändertes Umfeld

Wir betrachten hier bewusst die Jahre 1989 bis 2003. 1989 hatte die Welt den Mauerfall in Berlin, 1991 die Auflösung der Sowjetunion erlebt. Gorbatschows Wort gegenüber dem damaligen amerikanischen Chairman of the Joint Chiefs Colin Powell «my general, you have no enemy left» ging in militärischen Kreisen um die Welt; so richtig zu glauben wagte es noch kaum einer. Im April 1993 entschied sich die NATO nach 44-jährigem Bestehen zu ihrer ersten militärischen Operation überhaupt, indem sie für die Durchsetzung einer Flugverbotszone in Bosnien-Herzegowina Luftschläge vornahm. 1995 folgten die Operationen IFOR und 1996 die Folgeoperation SFOR, 1999 KFOR mit Schweizer Beteiligung, was im Tagebuch des 2. COMKFOR, General Reinhardt, immerhin ein in Klammern gesetztes Ausrufezeichen wert war.
Nach den Terroranschlägen vom 11. September 2001 erfolgte eine weitere Premiere: Die Nato erklärte den «Bündnisfall» zur gemeinsamen Terrorbekämpfung.
In derselben Zeitspanne kamen in der Schweiz Referenden gegen Änderungen des Militärgesetzes zustande und sieben militärpolitische Initiativen zur Abstimmung:

1989:   Erste Armeeabschaffungsinitiative der GSoA.
1993:   GSoA-Initiative «für eine Schweiz ohne neue Kampfflugzeuge».
        Ebenso «Vierzig Waffenplätze sind genug», von einer rot-grünen Koalition stammend.
1997:   SPS-Initiative «für ein Verbot der Kriegsmaterialausfuhr».
2000:   SPS-Initiative «Umverteilung», d.h. Reduktion der Verteidigungsausgaben um 50 Prozent.
2001:   Zweite Armeeabschaffungsinitiative der GSoA und «Friedensdienstinitiative».

Im gleichen Zeitraum erfolgte auch eine dramatische Technologieentwicklung, welche an folgenden Beispielen illustriert werden kann:
- Von der analogen Festnetztelefonie zur mobilen digitalen Breitbandtechnologie mit Phänomenen wie e-mail, Internet, Handy, Funk-LAN
- Exponentielle Erhöhung der Rechnerleistungen bei gleichzeitiger Miniaturisierung und erhöhter Transportierbarkeit (Notebooks, Palms, etc.)
- Digitalisierung der Peripheriegeräte in der Büroautomation («Von der Schnapsmatrize zur Powerpoint-Präsentation»)
- Ortung und Navigation mit satellitengestützen Systemen (GPS), seit Mai 2000 weltweit auf wenige Meter genau für jedermann ab 250 Franken Hardwarekosten erhältlich.

Diese Entwicklungen gingen an der Schweizer Armee im allgemeinen und an der mentalen Hauptausrichtung des Stabes der Felddivision 6 im besonderen nicht vorbei: In der Konzeption der bis 1994 gültigen «Armee 61» stand die Landesverteidigung im Vordergrund mit dem Anspruch, innert 48 Stunden nach Mobilmachung einsatzbereit zu sein, wie dies auch für die NATO-Kräfte galt. Nach Beendigung des Kalten Krieges und auf der Basis der Konzeption der

«Armee 95» gewannen subsidiäre Einsätze im Rahmen der Existenzsicherung an Bedeutung. Die kommende «Armee XXI» schliesslich nimmt die jüngsten Entwicklungen auf und baut die Friedensförderung in internationalem Kontext aus.

Doch wie haben die letzten Stabschefs der Felddivison 6 diesen Zeitraum erlebt?

Oberst i Gst Conrad Meyer, SC F Div 6 1991–1995

Unter dem damaligen Kommandanten Divisionär Ulrico Hess übernahm Conrad Meyer bereits als Major i Gst die Funktion des Stabschefs. Als Milizoffizier brachte der beliebte Generalstabsoffizier seine berufliche Erfahrung als Professor der Betriebswirtschaft an der Universität Zürich ein, was noch heute in den Erinnerungen vieler Stabsangehöriger und insbesondere der Generalstabsoffiziere an prägnante Ausbildungslektionen weiterlebt und sich in Einzelarbeit mit wissenschaftlicher Akribie äussert. Auch ohne offizielles Reglement «Führungs- und Stabsorganisation» wurde der Stab der Felddivision 6 zu klar strukturierten Stabsprozessen angehalten und standardisierte diese in Behelfen und Befehlsvorlagen. 1995 wurden die Stabsabläufe an das neue Reglement «Führungs- und Stabsorganisation» angepasst und in «Seminarform» eingeführt. Conrad Meyer übernahm nach seiner Zeit als Stabschef 1996 das Kommando Inf Rgt 28, das er bis 1999 innehatte.

Oberst i Gst Marcel Fantoni, SC F Div 6 1996–Mitte 1997

Marcel Fantoni, der nachmalige Korpsstabschef, lernte das Handwerk des Stabschefs im Stab der Felddivision 6. «Nicht Übungen für Unterstellte anlegen, sondern selber üben» war seine Devise. So übte er mit seinem Stab das Aufgebot des Kernstabes, die Erweiterung des Kernstabes und die Stabsarbeit in den unterirdischen Führungsanlagen. Sein Fazit: «Wir haben alle – Kdt, Stab und Truppe – sehr viel gelernt.» In Stabsübungen mit den unterstellten Regimentern, die jeweils von 0800 bis 2200 Uhr dauerten, folgte er dem Motto: «Ich will das Weisse in den Augen der Regimentskommandanten sehen». Symptomatisch für seine kommunikative Offenheit zog er auch dazu das Fazit: «Ich habe sehr, sehr viel gelernt». Vielleicht sei auch das der Sinn von Übungen: Der Übungsleiter und sein Stab lernten am meisten über den Einsatz der Beübten. Auch an Stabstrainings des

Divisionsstabes erinnerte er sich, in denen Fragen über Stabsabläufe, Führungsraum, Pflichtenhefte lange besprochen, geübt und in Checklisten festgehalten wurden. 1997 steckte er das Ziel für den Divisionsstab hoch: «Wir wollen die Übung ‹MIKADO› (Stäbe FAK 4) hervorragend bestehen.» Doch diese Erfahrung blieb ihm verwehrt, verfolgte er doch im Herbst 1997 «seinen» Stab Felddivsion 6 bereits als Korpsstabschef mit wachem Auge von der Seite der Übungsleitung.

Der steigenden beruflichen Belastung der Stabsangehörigen begegnete er weiterhin mit der Reduktion auf zwei Stabskurse, ergänzt durch so genannte Konzepttage, an welchen mit dem Divisionskommandanten und den Generalstabsoffizieren gedacht, konzeptionell gearbeitet und

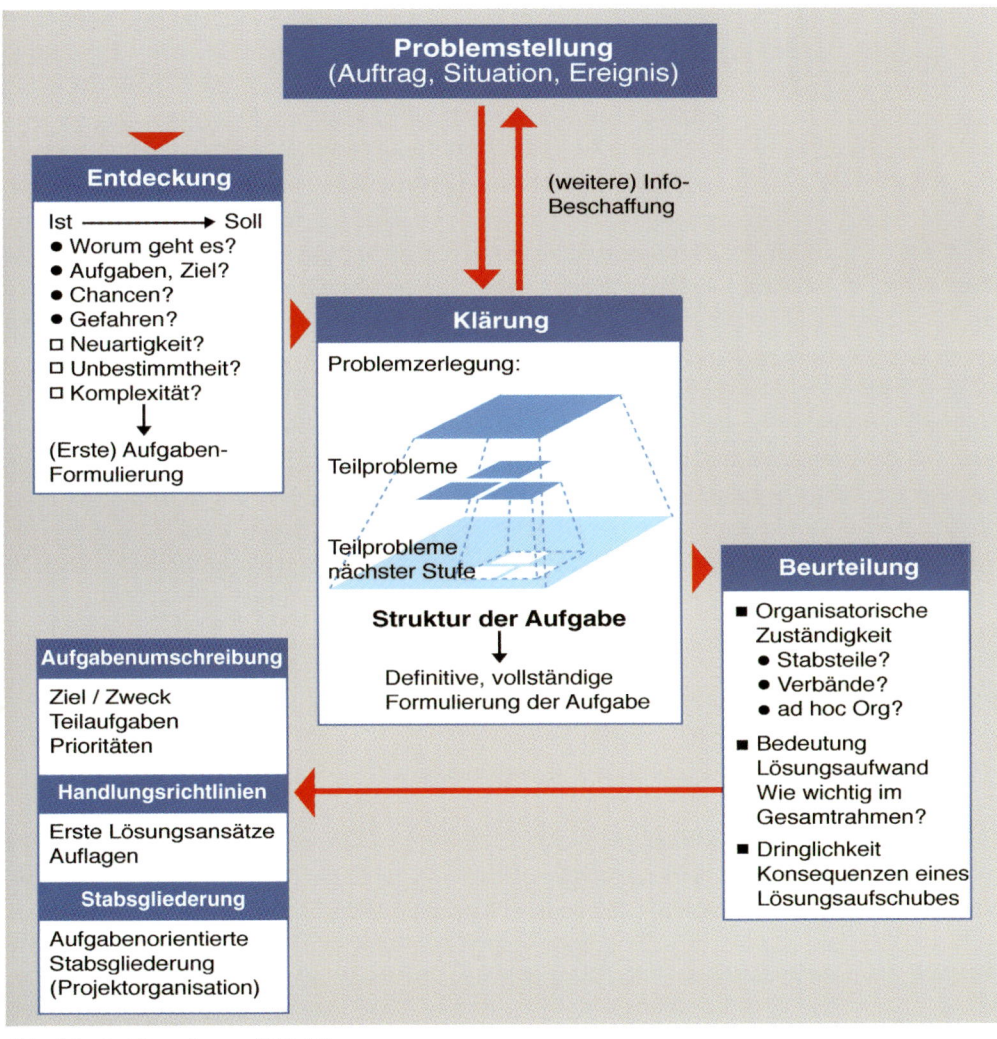

Ablauf der Problemerfassung (FSO 95)

die Grobkonzepte entschieden wurden, so dass die Stabskurse des ganzen Stabes mit hoher Effizienz und Effektivität ablaufen konnten. «Das war das Geheimnis für die hervorragenden Leistungen.»

Oberst i Gst André Blattmann, SC F Div 6 Mitte 1997–2000

Mit der Übung «MIKADO» hatte der neue Stabschef André Blattmann einen veritablen Senkrechtstart zu meistern. Für ihn sei es ein wunderbares Beispiel gewesen, was die Miliz – mit dem notwendigen Training – zu erreichen im Stande sei und auf welche tollen Mitarbeiter er als Stabschef zählen durfte. Jedes Jahr liess er den Divisionsstab und sich selbst durch einen abtretenden USC beüben. Erst dabei habe er die herausragende Bedeutung der Funktion des Chefs Führungsorganisation erkannt; eine Aufgabe, die nicht weiter einem «Junior» übertragen werden sollte. Ein besonderes Anliegen war ihm die rasche Einbindung der jungen Generalstabsoffiziere, die er als Träger aktuellen Know-hows insbesondere in den Konzepttagen stark forderte und mit den Erfahrungen der älteren Stabsoffiziere systematisch konfrontierte.

1999 prägten subsidiäre Einsätze vor allem im Asylbereich die Dienstleistungen. Truppenübungen mussten entweder gestrichen oder auf Stabsübungen reduziert werden. Auch dem aufgrund des Zweijahresrhythmus der WK sinkenden Ausbildungsstand musste Rechnung getragen werden. Immer mehr musste das Schwergewicht von Volltruppenübungen auf die Vorphase der einsatzorientierten Ausbildung bei erhöhter Bedrohung verschoben werden, weil Einsatzübungen aus dem Stand die Truppe mehr und mehr überforderten. Der Kdt der Felddivision 6 formulierte darauf hin seine Richtziele in Bezug auf die in den nächsten Jahren anzulegenden Verbandsübungen wie folgt:

- Konsequente Schulung der Hauptaufgabe (aktive Verteidigung)
- Gezielte Verbandsausbildung auf allen Stufen
- Chefs als Führer, Ausbildner und Coach (Spielertrainer)

Coaching und Controlling wurden die neuen Stichworte, mit denen sowohl Unterstützung der beübten Verbände als auch Verbesserungen während und über die Dienstleistungen hinaus forciert wurden. Diese unter André Blattmann entwickelten Prinzipien führten zu situationsgerechten Übungen, fanden bei der Truppe regen Zuspruch und wurden als sinnvolle und effiziente Unterstützung beurteilt. Kein Wunder, dass das Feldarmeekorps 4 auch ihn als Stabschef wollte.

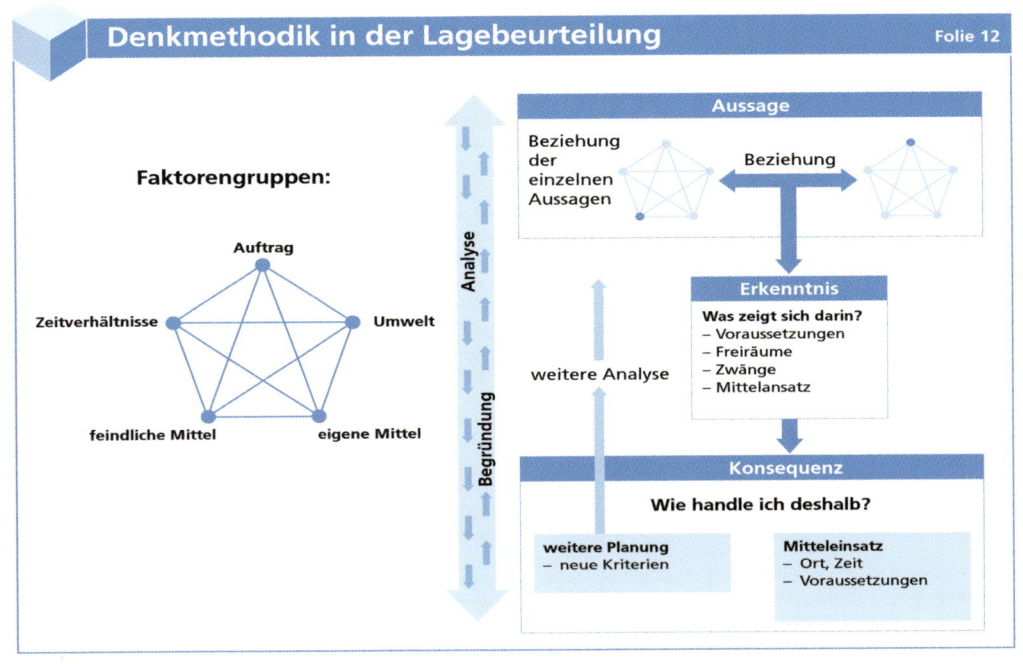

Denkmethodik in der Lagebeurteilung (FSO 95)

Oberst i Gst Peter Stocker, SC F Div 6 2001–2003

Mit dieser Philosophie führte die Felddivision 6 die Übungen «HERKULES» (2000, Flhf Rgt 4), «NEPTUN» (2000/01 Stabsübungen), «COMPLETO» (2001, Teile F Div 6), «PANDORA» (2001, Inf Rgt 26), «HERA» (2002, Inf Rgt 28) und «FINALE» (2003, Teile F Div 6) durch. Der Divisionsstab sollte sich frühzeitig auf die Armee XXI ausrichten können, indem sukzessive die Neuerungen in die Stabsarbeitsprozesse eingebaut wurden. Mit dem eingespielten Divisionsstab konnte das eigene Stabstraining intensiviert und auch der Informatikeinsatz gefördert werden. Schrittweise mussten sich auch ältere Stabsoffiziere auf die Büroautomation der Grossen Verbände hinzubewegen und der Führungsraum erlebte einen Wandel vom Packpapier zu «Bytes». Für die letzte grosse Volltruppenübung wurde auf eine Übungsleitung verzichtet, dafür die gesamte Divisionsführung eins zu eins von der Einsatzplanung bis zur Einsatzführung in insgesamt mehr als acht Tagen trainiert. Erstmals führte die Division ab mobilem Kommandoposten.

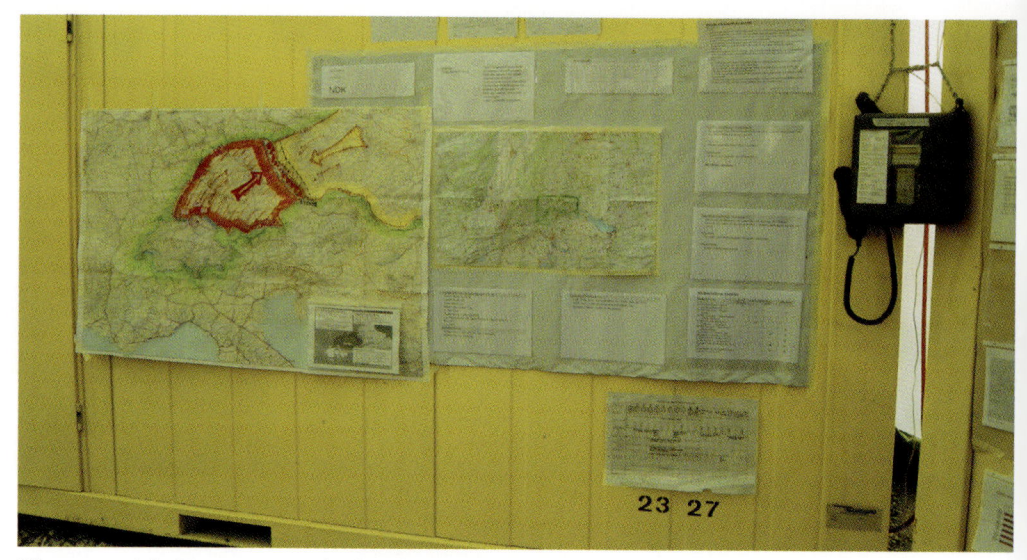

Führungswand der Untergruppe Nachrichtendienst, Allgemeine/Besondere Lage und Nachrichtendienstliches Konzept (NDK) «FINALE», 2003

Gleichzeitig galt es für 2003 die zahlreichen Überführungs- und Abschlussarbeiten im letzten Jahr der Felddivsion 6 zu überwachen. Die individuelle Entfaltung der Unterstabschefs und des übrigen Divisionsstabes sollten gefördert werden. Gleichzeitig sollte aber auch die notwendige Konzertierung des Divisionsstabes sowohl eine optimale Vorbereitung der Stabsoffiziere für die neue Armee als auch Höchstleistungen bei den mannigfaltigen Aufgaben in den Reformjahren zur Armee XXI gewährleisten. Kaum je wurde der Wandel bewusster als in diesen letzten Jahren der Felddivision 6.

Führungs- und Stabsorganisation im Wandel

Grundlagen der Führung in der Armee 61 war vor allem das Reglement Truppenführung (TF 82), welches in präziser Sprache für alle Offiziere Grundsätze der militärischen Führung mit Schwergewicht auf der taktischen Stufe regelte. Daneben bestanden klassifizierte Weisungen für die operative Stufe. Die Armee gab sich wenig Spielraum für operatives Denken, da der militärstrategische Rahmen mit kurzen Vorwarnzeiten eine vorbereitete Kampfplanung bis zur Stufe Einheit erforderte. Dank flächendeckenden Beständen und dem mit der Schweiz definierten Einsatzraum war dies auch mit hohem Detaillierungsgrad möglich. Diese Kampfplanungen stellten wohl das wesentlichste und hauptsächlich inhaltliche Regelwerk auf der oberen taktischen Stufe dar. Somit

Führungstätigkeiten

Folie 7

Einsatzplanung

1. **Problemerfassung**
2. Beginn des Anordnens von **Sofortmassnahmen**
3. Erstellen eines **Zeitplans**
4. **Beurteilung der Lage**
5. **Entschlussfassung**
6. Ausarbeiten eines **Operationsplanes**

Einsatzführung

7. **Befehlsgebung**
8. Massnahmen zur **Kontrolle** und **Steuerung** der Operation

Führungstätigkeiten in der Armee 95 (FSO 95)

war das Resultat der taktischen Planungen vorab bekannt und eine sorgfältige Methodik für die Stabs- und Führungsorganisation, welche über die grundsätzliche Logik eines Entscheidungsprozesses für zeitkritische Situationen hinausging, drängte sich nicht auf. So konnte man sich etwa trefflich darüber streiten, ob es nun grundsätzlich drei Rapporte inklusive Befehlsgebung brauche oder dies situativ anzupassen sei, ob diese Rapporte 1, 2, 3 oder – wie später eher verwendet – Orientierungsrapport, Entschlussrapport und Befehlsrapport heissen sollten. Hingegen war unbestritten, dass eine solche Einsatzplanung und Befehlsgebung nur wenige Stunden benötigen dürfe, da eben innert 48 Stunden alle Stufen zu befehlen waren. Die Führungs- und Stabsorganisation (FSO 95) war in diesem Sinne eindeutig und verteidigungsbezogen.

Mit der Verbreiterung der Armeeaufgaben und der Neugliederung der Armee 95 entstand ein grundsätzlicher Regelungsbedarf. Die Führungsprozesse sollten sich für unterschiedliche Aufgaben eignen und entsprechend sollte auch die Stabsorganisation flexibel den Aufgaben angepasst werden können.

Die Verbreiterung der Aufgaben und die Abkehr von flächendeckender Truppenbelegung vergrösserte auch die Bedeutung der operativen Stufe. Deshalb wurden die Grundsätze der operativen Führung (OF 95) als nicht klassifiziertes Reglement erlassen, so dass ein breiterer Kreis dafür ein Verständnis entwickeln konnte. Auf der taktischen Stufe löste das Reglement «Taktische Führung» die «Truppenführung» ab, mit welchem den erweiterten Armeeaufträgen sowie der verkleinerten Armee Rechnung getragen wurde. Schliesslich vereinheitlichte man auch die Führungs- und Stabsorganisation mit dem entsprechenden Reglement. Zudem wurde – zwar etwas verspätet – auch versucht, der technologischen Entwicklung nachzukommen, indem die Stäbe der Grossen Verbände mit einem Büroautomationssystem ausgerüstet wurden. Rasch war aber klar, dass damit weiterhin kein informatikgestütztes Führungssystem verfügbar war, sondern eben nur die Dokumentenerstellung erleichtert wurde.

Ausblick

Die fortgeschrittene Technologisierung mittels Informatik, die nochmals erweiterten Aufgaben der Armee und die doch eher trägen Erfahrungen mit der Armee 95 im Bereich der Führungs- und Stabsorganisation sowie in der Durchsetzung einer einheitlichen Doktrin erfordern auch für die Armee XXI «Führungsreglemente». Wiederum entstehen je ein Reglement zur operativen und zur taktischen Führung sowie zur Führungs- und Stabsorganisation.

Durch die wachsenden Erfahrungen in der militärischen Zusammenarbeit mit dem Ausland – wenngleich auch nach wie vor auf moderatem Niveau, jedoch grundsätzlich vom Ansatz «Sicherheit durch Kooperation» geprägt – ist erkannt worden, dass die Schweizer Armee eine einheitliche Doktrin haben muss. Da unser Umfeld militärisch in der NATO organisiert ist und dort auch für die Schweiz der Benchmark zu sehen ist, werden diese Führungsreglemente auf die Standards der NATO ausgerichtet, ohne dass jedoch auf Bewährtes, wie etwa die stark verankerte Visualisierung, verzichtet wird.

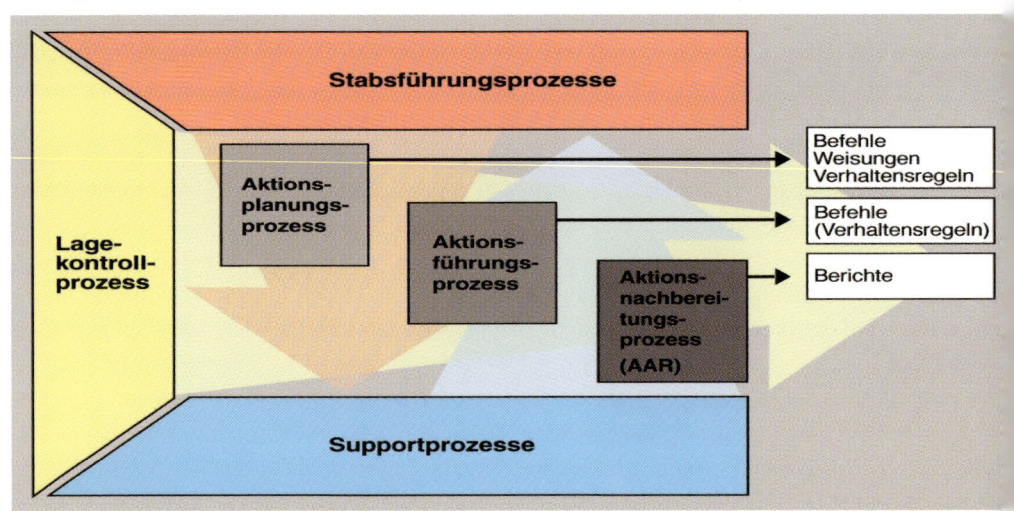

Prozesse der militärischen Führung (FSO XXI)

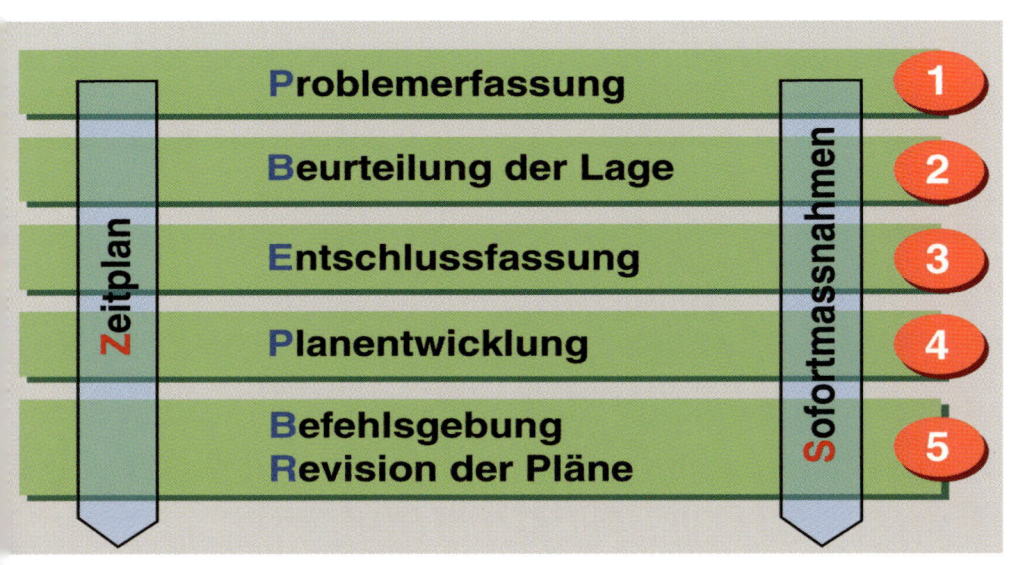

Problemerfassung — 1
Beurteilung der Lage — 2
Entschlussfassung — 3
Planentwicklung — 4
Befehlsgebung / Revision der Pläne — 5

Zeitplan — Sofortmassnahmen

Führungstätigkeiten in der Armee XXI (FSO XXI)

Als konkrete Ausrichtung dient das Konzept der «Combined Joint Task Force», also der für eine bestimmte Aufgabe massgeschneiderten Truppenverbände, welche teilstreitkräfteübergreifend und in internationalem Verbund eingesetzt werden.
In diesem Sinn können die Prozesse der militärischen Führung wie folgt gegliedert werden:

Führungsprozesse	• Lagekontrollprozess
	• Stabsführungsprozess
Kernprozesse	• Aktionsplanungsprozess (OPP, Operational Planning Process)
	• Aktionsführungsprozess (C&C, Command and Control)
	• Aktionsnachbereitungsprozess (After Action Review)
Unterstützungsprozesse	• Informationsprozesse
	o Führungsdienst
	o Übermittlung/Kommunikation
	• Infrastrukturprozesse
	o Betrieb Hauptquartier
	o Betrieb Kommandoposten

Grundsätzlich kommt in der Stabsorganisation die Gliederung nach Führungsgrundgebieten (FGG) zur Anwendung, wobei in den Stäben der unteren Stufen nicht alle ausgestaltet werden:
FGG 1: Personelles
FGG 2: Nachrichten

FGG 3: Operationen
FGG 4: Logistik
FGG Med: Sanität
FGG 5: Planung
FGG 6: Führungsunterstützung
FGG 7: Doktrin
FGG 8: Finanzen
FGG 9: CIMIC (zivil-militärische Kooperation / Territorialdienst)

Die folgenden Führungsgrundgebiete werden zusammengefasst, wo dies zweckmässig erscheint:
- Personelles und Finanzen
- Operationen und Planung
- Logistik und Sanität

Damit sind die methodischen Voraussetzungen für eine interoperable und dank Standards informatisierbare Stabstätigkeit geschaffen. Sie bilden eine wesentliche Grundlage für die Einführung von Führungssystemen auf Informatikbasis, welche den modernen Aufklärungs-, Führungs- und Wirkungsverbund (C4ISTAR) unterstützen.

Trotz all des Wandels bleibt vieles auch konstant:
- Erfolg entsteht nur, wenn verschiedene Personalkategorien (Miliz, militärisches Berufspersonal und ziviles Berufspersonal) eng miteinander zusammenarbeiten, dieselbe Philosophie vertreten und nach einer gemeinsamen Doktrin handeln.
- Auch wenn die zivile Führungsausbildung von hoher Qualität ist, verfügt die militärische Führungsausbildung über ein Schwergewicht im Krisenmanagement, welches in der Verbandsausbildung auf allen Stufen in hoher Intensität praktisch geübt werden kann. Dabei spielen Raum, Kräfteansatz, Zeitverhältnisse und Information eine spezifische Rolle. Damit ist – im richtigen Lichte gesehen – weiterhin eine hohe Synergie zwischen ziviler und militärischer Führung gegeben.
- Nach wie vor ist die Beachtung der weichen Faktoren wichtig. Durch die hohe Intensität der militärischen Arbeitsweise mit gegenüber dem Zivilen vergleichsweise eingeschränkten Freiheitsgraden spielen Kameradschaft und darauf aufbauende Leistungserlebnisse, letztlich aber Erfolg, eine herausragende Rolle.

Wenn per 1. Januar 2004 die Felddivision 6 als Grosser Verband teilweise in die Infanteriebrigade 7 überführt wird, sind es die alten und neuen Stabsmitarbeiter, welche mit Erfahrung, Leistungswille und Motivation die Führungs- und Stabsorganisationen mit Leben erfüllen. Diesem Potenzial wollen wir Sorge tragen!

Führungswand der Untergruppe Operationen, Konzept für die Verzögerung, «FINALE», 2003

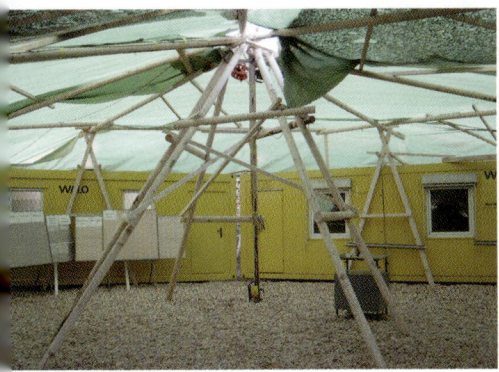

Kein Feindbild? – Entwicklungen im *Nachrichtendienst*

Oberstlt Markus Schildknecht, Lei Nof F Div 6 1999–2003

Einleitung

Die Geschichte des Nachrichtendienstes in der Zeit zwischen dem Fall der Berliner Mauer und der Konzeption Armee XXI verläuft in einem Spannungsbogen zwischen umfassenden Umwälzungen im Umfeld und eher kleineren Änderungen der Strukturen und Mittel des Nachrichtendienstes (ND). Die Bedrohung beziehungsweise deren Wahrnehmung war einem markanten Wandel unterworfen:
- Der Fall der Berliner Mauer, der Zusammenbruch des Kommunismus und die immer stärker erkennbar werdenden Schwächen der Truppen des ehemaligen Warschauer Paktes (WAPA) führten zur Einforderung einer Friedensdividende.
- Dies führte bezüglich strategischer Lage zu einem umfassenden Umbruch, und alle westlichen Armeen begannen, ihre Armeestrukturen der neuen Lage anzupassen.
- Der Golfkrieg 1991 und die Konflikte im ehemaligen Jugoslawien zeigten aber bald, dass die Welt trotz Ende des Kalten Krieges nicht wirklich und von selbst friedlich wurde. Trotzdem wurde in den meisten Staaten ein Armeeumbau vorangetrieben, da die Sicherheit «vor den Toren» und nicht im eigenen Land sichergestellt werden sollte. Flexible, modulare Armeestrukturen und mobile, schnelle Eingreiftruppen waren wesentliche Schlagworte der Umgestaltungen.
- Die nebenstehende Graphik (EOC) der US Army zeigt die zentralen Elemente der neuen Einsatzkonzepte, deren wichtigstes Element die Informationsüberlegenheit ist.
- Immer stärker wurde ersichtlich, dass sich die Information zu einem zentralen Kampfwert entwickelte. Integrierte Aufklärungs- und Führungsstrukturen im Verbund mit immer präziseren und weitreichenderen Waffensystemen rückten in den Vordergrund C4I (Command, Control, Communication, Computer, Intelligence). Die nebenstehende Graphik (Warfighters) der US Army illustriert diesen hochintegrierten, computerunterstützten Kreislauf der Führung, der dem Nachrichtendienst ganz neue Mittel und damit Möglichkeiten gibt.

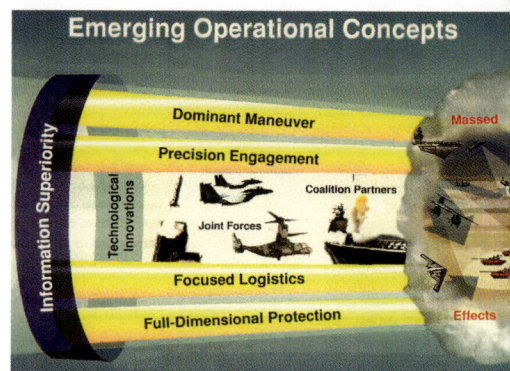

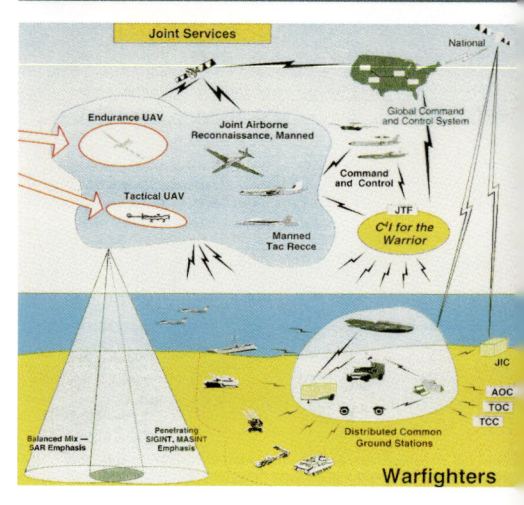

Diesem starken Wandel im Umfeld wurde mit der Bildung der Armee 95 begegnet. Im Bereich des Nachrichtendienstes ergaben sich allerdings eher bescheidene Änderungen, die sich vor allem auf die Nachrichtenbeschaffung bezogen:
- Praktisch unveränderte bzw. leicht reduzierte Bestände an Of, Uof und Sdt im ND
- Einführung zusätzlicher technischer Hilfsmittel auf Stufe Bat und Rgt (Uem, WBG 90)
- Einführung der Aufkl Fz 95 in der Aufkl Kp (mech Aufkl) auf Stufe Div
- Verbesserung der Ausbildung durch Ausbildung der Na / Aufkl Sdt an der Inf Aufkl und Uem RS in Fribourg.

Auf übergeordneter Stufe wurde mit der Einführung von Aufkl Drohnen ein weiteres Mittel im Bereich der Nachrichtenbeschaffung eingeführt, deren Leistung auf Stufe der Division zur Verfügung gestellt werden konnte.

Die Prozesse und Hilfsmittel im Nachrichtendienst betreffend der Hauptaufgaben Triage und Auswertung, Nachrichtenverbreitung sowie zur Unterstützung der Kommandanten in der Planung blieben aber im Wesentlichen unverändert.

So bleibt zu hoffen, dass mit der Einführung der Armee XXI dem Nachrichtendienst eine erhöhte Aufmerksamkeit zukommt, und dass die Prozesse und Hilfsmittel dem Stand der Technik angepasst werden. Dazu braucht es auch mehr hochqualifiziertes Personal.

Wahrnehmung und Darstellung der Bedrohung

Dass die Wahrnehmung der äusseren Bedrohung ganz wesentlich durch den Wegfall des Feindbildes der ehemaligen WAPA-Staaten gekennzeichnet war, wird schon durch die Titelblätter der entsprechenden reglementarischen Hilfsmittel sichtbar:

Das Feindbild bis 1990

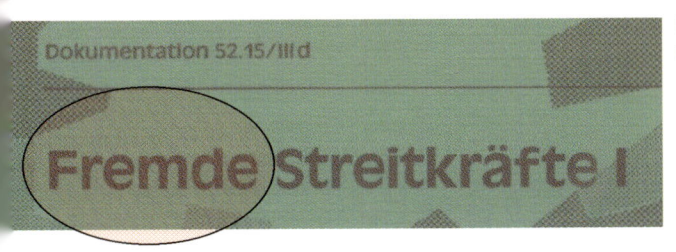

Der neue Titel zu einem praktisch unveränderten Feindbild ab 1990

Erst 1993 in einem ersten Entwurf des Faltkartons und 1995 mit der neuen TF 95 wurde das Bild der Bedrohung neutral gestaltet und den moderneren Gegebenheiten angepasst.

Teil 12
Mechanisierter Gegner
(Anhaltswerte Stufe Kampfgruppe)

Gültig ab 1. Januar 1995

Der moderne Kampf in Europa

Dokumentation 52.15 d

Ab 1999 stand dann eine stark überarbeitete und umfassende Dokumentation moderner Streitkräfte zur Verfügung.

In Ergänzung zur verminderten äusseren Bedrohung wurden neue Bedrohungen durch Naturgewalten sowie Bedrohungen unter der Kriegsschwelle beziehungsweise um die Kriegsschwelle wahrgenommen und erfasst:

Friedensförderungsdienst	Assistenzdienst				Aktivdienst		
					OD	Landesverteidigungsdienst	
Gute Dienste Unterstützung	Katastrophenhilfe	Unterstützungseinsätze	Subsidiäre Sicherungseinsätze		Kriegsverhinderung operative Sicherungseinsätze		Verteidigung
Beratung Beobachtung Logistik	Inland-Einsatz / Ausland-Einsatz	Hilfe aller Art / Migration, Betreuung	Schutz an der Landesgrenze Verstärkung Grenzwachtkorps / Wahrung der Lufthoheit	Schutz von Personen und Objekten	Ordnungsdienst-Einsatz / Verhinderung von Gewaltausbreitung / Verhinderung einer "operativen Lücke Schweiz"	Wahrung der Neutralität / Schutz der Alpentransversalen	"neuartige" Angriffsformen - perfider Angriff - Raketenangriff / "herkömmliche" Angriffsformen - Luftkrieg - Luft/Landkrieg / Militärischer Widerstand in besetzten Gebieten

Dieses stark verbreiterte Spektrum der Bedrohungsformen bedingte ein wesentlich verbreitertes Wissen der Nachrichtenoffiziere, die sich nicht mehr auf standardisierte gegnerische Abläufe, sondern vielmehr auf ein «chaotisches» Bedrohungsbild mit verschiedensten Facetten einzustellen hatten.

Entwicklungen im Nachrichtendienst

Mit Einführung der Armee 95 wurden Neuerungen realisiert, die für die drei Bereiche Organe und Mittel sowie Doktrin und Ausbildung relevant wurden.

Organe und Mittel

Die folgenden Übersichten illustrieren exemplarisch die Veränderungen im Nachrichtendienst mit Einführung der Armee 95. Sie zeigen, dass Fortschritte vor allem im materiellen Bereich zur Unterstützung der Nachrichtenbeschaffung gemacht wurden.

Stufe Füs Bat:

A 61/95	Einheit	Bestand	Mittel
A 61	Na Z	1 Na Zfhr 2 Na Gr (2 Uof, 9 Na Sdt) 3 Patr Gr (3 Uof, 12 Füs) **Total 27 AdA**	1 Lastwagen
A 95	Aufkl/Na Z	1 Aufkl Of 2 Na Gr (2 Uof, 7 Na Sdt) 3 Aufkl Gr (3 Uof, 6 Aufkl Sdt, 6 Aufkl Sdt Fhr) **Total 25 AdA**	7 Pw gelg 7 SE-227 1 Relais 2 WBG-90 (Wärmebildgeräte) 6 Zf Stgw (je 2 pro Gr) 3 RLV 95 (Restlichtverstärker)

Stufe Inf Rgt:

A 61/95	Einheit	Bestand	Mittel
A 61	Na Z des Inf Bat	1 Na Zfhr 2 Na Gr (2 Uof, 9 Na Sdt) 3 Patr Gr (3 Uof, 14 Füs, 4 Füs Motrdf, 6 Füs Fhr, 1 Motf) **Total 40 AdA**	1 Lastwagen 4 Motrd 6 Pw
A 95	Aufkl/Na Z des Inf Bat	1 Aufkl Of 2 Na Gr (2 Uof, 7 Na Sdt) 3 Aufkl Gr (3 Uof, 12 Aufkl Sdt, 10 Aufkl Sdt Fhr) **Total 35 AdA**	8 Pw gelg, 2 Motrd 7 SE-227 1 Relais 2 WBG-90 (Wärmebildgeräte) 6 Zf Stgw (je 2 pro Gr) 6 RLV 95 (Restlichtverstärker)

Übersetzen über die Linth (aus der Sicht des Rettungs-schwimmers), Aufkl Kp III/6

Eintrainieren eines Handstreichs auf ein Ledi-Schiff, Ziel: Entführung einer Pz Hb beim Trsp auf dem Walensee (durch U Leitung verboten …), Aufkl Kp III/6

Stufe F Div 6:
Mit der Einführung des Aufkl Fz 93 «Eagle» oder «Hummer» in den Jahren 2000 und 2001 wurde der entscheidende Akzent für die Aufkl auf Stufe Division gesetzt und der damit verbundener Mechanisierung der Aufklärung (Mech Aufkl Kp IV/6).

Doktrin Armeenachrichtendienst (AND)

Ergänzungen und Änderungen der Doktrin des AND zeigte sich vor allem in folgenden Elementen:
- Festlegung der Aufgaben des ND in der OF 95 (Operative Führung) und in der TF 95 (Taktische Führung)
- Der Nachrichtenverbund wurde präziser definiert (Führungsprozesse, Systeme (ADS 95), ND Raumordnung.
- Die Prozesse und Hilfsmittel (Vorlagen) wurden stärker standardisiert und in den folgenden guten Dokumentationen zusammengestellt:

Reglement 52.10 d
Armeenachrichtendienst (AND)

1997 wurden die Aufgaben, Begriffe und wichtigsten Prozesse im Reglement AND zusammengestellt.

1999 kam der Behelf BAND mit konkreten Beispielen und Vorlagen dazu und bildete fortan eines der wichtigsten Hilfsmittel der Arbeit der Nachrichtenoffiziere.

Behelf 51.57 d
Behelf für den Armeenachrichtendienst (BAND)

Behelf 51.57/I d
Handbuch für den Nachrichtenzug (HAND)

Im Jahr 2000 wurde mit dem Behelf HAND auch den Zugführern der Nachrichtenzüge ein entsprechendes Hilfsmittel in die Hand gegeben.

Diese Dokumentationen haben sich bewährt.

Ausbildung ND Organe

Die Ausbildung der Organe des Nachrichtendienstes wurde professionalisiert, indem die zukünftigen Na / Aufkl Sdt ihre Ausbildung an der Inf Aufkl und Uem RS 13/213 in Fribourg erhielten. Aufgrund der geringen jährlichen Zugänge dieser neu ausgebildeten AdA und durch die Umstellung auf den Zweijahresrhythmus der WK beziehungsweise der Fach-

Aufkl Gr bei einer (friedensmässigen) Befehlsausgabe, 2002 (Bild: Felix Huber)

Aufkl Zug der Mech Aufkl Kp IV/6, 2002 (Bild: Felix Huber)

dienste der Truppe kann insgesamt jedoch nicht von einer Verbesserung des Ausbildungsniveaus gesprochen werden. Vielmehr musste das Kader alles daran setzen, um das Ausbildungsniveau halten zu können.

Einen nicht unwesentlichen positiven Beitrag leistete im Bereich der Nachrichtenbeschaffung / Aufklärung der Commando Kurs der F Div 6.

Einige Besonderheiten des ND in der F Div 6

Der Nachrichtendienst der F Div 6 zeichnete sich dadurch aus, dass schon vor der Einführung der Armee 95 die zentrale Bedeutung der Aufklärung erkannt worden ist. Dies hat dazu geführt, dass sich der ND der F Div 6 durch zwei Besonderheiten vom Armeestandard abhob:
- Einerseits wurden die Bestände der Aufklärung auf allen Stufen über die gemäss OST vorgesehenen Vorgaben erhöht.
- Andererseits wurde mit dem Commando Kurs ein Ausbildungsgefäss geschaffen, das auf freiwilliger Basis jährlich gut ausgebildetes Aufklärungspersonal «produzierte».

Schon in der Armee 61 wurden in der F Div 6 die Bestände des Aufklärungspersonals über der Soll-Bestand erhöht, da diese für eine angemessene Nachrichtenbeschaffung nicht ausreichten. Im Rahmen der Armee 95 lagen dann die WK-Bestände aufgrund von WK-Verschiebungen und Dispensationen stark unter den vorgesehenen Soll-Beständen, so dass durch spezielle Weisungen wiederum ein Minimum an Beständen und Ausbildung sichergestellt werden musste.

Einen konkreten Eindruck bietet der folgende Auszug aus dem WK-Befehl des Inf Rgt 27:
- Die Aufkl Gr der Füs / PAL Kp werden für den WK 97 in den Aufkl Z des Bat integriert; ab Beginn 2. WK-Woche können die AdA für max 4 Tage der Kp für U / Ausb z Vf gestellt werden. Die entsprechenden Gruppen sind als organisch eingeteilte Gruppe eines Zuges zu bestimmen.
- Gemäss Auflage der Div ist folgendes min Aufkl Personal auszubilden:
    - Inf Bat: 1 Aufkl Z (1 Zfhr, 3 Uof, 15 Sdt)
    - Füs Bat: 1 Aufkl Z (1 Zfhr, 2 Uof, 12 Sdt)
    - Füs / PAL / Gren Kp: 1 Aufkl Gr (1 Uof, 6 Sdt)
- Auf Stufe Bat sind die folgenden Ausbildungen / U zentral durchzuführen:

Teilnehmer	Zielsetzung	Leitung
Aufkl und Na Personal Bat und Kp	3 Tage Schulung Handwerk (min 1 Tag Fk Ausb SE 227)	Bat Nof
Aufkl und Na Personal Bat und Kp, Teile Uem Z, Teile Si Z	U zur Schulung Zusammenspiel Aufkl, Na, Uem, KP Org (min 24 Stunden)	Bat Nof

- 1 Aufkl Uof pro Bat nimmt am Uem Uof KVK teil
- Commando Kurs 98: pro Einheit sind 1–2 AdA (Aufkl Zfhr / Uof) zu melden

Daraus wird ersichtlich, dass jeweils auf Stufe Kp eine Aufkl Gruppe und auf Stufe Bat ein Aufkl Z formiert und ausgebildet wurden. Diese Spezialisten wurden insbesondere im Commando Kurs hart trainiert.

AC Schutzdienst im Wandel zur Glaubwürdigkeit

Oberstlt Roland Schneider, C ACSD F Div 6 2000–2003

ACSD ist unangenehm: wer schwitzt schon gern in Maske und C-Vollschutz! Gerade dies aber trotzdem zu wollen, beruht auf zwei Überzeugungen: Die erste erkennt, dass die Bedrohung des Angehörige der Armee (AdA) durch A-, B- und C- Waffen und -Agenzien ebenso aktuell ist, wie diejenige durch Gewehre, Artillerie und der Luftwaffe. Die zweite sieht, dass die Ausrüstung und Ausbildung uns gegen solche Gefahren schützen. Diese Überzeugungen und die damit verbundene Motivation zu schaffen, ist dem ACS Dienst der F Div 6 angesichts schwieriger Rahmenbedingungen trotz immensem Einsatz nicht immer gelungen. Motivation und Frustration hielten sich dergestalt die Waage, als 1991 der zweite Golfkrieg aufzeigte, wie ernst die Gefahr durch militärisch einsetzbare ABC-Kampfstoffe (KS) zu nehmen war, gleichzeitig aber auch die Ausrüstung der «Plastikarmee» klar als ungenügend entlarvte. Das Potential Saddam Husseins zwang die westliche Koalition zu weitreichenden prophylaktischen Massnahmen, wie das Tragen eines C-Vollschutzes und medizinischen Vorsorgeimpfungen. All dies waren ernst zu nehmende Handicaps mit Auswirkungen auf Operationsplanung und -durchführung. Einem potentiellen C-Einsatz wurde implizit mit der Drohung begegnet, dass als Antwort ein Nuklearschlag nicht auszuschliessen sei. Schliesslich bewies die Entdeckung massiver Vorräte an C-Kampfstoffen und deren Vernichtung die Richtigkeit der Bedrohungsanalyse. Die Bedrohung durch atomare, biologische und chemische Mittel wurde allen klar.

In den Augen des Wehrmannes stellte unser damaliges Material auf diese Bedrohung jedoch keine Antwort dar. Dass unsere alte Ausrüstung mit Schutzmaske 74, Plastik-Handschuhen und Polyethylen Schutzüberwurf[1] den Anforderungen des Gefechtsfeldes schon lange nicht mehr genügte, hatte Bernhard Brunner, heute Chef des Labors Spiez, damals in der Gruppe für Rüstungsdienste, im übrigen bereits 1982 ebenfalls erkannt. Ein Überleben im vergifteten Gebiet war ausgeschlossen, die Anweisung in den Faltblättern «Auftrag weiter erfüllen» sicherlich eine Herausforderung an die Befehlstreue der Angehörigen der Armee. Füs Heiri Beusch brachte den Erklärungsnotstand pauschal überspitzt, aber durchaus im Namen vieler AdA auf den Punkt: «Im Ernstfall würde ich diesen Gugus fortwerfen...».[2]

---

1   Die A-Rechenscheibe wurde erstmals 1957 abgeliefert. Das A-Spürgerät 73 (A-73) als Nachfolger des EMB3 wurde ab 1980 eingeführt, die Dosimeter 1966–1969, der ABC-Überwurf ab 1967 getragen, das ABC-Schutzsortiment ab 1968 ausgegeben, seit 1975 das Kampfstoffnachweispapier (KNP) aufgeklebt und das Entgiftungspulver benützt, seit 1976 die Rolamit ABC-Schutzhandschuhe und die Schutzmaske 74 getragen. Einen neuen Impuls für die Spürerausbildung verschaffte ab 1978 die Einführung des Kampfstoffnachweisgerätes (KANAG). Ab 1985 erlaubte das Entgiftungsgerät 85 eine weitere Verbesserung im Bereich der Dekontamination. Im selben Zeitraum löste die Combopenspritze, welche Symptome und Ursache einer Nervengift-Vergiftung bekämpft, das Atropin ab, und das prophylaktische Medikament Pyridostigminbromid ermöglichte eine weitere Verbesserung der Überlebensfähigkeit.

2   Unsere Chancen im Gaskrieg. In: Nachrichten Gz Br 6, Information F Div 6, 7. Jg, 3/1981, S.3.

C-Waffenlager im Irak (1991)    Altes Schutzmaterial und KANAG

Seit 1984 wurde jedoch im Hintergrund bereits an der Entwicklung eines umfassenden C-Schutzes gearbeitet. Eine neue Schutzmaske und ein Ganzkörperschutz mit der Bezeichnung «Individuelles C-Schutzsystem» (ICS) kamen in das Rüstungsprogramm 1991, und 1994 führte das Inf Rgt 26 das neue Material als Versuchsregiment der Schweizer Armee ein. Die F Div 6 wurde erneut in ihrer Pionierrolle bestätigt.[3] Die Erfahrungen des Golfkrieges zusammen mit dem neuen bahnbrechenden Material gaben der AC-Ausbildung den entscheidenden Impetus und führten zu einem eigentlichen Paradigmenwechsel. Das neue Material überzeugt: Es ist verhältnismässig komfortabel, schränkt ein, aber sicherlich weniger als vergleichbare internationale Anzüge, die Schutzmaske erlaubt ein besseres Sehen und Sprechen, zum ersten Mal sogar das Trinken aus der Feldflasche. Erstmals wird sichergestellt, dass sich die AdA nicht nur optimal vor einem C-Angriff schützen und diesen damit mit höchstmöglicher Sicherheit überleben können, sondern dass sie ihren Auftrag für eine gewisse Zeit auch im vergifteten Gebiet noch zu erfüllen vermögen. Das neue Material stärkt die Glaubwürdigkeit und die Seriosität des ACSD in der Schweizer Armee und bringt diesen auf einen sehr hohen Stand, auch im internationalen Vergleich.

Individuelles
C-Schutzsystem

---

[3] *Eine solche spielte der ACSD der F Div 6 bereits 1989. Damals testete der AC Schutzoffizier F Div 6, Major Bertschi mit der Pz Hb Abt 17 in einer bis zum bitteren Ende durchgehaltenen Übung, wie eine Evakuation einer yperitvergifteten Hb Bttr mit den vorhandenen Mitteln abläuft. Letztere erwiesen sich klar als ungenügend. Die Übung vermittelte wichtige Impulse weit über die F Div 6 hinaus. Ebenfalls 1989, anlässlich eines AC Spezialistenkurses, führte der AC Schutzoffizier Art Rgt 6, Hptm Urs Lauk in Eigeninitiative erste Versuche mit dem neuen, in Evaluation stehenden Teststoff für die Schutzmasken-Dichtigkeitsprüfung Isopentylazetat (IPA) durch.*

Die neue Motivation, den ACSD ernst zu nehmen, wurde dann praktisch zeitgleich noch verstärkt durch den terroristischen Anschlag der Sekte Aum Shinrikyo auf die U-Bahn in Tokyo am 23. März 1995. Der Anschlag mit dem Nervengift Sarin war zwar «technisch» ein Fehlschlag. Er zeigte aber auf, welches Potential die kaum zu verhindernde Proliferation von Kampfstoffen und Agenzien Terroristen verschaffen könnte, sofern sie über den notwendigen Willen, die Mittel und die Expertise verfügen. Der Anschlag eröffnete eine neue Wahrnehmung des Themas Terrorismus mit nuklearen, biologischen und chemischen Agenzien und Kampfstoffen. Nicht nur sogenannte «rogue states» setzen diese ein (siehe den staatlichen Terroreinsatz durch Saddam Hussein auf die Kurdenstadt Halabscha 1988 mit 5000 Todesopfern), sondern auch nicht staatlich organisierte, endzeitlich respektive apokalyptisch ausgerichtete Sekten und Terrororganisationen. Die Anthrax-Fälle in den USA im Oktober 2001 sowie die Warnungen vor schmutzigen Bomben («radiological dispersal devices») im Jahre 2002 im Zusammenhang mit dem Fortbestand der terroristischen Gefährdung durch al-Qa'ida sollten diese Bedrohungsanalyse bestätigen. Ein professioneller ACSD bleibt eine notwendige Massnahme, um die Überlebenschancen in einem Krieg mit ABC-«Massenvernichtungsmitteln» zu ermöglichen. Mit der sinkenden Wahrscheinlichkeit eines solchen Krieges steigt jedoch die Notwendigkeit, dieselben Fähigkeiten für den subsidiären Einsatz zum Schutze der Bevölkerung, zum Beispiel in der Folge eines Terroranschlages oder Unfalles mit radioaktiver oder chemischer Kontamination, aufrechtzuerhalten.

1994 und 1995 erscheinen diese Szenarien in den WK-Berichten der AC Schutzoffiziere folgerichtig als Höhepunkte der AC Ausbildung. Die Lageentwicklung und die Einführung überzeugenden Materials spielten Hand in Hand.

Zivile Opfer beim U-Bahnanschlag in Tokyo

Probleme des ACSD ab 1995

Verunsicherungen bei der Bedrohungsanalyse und hausgemachte Schwierigkeiten der Schweizer Armee mit Material- und Organisationsproblemen haben diese Fortschritte jedoch in den Folgejahren beeinträchtigt.

Die Verlagerung der Bedrohungsperzeption weg von der klassischen militärischen Bedrohung in Richtung «neue» Risiken durch den Terrorismus zeigte ab 1995 auf, wie schlecht die Schweizer Armee gerade gegen den terroristischen Einsatz von B-Kampfstoffen und Agenzien gerüstet ist. Noch mehr erschien die neue Bedrohung als allgemein medizinisches Problem, für welches der ACSD als solches wenig Lösungen hat. Das Chemiewaffenübereinkommen (CWÜ, in Kraft seit 29. April 1997) führte gleichzeitig zur weit verbreiteten Ächtung dieser Waffe. Schliesslich machte die Ausrüstung moderner Armeen mit fortgeschrittenem Schutzmaterial (Vollschutz) ihren Einsatz wesentlich weniger wahrscheinlich als vor 20 Jahren. Dass gravierende Unsicherheiten bezüglich der Bedrohung durch ABC-Mittel weiter bestehen, war unter dieser Bedrohungsperzeption nur mehr schwer vermittelbar.[4]

Weitaus schwerwiegendere Konsequenzen sind dem ACSD jedoch aus «hausgemachten» Rahmenbedingungen der Armee 95 und materiellen Komplikationen erwachsen.

Letztere führten 1995 zu einem Auslieferungsstopp der neuen Schutzmaske (SM), weil zuerst Mängel behoben werden mussten. Weil der Schutzanzug ohne neue SM kaum sinnvoll genützt werden kann, verzögerte sich der Systemwechsel signifikant. Nach der Einführung des ICS konnten das Bundesamt für Betriebe des Heeres (BABHE) und die zuständigen Zeughäuser für nachfolgende Ausbildungen zudem grundsätzlich keine oder ungenügende Kontingente zur Verfügung stellen. Nachrüstungen wurden verschleppt, zum Teil bis ins Jahr 2001 (z.B. im Inf Rgt 27). Die unzureichende Lieferung der Anzüge ist unter anderem ein Grund, warum der Ausbildungsstand bis heute uneinheitlich und nur knapp genügend geblieben ist. Die Weisung des Chefs Heer vom 4. November 1996 für die Weiterführung der AC Ausbildung ab 1. Januar 1997 wollte diesem Notstand mit Notbehelfen begegnen: Alle bereits am ICS ausgebildeten Formationen hätten zur AC Ausbildung den Arbeitsregenschutz 90 mit Kapuze und Übungshandschuhen 90 verwenden sollen. Der AC Schutzdienst F Div 6 konnte diese Weisung, welche aus fachdienstlich-didaktischer Sicht nicht vertretbar war, nicht umsetzen. Erst ab 2000 respektive 2001 standen in Folge der Armeereduktionen wieder mehr Anzüge zur Verfügung. In den wenigsten Fällen genügten jedoch die Sortimente den Anforderungen nach Anzahl und Grössenverteilung.

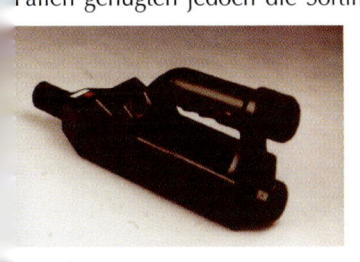

Noch schwerwiegender sollten die Folgen des Zweijahresrhythmus der Armee 95, der parallel erfolgenden zahlreichen Neueinführungen neuer Waffensysteme (Stgw 90, HG 85, Panzerfaust usw), der Kampfwertsteigerung der Pz Hb, der Umschulung zur mechanisierten Infanterie sowie der subsidiären Einsätze (z.B. Botschaftsbewachung) werden. Diese Rahmenbedingungen führten z.B. im Inf Rgt 26, dem ICS Pilotregiment der Schweizer Armee, dazu, dass während min-

C-Nachweisgerät

---

4 Diese Unsicherheiten erwachsen aus der Unmöglichkeit, das noch über 40'000 t umfassende russische C-Waffenpotential wie geplant bis 2007 oder 2012 zu entsorgen. Weitere Unwägbarkeiten sind die weiter bestehenden Potentiale, Programme oder Fähigkeiten im Irak, Libyen, Syrien, Nordkorea, Israel, Indien, Iran, China und Pakistan. Neue Risiken erwachsen aus der unaufhaltsamen Proliferation (Indien und Pakistan werden Nuklearmächte) und der Schwächung der internationalen Abrüstungsregime als Folge der geopolitischen Verschiebungen nach dem Ende des Kalten Krieges und des beginnenden weltweiten Kampfes gegen den Terrorismus. Diese führten zur Nicht-Verlängerung des Anti-Ballistic Missile Treaty (ABM) von 1972 im Jahre 2002 und zur Nicht-Ratifizierung des Teststoppabkommens (CTBT, Comprehensive Test Ban Treaty) durch die USA 2001, zu den gescheiterten Verhandlungen für ein Zusatzprotokoll zum Biologiewaffenabkommen 2001, zur Ablösung der START Verhandlungsreihe durch den nur vierseitigen «Moskauer Vertrag» im Jahre 2002 («Treaty between the United States of America and the Russian Federation on Strategic Offensive Reductions»), der die Anzahl der Gefechtsköpfe bis 2012 auf 1700–2200 beschränken soll, die abgerüsteten Gefechtsköpfe jedoch zur Lagerung und nicht zur Zerstörung vorsieht und nicht wesentlich über die Ansätze des geplanten, aber heute obsoleten START-III Vertrages hinausgeht.

destens sechs Jahren keine genügende AC Ausbildung durchgeführt werden konnte und sich der AC Ausbildungsvorsprung aus den WK 94/95 bis 2001 regelrecht verflüchtigte. Die vielfältigen Zielkonflikte der Kommandanten, die notwendige Konzentration auf ihr «Kerngeschäft» sowie der klare Entscheid im Interessenkonflikt zugunsten der Taktik und zu Lasten der Dienste führten dazu, dass der ACSD zusammen mit dem San D und anderen Fachbereichen zunehmend in die dritte Priorität abgedrängt wurden. Die AC Schutzoffiziere können heute Übungen mit AC Einlagen nur noch in Ausnahmefällen durchsetzen. Kursangebote für Spezialisten werden zu wenig genützt. Angesichts dieser Rahmenbedingungen haben wesentliche Fortschritte in der AC Spezialistenausbildung kaum auf die Ausbildung der Truppe durchschlagen können. Es wurde zwar eine Reihe neuen Materials[5] eingeführt. Gleichzeitig eröffneten die Technisch Taktische Kurse zum ersten Mal die Möglichkeit, die AC Schutzoffiziere mit systematischer und konzentrierter Ausbildung auf ihre Aufgabe vorzubereiten. Gerade in dieser Beziehung erweist sich bis heute, dass die F Div 6 bezüglich Qualität dieser Kurse und Konsequenz ihrer Durchführung armeeweit klar eine Spitzenreiterfunktion einnimmt (u.a. Urteile des C ACSD FAK 4). All dies konnte den generellen Trend in Richtung Prioritätstief jedoch wenig verzögern oder gar umkehren. Die Probleme des ACSD im Jahre 2002 sind struktureller Art. Sie können nur armeeweit mit einem neuen Ansatz, mit neuen Organisationsformen und Ausbildungsprozessen gelöst werden.

Der ACSD in der Zukunft

Die Neuausrichtung der ABC-Abwehr in der Armee XXI versucht, diesen strukturellen Mängeln des ACSD aus der Armee 95 beizukommen. Mit der Aufwertung zu einer eigenen Truppengattung soll das Prioritätstief behoben, der Effort konzentriert und nachhaltige Unterstützung gewährleistet werden. Geplant ist der Aufbau einer umfassenden ABC Abwehr, bestehend aus der ABC Abwehr aller Truppen und den ABC Abwehrformationen (ABC Abwehr Kp [Bat ab 2006], ABC Abwehr Labor 1, ABC Abwehr Bereitschaftsdetachement).
Die ABC Abwehr aller Truppen garantiert wie bisher die Beratung der Kdt bezüglich Prophylaxe, die Koordination der ABC Alarm-, Mess- und Nachweisorganisation und die Beurteilung des Gefahrenpotentials. Sie gewährleistet nach ABC Einsätzen die Beurteilung der Auswirkungen. Neu ist der Aufbau einer ABC Zelle auf Stufe Gs Vb mit 1 ABC Of (DC) und seiner ABC Zelle (1 ABC Of, 2 ABC Uof. Wie bisher soll jedoch auf Stufe Bat/Abt 1 ABC Of (integriert in S3), auf Stufe Kp 1 ABC Uof (neu jedoch hauptamtlich) sowie 2 ABC Spürer auf Stufe Zug (nebenamtlich) die Anliegen der ABC Abwehr durchsetzen. Die neu zu schaffenden ABC Abwehrformationen unterstützen im Verteidigungsfall die militärischen Einsatzverbände, im Rahmen subsidiärer

---

5 *Analyse und Darstellungstool für AC Schutzoffiziere COMPACS (1999/2000), zusätzliche krampflindernde Diazepam-Spritze gegen Nervengift (1999), neues C Spürgerät CNG 97 in Ergänzung zum weiter verwendeten KANAG (1999/2000/2001).*

Fahrzeugdekontamination im alten C Schutzanzug «UHU»

Einsätze zur Prävention und Bewältigung existentieller Gefahren die zivilen Behörden, bei friedenserhaltenden Massnahmen Partner im In- und Ausland. Zu diesem Zweck soll ab 2006 1 Bat mit 4 Kp (Kommando-, Transport-, Aufklärungs-, Dekontaminations- und Nachweiszug) mit abgestufter Bereitschaft aufgestellt werden: 1 Kp soll mit den Aufkl-, Deko- und Nachweis-Zügen sofort einsatzbereit sein. Inklusive ABC Abwehr Labor 1 und Transportformationen soll die Einheit innert Wochen und schliesslich als ganzes Bat innert Monaten zur Verfügung stehen. Es soll ABC-Lagen aufklären, radioaktive, biologische und chemische Kampfstoffe nachweisen und die ABC Dekontamination durchführen. Die signifikante Qualitätssteigerung in der Dekontamination füllt ein seit langem als untragbare Lücke erkanntes Defizit der Schweizer Armee. Ausser der persönlichen «Mannentgiftung», der Teilentgiftung von Fahrzeugen und von Material durch die Entgiftungsgeräte stehen heute nur behelfsmässige Mittel zur Dekontamination von Grossmaterial zur Verfügung. Als Ausbildungsstandorte werden voraussichtlich das AC Zentrum in Spiez für den Nachweis sowie Wangen a. A. für die Dekontamination und die Aufklärung dienen. Diese Neuausrichtung ermöglicht einen erneuten Paradigmenwechsel in der ABC Abwehr. Im Interesse des AdA und des Dienstes ist zu hoffen, dass er sich durchsetzt und die ABC Abwehr wieder als essentielle, weil lebensrettende Funktion des Gesamtsystems Armee wahrgenommen wird. Die Risiken durch ABC Mittel können zwar vermindert, aber ebenso wenig ausgeschlossen werden wie konventionelle Bedrohungen. Überlebe ich einen Einsatz von ABC Mitteln wegen fehlender Fähigkeiten nicht, kann ich auch nicht mehr schiessen. Beherrsche ich die notwendigen Schutzmassnahmen nicht, kann ich bei Unfällen oder Terrorakten nicht tätig werden. Kein Staat schickt schliesslich Truppen zu «Peace Support Operations» in die Konfliktherde der Welt, ohne diese elementaren Vorsichtsmassnahmen zu treffen. Den ACSD nicht ernst zu nehmen, untergräbt die Glaubwürdigkeit der neuen Armee, auch im veränderten Umfeld.

Festungswesen trotz beweglicher Kampfführung

Oberstlt Reto Caprez, C Fest F Div 6 1997–2003
Maurice Lovisa, dipl. Arch. ETH

Die Befestigungskontinuität vom Rhein bis an die Limmat, von der Zeit der Römer bis in die Gegenwart

Der Rhein – Grenze des römischen Reiches

In römischer Zeit war die Nordgrenze der Schweiz von Basel bis St. Margrethen zweimal Reichsgrenze, einmal kurz um Christi Geburt, dann wieder in der Zeit ab 259 n. Chr. bis zu Beginn des fünften Jahrhunderts. Die Hinterlassenschaft der zweiten Phase auch bezüglich Befestigungen ist eindrücklich.

Die wirren Zeiten der Soldatenkaiser und die starke Beanspruchung der militärischen Kräfte an der Ostgrenze des Reiches schwächten die Besatzungen am Rhein – Donau – Limes, was die Germanen wiederholt zu zeitlich begrenzten Stössen über den Rhein nützten. So drangen in den Jahren 259/260 Franken und Alemannen nach der Zerstörung der grossen Städte Augusta Raurica und Aventicum bis in den oberitalienischen Raum vor. Die Lage beruhigte sich erst, als Diokletian und Maximilian im Jahr 291 die Befestigung der Rhein – Bodensee – Iller – Donau-Grenzen anordneten. Zahlreiche Kastelle wurden neu errichtet oder wieder hergestellt.

Der 2. Koalitionskrieg 1799

Im Zuge des zweiten Koalitionskrieges wählte der österreichische Gegenspieler Napoleons, Erzherzog Karl, die Nordostschweiz für seinen Angriff gegen die Franzosen. Am 21. Mai überschritt als Vorhut auf zwei Schiffsbrücken unterhalb von Stein am Rhein Feldmarschall-Leutnant Nauendorf mit 21 Bat und 30 Schwadronen den Rhein.

Am 22. Mai setzten leichte österreichische Verbände als Ablenkung auf die bevorstehende Invasion bei Kaiserstuhl und Eglisau über den Rhein und drangen bis nach Bülach und Baden

Erzherzog Karl, 1771–1847

vor. Am 23. Mai überschritt Erzherzog Karl mit 18 000 Mann Infanterie und einigen tausend Mann Kavallerie und Artillerie bei Büsingen den Rhein und bezog im Klostergut Paradies sein Hauptquartier.

Mit Gefechten bei Andelfingen, Neftenbach und Pfungen führte er seine Armee in die Ausgangsstellung zur ersten Schlacht von Zürich vom 2. bis 6. Juni, die mit einem Waffenstillstand endete, wobei sich die Franzosen hinter die Limmat zurückziehen mussten. Die österreichischen Truppen wurden Ende August durch russische Truppen (27 000 Mann) unter dem Kommando von General Korsakow abgelöst. Die zeitweilige Schwäche, die jede Umgruppierung mit sich bringt, nutzten die Franzosen geschickt aus. Es gelang ihnen, General Suwarow am Austritt aus den Alpentälern und am Zusammenschluss mit Korsakow zu hindern. Am 24. September setzte General Massena mit dem Gros seiner Armee bei Dietikon über die Limmat und zwang mit seinem Sieg in der zweiten Schlacht von Zürich am 25. und 26. September die Russen zum Rückzug. Die Russen verloren ein Viertel ihrer Armee und die gesamte Artillerie.

Fluchtartig musste sich General Korsakow an den Rhein zurückziehen und zog am 28. September mit einem Teil seines geschlagenen Heeres in Schaffhausen ein. Am 7. Oktober griff der russische General nochmals mit neun Inf Rgt die Franzosen an und drängte diese bis in den Raum Andelfingen zurück. Allein die Übermacht der Franzosen und die fehlende Logistik zwangen die Russen bald einmal wieder zum Rückzug. Anfangs November 1799 war die ganze Nordostschweiz wieder im Besitz der französischen Truppen.

Nach seinem Eintritt in die Schweiz liess Erzherzog Karl im Schaarenwald einen starken Brückenkopf anlegen, um diese für die Österreicher wichtige Verbindung und Rückzugsachse über den Rhein in den süddeutschen Raum zu sichern. Die bewaldete Rheinbiegung gegenüber Büsingen erwies sich als strategisch günstig und entsprach der damaligen taktischen Doktrin, eine Flussbiegung als Übersetzstelle zu wählen. Der Brückenkopf war eine sogenannte «Kronschanze». Bewaffnet wurde die Schanze mit 17 Kanonen und bot Platz und Schutz für 2500 Mann.

Die rückwärtige Seite gegen den Rhein war offen. Die beiden Fronten gegen Süden und Osten waren mit vorspringenden Bastionen versehen, die je 480 m massen. Die Gesamtlänge aller Schanzen umfasste 1600 m. Auf dem rechten Rheinufer, also auf Büsinger Seite (heute deutsche Enklave) wurden Artilleriegeschütze in vorbereiteten Stellungen so aufgestellt, dass sie den Brückenkopf zusätzlich mit ihrem Feuer flankieren und verteidigen konnten.

19. und 20. Jahrhundert

Mit der Eröffnung des Eisenbahntunnels durch den Gotthard 1882 setzte im Schweizer Befestigungsbau ein neues Zeitalter ein. Dass damals das Gelände nicht nur im zentralen Alpenraum, sondern auch am Rhein verstärkt wurde, beweist etwa die Rhein-Rekognoszierung 1905/06. In deren Unterlagen ist von einer Minenkammer im linksufrigen Turmpfeiler der Eisenbahnbrücke Eglisau die Rede.

Erst die Machtübernahme Hitlers in Deutschland anfangs 1933 löste im Kanton Zürich zunächst intensive Projektierungs- und dann breit angelegte Bauarbeiten aus. 1934 bearbeitete man in den Ingenieur-Offizierskursen die entlang des Rheins anzulegende Befestigungslinie. Ein erster diesbezüglicher Bericht, datiert vom 25. August 1934, schlug beispielsweise im Abschnitt Flurlingen – Tössmündung drei Artillerie- und 25 Infanteriewerke vor (in der Regel mit je einem Maschinengewehr, fünf davon mit je einer 4,7 cm Infanteriekanone inklusive einer Strassen-Barrikade). Die Infanteriewerke waren überall dort vorgesehen, von wo man den Flusslauf über eine längere Strecke und die Uferpartien, die für Übersetzversuche prädestiniert schienen, mit Maschinengewehr-Feuer bestreichen konnte. Für alle Strassen- und Eisenbahnbrücken wurden Tankbarrikaden vorgeschlagen, auf die Infanteriekanonen aus permanenten Unterständen wirken sollten. Die Standorte der Artilleriewerke wurden so gewählt, dass sie unter anderem den Truppen des Brückenkopfes Schaffhausen Feuerschutz garantieren würden. Auf der Basis dieser Vorschläge stellte der Chef des Befestigungsbaubüros Bern (BBB) dem Waffenchef der Genietruppen Mitte Februar 1935 den vorläufigen Gesamtvorschlag der in der ersten Bauetappe zu realisierenden Grenzbefestigung zu. Rund fünf Monate später informierte der BBB-Chef den Kommandanten der 5. Division, dass in dessen Abschnitt zuerst die Strassen-Barrikaden auf der Eisenbahn- und Strassenbrücke Feuerthalen-Schaffhausen samt dem dazugehörigen Infanteriewerk «Güettli» sowie die Panzersperren beim Holzsteg Feuerthalen-Schaffhausen und beim Eisensteg Flurlingen-Neuhausen gebaut würden.

Anfangs November 1935 waren die Strassen-Barrikaden an diesen Rheinbrücken einsatzbereit. Im April 1936 begann eine zivile Bauunternehmung mit der Ausführung der

Prototyp eines durch Truppen gebauten, aber vom BBB projektierten Kampfstandes am Rhein

Bei Truppenbauten sind manchmal Inschriften vorzufinden

Einzigartiger Truppenbau: Leicht-Maschinengewehrstand mit zickzackförmiger Schartenseite

ersten permanenten Kampfanlage am Rheinufer, dem Infanteriewerk «Güettli» in Feuerthalen. Etwas später unternahmen auch Truppen Bauversuche. Im Raum Eglisau errichtete das im Wiederholungskurs weilende Sappeur-Bataillon 5 drei permanente Werke für je ein mobiles Maschinengewehr. Diese blieben die einzigen durch Truppen vor dem Ausbruch des Zweiten Weltkriegs errichteten Werke. Zwischen 1936 und 1939 wurden zwar weitere Infanteriewerke projektiert und gebaut. Wegen Kreditknappheit konnte aber nicht jedes Bauvorhaben realisiert werden; so wurde von den mehr als 20 vorgesehenen Artilleriewerken nur ein einziges errichtet.

Mit der Generalmobilmachung von 1939 begann in der Schweiz eine neue, intensive Phase im Befestigungsbau. Laut dem zweiten Operationsbefehl von General Guisan vom 4. Oktober 1939 hatte die Schweizer Armee eine Stellung vom Becken von Sargans über Walensee–Linth–Zürichsee–Limmat–Bözberg–Hauenstein bis zum Gempen-Plateau mit Schwergewicht zwischen Zürichsee und Hauenstein zu besetzen und zu halten; den Mittelabschnitt der Armeestellung von Thalwil bis Limmat-Mündung sollte das 3. Armeekorps halten. An der Landesgrenze sowie im Verzögerungsraum zwischen dieser Grenze und der Armeestellung war es den Grenz- und Vortruppen vorbehalten, den Vorstoss des Gegners nachhaltig zu verzögern. Gemäss dieser Verteidigungskonzeption bauten in erster Linie Truppen der 6. Division 1939/40 einerseits eine beeindruckende Anzahl Bunker, Tankbarrikaden, Mannschaftsunterstände und Sprengobjekte zwischen Zürich und Dietikon. Andererseits füllten diese die zwischen den einzelnen Bunkern der Grenzbefestigung vorhandenen Lücken mit vielen Feldbefestigungen, die später teilweise betoniert wurden.

Sobald die einzelnen Befestigungsanlagen kampfbereit waren, wurden diese in der

Regel durch Kampftruppen übernommen. Auch wenn sich die Truppe nicht permanent im Bunker aufhielt, war die Führung der Mannschaft doch eine grosse Herausforderung für die Bunkerkommandanten.

Der Bunker «Bleiche» (ca. 300 m unterhalb Kaiserstuhl) liegt komplett im Rhein und ist durch einen rund 15 m langen Steg mit dem Ufer verbunden. Im Winter liess ein ehemaliger Bunkerkommandant am Abend jeweils den Steg mit Wasser bespritzen, das dann in der Nacht gefror. Am Morgen fand immer ein «Wettschleifen» statt. Derjenige, der am weitesten kam, erhielt manchmal ein zusätzliches Biskuit. Das Ganze diente aber letztlich nur der Abwechslung, damit die Mannschaft nicht am berühmten «Bunkerkoller» zu leiden begann.

1941 wurde die 6. Division aus ihrem bisherigen Operationsraum ins Réduit zurückgezogen, dem 4. Armeekorps unterstellt und mit der Verteidigung des Abschnitts zwischen Rigi und Etzel betraut. Der grösste Teil des Kantons Zürich wurde der Grenzbrigade 6 und der Leichten Brigade zur Verteidigung überlassen. Da Guisan prioritär den Bau des Alpenréduits vorantrieb, kam der Bunkerbau im Kanton Zürich fast vollständig zum Erliegen. Angesichts der veränderten Bedrohungslage setzte man die Betonmisch-Maschinen 1944 wieder in Gang. Am 1. März befahl der Generalstabschef dem Kommandant des 4. Armeekorps, Detail-Rekognoszierungen betreffend Ausbau der Limmat-Stellung durchzuführen und eine Kostenaufstellung einzureichen. Bereits Ende Monat lag der geforderte Bericht vor. Basierend auf fünf Jahren Kriegserfahrung wurde schliesslich eine ganze Reihe von Objekten realisiert.

Nach Kriegsende wurde die Bautätigkeit erneut eingestellt. Der Kommandant des 4. Armeekorps beurteilte 1946 die Limmat- und Rheinbefestigung gemäss den Richtlinien des Generalstabschefs generell als gut. Relativ wenig Anlagen wurden dementsprechend sofort deklassiert und abgebrochen.

Auf die neue Bedrohung durch Atomwaffen hin wurde die Verteidigungskonzeption abgeändert, was den Befestigungsbau von neuem belebte. 1956 erstellte die Abteilung für Genie und Festungen (AGF) eine Studie betreffend dem Bau einer neuen «Armeestellung Zürich–Basel». Die Landesverteidigungskommission (LVK) sprach sich zwar in ihrer Sitzung vom 3. Januar 1957 gegen diese Idee aus, beschloss aber, im Grenzraum zwischen Sargans und Basel permanente Stützpunkte für Infanterieregimenter aufzubauen. Damit hatte die Ära der «Kubu» (Kugelbunker) begonnen! Nach gründlichen Erörterungen entschied man, den ersten dieser Stützpunkte im Raum der Grenzbrigade 6 zu bauen. Im April 1958 erliess der Generalstabschef die Richtlinien für den Bau eines «Musterstützpunktes» (Füs Bat 261). Er sollte im wesentlichen Kompaniestützpunkte, Bataillons-Kommandoposten, 8,1 cm Festungsminenwerfer umfassen. Vier Monate später wurde der Kredit bewilligt. Kaum fertig, führte das Füs Bat 261 als Versuchstruppe eine Besetzungsübung dieses Prototyp-Stützpunkts durch und sammelte damit Erfahrungen, so zum Beispiel mit dem 8,1 cm Minenwerfer. Der Vorschlag, im Abschnitt des Füs Bat 160 anstelle der 8,1 cm Festungsminenwerfer zwei Schutzunterstände für 12 Mann für den Einsatz von Minenwerfer-Gruppen oder -Zügen der Schweren Füsilier-Kompanie zu bauen, könnte darauf beruhen. Ebenfalls aus der Praxis gewonnene Erkenntnisse zeigten ein paar Jahre später, dass für den Preis eines Monoblocks für 8,1 cm Minenwerfer praktisch ein 12 cm Minenwerfer-Monoblock gebaut werden konnte.

Als letzte Befestigungsphase im Raum der 6. Division kann man eigentlich den Bau der Centurion-Bunker bezeichnen (der alte Turm eines Centurion-Panzers wurde in einem Beton-Monoblock als wirksame Panzerabwehrwaffe platziert).

Heute ist die Liquidation von obsoleten und taktisch überholten Anlagen in vollem Gang. Viele Leute sind davon überzeugt, dass man aus einem alten Bunker ein Ferienhaus machen kann und vergessen dabei die Dicke der Mauern. Die Bunker haben in der Regel folgende Wandstärken: Die Feindseite ist rund 2,40 m, die Decke 3 m und die übrigen Wände etwa 1,20 bis 1,50 m dick. Es ist deshalb kaum möglich, Fenster einzubauen. Realistischer erscheint die Umnutzung der Anlagen zu Gunsten der Natur. In der Tierwelt existieren vor allem zwei Tierarten, die alte Militäranlagen gerne für ihren Winterschlaf benutzen, nämlich die Fledermaus und der Siebenschläfer.

Kommissariatsdienst
– nicht nur «Sold» und «Verpflegung»

Oberstlt Urs Häfliger, C Kom D F Div 6 2002–2003
Lt Thomas Hagmann, Qm Stab F Div 6

Die Aufgaben und Tätigkeiten des Kommissariatsdienstes in der F Div 6 haben im vergangenen Jahrzehnt einige Veränderungen erfahren: Der Kommissariatsdienst ist nicht nur mit gestiegenen Anforderungen, strengeren Richtlinien und veränderten Rahmenbedingungen konfrontiert, auch die personelle Situation innerhalb der «Hellgrünen» in der F Div 6 hat sich in den letzten zehn Jahren sukzessive verschlechtert. Im Bereich der Regiments- und Bataillons-Quartiermeister ist dies weniger sichtbar geworden. In der Regel ist es uns gelungen, in guter Zusammenarbeit mit dem Kdo F Div 6 und der Militärdirektion des Kantons Zürich, vor den WK jeweils für jedes Bataillon einen Bataillon-Quartiermeister zu organisieren. Die Personalprobleme sind vorwiegend bei den Fourieren, den Fouriergehilfen und bei der Küchenmannschaft ins Gewicht gefallen. Häufig ist kurzfristiges Organisieren notwendig gewesen, um einen WK einwandfrei durchführen zu können. Als eine Folge dieses Mangels an Fachpersonal mussten Einheiten administrativ zusammengelegt werden, wobei ein Fourier während eines Wiederholungskurses zwei Einheiten betreute.

Die einzelnen Aufgaben des Kom D sind trotz der Veränderungen in einigen Bereichen über all die Jahre hinweg sehr vielfältig und interessant geblieben. Sie umfassen heute das Rechnungswesen, den Verpflegungsdienst, die Unterkunft, den Betriebsstoff- und den Postdienst, und zwar mit folgenden Ausgaben:

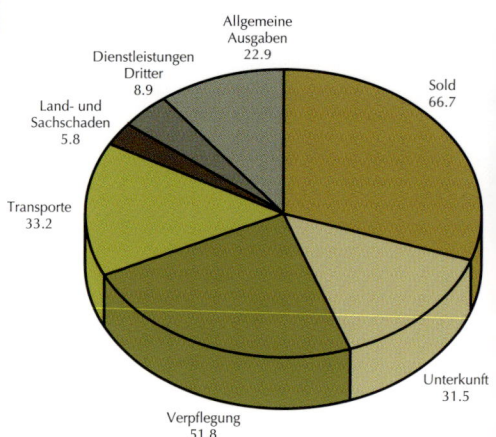

Ausgaben im Kom D, Gesamttotal Ausgaben in der Staatsrechnung 2002 = 220.8 Mio.
(Quelle: BABHE Truppenrechnungswesen; www.truppenrechnungswesen.ch)

Allgemeine Ausgaben 22.9
Dienstleistungen Dritter 8.9
Land- und Sachschaden 5.8
Transporte 33.2
Verpflegung 51.8
Unterkunft 31.5
Sold 66.7

Die folgenden Abschnitte geben einen Überblick über die Veränderungen und die aktuelle Situation in den einzelnen Aufgabengebieten des Kom D:

Rechnungswesen: Der Rechnungsführer als Buchhalter, Controller und Treuhänder in einer Person

Im Rechnungswesen tragen die Rechnungsführer eine grosse Verantwortung für die entsprechenden zweckgebundenen Gelder, Kassen und Güter. Einige Zahlen für das Jahr 2000 zeigen die Grössenordnungen eindrücklich auf:
- Totalbestand Truppenkassen F Div 6: 311'741.98 Franken
- Totalbestand Hilfskassen F Div 6: 1'104'991.25 Franken
- Betriebsstoffverbrauch F Div 6: 225'861 Liter

Noch vor zehn Jahren wurden die meisten Buchhaltungen auf Papier geführt. Aber auch an diesem Bereich ist die technische Entwicklung nicht spurlos vorüber gegangen. Die Fouriere haben im Jahr 2002 die Hälfte der Buchhaltungen mit der Militärsoftware «MILSOFT» erledigt. Abgesehen von einigen Kinderkrankheiten ist hier ein technisch gutes Niveau erreicht worden.

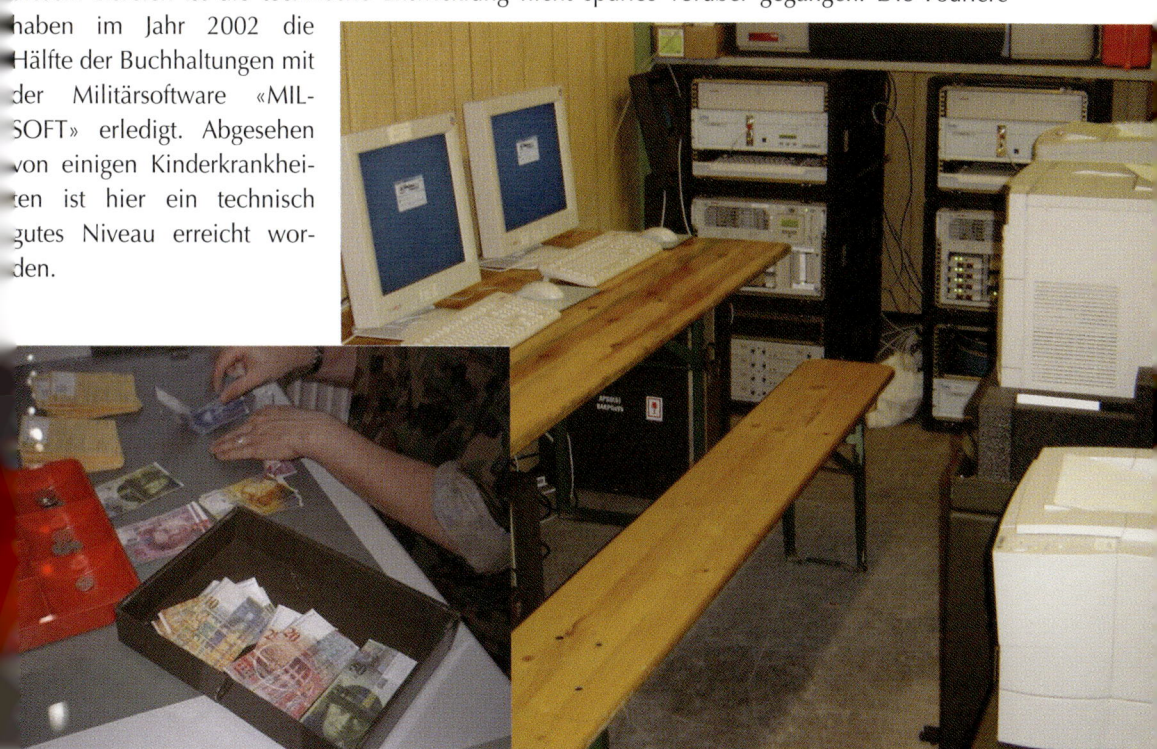

Verpflegungsdienst: Jede Einheit ist so gut, wie sie isst

Das Lebensmittelgesetz verpflichtet die F Div 6 in der Truppenküche mindestens das gleiche Niveau wie im zivilen Bereich zu erreichen und auch zu halten. Einige Beispiele von täglich zwecks vorgeschriebener Kontrollen zu führenden Checklisten zeigen die heutige Vielfalt auf: «Kontrollblatt Lagerung & Temperatur», «Temperaturkontroll-Liste für Kühl- und Tiefkühlanlagen», «Inventar der Tiefkühltruhe», «Bestell-, Lieferungs- und Rechnungskontrolle». Heute wird das notwendige Personal für die Küche bei allen Waffengattungen bereits bei der Rekrutierung bestimmt und mit dem Funktionseintrag «Truppenkoch» ausgehoben. Diese Truppenköche sind schon ab dem ersten Tag der Rekrutenschule in der Küche tätig. In einem Wiederholungskurs sollte pro 30 Angehörige der Armee (AdA) ein Truppenkoch zur Verfügung stehen. Pro Einheit sind dies also ein Küchenchef sowie zwei bis drei Truppenköche und ein bis zwei Kochgehilfen (für Hilfsarbeiten in der Küche und bei der Ausgabestelle der Verpflegung).

Die F Div 6 weist ein sehr hohes Niveau in der Küche auf. Reklamationen von AdA betreffend die Truppenverpflegung sind in den letzten Jahren kaum erfolgt.

Magazine

Schlachten unter Feldbedingungen (Bild: Thomas Hagmann)

Hellgrüne Fortbildung auch durch Betriebsbesichtigungen (Bild: Thomas Hagmann)

Bau eines Feldofens (Bild: Thomas Hagmann)

Unterkunft: Eine eigene «Ratingliste» der Unterkünfte und Gemeinde-Küchen in der Schweiz

Durch die Bestandesreduktionen der vergangenen Jahre wurde es möglich, dass einige der weniger gut unterhaltenen Gemeindeunterkünfte nicht mehr durch die Truppe benützt werden mussten. Zudem werden in der Zeit zwischen den Rekrutenschulen vermehrt Wiederholungskurse in den Kasernen durchgeführt. Beides hat dazu geführt, dass die Qualität auch im Bereich der Unterkunft verbessert werden konnte.

Lassen wir an dieser Stelle doch einen Quartiermeister zu Wort kommen: «Drei Kp waren auf dem Waffenplatz Reppischtal stationiert. Wir haben in einer gut ausgerüsteten Doppelküche gekocht, was nach regelmässigen Absprachen im hellgrünen Bereich gut geklappt hat. Sowohl die Ausstattung der Küchen als auch die Anzahl Küchenmagazine und die Qualität der Kühlmöglichkeiten waren in der Kaserne sehr gut. Die restlichen zwei Kp hatten je eine Gemeindeküche übernommen. Das Niveau war sehr unterschiedlich. Von ausgezeichnet und brauchbar ist die Rede. Auch die Küchen-Inspektion durch den Chef Kom D und das LIA haben bei der einen Küche grosse Abstriche in der Hygiene und des baulichen Zustands ans Licht gebracht.» (Kursbericht eines Bat Qm der F Div 6 aus dem Jahre 2001).

Betriebsstoffdienst: Bargeldloses Tanken mit der Kreditkarte «BEBECO»

Heute kann der Rechnungsführer mit der BEBECO-CARD zum Beispiel an 20 Tankstellen im Kanton Zürich bargeldlos tanken. Dies ist teilweise rund um die Uhr möglich. Trotzdem hat diese Art von Versorgung immer noch den Nachteil, dass ein einwandfreies Controlling für den Rechnungsführer kaum möglich ist, da die Auswertung der Bezüge technisch noch nicht bis auf Stufe Rgt/Bat erfolgt und durch die Truppe elektronisch nicht möglich ist.

Post und Swisscom-Dienste:
Natel ist auch im Militär nicht mehr wegzudenken

Grundsätzlich ist das Natel auch im Wiederholungskurs zu einem der wichtigsten Kommunikationsmittel geworden. Trotzdem erscheint auch im Jahre 2003 im Verwaltungsreglement, der «Rechnungsführer-Bibel», der Ausdruck «Natel» nicht, da hier allenfalls grosse Kosten und Schwierigkeiten bei der Überprüfung anfallen könnten.

Seit dem 1. Januar 1999 ist die neue Verordnung des Bundesrates über den Feldpostdienst in Kraft. Die offensichtlichste Änderung ist die neue Adressierung:

> Sdt Hans Muster
> Füs Kp I/107
> Militär 43333

Ausbildung: Ein hohes Niveau bürgt für die Qualität des Kom D

Trotz Personalmangels in diversen «hellgrünen» Bereichen in der F Div 6 ist die Ausbildung ein Dauerthema, auch in den Wiederholungskursen. Da die «hellgrünen» Bereiche immer 1:1 «praktiziert» werden, kann man Schwachstellen sofort erkennen und ist somit verpflichtet, diese innert kürzester Zeit zu eliminieren. Eine fundierte und flächendeckende Ausbildung ist jedoch immer schwieriger, da die Anzahl von AdA mit WK in fremden Einheiten zunimmt und das Erreichen eines einheitlichen Ausbildungsstands erschwert wird. Dank einer guten Basisausbildung konnte dieses Problem bis dato jedoch immer wieder befriedigend gelöst werden.

Aufgrund der Armee 95 sowie den veränderten Rahmenbedingungen wurden ab 1. Januar 1999 die Laufbahnen für die «hellgrünen Versorgungsfunktionäre» neu gestaltet.

Am Beispiel der Karriereplanung eines Fouriers der F Div 6 bedeutet dies:
- 15 Wochen Rekrutenschule
- 6 Wochen UOS
- 6 Wochen Praktischer Dienst als Unteroffizier und davon zwei Wochen als Fourieranwärter
- 5 Wochen Fourierschule
- 20 Wochen Praktischer Dienst als Fourier
- somit total 52 Wochen Dienstleistung bis zum Grad des Fouriers

Das Fachwissen der Quartiermeister konnte dank den Spezialisten-TTK auf einem sehr hohen und konstanten Niveau gehalten werden.

Ausblick über das Jahr 2003 hinaus

Der Kommissariatsdienst der F Div 6 ist auch im Verbund mit den anderen Logistik-Diensten gut auf die Armee XXI vorbereitet. Sofern die Rahmenbedingungen stimmen (genügend Personal, gutes Material, sowie Infrastruktur und Entwicklungsmöglichkeit), ist weiterhin ein sehr hohes Niveau hinsichtlich Ausbildung und Motivation zu erwarten.

Entwicklungen im *Materialdienst*

Oberstlt Pius Fuchs, C Mat D F Div 6 1999–2003

In den Neunzigerjahren hat im Materialbereich eine allgemeine Erneuerung auf allen Ebenen eingesetzt. Einen derart gewaltigen Technologiesprung hatte die Schweizer Armee seit ihrem Bestehen noch in keiner Epoche erlebt. Von der persönlichen Ausrüstung über leistungsfähigere Kommunikationsmittel bis zu den modernsten Kampfmitteln haben alle Waffengattungen ihre Ausrüstungen wesentlich verbessern können.

Auftrag für den Mat und Rep D der Armee

«Mit dem Benutzer dafür sorgen, dass ständig die grösstmögliche Zahl an Waffen, Geräten und Fahrzeugen für den Einsatz verfügbar ist.»

Die rasante, materielle Entwicklung mit zahlreichen Neueinführungen von Objekten und Systemen stellte auch die Materialdienstorgane der F Div 6 vor grosse Herausforderungen. Im Besonderen der erhöhte Ausbildungsbedarf machte den verantwortlichen Instanzen im Bereich Materialdienst zu schaffen.

Persönliche Ausrüstung

Kampfbekleidung

Mit der Einführung der Kampfbekleidung 90 für alle Truppengattungen wurde der bisherige Tarnanzug 83 als Arbeitsbekleidung abgelöst. Die Einführung erfolgte in der ganzen Armee zeitlich abgestuft. In der F Div 6 konnte die Umrüstung 1997 für das Gros abgeschlossen werden. Die neue Ausrüstung kann je nach Witterung und Einsatz in verschiedenen Kombinationen getragen werden. Die Grundtrageinheit ermöglicht die situative Ausrüstung im Gefecht und gibt dem Wehrmann die notwendige Bewegungsfreiheit. Die Kampfbekleidung 90 löste gleichzeitig den bisherigen Dienstanzug ab. Der Dienstanzug wurde vom Wehrmann beim Einrücken und zur Entlassung getragen.

Ausgangsbekleidung

Mitte der Neunzigerjahre wurde die Ausgangsbekleidung 95 eingeführt und somit der Ausgangsanzug 72 abgelöst. Die Ausgangsbekleidung 95 entspricht einem zeitgemässen Schnitt der Jacke und Hose. Besonders auffällig, dass die neue Jacke ohne Gürtel getragen wird.

Zwei verlorene Statussymbole der Offiziere

Mit der Ablösung des bisherigen Dienstanzuges und der Einführung der Ausgangsbekleidung 95 mussten die Offiziere zwei lieb gewonnene Statussymbole aufgeben. Wenn

Dolch 43 mit Scheide

der Dienstanzug befohlen war, gehörte der Dolch als Bestandteil zum Tenue. Mit Stolz wurde er von den Offizieren als Zeichen der Stärke und Entschlossenheit getragen. Im Weiteren hatte der Offiziersgurt – aus Stoff und Messingschnalle – für jeden Offizier eine besondere Bedeutung. Jeder Offizier durfte das spezielle Symbol nach seiner Brevetierung erstmals am Offiziersball zum Abschluss der Offiziersschule tragen.

Offiziersgürtel mit Messingschnalle

Die persönliche Waffe

Mit der Einführung des 5,6 mm Sturmgewehres 90 ist eine wesentliche Verbesserung der persönlichen Bewaffnung eingetreten. In der F Div 6 konnten mit Ausnahme der Of, höh Uof und San Soldaten sämtliche AdA profitieren. Das neue Gewehr ist sehr handlich und besonders im Einsatz sehr gut spürbar, 2,2 kg leichter als das beinahe ein halbes Jahrhundert eingesetzte 7,5 mm Stgw 57. Die neue Waffe entspricht mit ihren technischen Daten den zur Zeit üblichen internationalen Normen. Die 9 mm Pistole 75 wird weiter als persönliche Waffe der Of, höh Uof und San Sdt beibehalten.

7,5 mm Stgw 57

Technische Funktion	Automat, Rückstosslader
Gewicht (Magazin voll)	6,6 kg
Mündungsgeschwindigkeit	750 m/s
Maximaler Gasdruck	3300 bar
Gesamtlänge (ohne Bajonett)	1100 mm
Einsatzarten	• Einzelfeuer • rasches Einzelfeuer • Seriefeuer

5,6 mm Stgw 90

Technische Funktion	Automat, Gasdrucklader
Gewicht (Magazin voll)	4,35 kg
Mündungsgeschwindigkeit	930 m/s
Maximaler Gasdruck	4200 bar
Gesamtlänge (ohne Bajonett)	1000 mm
Einsatzarten	• Einzelfeuer • rasches Einzelfeuer • Seriefeuer • Kurzfeuer • 3-Schuss-Automat

Ausbildung der Truppenhandwerker (Trp Hdwk)

Mit der Umsetzung der Armee 95 hat sich die Ausbildung und der Einsatz der Trp Hdwk wesentlich verändert. Durch den Zweijahresrhythmus konnte der Ausbildungsstand zusehends weniger gehalten werden. Die technische Ausbildung konnte mit der Vielzahl von Neueinführungen kaum

mehr Schritt halten. Zusätzlich wurden die Trp Hdwk Bestände immer kleiner. In einigen Kategorien wurden die personellen Abgänge im Hinblick auf die Armee XXI nicht mehr ersetzt.
Nur durch die allgemein sehr grosse Bereitschaft und den polyvalenten Einsatz der einzelnen Trp Hdwk konnte die Einsatzbereitschaft der Systeme aufrechterhalten werden.

Lastw WELASYS 6x6 IVECO mit WA Anh

Viele der Trp Hdwk Weiterbildungskurse konnten somit aus zeitlichen und Bestandesgründen nicht nach den offiziellen Rahmenprogrammen durchgeführt werden. Die AMP- und Zeughausbetriebe haben die Organisation sehr flexibel aufgebaut und die Ausbildung situativ auf praxisrelevante Probleme ausgerichtet.

Bewirtschaftung des Armeematerials

Mit dem Ende des Kalten Krieges und der somit veränderten Bedrohungslage musste die bisherige Konzeption für die Bewirtschaftung des Armeematerials überdacht werden. Auf die bisherigen Abläufe hatten die immer knapper werdenden finanziellen Mittel des Bundes

K Mat Lagerboxe beschriftet

grosse Auswirkung. In einem ersten Schritt mussten die Verwaltungskosten gesenkt werden, mit dem Ziel, die Investitionen für die Armee zu steigern. Die Verwaltungskosten können auch in Zukunft nur gesenkt werden, wenn das bisherige Bewirtschaftungssystem für Armeematerial der neuen Situation angepasst wird. Von dieser Massnahme sind auch sämtliche Formationen der F Div 6 direkt betroffen.

K Mat Lagerboxe

Die materielle Bereitschaft mit Armee 61

Bis 1996 bestand für die Verwaltungsbetriebe (Zeughäuser / AMP) die Auflage, dass die materielle Einsatzbereitschaft (inkl. der Grundausrüstung Munition) für sämtliche Einheiten der Armee innert 48 Stunden zu 80 Prozent sichergestellt werden musste. Ziel war die Mobilmachung aus dem Stand sicherzustellen.

Diese Auflage bedeutete für die Verwaltungsbetriebe sehr grossen räumlichen und zeitlichen Aufwand. Die Korpsausrüstung wurde im Zeughaus / AMP pro Einheit eingelagert und bewirtschaftet. Für die Ausbildungsdienste fasste jede Einheit «ihre» Korpsausrüstung in ihrem Stammzeughaus und «ihre» Korps-Fahrzeuge in ihrem Stamm-AMP, wo am Schluss der Dienstleistung wieder demobilisiert werden musste.

Diese Abläufe waren für die Truppe üblich, jedoch oft sehr umständlich. Der Fassungsort und die Ausbildungsstandorte waren meist geografisch weit voneinander entfernt. Durch die teilweise sehr umständlichen und aufwändigen Verschiebungen ging viel an Ausbildungszeit verloren.

K Mat Lagerboxe – einheitsweise Lagerung

Die materielle Bereitschaft für einen Einsatz mit Armee 95

Mit Armee 95 wurde der Einsatz von einer statischen in eine dynamische Organisation umgebaut. Diese Ausgangslage erlaubte nun auch die materielle Bewirtschaftung dynamischer und wirtschaftlicher zu gestalten.

EAM Pool nach neuem Konzept

Das zwischen 1996 und 2000 über die ganze Armee eingeführte Bewirtschaftungssystem für das Einsatz- und Ausbildungsmaterial (EAM) basiert auf folgenden Grundsätzen:
- Die Bindung der Einheiten an «ihr/e» Korpsmaterial/Korps-Fahrzeuge wird aufgehoben;
- Das Einsatz- und Ausbildungsmaterial wird ab definierten Material-/Fahrzeugpools gefasst;
- Das «inaktive Material» wird wirtschaftlich optimal eingelagert;
- Überbestände an Korpsmaterial aus Armee 61 / Armee 95 werden liquidiert;
- Die Bewirtschaftungsbetriebe erhalten mehr Kompetenz;
- Die Ansprechpartner für eine Dienstleistung sollen für den Trp Kdt reduziert werden.

Radio Access Point (RAP) auf Radspz 93 8x8, Piranha

Radspz 93, 8x8 (Füs, PAL, Kdo, INTAFF)

L Flab Lwf STINGER

Pz Hb 79/95

Beobachtungsgerät (WBG 90)

Damit die höchstmögliche wirtschaftliche Effizienz der Materialbewirtschaftung im Rahmen der militärischen Vorgaben erreicht werden konnte, musste der bisherige Material-/Fahrzeugestand in Nutzungskategorien aufgeteilt werden. Die Nutzungskategorien zeigen auf, wie das Einsatz- und Ausbildungsmaterial in der Friedenszeit genutzt wird.
Die materielle Einsatzbereitschaft wurde differenziert in fünf Stufen eingeteilt (SMBE = Stufen der materiellen Bereitschaft für einen Einsatz).

Ziele:
- Sehr wenige Formationen mit hoher Einsatzbereitschaft
- Das Gros der Formationen mit tiefer Einsatzbereitschaft.

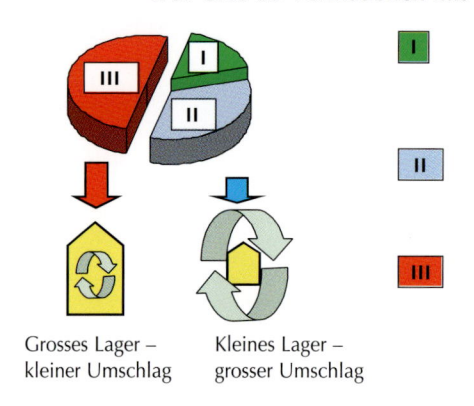

I Material für Formationen in erhöhter Bereitschaft
- SMBE 4 und 5
EAM in Boxen eingelagert (wie bisher)

II Material für die Ausbildung
- SMBE 2 oder 3
EAM lagert im Ausbildungspool

III Inaktives Material
- SMBE 1 und 2
Lagerung nach wirtschaftlichen Gesichtspunkten

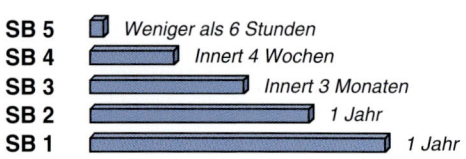

Grosses Lager – kleiner Umschlag
Kleines Lager – grosser Umschlag

SB 5   Weniger als 6 Stunden
SB 4   Innert 4 Wochen
SB 3   Innert 3 Monaten
SB 2   1 Jahr
SB 1   1 Jahr

Stufen der materiellen
Bereitschaft für einen Einsatz (SMBE)

Mit diesem Nutzungsmodell wird einerseits der aktuellen politischen Bedrohung Rechnung getragen und andererseits werden die Verwaltungskosten massiv gesenkt. Das Modell lässt zu, dass die materielle Einsatzbereitschaft – einheitsweise und/oder nach Bedarf – bei veränderter Bedrohungslage dynamisch angepasst werden kann.

Die Reorganisation ergibt für die Formationen der F Div 6 die Konsequenz, dass das Einsatz- und Ausbildungsmaterial (EAM) nicht mehr einheitsgebunden und somit auch nicht mehr pro Einheit in einem fest zugeteilten Zeughaus eingelagert ist. Die Einheiten fassen das Material für die Ausbildung ab einem EAM-Pool in der Nähe des Ausbildungsstandortes.

Die Befürchtungen bezüglich der «verlorenen Identifikation» zum eigenen Material hat sich bisher als unbegründet erwiesen.

Entwicklung des Materialdienstes mit Armee XXI

Die in Zukunft neu eingeführten Objekte und Systeme werden immer komplexer. Der Trp Hdwk wird sich noch vermehrt in Richtung Diagnostiker entwickeln. Die Reparaturtätigkeiten der Trp Hdwk werden sich immer mehr auf den Austausch von Teilsystemen und ganzen Baugruppen reduzieren.

Die Ausbildung der Trp Hdwk wird grundsätzlich neu aufgebaut. Die Trp Hdwk Kurse dürften in erster Priorität gesamtschweizerisch ausgeschrieben und zentral in den Trp Hdwk Schulen und Logistikbetrieben (AMP/Zgh) durchgeführt werden. Mit dieser Massnahme wird die Professionalität der Ausbildung wesentlich verbessert.

Mit der Einführung der Logistischen Basis der Armee (LBA) werden ab 2004 die heutigen Logistikbetriebe weitere tiefgreifende Umstrukturierungen erleben. Eine zunehmende Zentralisierung der logistischen Aufgaben und Einrichtungen wird nicht aufzuhalten sein.

Die Ressourcen der Privatwirtschaft werden noch vermehrt in das logistische System mit einbezogen.

Trotz dem in allen Bereichen veränderten Umfeld, wird sich der grundsätzliche Auftrag des Material- und Reparaturdienstes mit der Armee XXI nicht verändern.

SE-235 im Einsatz

Eidgenössisches Zeughaus Frauenfeld

Zeughaus Uster

Kantonales Zeughaus Schaffhausen

AMP Hinwil

Eidgenössisches Zeughaus Kloten

Zeughaus Winterthur

AMP Bronschhofen

Auf dem Weg zum modernen *Sanitätsdienst*

Oberstlt Gabor Sütsch, Div Az F Div 6 2000–2003

Die eindrücklichen gesellschaftspolitischen Umwälzungen der letzten Jahre und die Bedrohungslage hatten auch Auswirkungen auf die Einsatzdoktrin des San D der Armee. Weitere Anpassungen betrafen die Ausbildung und die Ausrüstung der Sanitätstruppen, die wesentlich verbessert wurde.

Der Koordinierte Sanitätsdienst

Die Einführung des Ende der Achtzigerjahre entworfenen, schrittweise umgesetzten und mit der Zeit den aktuellen Gegebenheiten angepasster Koordinierten Sanitätsdienstes (KSD) war ein wichtiger Schritt in der Entwicklung und Modernisierung des San D der Armee. Der KSD ist ein wesentliches Element der Gesamtverteidigung, und der San D der Armee ist jetzt ein fester Bestandteil davon. Die Zusammenarbeit mit den übrigen zivilen Partnern bezweckt die Koordination und der optimalen Einsatz aller personellen und materiellen Mittel sowie der sanitätsdienstlichen Installationen unseres Landes.

Zur Bewältigung von ausserordentlichen Lagen steuert die Armee organisiertes, speziell ausgebildetes und ausgerüstetes Sanitätspersonal bei, das mit Hilfsstellen, Militärspitälern, Nachschub- und Produktionsstellen für Sanitätsmaterial, Medikamenten und Infusionslösungen sowie mit Spezialfahrzeugen für grössere Patiententransporte ausgerüstet ist.

Der Armeesanitätsdienst

Vorgängig der Einführung des KSD wurde der Armeesanitätsdienst aber bereits 1980 neu organisiert (NOAS). Die früheren Hauptaufgaben waren unverändert geblieben. Sie umfassten die Gesunderhaltung der Truppe, die militärärztliche Beurteilung der Diensttauglichkeit[1], die Übernahme und Behandlung von Patienten von der Truppe und die Sicherstellung des San Mat Nachschubes. Neu wurde der Armeesanitätsdienst in zwei

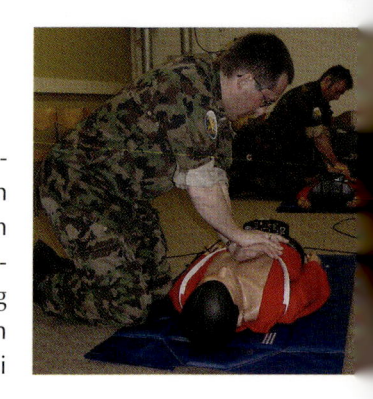

stufen gegliedert (Truppe/Basis) und die Sanitätsabteilungen der Divisionen, beziehungsweise die Verbandsplätze, aufgehoben.
Materielle und personelle Verstärkungen der Truppensanität waren nötig, um möglichst vielen verstärkten Kompaniestützpunkten eine Sanitätshilfsstelle zuteilen zu können.
Die Zuteilung von zusätzlichen geländegängigen Fahrzeugen und die Verkürzung der Transportdistanzen durch vermehrte Basierung der Truppe auf Endbehandlungsspitälern des öffentlichen Gesundheitswesens (Zivilspitäler, geschützte Operationsstellen) und des Zivilchutz-Sanitätsdienstes (Notspitäler) gehörten zur Umsetzung des NOAS Konzeptes ebenso wie die Schaffung von Spitalabteilungen, die zu einer erheblichen Kapazitätssteigerung der Patientenbetten in Militärspitälern beitrugen[2].

Im Rahmen der Erkenntnisse aus dem Bericht 90 über die Sicherheitspolitik der Schweiz vom 1. Oktober 1990 folgte die Anpassung des zehnjährigen NOAS Konzeptes auf die Bedürfnisse der Armee 95. Obschon zusehends weniger konkrete Gefahrensformen bestanden, war die Hauptbedrohung des San D der «grosse Patientenanfall» geblieben. Um dieser Aufgabe gerecht zu werden, sind die Hauptziele insbesondere in Bezug auf die Verwundeten bzw. die Patientenversorgung identisch geblieben: Jeder Verletzte musste innerhalb von «sechs Stunden» nach Verletzung im Spital eingetroffen und die Spitalbehandlung innerhalb der ersten «24 Stunden» nach Verletzung/Erkrankung erfolgt sein. Die dauernden Überprüfungen des Konzeptes hatten bestätigt, dass auch unter den neuen Bedingungen die Kapazitäten des Sanitätsdienstes genügten. Der mit der Armee 95 angestrebte Bestandesabbau von 38 Prozent war mit einer Reduktion des zu erwartenden militärischen Patientenanfalls verbunden, führte aber teilweise auch zum schmerzlichen Ausscheiden von wichtigen Leistungsträgern der Sanitätstruppen. Im Gegenzug war damit verhindert worden, dass die gut funktionierenden zivilen sanitätsdienstlichen Strukturen aufgelöst und durch schlechtere, improvisierte und weniger eingespielte Installationen ersetzt wurden.

1 Der grösste Schritt in Bezug auf die Beurteilung der Diensttauglichkeit ist mit Armee 95 erfolgt. Vor dem Hintergrund der zunehmenden Spezialisierung gewisser Funktionen und mit der Absicht weitere Bestandesverluste zu vermindern, ist das Konzept der differenzierten Tauglichkeit eingeführt worden. Diese berücksichtigt den Geisteszustand und die physische Leistungsfähigkeit von Diensttauglichen wesentlich mehr als früher und dient dazu, die unterschiedlichen Leistungsfähigkeiten der AdA optimal auf die Anforderungen definierter Funktionen abzustimmen.

2 Das dichte Netz an Zivilspitälern, die Verfügbarkeit der Ressourcen, personelle Unterbestände und andere Gründe gaben Anlass, dieses Konzept wieder aufzugeben.

Die beweglichere Kampfführung hatte auch Auswirkungen auf die Auswahl der Basierungen au Militär- und Basisspitäler und einzelne Aufgaben wurden vermehrt auf die zivilen Partner des KSD verlagert.

Neu entstandene Konzepte bezweckten, dass Soforthilfe durch bereits im Dienst stehende Sani tätstruppen und Unterstützung durch ausgebildete Formationen zur personellen Entlastung in funktionierenden (zivilen) Anlagen geleistet werden konnte.

So war «SUBITO KASANDET» für die Soforthilfe am Schadenplatz entworfen worden. Es basierte auf Sanitätsformationen der Truppen und Schulen, die über das Jahr verteilt Dienst leisteten. Diese Reaktionselemente verfügten über Personal, zusätzliches Material und Transportmittel, um rasch am Ort des Geschehens einzutreffen, Erste Hilfe zu leisten, geborgene Patienten am Leben zu erhalten und ins Spital zu transportieren. Dieses Element wurde übungshalber vereinzelt alar miert, kam in der F Div 6 aber nie zum Echteinsatz. Weil eher schwerfällig, wurde «SUBITO KASANDET» verlassen.

Das Konzept «AESKULAP» bezweckte Pflegeplätze in bestehenden Anlagen durch spezielle For mationen in Betrieb zu nehmen, um die Zivilspitäler von den Pflegefällen zu entlasten, dami mehr Raum für Notfälle entsteht. Auch dieses Konzept wurde im Rahmen der letzten Anpassun gen verlassen.

Von Bestandesproblemen war auch der San D der F Div 6 nicht verschont geblieben. Es waren multifaktorielle Ursachen, so beispielsweise Rekrutierungsprobleme von Sanitätssoldaten oder ein allzu liberales Dispensationsverhalten von Instanzen, die teils ohne Rücksprache mit den zuständi gen Kommandanten Kursverschiebungen genehmigten. Die Zusammenlegung von Sanitätszügen war ein probates Rezept, um die Funktionen wie die Gesunderhaltung der Truppe und die Auf rechterhaltung der täglichen Arztvisite sicherzustellen und die Ausbildung des Sanitätspersonals effizient gestalten zu können.

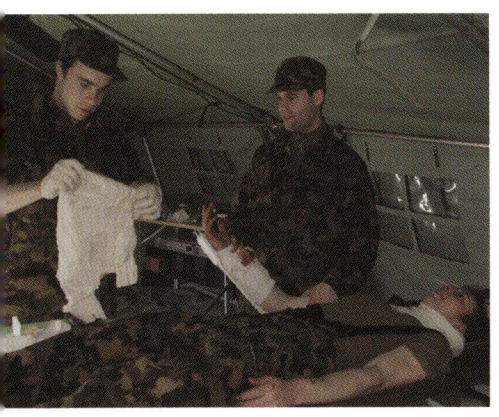

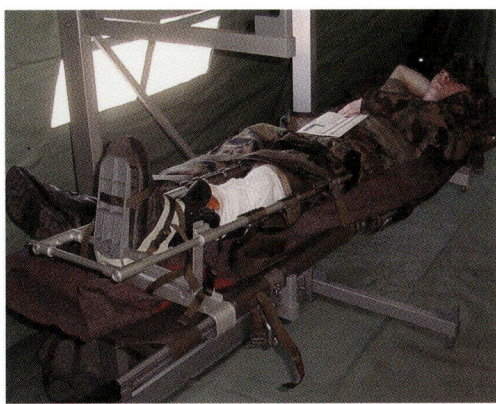

Viel mehr Schwierigkeiten bereitete der zunehmende Ärztemangel. Das Konzept «PROGRESS» vermochte keine entscheidende Verbesserung beizusteuern, was entsprechende Auswirkungen auf die ohnehin nicht immer spannungsfreie Beziehung zu den Militärärzten hatte. Die drastisch schrumpfende Zahl der immer weniger Militärdienst leistenden Ärzte vermochte die Zusatzanforderungen kaum zu bewältigen und die Lage spitzte sich weiter zu. Auf der Suche nach Lösungen, um den Ärztemangel zu beheben, wurde versucht, die Dienstleistung flexibel zu gestalten, allerdings ohne bahnbrechende Attraktivitätssteigerung. Des weiteren wurden Divisionär Hans-Ulrich Solenthaler und der Divisionsarzt, Oberstlt Urs Dürst, am 4. November 1998 bei der Chefärztekonferenz des Kantons Zürich vorstellig, um die Problematik zu erläutern. Die Zusage einer weniger restriktiven Freigabe der Militärärzte für die militärischen Dienstleistungen zeigte kaum Auswirkungen.

Die Sanitätshilfsstelle

Im Rahmen des Rüstungsprogramms 1996 wurde die Sanitätshilfsstelle, das Herzstück der Sanitätstruppen, welches am Ort des Geschehens ins Dispositiv integriert ist und auf die Einsatzart und die besonderen Gegebenheiten der jeweiligen Truppe abgestimmt worden war, erneuert. Entscheidende Neuerungen waren die Universalzelte 90, welche den schwerfälligen Vorgänger 55 ablösten. Zudem wurden geräumige, moderne Behandlungscontainer zusammen mit neuen Beleuchtungs- und Heizaggregaten (Warmluftgeräte) eingeführt, um die Arbeitsbedingungen und die hygienischen Verhältnisse entscheidend zu verbessern. Diese Neuerungen waren im übrigen die augenfälligsten Anpassungen an das neue Konzept der dynamischen Raumverteidigung als Ausdruck der Abwendung vom Prinzip des klassischen «Eingrabens» bei ohnehin chronischem

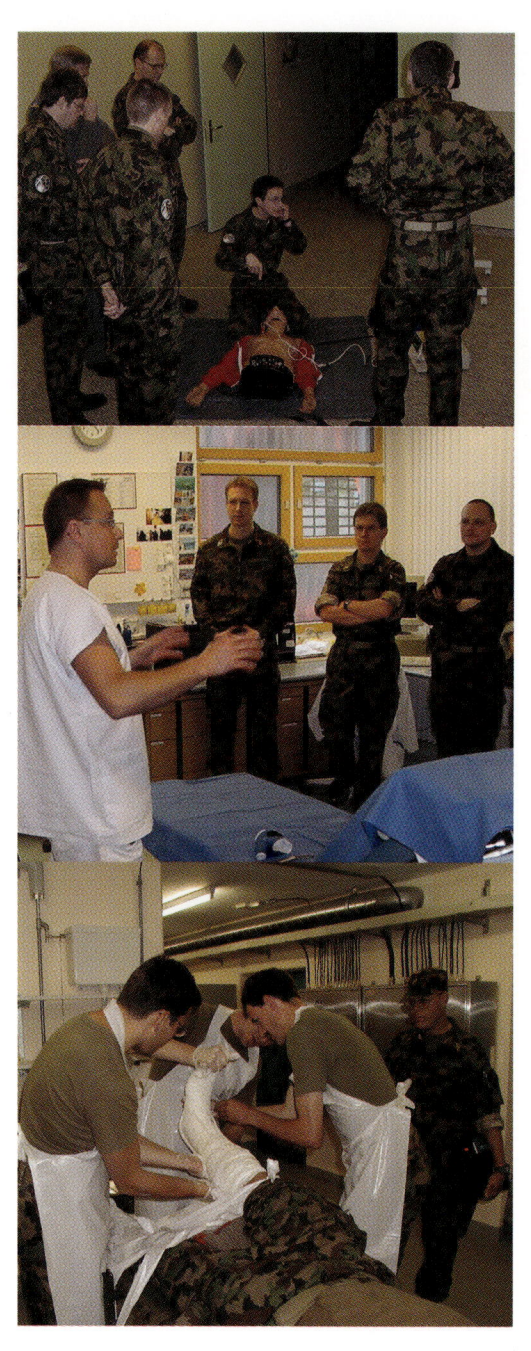

Mangel an für eine Sanitätshilfsstelle geeigneten Gebäuden, Kellern, Garagen oder Ähnlichem.

San Kp III/6: Weitere Auswirkungen der Armee 95 für die F Div 6

Ab 1. Januar 1995 wurde die neu gegründete San Kp III/6 dem Div Stabsbat 6 zugeteilt. Diese primär als Reserveelement des Div Az konzipierte Kompanie, deren erste Schritte durch die Umrüstung und Nachumrüstungen, Fassung von neuem Material und Training an diesem erschwert wurden, entwickelte sich zu einem der stabilsten San D Elemente der F Div 6. Die gut eingegliederte San Kp beherrschte in wenigen WK sämtliche Geräte und taktischen Auflagen und wurde so zum Vorzeigeelement. In unzähligen Übungen wurden die Infrastrukturen des San D aufs Härteste getestet; militärische und zivile Figuranten aus Samariter-Vereinen und ähnlichen Organisationen dienten nicht selten dazu, die Probleme und Engpässe in Zusammenhang mit einem gefürchteten Massenanfall aufzuzeigen und Lösungsansätze zu deren Bewältigung zu üben (Übungen «AIUTO», «FINALE» usw). Eine der grösseren Herausforderungen in Übungen mit fingierten Patienten war es, die realitätsgetreue Rolle der Figuranten umzusetzen und diese so zu «präparieren beziehungsweise moulagieren», dass sie möglichst wie Echtverletzte imponierten.

In den letzten Jahren ist erkannt worden, dass der längere Verbleib der Sanitätshilfsstelle am selben Standort ausbildungstechnisch sinnvoller ist als das rasche – und demzufolge unvollständige und damit unbefriedigende – Einrichten und notfallmässige Abbauen der San Hist in Anlehnung an den «raschen» Stellungsbezug der Infanterie oder anderer Truppengattungen. Der Sanitätszug musste die Fähigkeit trainieren, die naturgemäss immer nach dem Gefecht eintreffenden Verwundeten und Erkrankten zu versorgen und diese über eine längere Phase betreuen zu können. Diese Aktivitäten liefen in der Regel nicht zeitgleich zum Kampfgeschehen ab und erforderten viel organisatorisches Geschick.

Ausbildung der Sanitätsoffiziere und der Truppe

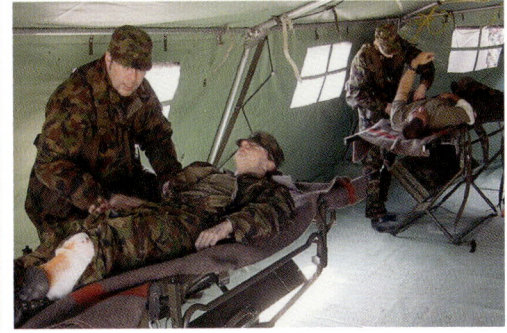

Mit der Einführung der Dienstleistung im Zweijahresrhythmus wurden die Kader im WK-freien Jahr in Regiments-, später Divisions-internen Technisch Taktischen Kursen (TTK) geschult. Das Inf Rgt 26 startete diese neuartige Ausbildung mit dem Schwergewicht «Kriegschirurgie». Eigens dazu wurden Ausbildungstage auf der Pathologie im Stadtspital Triemli absolviert, um die technischen Fertigkeiten möglichst realitätsgetreu zu üben. Dies war eine willkommene Ergänzung zu den überaus lebensechten Phantomen der Armee, an denen solche Standardoperationen vollzogen werden können. Die anderen Regimenter der F Div 6 übernahmen die Konzepte des Inf Rgt 26. Allerdings sprengten diese organisatorisch äusserst aufwändigen Kurse die Möglichkeiten einzelner Truppenkörper, sodass mit vereinten Kräften die grössere Herausforderung von zentralen TTK für alle San Of der Division aufgenommen wurde. Unter den hervorragenden logistischen Rahmenbedingungen von fest eingerichteten Arbeitsplätzen im Sanitätstruppen-eigenen Waffenplatz Moudon absolvierten vom 9. bis 11. April 1997 und vom 21. bis 23. April 1999 108 respektive 85 San Of ein fachlich hochstehendes militärmedizinisches Programm. Das Kursziel war die technische Schulung der Primäraufgabe des Arztes in Kriegs- und Katastrophensituationen. Vorträge, praktische Arbeitsposten, Test- und Gruppenarbeiten sowie funktionsbezogene Fortbildungen bildeten die Gefässe, um den Stoff zu vermitteln. Schwergewichtig wurde die Sicherheit bei Noteingriffen mit korrekter Durchführung am Phantom, Rettungsabläufe im Reanimations-Parcours, die Behandlung psychischer Kampfreaktionen und Anästhesie auf der Sanitätshilfsstelle trainiert. Weitere Themen waren die Ausbildung in AC-Belangen, Infanterie und San Dienst, San Dienst im Pz Bat oder der Themenkreis Zugführerrapport.

Im TTK 2001 wurden hauptsächlich Aspekte der Notfallmedizin behandelt und praktische Reanimationsübungen im vollständig ausgerüsteten und primär für zivile Kurse konzipierten Reanimations-Parcours des Universitätsspitals Zürich unter Anleitung von zivilen Referenten trainiert. Das positive Echo dieser Art der Ausbildung und die guten Erfahrungen mit den San Of führten dazu, dass auch die Offiziere des Stabs F Div 6 ab 2002 in die wichtige Funktion des «Retters» eingeführt wurden und es fanden regelmässig kardiopulmonale Reanimationskurse für Stabsangehörige statt.

Solche Kurse und die übrigen Anstrengungen in der Ausbildung aller Stufen waren wichtige Faktoren um das Empfinden der Truppe für die Bedeutung der San D Belange (Vertrauensbildung) und die Eigenverantwortung der Truppe (Kameradenhilfe) zu fördern. In diesem Zusammenhang wurden die Zugssanitäter, die als Doppelfunktionäre primär einen kombattanten Auftrag haben, regelmässig durch die Bataillonsärzte geschult, um ihre entscheidende Rolle bei der Erstversorgung der Truppe am Ort des Geschehens wahrnehmen zu können.

Zusammenfassung

Die Steigerung der Effizienz des Armeesanitätsdienstes ist durch tiefgreifende Verbesserungen von Ausrüstung und Ausbildung und durch die Einbindung in den KSD erzielt worden. Die Grundsätze: «soviel wie möglich retten», und die «6 beziehungsweise 24 Stunden Regel» sind Maximen, die in der F Div 6 regelmässig trainiert und erfolgreich geprobt wurden. Bestandesprobleme der Armee 95 verschonten auch den San D der F Div 6 nicht, so dass Flexibilität und der Lage angepasste Lösungen nötig waren, um die Probleme zu lösen.

> «Man kann mit einem guten Sanitätsdienst keinen Krieg gewinnen,
> ihn mit einem schlechten aber sicher verlieren.»

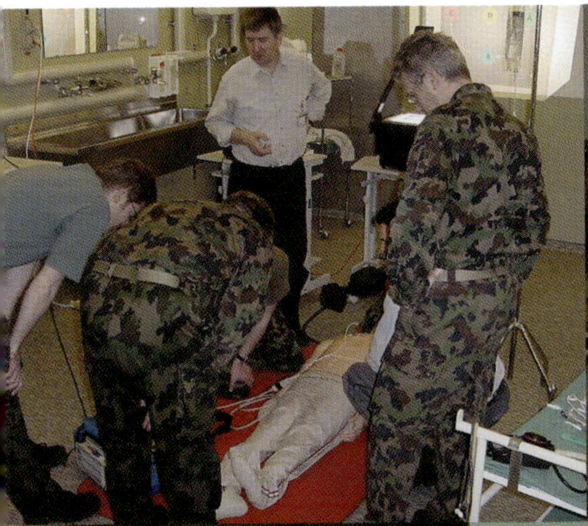
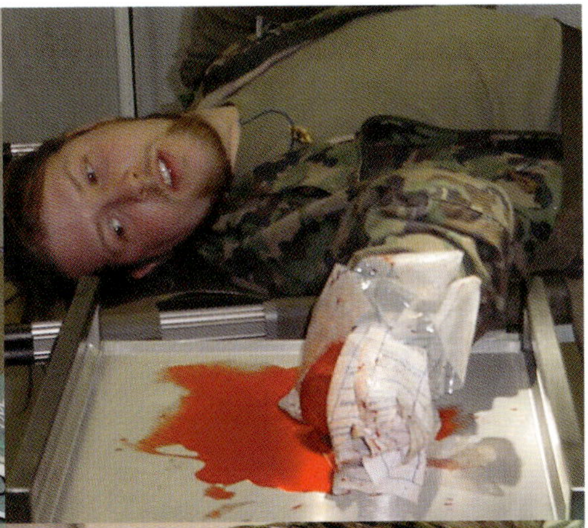
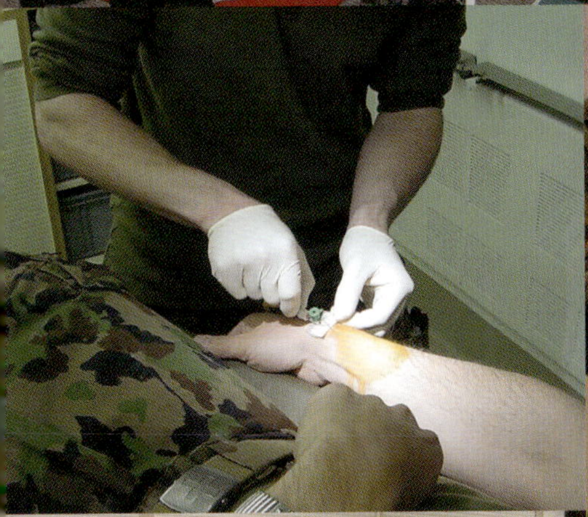
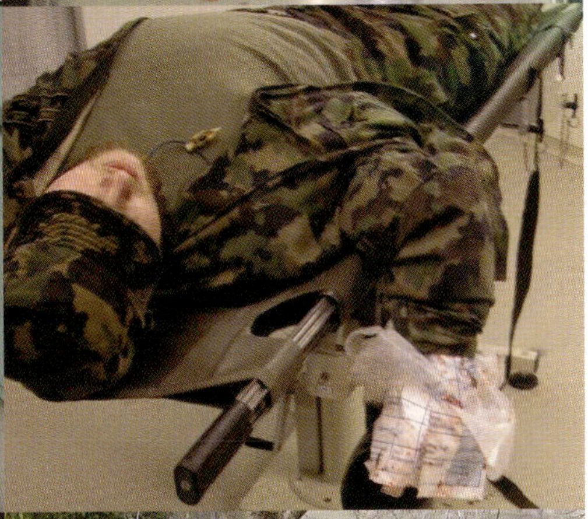
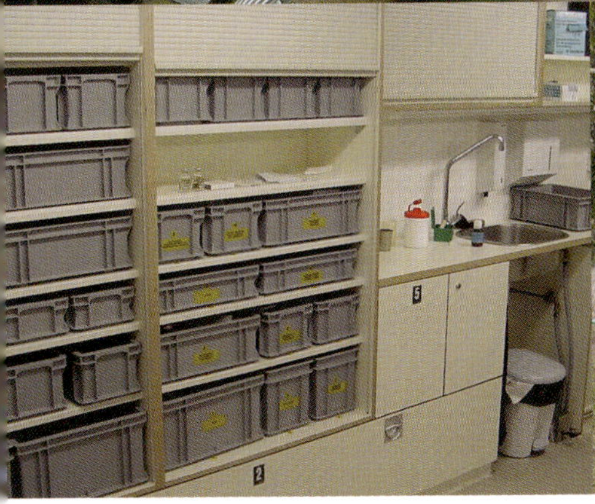
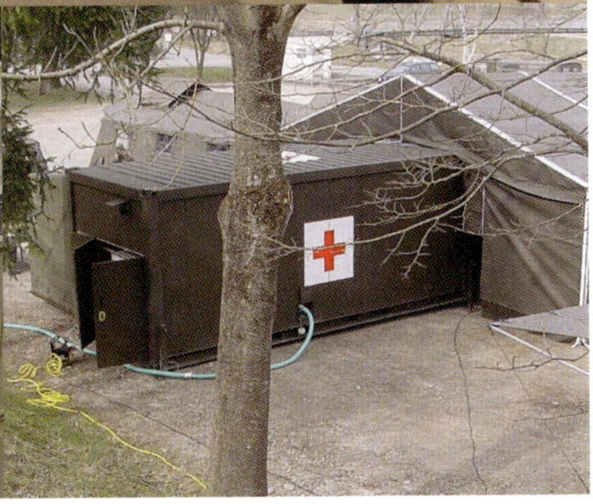

Mobilität dank *Verkehr + Transport* und *Eisenbahndienst*

Oberstlt Rudolf Ramsauer, C Vrk + Trsp F Div 6 1995–1999
Oberstlt Alfred Bachmann, Eisb Of F Div 6 1986–1994
Major Heinrich Brändli, Eisb Of F Div 6 1997–2003

Ausbildung

Die leistungsorientierten Motf Vorkurse lösten im Jahr 1992 die bisherigen – für alle von Samstag bis Montag (Einrücken der Truppe) – dauernden Motf Vorkurse ab. Damit wurden die Kenntnisse und Fähigkeiten der Fahrer berücksichtigt und nach dem Erfüllen der Minimalanforderungen erfolgte die Entlassung in der Regel am Samstagabend. Mit denjenigen, die noch mehr Fertigkeit erzielen mussten, konnte das Kader weitere Ausbildung betreiben.
Die Ziele der Motf Vorkurse waren:
- Zugeteiltes Fahrzeug korrekt übernehmen
- Zugeteiltes Fahrzeug unter verschiedenen Verhältnissen sicher führen
- Zugeteiltes Fahrzeug vorschriftsgemäss warten
- Zivile und militärische Strassenverkehrsvorschriften kennen und deren Bedeutung erklären
- Unfallverhütungsmassnahmen erklären und anwenden
- Technische Fahrzeuginspektion durchführen

Überprüfen der Fahrzeugausrüstung   Radwechsel bei Doppelbereifung

Mit der Armee 95 wurde der Motf Vorkurs ersetzt durch das Repetitorium. Dessen Zweck war vor allem die Überprüfung der fachtechnischen Grundfertigkeiten und des Verkehrsverhaltens aller im WK zum Einsatz gelangenden Motorfahrzeugführer, so dass sie ab Beginn der Dienstleistung die bei der Truppe im Bereich Vrk + Trsp erteilten Aufträge ohne Einschränkungen ausführen konnten, insbesondere:

Sicheres Lenken in jeder Situation Parkieren seitwärts

- Zugeteiltes Fahrzeug sicher führen
- Zivile und militärische Strassenverkehrsvorschriften korrekt einhalten
- Grundsätze der Unfallverhütungsmassnahmen anwenden

Das Repetitorium sollte sich auf acht Stunden beschränken. Dies bedurfte einer optimalen Nutzung der Zeit durch Verwendung bestehender Infrastruktur und der Überprüfung mit klaren Zielvorgaben. Der Übergang zur Armee 95 und die Einführung der TTK ermöglichte dem Chef Vrk + Trsp der Division, dass er alle seine Vrk + Trsp Of in den fachbezogenen TTK direkt ausbilden konnte.

Wenden zwischen zwei Begrenzungen   Schlangenlinie vorwärts/rückwärts   Manövrieren mit Anhängern

Zielsetzung eines fachbezogenen TTK:
- Abgestimmtes Fördern der fachtechnischen Ausbildung
- Praktische zielorientierte Ausbildung der Kader
- Methodisch zweckmässige Durchführung vorzeigen

Mit dieser Ausbildung konnte das Kader praktisch weitergebildet werden; dies als Vorbereitung für die Ausbildung der Motf im WK sowie Weiterbildung in Führung und Planung.

Der tote Winkel   Einschätzen des Abstandes

Mit der Einführung des Dienstchef-Controllings ab 1995 wurden die Verbände nach den gleichen Kriterien beurteilt. Die Auswertungen sind mit den zuständigen Vrk + Trsp Of und den Kdt besprochen worden. Damit konnten Korrekturmassnahmen für die folgende Dienstleistung aufgenommen werden.
Mit der Einführung neuer Ausbildungsmittel wurde vermehrt auf den individuellen Ausbildungsstand der Motf Einfluss genommen und somit die Weiterbildung gezielt gefördert. Die CUA (Computerunterstützte Ausbildung) in mobilen Containern behandelte die Themen Strassenverkehrsgesetz, militärischer Strassenverkehr, Fahrphysik. Ein weiterer grosser Schritt erfolgte mit den Fahrsimulatoren (FATRAN) für Fahrer von Lastwagen.

Eisenbahndienst – Bahntransporte (BT)

Mit zunehmender Sensibilität für den Umweltschutz, im Interesse der Unfallverhütung und von Treibstoffsparmassnahmen, erfolgten Verschiebungen über längere Distanzen – vor allem der Raupenfahrzeuge und der Fusstruppen – regelmässig mit der Bahn. Ab 1992 wurden die neuen Richtlinien der damaligen AOT (Ziffer 238), wonach Pneufahrzeuge bei Marschdistanzen über 100 km ebenfalls auf die Bahn verladen werden sollen, voll ausgeschöpft. Auf neuralgischen Strecken und zu Hauptverkehrszeiten trug dies vielfach zu einer Entlastung des immer stärker frequentierten Strassennetzes bei.

Bahntransporte während der Nacht ermöglichten der Truppe zudem, am folgenden Tag ausgeruht im neuen Einsatzraum einzutreffen und erleichterten die Einhaltung der Ruhezeitvorschriften für die Fahrzeugführer. Zunehmender Beliebtheit erfreute sich dabei der Einsatz von Liegewagen. Für das Be- und Entladen der Züge wurden oftmals Rampenwagen eingesetzt. Mit diesen Spezialwagen können Raupen- und Radfahrzeuge auch auf Bahnübergängen ausserhalb besiedelter Gebiete, auf stillgelegten Eisenbahnstrecken oder in Industrieanlagen gefechtsmässig ein- und ausgeladen werden. Von dieser Möglichkeit machten vor allem die mechanisierten Verbände Gebrauch (Pz Bat 6 und 23, Pz Hb Abt 16, 17 und 63).

Übung FINALE (F Div 6 -) der grosse Abschluss

Als grosse, letzte Volltruppenübung wurde unter Leitung der F Div 6 die Übung FINALE vom 10. bis 12. März 2003 durchgeführt. Abschluss dieser Übung war der Vorbeimarsch, mit allen teilnehmenden Verbänden.

Diese Übung stellte im Bereich Vrk + Trsp grosse Ansprüche, mussten doch innert kurzer Zeit sechs verschiedene Verbände von ihren WK-Standorten per Bahn und Strasse in die Übungsräume verschoben werden.

Bereits am Freitag vorher wurden alle mechanisierten Verbände auf verschiedenen Bahnhöfen in der West- und Ostschweiz auf die Bahn verladen. Als Spezialität wurden dabei nicht nur die Raupenfahrzeuge, sondern auch praktisch alle Radfahrzeuge verladen. Mit total 35 Extrazügen wurde das Armeematerial über das Wochende in die neuen Räume transportiert. Die Truppen selber wurden direkt nach Verlad in den Wochenendurlaub entlassen. Sie rückten am Sonntagabend, komplett ausgerüstet, auf den Bahnhöfen Schlieren und Dietikon ein, wo Liegewagen bereitstanden. Die Bahn führte dann in der Nacht auf den Montag Truppen- und Materialzüge so zusammen, dass der Ablad morgens ab 0300 Uhr beginnen konnte.

Auf total 8 verschiedenen Bahnhöfen wurden alle Züge abgeladen. Dabei kamen auch zwei Rampenwagen zum Einsatz, da diese Züge auf offener Strecke abgeladen wurden. Die Truppe hatte dabei die Schwierigkeit, direkt aus der Nacht beziehungsweise aus dem Schlaf sofort die Abladestellen zu sichern, für den Ablad vorzubereiten und einzurichten. Dafür mussten diverse Detachemente eingeteilt und befohlen werden.

Panzerhaubitzen M-109 vor der Abfahrt

Der erste Pz 68 rollte um ca 0400 Uhr vom Bahnwagen, das letzte Fahrzeug wurde um ca 0800 Uhr in Schaffhausen abgeladen. In enger Koordination mit den SBB, den lokalen Organen der Bahnhöfe sowie der Polizei wurden die Ablade und die anschliessende Verschiebung in die Bereitschaftsräume geplant und durchgeführt.

Warten auf den Vorbeimarsch

Ohne die enge Partnerschaft mit den zivilen Partnern wäre die Durchführung einer solchen vernetzten und komplexen Übung heute nicht mehr möglich. Vor allem musste darauf geachtet werden, dass strassen- und bahnseitig die Kapazitäten im Berufsverkehr möglichst nicht beeinträchtigt werden. Ebenso musste auf neuralgische Verkehrsknoten, wie zum Beispiel die mehrmalige Durchfahrt von mechanisierten Verbänden durch die Stadt Schaffhausen, geachtet werden. Nach Bezug der ersten Bereitschaftsräume und der Ausführung diverser Aufträge verschoben alle Verbände auf der Strasse in neue Bereitschaftsräume. Als Höhepunkt kann dabei sicher das Übersetzen über diverse Flüsse bezeichnet werden. Dabei zeigte sich die enge Zusammenarbeit mit der Genie, welche mit dem Brückenlegepanzer sowie diversen weiteren Massnahmen diese Überfahrten beziehungsweise auch das Durchwaten der Flüsse erst möglich machte.
In der Nacht zum Mittwoch wurden alle Verbände ad hoc ab einem Marsch KP auf den Waffenplatz Bülach-Kloten befohlen, wo alle Fahrzeuge in der richtigen Reihenfolge für den Vorbeimarsch am Nachmittag aufgestellt wurden. Damit ging eine interessante und – aus Sicht der Logistik – sehr intensive Übung zu Ende.
Alle Verschiebungen in dieser Übung wurde durch den C Vrk + Trsp sowie den Eisb Of der F Div 6 in Zusammenarbeit mit den Vrk + Trsp Of der Truppe minuziös geplant und während der Durchführung ständig überwacht. Dank der Disziplin der Truppe sowie dem Einsatz vieler ziviler Partner konnten diese umfangreichen Verschiebungen erfolgreich und unfallfrei abgeschlossen werden.

Einige Zahlen dieser Übung:
Total beanspruchte Züge: 35 (inkl. Leermaterialzüge)
Total beladene Züge: 15
Anzahl benötigte Wagen: 230 (davon 31 Liegewagen sowie 65 Panzertransportwagen)
Anzahl involvierte zivile Personen: ca. 80 (Bahn, Polizei)
Anzahl gefahrene km: ca. 36 000
Anzahl beanspruchte Bahnkilometer: ca. 4250

Zahlen zu Leistungen im Bereich Vrk + Trsp

		1994	1995	1996	1997	1998
3.1	Verband	F Div 6	F Div 6	F Div 6	F Div 6	F Div 6
3.2	Anzahl Unfälle,	41	14	17	16	14
	davon ziviles					
	Verschulden	12	2	2	1	3
3.3	Anzahl Fahrzeuge	2'401	1'583	1'420	1'689	1'238
3.4	Total gefahrene					
	Kilometer	3'120'909	1'981'416	1'827'929	2'093'253	1'454'408
3.5	1 Unfall auf km	76'120	141'530	107'525	130'828	103'886
3.6	Verletzte	7 Mil / 4 Ziv	0 Mil / 1 Ziv	2 Mil / 0 Ziv	0 Mil / 0 Ziv	1 Mil / 0 Ziv
3.7	Schadensumme					
	Bund Fr.	118'200	30'100	68'700	29'700	11'500
	Schadensumme					
	Dritte Fr.	229'200	48'990	22'100	22'800	34'650

Die **Treibstoffkontingentierung**, eine Vorgabe für den überlegten Einsatz dieses Energieträgers, gab zu vielen Diskussionen Anlass. Die folgenden Zahlen sind diesbezüglich selbsterklärend

Treibstoffkontingent und -verbrauch 1997/1999

Truppe / Kurse	1997 Rahmen-kontingent	1997 Ver-brauch	1999 Rahmen-kontingent	1999 Ver-brauch
Kdo F Div 6			0	365
Div Stabsbat 6	22'000	8'645	9'000	4'022
Uem Abt 6	20'000	13'144	15'000	10'451
Inf Rgt 26	230'000	183'466	68'000	62'384
G Bat 6			55'000	58'741
Flhf Rgt 4				
Flhf Bat 42				12'786
Inf Rgt 27	75'000	72'310	58'000	48'540
Füs Bat 69	20'000	21'298		
Mech Füs Bat 65			35'000	23'781
Füs Bat 67			32'000	21'499
Pz Bat 6	70'000	53'529	55'000	58'908
Art Rgt 6	130'000	135'719	121'000	102'424
FLG I/6			5'000	3'063
L Flab Abt 16	35'000	29'790	29'000	29'321
TTK Flhf Rg 4	4'000	1'189		
TTK Inf Rgt 28	3'000	512	2'000	459
TTK Pz Bat 23	2'000	360		
TTK G Rgt 4	3'000			
Winterarmeemeisterschaften			2'000	805
So Gebirgsausbildungskurs freiw	2'000			1'267
Sommermannschaftswettkampf/ Sportleiterkurs	4'000			
Ski-Patr-Fhr-Kurs	2'000	822		
FLG I	7'000	4'437		
Stab F Div 6	0	436		
Total	**629'000**	**525'657**	**486'000**	**438'816**

Schützenpanzer M-113 in voller Fahrt per Bahn

Ablad mit Rampenwagen auf offenem Feld

Mannschaftstransporte (friedensmässiges Aussteigen)

Territorialdienst – ein vielfältiges Einsatzspektrum

Oberstlt Philip Bodmer, C Ter D F Div 6 1999–2003

Die Veränderungen der Neunzigerjahre machten auch vor der Armee nicht halt, denn das damalige politische Bestreben ging nach der Beendigung des «Kalten Krieges» dahin, der Schweizer Bevölkerung durch verkleinerte Militärausgaben eine «Friedensdividende» in der Form von erhöhten Sozialausgaben zukommen zu lassen. Dies umso mehr als in den Jahren 1991 bis 1998 die Schweizer Wirtschaft eine lange Phase mit geringem Wirtschaftswachstum zu überdauern hatte. Die Armee blieb von Anpassungen an die neuen Gegebenheiten nicht verschont.

In diesem Zeitraum wurden auf der politischen Ebene zwei wichtige Meilensteine mit Auswirkungen auf die Armee gesetzt. Der erste Meilenstein war der «Bericht 90 des Bundesrates über die Sicherheitspolitik der Schweiz». Dieser Bericht, der die neuen Bedrohungsszenarien der Schweiz nach dem Ende des «Kalten Krieges» beschrieb, war die Grundlage, auf der die Armeereform 95 basierte. Der zweite Meilenstein, der «Sicherheitspolitische Bericht 2000», lieferte das Fundament auf dem die Überlegungen und die Konzeptionen zur erneuten Transformation der Armee 95 in die Armee XXI basierten. Beide Armeereformen hatten Änderungen in der Struktur zum Ziel. Dies bedingte einerseits eine Verkleinerung der Bestände, anderseits aber auch Anpassungen der Einsatzdoktrin. Um den für die Armee 95 neu definierten dreiteiligen Auftrag der Armee (Friedenserhaltung, Existenzsicherung, Kriegsverhinderung und Verteidigung) weiterhin glaubwürdig erfüllen zu können, musste der kleinere Mannschaftsbestand einerseits durch erhöhte Beweglichkeit und flexibleren Kräfteeinsatz kompensiert, anderseits neue Mittel zur Auftragserfüllung bereit gestellt werden. Dies führte zu wesentlichen Anpassungen im Bereich der territorialen Aufgaben.

Seit mehr als 100 Jahren war es Ziel des Territorialdienstes, die Handlungsfreiheit sowohl der zivilen Behörden als auch der Armee mit Leistungen im Rahmen der gemeinsamen Aufgabenerfüllung zu erhalten oder zu verbessern. Mit der Armeereform 95 wurden die territorialen Aufgaben neu definiert: sie bestanden aus dem Territorialdienst, dem Sanitätsdienst der Basis und der Katastrophenhilfe, mit den für diese Aufgaben entsprechend ausgebildeten und ausgerüsteten Truppenformationen. Nicht verändert wurde in der Armeereform 95 die Zuordnung der territorialen Aufgaben, als einer der drei Bereiche der Logistik, zusammen mit der Versorgung und dem Verkehrs- und Transportwesen. Die Sicherstellung der Logistik erfolgte durch die Ter Div/Br.

Innerhalb der Armee erfüllte der Ter D folgende Aufgaben:
- Führung und Koordination der Zusammenarbeit zwischen Armee und den zivilen Behörden beziehungsweise Organisationen
- Einsätze zur allgemeinen Existenzsicherung
- Einsätze und Massnahmen zu Gunsten der Armee
- Einsätze und Massnahmen in den Koordinierten Diensten

Der Ter D war in folgende Fachbereiche gegliedert:
- Territorialer Nachrichtendienst
- Militärisch bedingte Massnahmen auf dem Gebiet der Elektrizitätswirtschaft
- Schutz von zivilen Objekten zur Sicherstellung existenzieller Bedürfnisse
- Militärischer Betreuungsdienst
- Rechts- und Polizeidienst inklusive Kulturgüterschutz
- Wehrwirtschaftsdienst

Die Ter D Strukturen der Armee 95 bildeten über die ganze Schweiz eine «Grundplatte», auf der die Armee zur Auftragserfüllung basierte. Diese Grundplatte bildete sowohl die Struktur, auf der die Logistik der Armee basierte, als auch die Schnittstelle zwischen den militärischen und den zivilen Führungsebenen für alle Belange, die zwischen der Armee und den zivilen Stellen zur Leistungserbringung koordiniert werden mussten.

Katastrophenhilfe durch die Armee

Veränderungen in der Organisation des Territorialdienstes von 1992 bis 2003

Mit der Armeereform 95 wurden die neuen Prioritäten der schweizerischen Sicherheitspolitik umgesetzt. Neben der Friedensförderung und Kriegsverhinderung/Verteidigung erhielt die Armee explizit als weiteren Hauptauftrag die «Hilfeleistung als Beitrag an die Allgemeine Existenzsicherung». Dazu gehörten Katastropheneinsätze im In- und Ausland sowie subsidiäre Sicherungseinsätze wie Objektschutz, Konferenzschutz, Personenschutz, Schutz der Landesgrenze (Verstärkung des Grenzwachtkorps) und die allgemeine Einsatzunterstützung. Die Einsätze der Armee zur allgemeinen Existenzsicherung erfolgten nach dem Grundsatz der Subsidiarität. Sie wurden dann geleistet, wenn die zivilen Behörden ihre Aufgaben personell, materiell und/oder zeitlich nicht mehr selbst bewältigen konnten. Diese Hilfe erfolgte auf Gesuch der kantonalen Behörden. Die zivilen Behörden trugen die Gesamt-, die militärischen Kommandostellen die Führungsverantwortung. Truppen oder Leistungen wurden den zivilen Behörden «einsatzunterstellt».

Die erhöhte Bedeutung der subsidiären Einsätze zu Gunsten der zivilen Behörden im Einsatzspektrum der Armee nach 1995 hatte weitreichende Konsequenzen auf die Führung, den Einsatz und die Organisation der Ter D Formationen. Die Bindegliedfunktion zwischen der Armee und den zivilen Behörden, die der Ter D als einer seiner Hauptaufgaben sicherzustellen hatte, bekam durch den Existenzsicherungsauftrag in der Armee 95 eine noch höhere Bedeutung. Denn gerade die subsidiären Einsätze im Rahmen der Existenzsicherung bedingten eine besonders enge Koordination und Zusammenarbeit der Armee mit den zivilen Führungsorganen.

Nicht nur wurde das Aufgabenspektrum des Ter D in der Armee 95 erweitert, sondern auch die Organisation und die Mittel wurden in der

Folge angepasst. Eine der signifikantesten Veränderungen in der Armee 95 stellte der Übergang von einer Organisation mit Territorial-Kreisen und -Regionen zu einer Organisation, basierend auf einer Struktur von Territorialregimentern dar. Die Territorialzonen wurden in die Ter Div/Br überführt. Diese Veränderung wurde durch den Zürcher Nationalrat Ernst Cincera (FDP/ZH) in einem an den Bundesrat eingereichten Postulat schon im März 1986 angeregt. Die räumlichen Grenzen der Ter Rgt waren mit den Kantonsgrenzen identisch. Im Gegensatz zu den früheren Territorial-Kreisen und -Regionen verfügten die Ter Rgt neu über eigene Infanterie. Ein Einsatz zugunsten der zivilen Behörden konnte somit effizienter erfolgen, da die erforderlichen Truppen nicht zuerst einer Kommandostruktur unterstellt werden mussten. Die Gliederung der Ter Rgt wurde auf die spezifischen territorialdienstlichen Anforderungen des Kantonsraums sowie auf mögliche Lageentwicklungen und Aufträge abgestimmt. Die Führungsstruktur wurde dadurch vereinfacht und die Zusammenarbeit mit der kantonalen Führung direkter, da die Anzahl Ter Stäbe reduziert und die designierten Ansprechpartner in einem einzigen Stab, demjenigen des Ter Rgt, zusammengefasst wurden. Für den zivilen Führungsstab eines Kantons (KFS) wurde der Stab «seines» kantonalen Ter Rgt zum wichtigsten Ansprechpartner, wenn es darum ging, ausserordentliche Lagen zu bewältigen. Die Unterstützung der zivilen Behörden im Rahmen von subsidiären Einsätzen konnte durch diese neue Struktur der Ter Formationen effektiver und wirkungsvoller gewährleistet werden.

Eine weitere wichtige Erneuerung im Rahmen der Armee 95 war die Einführung der Territorial Füsiliere: sie waren speziell dafür ausgerüstet und ausgebildet, um Schutz- und Unterstützungseinsätze wahrzunehmen und

Gewaltanwendung unterhalb der Kriegsschwelle effektiv zu begegnen. Der Hauptauftrag der Ter Füs war der Objektschutz (Schutz von Objekten der Gesamtverteidigung). Die Anzahl Ter Füs Kp pro Ter Rgt richtete sich nach der Fläche, der Bevölkerungsdichte, dem Wirtschaftspotential, der Topografie, der Geografie sowie der Grösse des jeweiligen Ter Rgt Raumes beziehungsweise Kantonsgebietes.

Im Zuge der Armeereform 95 wurden als Vorausmassnahmen vor 1995 bereits die Hilfsdienst (HD)- und Landsturm (Lst)-Formationen des Ter D aufgelöst.

Von diesen Veränderungen im Ter D Mitte der Neunzigerjahre war die F Div 6 nur indirekt betroffen, da die Felddivision, mit Ausnahme des Chef Ter D, keine Ter D spezifische Truppen eingeteilt hatte. Dennoch war eine der Konsequenzen dieser Anpassungen für die F Div 6, dass Formationen der F Div 6 vermehrt für subsidiäre Einsätze zu Gunsten der zivilen Behörden in den FDT aufgeboten wurden.

Umsetzung der territorialdienstlichen Aufgaben in der F Div 6

Der Chef Ter D im Stab der F Div 6 war für die Umsetzung der territorialdienstlichen Aufgaben im Kommandobereich der F Div 6 verantwortlich. Der Chef Ter D war auch zuständig für den Informationsfluss zwischen den zivilen Behörden, der Ter Div 4 und der F Div 6.

Wie später noch detailliert aufgezeigt wird, wurde im Zeitraum 1992 bis 2003 durch die F Div 6 eine beachtliche Anzahl von Einsätzen zu Gunsten der zivilen Behörden geleistet. Nicht nur bei der Bewältigung von Naturkatastrophen in der ganzen Schweiz, sondern auch im Bereich Objektschutz, Betreuung von Asylsuchenden und Unterstützung von Grossanlässen (CH 91, Expo. 02 usw.) fanden subsidiäre Einsätze 1:1 durch die Armee statt. Diese Einsätze der Armee wurden von der Bevölkerung stets sehr positiv gewürdigt und haben viel zum Goodwill gegenüber der Armee beigetragen.

In der F Div 6 wurden die Kontakte zu den zivilen Behörden, sofern sie nicht direkt über den Kommandanten oder Stabschef erfolgten, durch den Chef Ter D sichergestellt. Ebenfalls war es Aufgabe des Chef Ter D, die Verbindungen zum Kdt Ter Div 4 und dessen Stab sowie zu den unterstellten Verbänden der Ter Div 4 aufrecht zu erhalten.

Die Kontakte zu den zivilen Behörden im Divisionsraum, im speziellen zu den Behörden der Kantone Schaffhausen, St. Gallen und Zürich, wurden auf informeller Basis gepflegt. Die Zusammenarbeit mit den diversen zivilen Behörden und Organisationen wurde regelmässig in Truppenübungen, zumindest als Sequenz, geübt. In diesen Übungen galt es nicht nur den Absprache-Rapport mit den jeweiligen zivilen Behörden vorzubereiten und durchzuführen, sondern den Einsatz effektiv zu planen und anschliessend über eine bestimmte Zeitdauer auch wirklich auszuführen. In den Jahren nach 1995 gab es kaum eine Truppenübung unter der Leitung der F Div 6, die nicht einen subsidiären Einsatz zu Gunsten einer zivilen Stelle als Teilauftrag enthielt. Dies war auch dadurch bedingt, dass der terrestrische Angriff eines modernen Gegners auf die Schweiz in diesen Jahren als Übungsanlage als wenig realitätsnah beurteilt wurde. Von der damaligen Bedrohungslage abgeleitet entsprachen die existenzsichernden subsidiären Einsätze eher der Realität. Diese Gegebenheit führte ab 1995 immer mehr dazu, dass der Verteidigungsfall, für die Schweiz das gefährlichste, in unmittelbarer Zukunft aber am wenigsten wahrscheinliche Bedrohungsszenario, nur noch selten bis auf Stufe Rgt geübt wurde. Dazu kam ab 1995 der Verzicht auf Volltruppenübungen (die «Manöver») auf Stufe Grosser Verband, verbunden mit dem Nachteil, dass eine echte Schulung des im Verteidigungsfall unabdingbaren Kampfes der verbun-

Betreuung Asylsuchender 1999; Inf Rgt 27 (Bild: VBS)

denen Waffen praktisch nicht mehr stattfand. Dafür wurden die damals eher wahrscheinlichen, aber auf der Bedrohungsskala für die Schweiz weniger gefährlich erscheinenden Einsätze unterhalb der Kriegsschwelle intensiv geübt.

In den Jahren vor 1995 gab es diverse Gesamtverteidigungsübungen der Kantone im Raum der F Div 6. An diesen Übungen nahmen der Chef Ter D der F Div 6 sowie diverse Stäbe der Ter Zonen zusammen mit weiteren militärischen Funktionsträgern phasenweise teil. Nach 1995 nahmen an solchen Übungen der neuen Ter D Struktur entsprechend nur noch Teile der Ter Div 4 teil.

Da das Flhf Rgt 4 als Alarmformation in Friedenszeiten für die Ausbildung und Administration der F Div 6 unterstellt war, war es Aufgabe des Stabes der F Div 6, das Flhf Rgt 4 auf seine Einsätze als Alarmverband in Übungen zu schulen. Die Erfüllung von möglichen subsidiären Einsätzen unterhalb der Kriegsschwelle, nicht nur auf dem Flughafengelände, bildete dabei ein Schwergewicht. Obwohl die F Div 6 keine Ter D spezifischen Verbände direkt unterstellt hatte, um die Ter Aufgaben zu erfüllen, musste doch in vieler Hinsicht sehr intensiv mit den zivilen Behörden und Organisationen zusammengearbeitet werden. Es kann festgehalten werden, dass im Bereich Ter D, das heisst auf dem Gebiet der Koordination Armee – zivile Führungsorganisationen, viele Kontakte im Rahmen von echten Einsätzen oder Übungen stattgefunden haben. Bei der Kommunikation und dem gemeinsamen Verständnis für die gegenseitigen Bedürfnisse wurden kontinuierlich Verbesserungen erreicht.

Bewachung von Botschaften, Einsatz «CRONOS» Genf, 1999. (Bild: Oliver Mülle

Territorialdienstliche Einsätze der F Div 6 seit 1992

Im Laufe der Jahre leisteten diverse Verbände der F Div 6 insbesondere die folgenden vom VBS bewilligten subsidiären Einsätze:

Jahr	Ort	Verband	Einsatz
1992	Entlebuch (LU) Rigi (LU)	G Rgt 4 G Bat 24	• Aufräumarbeiten nach Unwetter
1992	Randa (VS)	G Rgt 4 Pont Bat 28	• Katastrophenhilfe • Bau einer Brücke nach Felssturz
1997	Sachseln (OW)	G Bat 6	• Aufräumarbeiten nach Überschwemmung
1998/1999	Mollis (GL) Turtmann (VS) Raron (VS) Gantrisch-Gurnigelbad (BE)	Inf Rgt 28	• Betreuung Asylsuchender • Sicherstellung der Infrastruktur
1999	Mollis (GL) Turtmann (VS) Raron (VS) Gantrisch-Gurnigelbad (BE)	Inf Rgt 27	• Betreuung Asylsuchender • Sicherstellung der Infrastruktur
1999	Genf (GE)	Inf Rgt 26	• Botschaftsbewachung
1999	Genf (GE)	Flhf Rgt 4	• Botschaftsbewachung
1999	Genf (GE)	Pz Hb Abt 16	• Botschaftsbewachung
2001	Murten (FR)	G Bat 6	• Erstellung von Bauten für die Expo.02
2002	Biel (BE) Neuenburg (NE) Yverdon (VD) Murten (FR)	G Rgt 4	• Erstellung von Bauten für die Expo.02
2002	Biel (BE) Yverdon (VD) Murten (FR)	Flhf Rgt 4	Neuenburg (NE) • Einsatz an der Expo.02 o Bewachung o Auskunft o Verkehrsregelung o Betreiben Infrastruktur
2003	Neuenburg (NE) Yverdon (VD)	G Bat 6	• Abbau Arteplages Expo.02

Obwohl in dieser Aufzählung nicht explizit aufgeführt, sollen auch die unzähligen Spontanhilfe-Einsätze von Truppen der F Div 6 zu Gunsten der durch Natur- oder andere Ereignisse betroffenen Bevölkerung in Erinnerung gerufen werden.

Einsatz der Schweizer Armee im Rahmen des Schutzes des G8-Gipfels in Evian/Frankreich, 2003
(Bilder: Agence de photos de presse Lausanne (ARC), Armeefilmdienst und Kdo Ter Div 1)

Diese subsidiären Einsätze wurden von den zivilen Behörden sehr begrüsst. Die Truppe erledigte die zugewiesenen Aufgaben jeweils zur vollen Zufriedenheit der zivilen Auftraggeber. Trotz zum Teil schwierigster Bedingungen und aufmerksamer Beobachtung durch die Medien, konnte den engagierten Verbänden eine tadellose Auftragserfüllung attestiert werden.

Nicht unumstritten waren die Aufträge zur Betreuung von Asylsuchenden und zur Bewachung diverser Botschaften. In beiden Fällen kam es zu öffentlichen Kontroversen über die Frage, ob diese Aufträge wirklich den Einsatz von Truppen rechtfertigten und ob nicht entsprechende zivile Kräfte besser für diese Einsätze geeignet gewesen wären. Rückblickend beurteilt haben die zivilen Instanzen in beiden Fällen vorschnell die Unterstützung durch die Armee angefordert und bewilligt erhalten. Weder waren die zivilen Mittel personell oder materiell ausgeschöpft, noch konnte die Armee zeitlich wirklich schneller als die zivilen Behörden reagieren. Der Armeeeinsatz hat aber den zivilen Organen Zeit für eine eingehende Lagebeurteilung und sorgfältige Einsatzplanung für die Phase nach dem Armee-Einsatz verschafft.

Auf eine Problematik im Zusammenhang mit den geleisteten subsidiären Einsätzen muss noch hingewiesen werden. So willkommen die subsidiären Einsätze bei den zivilen Organen auch waren, führten sie bei den betroffenen Truppen zu einem nur schwer wieder aufzuholenden Ausbildungsdefizit. Mit Armee 95 rückten die Truppen nur noch alle zwei Jahre in den FDT ein. Leistete ein Verband in einem FDT einen subsidiären Einsatz, hatte dies zur Folge, dass die Ausbildung an den Kollektivwaffen und die Schulung der Verbände in der Verteidigung vier Jahre ruhte, bis im nächsten FDT erstmals wieder zielgerichtet ausgebildet werden konnte. Dies führte bei den betroffenen Formationen zu einem schleichend sinkenden Ausbildungsstand. Im drei Wochen dauernden FDT stand nicht genügend Zeit zur Verfügung, um das Ausbildungsniveau wieder auf den früheren Stand anzuheben. Unter anderem führte die Sorge über den in einigen Verbänden nicht mehr genügenden Ausbildungstand zu den Überlegungen, in der Armee XXI wieder zum jährlichen FDT-Rhythmus wie vor der Armee 95 zurückzukehren.

Ausblick auf den Territorialdienst in der Armee XXI

Obwohl zur Zeit der Drucklegung dieses geschichtlichen Supplements noch nicht alle Entscheide zur Armee XXI definitiv gefällt waren, zeichneten sich mit grosser Wahrscheinlichkeit folgende Änderungen im Ter D ab:
- Die territorialen Aufgaben werden nicht mehr Teil der Logistik sein. Da die Ter D Aspekte immer operations-beeinflussenden Charakter haben, werden die territorialen Aufgaben neu dem Bereich Operationen des Generalstabes beziehungsweise des Führungsstabes der Armee zugeordnet.
- Die Ter Div/Br werden neu auf vier Ter Regionen umgruppiert. Die Ter Regionen umfassen den Raum von mehreren Kantonen. Die Kommandi der Ter Regionen führen primär die existenzsichernden Einsätze, sind aber auch in der Lage, Stabilisierungs- und Raumsicherungseinsätze zu führen. Die Stäbe

der Ter Regionen bleiben das Bindeglied zu den zivilen Führungsorganen und Organisationen der Nationalen Sicherheitskooperation. Sie haben den Auftrag, die Koordination zwischen der Armee und dem zivilen Umfeld sicherzustellen.

- Die Versorgung der Truppe ist nicht mehr Aufgabe der Ter Regionen.
- Die Ter Rgt und Ter Füs Bat werden aufgelöst. Als Kontaktorgan zur Armee verfügt in der Armee XXI jeder Kanton über einen eigenen kantonalen Ter Verbindungsstab, bestehend aus acht bis zehn Offizieren, als Bestandteil der jeweiligen Stäbe der Ter Regionen.
- Obwohl es in der Armee XXI keine Territorialfüsilier-Formationen mehr geben wird, wird die Verantwortung für den Fachbereich «Schutz zivile Objekte zur Sicherstellung existenzieller Bedürfnisse» (Objekte SEB) wie bis anhin vom Dienstzweig Territorialdienst wahrgenommen. Es ist vorgesehen, einige Truppengattungen im Objektschutz auszubilden und sie damit zur Erfüllung des Objektschutz-Auftrages zu befähigen.
- Die Betreuungsformationen werden aufgelöst. Es werden weiterhin einige Spezialisten des militärischen Betreuungsdienstes auf Stufe Armee und Ter Region eingeteilt sein. Sie haben die Aufgabe, Truppenformationen, die einen Betreuungs-Auftrag durchzuführen haben, anzuleiten und zu unterstützen.
- Der territoriale Nachrichtendienst wird in den militärischen Nachrichtendienst integriert.
- Der Fachbereich Wehrwirtschaftsdienst wird in die Logistik integriert.
- Die Verantwortung für militärische Massnahmen auf dem Gebiet der Elektrizitätswirtschaft wird auf die Öl- und Gasversorgung ausgedehnt. Der Fachbereich heisst neu «Massnahmen auf dem Gebiet der Energiewirtschaft».
- Der Rechts- und Polizeidienst inklusive Kulturgüterschutz wird in der Armee XXI in den Bereich Recht der Ter Regionen und Einsatzbrigadenstäbe überführt.

Es ist vorgesehen, in den Stäben der neu gebildeten Ter Regionen und Einsatzbrigaden eine Untergruppe Ter D zu bilden. Diese Gruppe wird durch einen Generalstabsoffizier geführt und wird sich hauptsächlich mit den territorialdienstlichen Belangen auseinandersetzen. Sie ist für die Verbindungen zu den zivilen Behörden/Organisationen und für die jeweiligen einsatzrelevanten Ter Belange verantwortlich.

Sicher ist, dass im Aufgabenspektrum der Armee XXI auch weiterhin der Auftrag zur allgemeinen Existenzsicherung im Auftragsspektrum enthalten sein wird. Als Konsequenz ist somit ebenfalls festgelegt, dass die Armee auch in Zukunft in der Lage sein muss, die zivilen Führungsorganisationen bei Bedarf durch subsidiäre Einsätze zu unterstützen. Der daraus resultierende Koordinationsbedarf zwischen ziviler und militärischer Seite sowie die Einsätze und Massnahmen in den Koordinierten Bereichen werden weiterhin durch die Stäbe der Ter Regionen sichergestellt. Die Führung und Koordination der Zusammenarbeit zwischen der Armee und den zivilen Stellen wird weiterhin der Hauptauftrag des Ter D darstellen.

Schlussbemerkungen

In den öffentlichen Diskussionen um die Existenzberechtigung der Armee im Rahmen der diversen Armee-Abstimmungen der Neunzigerjahre, wurden die Beiträge der Armee zur Friedensförderung (auch im Ausland) und die Existenzsicherung als Hauptaufträge der Armee positioniert. Diese selektive Wahrnehmung der Aufträge der Armee durch die Gesellschaft birgt eine nicht zu unterschätzende Gefahr.

So willkommen und hilfreich die Friedensförderungs- und Existenzsicherungs-Aufträge auch sein mögen, lässt sich die Existenzberechtigung der Armee niemals alleine auf Grund dieser Einsätze ableiten. Denn diese Aufträge können von entsprechend ausgebildeten und personell sowie materiell dotierten, zivilen Kräften ebenso gut sichergestellt werden. Nur der Kriegsverhinderungs- und Verteidigungsauftrag rechtfertigt und legitimiert die Armee als sicherheitspolitisches Instrument in den Händen der Landesregierung und als Institution in der Gesellschaft.

Die Schweizer Armee muss primär in der Lage sein, den Verteidigungsauftrag gegen einen modernen Gegner glaubwürdig zu erfüllen. Durch seriöse Vorbereitungen hat die Armee die Erfüllung des Verteidigungsauftrags als schwierigsten und aufwändigsten Auftrag permanent zu gewährleisten. Als «Nebenprodukt» dieser Vorbereitungen kann die Armee sich in die Lage versetzen, zum Wohle des Landes auch die anderen Teilaufträge kompetent zu erfüllen. Diese Feststellung ist wichtig, damit für zukünftige Generationen sichergestellt ist, dass eine Armee da ist, die den Anspruch hat, den Verteidigungsauftrag auch verlässlich wahrzunehmen. Wird die Verteidigungsfähigkeit durch die politische Prioritätensetzung sukzessive abgebaut, braucht es viele Jahre bis sie personell und materiell zuverlässig wieder hergestellt ist. Bei der Verwirklichung der Armee XXI muss in der Medienarbeit deshalb darauf geachtet werden, die Gewichtung der Aufträge der Armee korrekt zu kommunizieren.

Wie sich die weltpolitische Lage entwickeln mag, kann niemand vorhersagen. Auch wenn heute kein ernsthafter militärischer Gegner auszumachen ist, ist damit nicht gesagt, dass dies in 15 oder 20 Jahren auch noch so sein wird. Sicher ist aber, dass die Schweizer Landesregierung in Zukunft nach wie vor eine glaubwürdige Armee als ein wichtiges Instrument im Gesamtspektrum der Sicherheitspolitik benötigen wird, um die Freiheit und Unabhängigkeit der Schweiz überzeugend zu wahren.

Ausbildungsstab und *Commando Kurs*

Oberst Hans Rickenbacher, C Ausb F Div 6 1999–2003

Ausbildungsstab

Divisionär Ulrico Hess beauftragte Oberst i Gst Hanspeter Schenk, ein Konzept zur Ausbildungsführung und -steuerung (Controlling) zu erarbeiten.

Die F Div 6 begann bereits 1994 mit der Ausbildungsunterstützung zugunsten ihrer direkt unterstellten Verbände sowie dem zur Ausbildung zugewiesenen Flhf Rgt 4 und dem G Rgt 4. Unter Federführung von Oberst Hans Ulrich Grau, «graue Eminenz» in der F Div 6, erfolgte die Umsetzung mit dem innerhalb des Stabes F Div 6 separat geschaffenen Ausbildungsstab (rund 50 Offiziere).

Die qualitativen Anforderungen an die Ausbildung stiegen durch den Zweijahresrhythmus der Armee 95 erheblich. Mit zunehmend knapperen personellen und materiellen Mitteln musste in weniger Zeit als bisher die Beherrschung stets neuer, immer komplizierterer Waffensysteme und Kampfverfahren erlernt und trainiert werden. Die Ausbildungseffektivität (das Richtige üben) und die Ausbildungseffizienz (die Dinge richtig üben) mussten gesteigert werden. Über eine systematische Ausbildungsführung und ein Controlling liessen sich Ausbildungslücken rechtzeitig erkennen und in der Folge gezielt schliessen. In diesem Prozess nahm und nimmt der Ausbildungsstab unter Führung des C Ausb eine zentrale Rolle ein. Dem nebenstehenden Organigramm sind die vielfältigen Aufgabenschwerpunkte zu entnehmen.

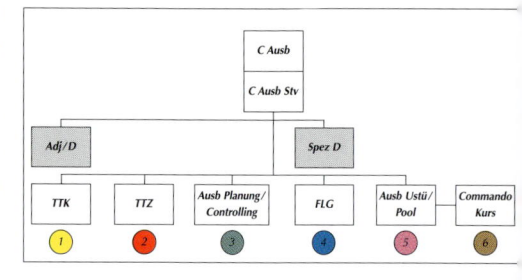

1. Im Taktisch Technischen Kurs (TTK) werden die Offiziere im WK-freien Jahr spezifisch in ihrer Führungstätigkeiten geschult, und zwar hauptsächlich mittels Stabs- und Einsatzübungen. Die Zugführer absolvieren einen technischen Kurs. Die eigene Waffenausbildung, aber auch die Verbandsschulung, stehen hier im Vordergrund.

2. Im Taktischen Trainings Zentrum (TTZ) trainieren die Stäbe auf dem Führungssimulator (Computer gestützte, taktische Ausbildung, CTA). Für die Leitung der Simulatorübungen ist ein eingespieltes Team des Ausbildungsstabes verantwortlich.
3. Es ist das Ziel des Controllings, für die Ausbildungsführung entscheidende Informationen zu beschaffen, Handlungsbedarf hinsichtlich Zielabweichungen festzustellen und geeignete Massnahmen eigenverantwortlich zu veranlassen. Basis für dieses Konzept bildet der in der F Div 6 etablierte Zielvereinbarungsprozess zwischen dem Kdt F Div 6 und dem Kdt des entsprechenden Verbandes. Bevor beispielsweise ein Regiment in einen FDT einrückt, formuliert der Rgt Kdt, gestützt auf die Ziele/Vorgaben der Division sowie auf die Ergebnisse der Stärken-/Schwächenanalyse der letzten Dienstleistung, die neuen Ziele für das Rgt. Da auf diesem Weg die bisherigen Erfahrungen einfliessen, wird im FDT tatsächlich geübt, was noch nicht einwandfrei sitzt. Während beziehungsweise am Ende der Dienstleistung erfolgt eine Stärken-/Schwächenanalyse (Controlling), die als Basis für die Definition der nächsten Ausbildungsinhalte dient.
4. Der Ausbildungsstab war auch für den Führungslehrgang I (FLG) für angehende Einh Kdt verantwortlich. In Zusammenarbeit mit dem Kdt F Div 6 plante er die vier Wochen erlebnisreicher Ausbildung im Tessin und im Raum Zürich.
5. Offiziere aus dem Ausbildungsstab werden bei Bat / Abt / Rgt als professionelle Ausbilder im Sinne der Ausbildungsunterstützung eingesetzt (NGST, Stgw SIM 90, KIUG, ELTAM). Simulatoren in der Ausbildung sind der Schlüssel zum Erfolg! Nachfolgende Bilder zeigen die moderne, zeitgerechte Ausbildung:

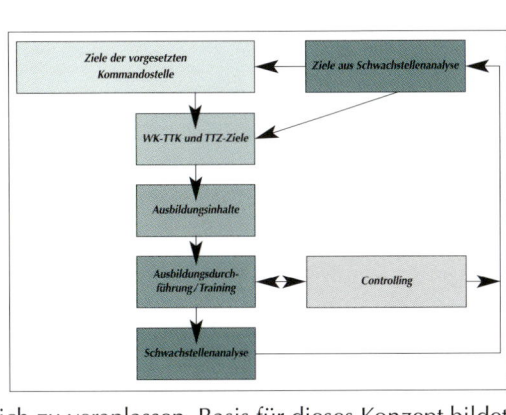

Elektronischer Taktiksimulator für Mechanisierte Verbände (ELTAM)

Kampf im überbauten Gelände (KIUG)

In den letzten Jahren nahm der Ausbildungsstab zunehmend eine echte Controlling-Aufgabe im Rahmen grosser Truppenübungen der F Div 6 wie beispielsweise «HERA», «TRADEMARK», «FINALE» wahr. Das Controlling wurde zum Bestandteil des Führungsprozesses. Im Zentrum stand die laufende Beurteilung der Gefechtsleistung/Leistungserbringung (Leistungsfähigkeit) im Verbandsrahmen, und zwar innerhalb einer vorher festgelegten Bandbreite.

Mit diesem umfassenden Aufgabenspektrum leistet der Ausbildungsstab einen Beitrag zur Optimierung und Professionalisierung der Ausbildung, so dass das «Schiff» stets «auf Kurs» bleibt!

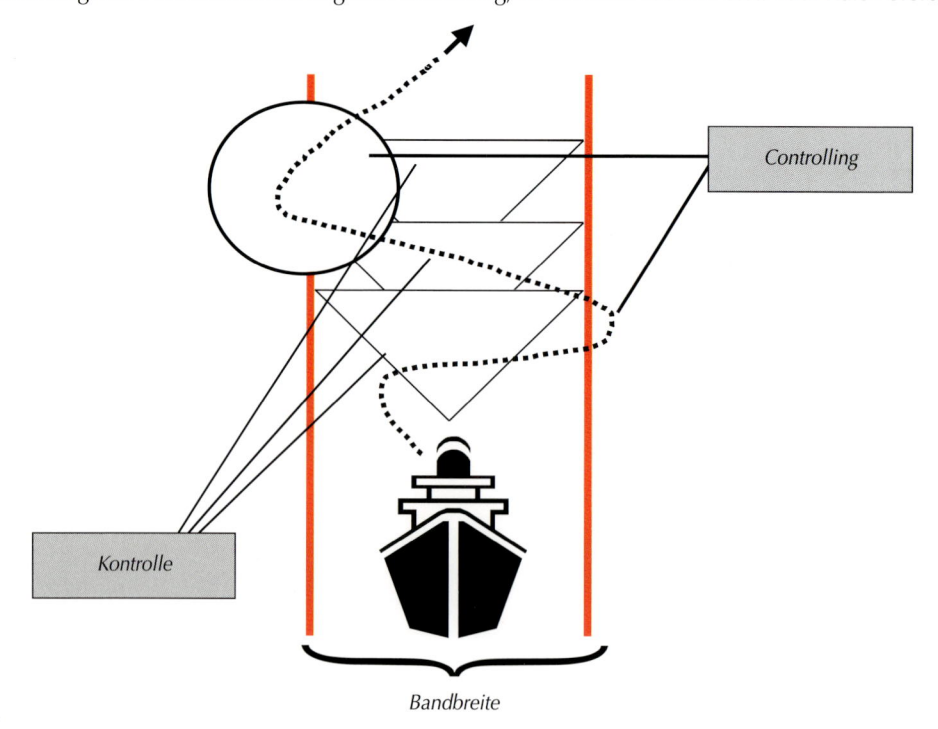

Hptm Urs Seleger, Kdt Commando Kurs F Div 6 1998–2003

Commando Kurs

Divisionär Ulrico Hess hauchte 1990 dem heutigen «Commando Kurs» mit dem Auftrag, einen Aufklärerkurs für Angehörige der F Div 6 durchzuführen, neues Leben ein. Aus jedem direkt unterstellten Verband erhielten jeweils zwei bis drei gute AdA im Rahmen eines externen WK eine Aufkläreraussbildung. Die Ausbildung wurde von bewährten Fachspezialisten (Miliz- und Berufsinstruktoren) erteilt. Dies garantierte ein extrem hohes Ausbildungsrendement. Jeder Ausbildungstag war ein echtes «Highlight» für den Kursteilnehmer. Während des Kurses wurde täglich selektioniert und qualifiziert.

Kursaufbau und -ablauf

Selektionstag: Aus ca. 250 Anmeldungen werden 140 Teilnehmer für den Kurs selektioniert.
1. Tag: Übung «VO»: Verschiebung in den Kursraum und Übung «QUO VADIS»: Sofortausbildung in den Grundthemen
2.–8. Tag: Aufkläreraussbildung
9. Tag: 24 H Übung «LE MANS»: Überprüfung des Erlernten
10.–14. Tag: Schlussübung «MAMMUT»: Anwendung des Erlernten in einer 5-Tage-Übung, anschliessend Brevetierung von ca. 70–80 AdA.

Im November 2002 erzielte eine Patrouille an einem internationalen Aufklärungswettkampf in Österreich unter 76 Patrouillen aus 16 Nationen den 3. Schlussrang.
Der Commando Kurs wird in der Armee XXI als freiwilliger Spezialistenkurs, zugänglich für alle AdA, weitergeführt. Das Ausbildungskonzept wird bestehen bleiben. Der Commando Kurs soll auch in Zukunft ein Kurs auf höchstem Niveau und mit internationaler Beachtung bleiben.

Eindrücke von der Ausbildung im Commando Kurs F Div 6

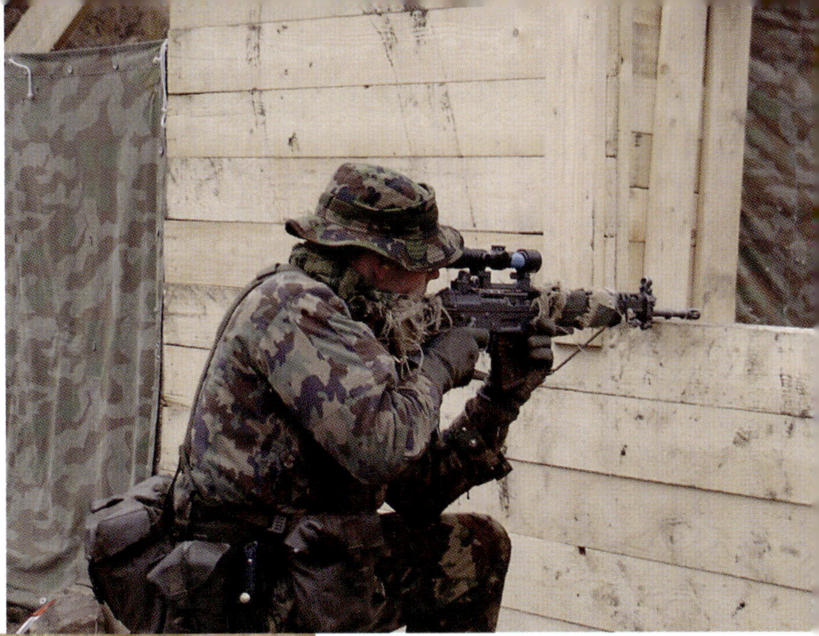

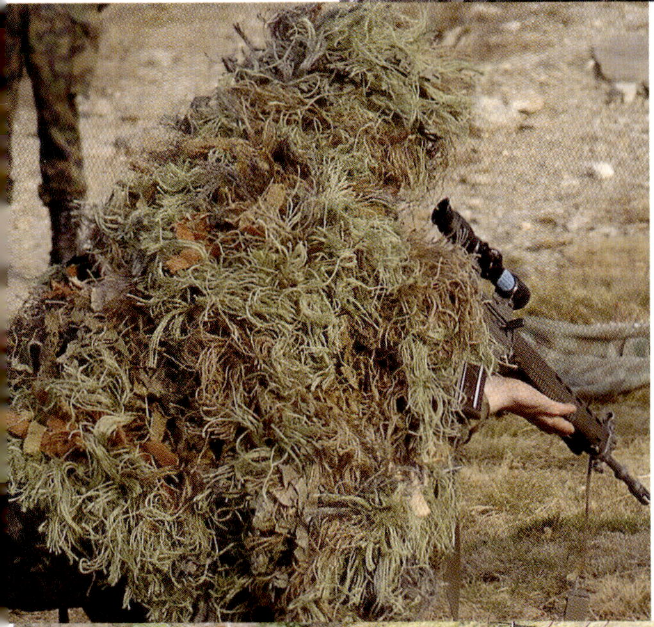

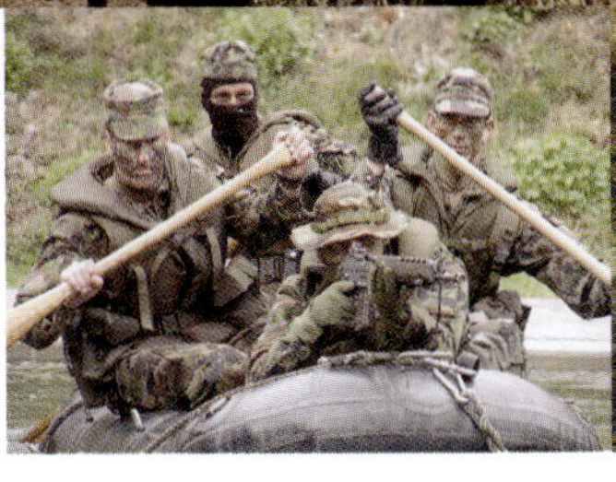

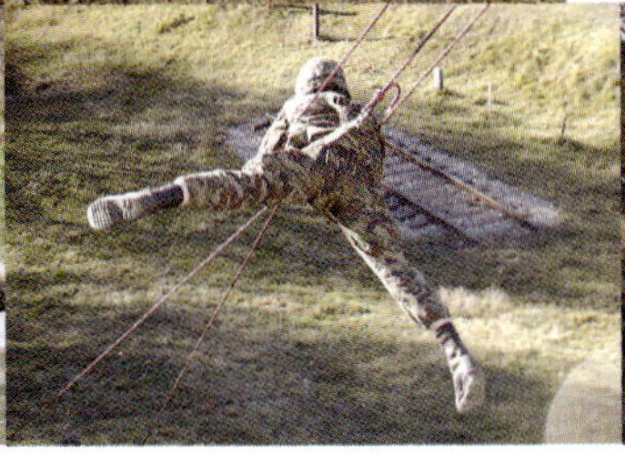

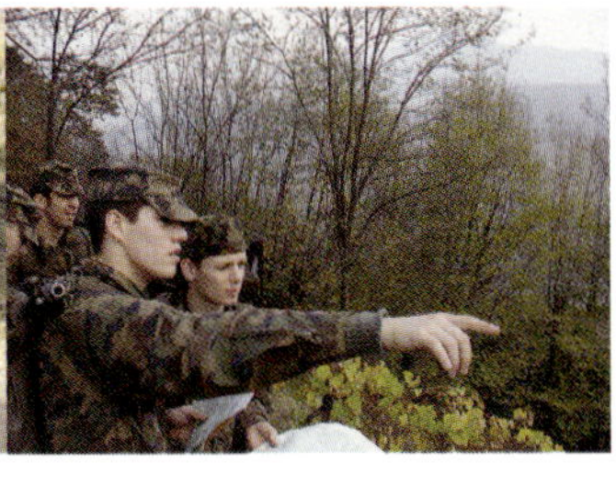

Adjutantur – für die Führung zentral

Hptm Peter Ascari, KC Stab F Div 6
Hptm Sinan Odok, Adj Pz Hb Abt 16

Bereits ein kurzer Blick in den Behelf für Adjutanten (Behelf 51.34) zeigt, dass die Charge des «Adj» wohl eine der vielfältigsten in der Armee ist. Nebst seiner administrativen Haupttätigkeit wirkt der Adjutant als Führungsgehilfe im Stab mit bei der Beschaffung und Bereitstellung zentraler Informationen für die Entschlussfassung des Kommandanten (Beurteilung des Zustandes der eigenen Truppen, personelle und materielle Stärke, Beweglichkeits- und Bereitschaftsgrad, Regieführung bei Rapporten, Antragstellung an den Kommandanten, Mitwirkung bei Organisation, Koordination der Stabsarbeit) und unterstützt ihn auch in taktischen Belangen. Hinzu kommen protokollarische Aufgaben wie das Durchführen militärischer Anlässe, darunter namentlich die Betreuung der zivilen und militärischen Gäste des Kommandanten aus dem In- und Ausland – vielleicht am prominentesten sichtbar für alle Gäste, Divisionsangehörigen, Presse und die weitere Öffentlichkeit am Divisionsrapport F Div 6, welcher jeweils am zweiten Samstag nach Neujahr stattfindet – sowie die Wahrung von Traditionen im Allgemeinen.
Adjutanten der F Div 6 sind in den Stäben der Division, der Regimenter und der Bataillone/Abteilungen eingeteilt.

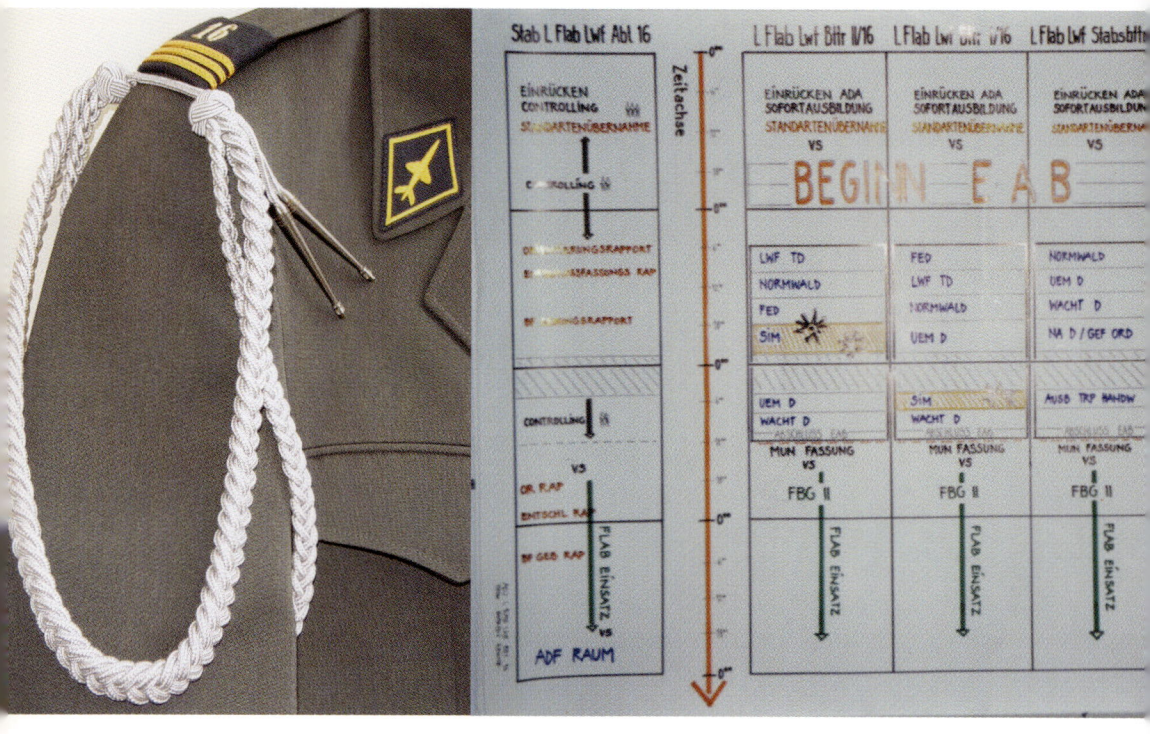

Der 1. Adjutant der Division ist Chef der Sektion Adjutantur und der ihr unterstellten Arbeitsgruppen Militärische Sicherheit, Armeeseelsorge und Psychologische Abwehr. Diesbezüglich verfügt der 1. Adjutant auch über Anordnungsbefugnisse.

Der 2. Adjutant ist hingegen Führungsgehilfe im Divisionsstab und hat reine Stabsfunktion. Er begleitet den Kommandanten.

Der Adjutant auf Stufe Truppenkörper (Regiment, Bataillon bzw. Abteilung) ist insbesondere zuständig für die Ausbildung und Ausführung von administrativen Belangen (Qualifikations-, Weiterausbildungs- und Personalwesen, Redaktion von militärischen Schriftstücken, Büropersonal), die Führung des KP-Betriebes, die Öffentlichkeitsarbeit, die Unterstützung und Beratung des Kommandanten in personellen Belangen sowie die Vorbereitung der Dienste; er führt bis auf Stufe Rgt auch das militärische Tagebuch. Im Einsatz ist er ein naher Begleiter des Kommandanten.

Historisches Zeugnis für diese Aussage legt auch ein Detail der Uniform des Adjutanten ab: die sogenannte (graue) Adjutantenschnur mit den beiden Metallstiften. Wenn immer der militärische Chef gerade bei seinen Truppen vorbeigaloppierte und aus dem Sattel kommandierte, also seinen «Sattelbefehl» durchgab, so hatte sein an seiner Seite reitender Adjutant diesen Befehl mittels eines der beiden an der Schnur befestigten Metallstifte – an Ausfallsicherheit dachte man damals schon – auf einer der mitgeführten Wachstafeln festzuhalten.

Wenngleich der Adjutant heutzutage nicht mehr reiten können muss, sind doch entsprechend seinem breiten Aufgabengebiet die Anforderungen an ihn hoch. Nebst fachlicher Kompetenz werden Korrektheit, Objektivität, Flexibilität und Selbständigkeit erwartet, und dies selbstredend nicht nur während des FDT, sondern während des ganzen Jahres. Er hat gleichzeitig über Ausstrahlung und ein versiertes Auftreten zu verfügen, jedoch auch diskret und verschwiegen zu sein.

Ausbildungsschwerpunkte der F Div 6

Aufgrund der Feststellung, dass das in den Technischen Lehrgängen (TLG) und Stabslehrgängen (SLG) Gelernte nur eine erste Grundlage für den Einsatz des Adjutanten ist und sich die Funktion oft erst im Einsatz herausbildet (kaum eine andere Charge wird fachdienstlich erst derart spät ausgebildet!), hat die F Div 6 regelmässig Fachdiensttage im Rahmen eines TTK für Adjutanten durchgeführt. Da ab Stufe Regiment alle Adjutanten der Division eine direkte Verbindung zum sogenannten Friedensbüro der Division haben und dort ihre Qualifikationen, Diensttagemeldungen und weiteren Berichte einreichen, konnten so negative Auswirkungen der in den 90er Jahren rasch um sich greifenden EDV-Insellösungen der Einheiten wirkungsvoll vermieden werden. Denn diese Fachdiensttage dienten nicht nur der Vertiefung des Fachwissens in spezifischen Bereichen (z. B. neue Informatikmittel, Neuerungen und Verfahren betreffend Militärjustiz und Administration), sondern auch dem direkten Austausch zwischen den Adjutanten. Als sehr brauchbares Hilfsmittel für den Adjutanten erwies sich auch das divisionseigene «Reglement 6»,

Verschiedene Arbeitsplätze von Adjutanten «über» und «unter Boden»

gewissermassen ein auf die Bedürfnisse der F Div 6 massgeschneiderter Zusammenzug der wichtigsten Bestimmungen für die Vorbereitung und Durchführung des FDT. Dieses «Reglement 6», zuletzt in Form einer CD abgegeben, erleichterte dank seiner praktischen Verwendbarkeit auch indirekt die Arbeit des Adjutanten, indem bei allen Stabsangehörigen der Division vom gleichen Grundwissen im administrativen Bereich ausgegangen werden konnte und dank normierten Formularsätzen auch die Meldeflüsse vereinfacht wurden.

Bild und Selbstbild des Adjutanten

Entgegen der weitverbreiteten Auffassung, der Adjutant sei eine «graue Büromaus», handelt es sich bei ihm um einen polyvalenten Offizier mit umfassendem Überblick und Detailkenntnissen. Insofern stimmt das gängige Bild nicht mit der Wirklichkeit überein. So tritt er etwa nach aussen als Administrator von Personalqualifikationen in Erscheinung, nimmt jedoch als einer der intimsten Kenner der Truppe eine wichtige beratende Stellung gegenüber dem Kommandanten ein. Es kommt daher nicht von ungefähr, dass der Adjutant häufig an Inspektionen teilnimmt und dort, neben den ihm aus eigenem Erleben bekannten kombattanten Führungsstufen, vor allem den Bereich Stabsorganisation inspiziert und dabei auch den sogenannten «weichen Faktoren» der Menschenführung sein Augenmerk schenkt.
Eine ähnlich beratende Stellung nimmt der Adjutant bei der Organisation und Regieführung von Rapporten ein, zumal das Erarbeiten einer Traktandenliste in Zusammenarbeit mit dem Komman-

Ein Adj

danten eine direkte und entscheidende Führungstätigkeit darstellt. Gewandtheit im Umgang mit zivilen Stellen und ein «Flair» für den Umgang mit den Medienvertretern ist aufgrund der intensiven diesbezüglichen Kontakte ein Muss.

Die Versuche, die Stellung und Funktion des Adjutanten mit Attributen zu umschreiben wie: «engster Mitarbeiter/Vertrauter des Kommandanten», «Vermittler zwischen Stab und Truppe», «Förderer des Zusammenhalts beziehungsweise Dreh- und Angelpunkt im Stab», deuten auf die umfassende Vertrauensstellung hin. Dennoch wird jeder aktive und ehemalige Adjutant auf eine solche Auflistung antworten: «Ja, unter anderem!». Jedenfalls belegt das lateinische Verb adiutare, mit Eifer unterstützen, sprachwissenschaftlich eindeutig die erforderliche Intensität in der Aufgabenerfüllung.

Rückblick und Ausblick

Rückblickend auf die letzten zehn Jahre ist positiv festzuhalten, dass das Verhältnis zu den vorgesetzten Stellen und der Verwaltung nicht mehr durch Hierarchien und Bürokratie, sondern durch Kooperation gekennzeichnet war. Kritische Anregungen und Rückfragen zum Meldewesen wurden geprüft und führten zu einer grossen administrativen Entlastung im Bereich Adjutantur. Eine grosse Unterstützung brachte auch die EDV, so vor allem die Zurverfügungstellung der PISA-Datenbanken.

Die Funktion des Adjutanten ist traditionsreich und wird auch in der künftigen Armee XXI eine zentrale Bedeutung behalten. Das Pflichtenheft des Adjutanten in seiner Formulierung recht allgemein zu halten und damit auslegungsfähig im Sinne des Auftrages der Armee und im Dienste des Kommandanten und seines Truppenverbandes, hat sich bewährt. Durch die in der modernen Armee entstandenen vielen neuen Chargen und logistischen Hilfsmittel hat die Aufgabe des Adjutanten an nichts eingebüsst, im Gegenteil, man könnte gar behaupten, dass sie, zunehmend entschlackt von administrativem Ballast, in der Funktion noch konzentrierter wurde. Es wird daher für die Kommandanten immer eine anspruchsvolle Herausforderung sein, rechtzeitig fachlich qualifizierte und aufgrund ihrer Persönlichkeit geeignete Adjutanten für diese interessante und herausfordernde «dienende» Charge zu gewinnen. Die enge Zusammenarbeit zwischen dem Kommandanten und dem Adjutanten wird für das Bild nach aussen jedenfalls wesentlich bleiben.

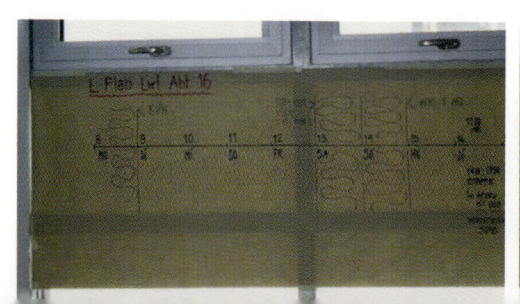

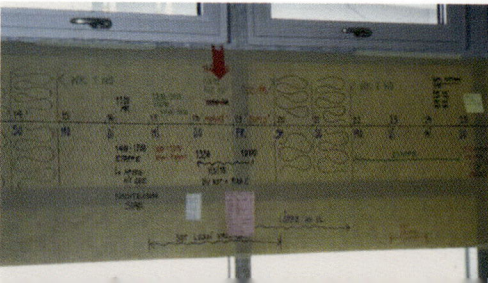

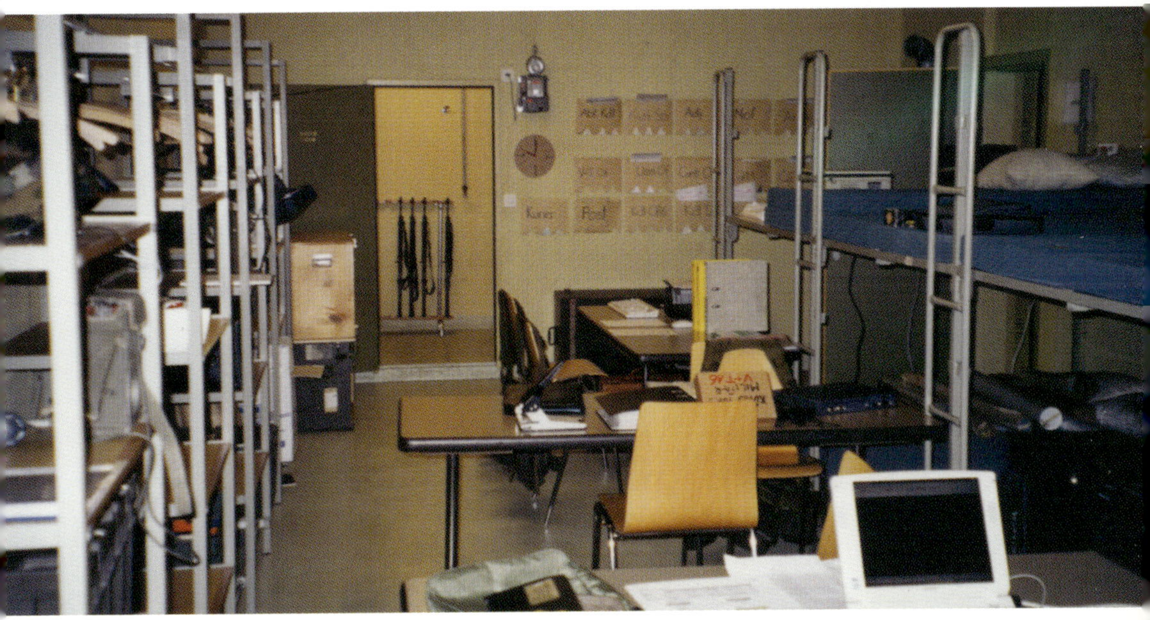

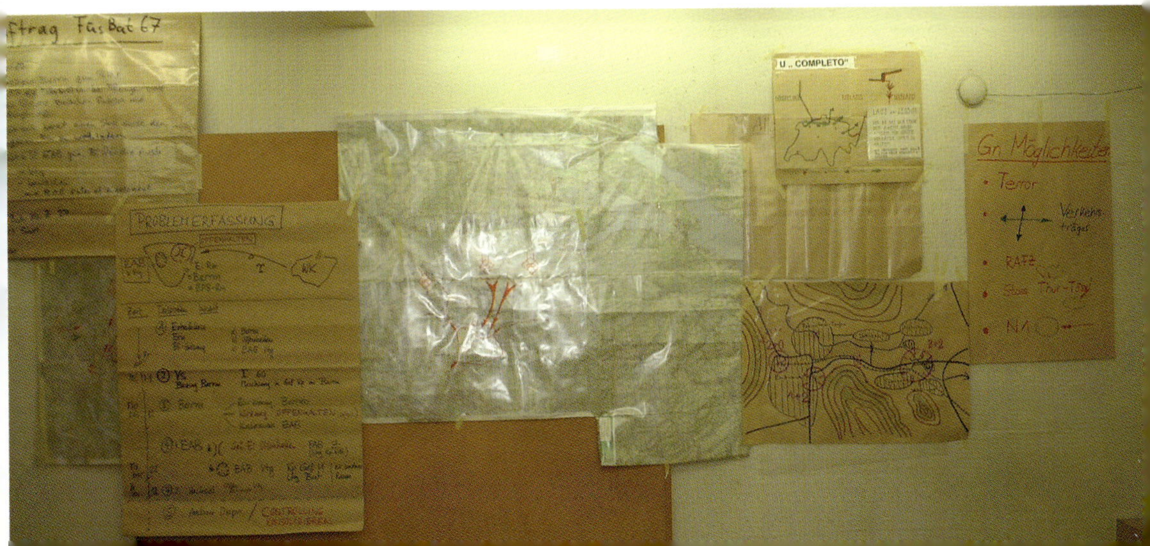
ftrag Füs Bat 67
PROBLEMERFASSUNG
U „ COMPLETO"
Gn Möglichkeiten
Terror
Verkehrsträger
RAF

Militärische Sicherheit und Zusammenarbeit mit der Polizei

Major Christian Fehr, Mil Sich Of F Div 6 2001–2003

Als Angehöriger der Militärischen Sicherheit (Mil Sich) ist der Mil Sich Of in der F Div 6 direkt dem Kdo Mil Sich (und damit dem Generalstab) unterstellt und dem Kdt F Div 6 zur Zusammenarbeit zugewiesen.

Der Grundauftrag der Mil Sich ist heikel. Schnittstellen zu den zivilen Institutionen sind genau zu umschreiben. Polizeiaufgaben innerhalb des Armeebereiches sind anspruchsvoll, nicht nur populär, aber unbestritten notwendig. Das zivile Know-how der Militärpolizisten ist bis zum heutigen Tag Grundlage für den erfolgreichen Einsatz.

Durch die neue Struktur, eingeführt im Rahmen der Armee 95, wurden die Heerespolizeidetachemente (HP Det), welche zuvor direkt den Grossen Verbänden unterstellt waren, neu dem Kdo Mil Sich unterstellt. Die HP wurde nun neu als Militärpolizei (MP) bezeichnet. Es wurden vier MP Zonen geschaffen, die landesweit die militärpolizeilichen Aufgaben in verkehrs-, sicherheits- und kriminalpolizeilicher Hinsicht wahrnehmen. Mit dem neuen Reglement 52.30 des Generalstabschefs über die Militärpolizei wurden die Aufgaben klar definiert und den verschiedenen militärpolizeilichen und zivilen Institutionen zugewiesen.

Gerade in den Grossen Verbänden brachte die neue Struktur eine gewisse Distanz der Mil Sich zu den Kdt der Grossen Verbände. Der Mil Sich Of muss also einerseits den Kontakt zur Mil Sich gewährleisten und andererseits den Kdt des Grossen Verbandes über die Mittel und Möglichkeiten der Militärpolizei in seinem Aufgabenbereich auf dem Laufenden halten.

Das Bild des Mil Sich Of hat sich insbesondere in der jüngsten Zeit massiv gewandelt. Der einstige «Statthalter» für die Belange der Militärischen Sicherheit ist zu einer wichtigen Schnittstelle auch zu den zivilen Polizeiorganen geworden. Die Bedrohungslage hat sich seit Beginn des 21. Jahrhunderts so gewandelt, dass subsidiäre Einsätze zu Gunsten der zivilen Behörden immer häufiger angefordert werden. Als Konsequenz wurden die Übungen mehr auf diese Szenarien ausgerichtet: In der F Div 6 die Übungen «HORNET» sowie

Kontrollen der Militärpolizei bei der Truppe (Bilder: Christian Fehr)

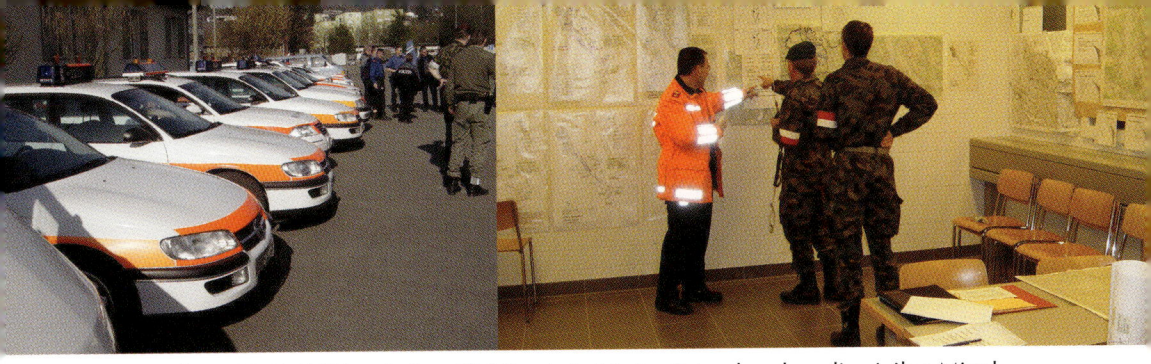

«HERCULES» und «TRADEMARK» mit dem Flhf Rgt 4. Es ist eine Tatsache, dass die zivilen Mittel in unserem Land nur für den Normalfall sowie kurzfristig für besondere Lagen ausreichend sind. Sollte jedoch eine ausserordentliche Lage über längere Zeit besondere Bewachungs- und Objektschutzaufgaben notwendig machen, wäre der Einsatz der Armee unumgänglich. Mit der laufenden USIS-Studie (Überprüfung der inneren Sicherheit der Schweiz) sowie den vom Bundesrat daraus gezogenen Konsequenzen wird die Armee auch in Zukunft die zivilen Sicherheitsorgane unterstützen müssen, da die sonst notwendigen zivilen Mittel vom Bund nicht finanziert werden können.

Zukünftige Verbände müssen sich in der Ausbildung vermehrt mit militärpolizeilicher Ausbildung befassen. Gerade im zivilen Umfeld wird die Truppe an der Verhältnismässigkeit des Einsatzes gemessen werden. Die zukünftigen Mil Sich Of müssen als Bindeglied zwischen Truppe und zivilen Sicherheitsorganen praktikable Lösungen finden. Ein subsidiärer Einsatz verläuft nur erfolgreich, wenn das Einsatzspektrum, die Handlungsrichtlinien und die Schnittstellen so klar kommuniziert werden können, dass sie bis auf die Stufe des einzelnen AdA im Einsatz unmittelbar erfasst und angewendet werden können.

Das Themenfeld Militärische Sicherheit wird in der Armee XXI in einem selbständigen Lehrverband geschult werden. Das Gros der Militärpolizei wird professionalisiert und erhält zusätzliche Mittel zur Unterstützung der zivilen Behörden im Ereignisfall.

Zusammenarbeit mit der Polizei im Rahmen des Vorbeimarsches nach der U «FINALE», 2003 auf dem Waffenplatz Kloten–Bülach

Personelle Hinweise
Gliederungen Armee 95
und Armee XXI

Kommandanten der Trupp

Verband		1992	1993	1994
F Div 6	Kdt	Ulrico Hess	Ulrico Hess	Ulrico Hess
	SC	Conrad Meyer	Conrad Meyer	Conrad Meyer
Div Stabsbat 6		Hans-Peter Gerschwiler	Rodolfo Straub	Rodolfo Straub
Uem Abt 6		Richard Gamma	Richard Gamma	Willi Bühn
Inf Rgt 26		Rudolf Hug	Rudolf Hug	Rudolf Hug
Inf Bat 26		Max Fenner	Max Fenner	Christian Hagmann
Füs Bat 63		Martin Hiller	Martin Hiller	Martin Hiller
Füs Bat 65		Rolf Steiger	Rolf Steiger	Rolf Steiger
Füs Bat 107		Robert Briner	Peter Stalder	Peter Stalder
Inf Rgt 27		Otto Frey	Kurt Vontobel	Kurt Vontobel
Inf Bat 27		Heinz Huber	Heinz Huber	Heinz Huber
Füs Bat 67		Philip Bodmer	Philip Bodmer	Philip Bodmer
Füs Bat 68		Beat Rohrer	Beat Rohrer	Markus Bachofen
Füs Bat 69		Richard Allemann	Richard Allemann	Richard Allemann
Inf Rgt 28		Hanspeter Schenk	Hanspeter Schenk	Hanspeter Schenk
Inf Bat 28		Hans Albrecht	Stephan Rietiker	Stephan Rietiker
Füs Bat 66		Christof Blumer	Christof Blumer	Christof Blumer
Füs Bat 70		Matthias Meister	Matthias Meister	Matthias Meister
Füs Bat 71		Beat Blaesi	Beat Blaesi	Andreas Schmid
Pz Bat 6		Peter Gysin	Hugo Bänziger	Hugo Bänziger
Pz Bat 23		Thomas Schumacher	Thomas Kern	Thomas Kern
Art Rgt 6		Rudolf Ziegler	Rudolf Ziegler	Jürg Krebser
Pz Hb Abt 16		Mathias Schwegler	Mathias Schwegler	Mathias Schwegler
Pz Hb Abt 17		Kurt Kägi	Ivo Muntwyler	Ivo Muntwyler
Pz Hb Abt 63		Urs Hänseler	Urs Hänseler	Thomas Würgler
Sch Kan Abt 46		Felix Hunziker	Felix Hunziker	Felix Hunziker
L Flab Lwf Abt 6[1]		André Blattmann	André Blattmann	André Blattmann
G Bat 6		Rolf Brunner	Jakob Oertle	Jakob Oertle
Flhf Rgt 4[2]		Hansruedi Thalmann	Hansruedi Thalmann	Konrad Peter
Stabsbat Flhf Rgt 4		–	–	–
Flhf Bat 41		Robert Zingg	Robert Zingg	Robert Zingg
Flhf Bat 42		Friedrich Haller	Friedrich Haller	Friedrich Haller
Flhf Bat 43		Josef Widler	Josef Widler	Josef Widler
L Flab Lwf Abt 16		–	–	–
G Rgt 4[2]		Ulrich Kägi	Ulrich Kägi	Ulrich Kägi
G Bat 24		Florin Rupper	Florin Rupper	Dieter Wepf
G Bat 35		–	–	–
Pont Bat 28		Hans-Rudolf Spiess	Hans-Rudolf Spiess	Hans-Rudolf Spiess
Mi Bat 74		Georg Schärrer	Georg Schärrer	Georg Schärrer
Cdo K		Stefan Roost	Stefan Roost	Stefan Roost

[1] bis 31. Dezember 1994: Mob L Flab Abt 6
[2] Flhf Rgt 4 und G Rgt 4: der F Div 6 für die Ausbildung unterstellt

...rper der F Div 6 (1992–1997)

1995	1996	1997
Ulrico Hess	Ulrico Hess	Ulrico Hess
Conrad Meyer	Marcel Fantoni	Marcel Fantoni
Rodolfo Straub	Rodolfo Straub	Hanspeter Konrad
Willi Bühn	Willi Bühn	Willi Bühn
Ernst Hungerbühler	Ernst Hungerbühler	Ernst Hungerbühler
Christian Hagmann	Christian Hagmann	Christian Hagmann
Martin Hiller	Rolf Aeberli	Rolf Aeberli
Andres Türler	Andres Türler	Andres Türler
Peter Stalder	Peter Stalder	Christian Studer
Hans Albrecht	Hans Albrecht	Hans Albrecht
Walter Spirgi	Walter Spirgi	Karl-Heinz Graf
Philip Bodmer	Ernst Maurer	Ernst Maurer
Markus Bachofen	Markus Bachofen	Markus Bachofen
Adrian Spörri	Adrian Spörri	Adrian Spörri
Hanspeter Schenk	Conrad Meyer	Conrad Meyer
Stephan Rietiker	Peter Candidus Stocker	Peter Candidus Stocker
Peter Rüegg	Peter Rüegg	Peter Rüegg
Walo Bertschinger	Walo Bertschinger	Walo Bertschinger
Andreas Schmid	Andreas Schmid	Mathias Brüschweiler
Hugo Bänziger	Peter Dübendorfer	Peter Dübendorfer
Thomas Kern	Didier Sangiorgio	Didier Sangiorgio
Jürg Krebser	Jürg Krebser	Jürg Krebser
Mathias Schwegler	Mathias Schwegler	Felix Huber
Ivo Muntwyler	Ivo Muntwyler	Ivo Muntwyler
Thomas Würgler	Thomas Würgler	Thomas Würgler
–	–	–
André Blattmann	André Blattmann	Patrik Grossholz
Jakob Oertle	Bernhard Fuchs	Bernhard Fuchs
Konrad Peter	Konrad Peter	Konrad Peter
Roger Fistarol	Roger Fistarol	Roger Fistarol
Reto Renz	Reto Renz	Reto Renz
Friedrich Haller	Peter Lutz	Peter Lutz
Urs Haegi	Urs Haegi	Urs Haegi
Leonhard Keller	Leonhard Keller	Leonhard Keller
Rolf Brunner	Rolf Brunner	Rolf Brunner
Dieter Wepf	Dieter Wepf	Eugen Da Pra
Heinrich Gossweiler	Heinrich Gossweiler	Rolf Hefti
–	–	–
Stefan Roost	Stefan Roost	Stefan Roost

Kommandanten der Trupp

Verband		1998	1999	2000
F Div 6	Kdt	Hans-Ulrich Solenthaler	Hans-Ulrich Solenthaler	Hans-Ulrich Solenthaler
	SC	André Blattmann[5]	André Blattmann	André Blattmann
Div Stabsbat 6		Hanspeter Konrad	Hanspeter Konrad	Alfred Jakober
Uem Abt 6		Ernst Grossenbacher	Ernst Grossenbacher	Ernst Grossenbacher
Inf Rgt 26		Max Fenner	Max Fenner	Max Fenner
Inf Bat 26		Karl Meier	Karl Meier	Karl Meier
Füs Bat 63		Rolf Aeberli	Rolf Aeberli	Martin Diethelm
Mech Füs Bat 65[1]		Christoph Mörgeli	Christoph Mörgeli	Christoph Mörgeli
Füs Bat 107		Christian Studer	Christian Studer	Thomas Kindt
Inf Rgt 27		Hans Hess	Hans Hess	Hans Hess
Inf Bat 27		Karl-Heinz Graf	Karl-Heinz Graf	HC Schregenberger
Füs Bat 67		Ernst Maurer	Ernst Maurer	Werner Kübler
Füs Bat 68		Daniel Rathgeb	Daniel Rathgeb	Daniel Rathgeb
Füs Bat 69		Jörg Kündig	Jörg Kündig	Jörg Kündig
Inf Rgt 28		Conrad Meyer	Conrad Meyer	Andres Türler
Inf Bat 28		Peter Candidus Stocker	Zeno Odermatt	Zeno Odermatt
Füs Bat 66		Peter Rüegg	Christian Siegfried	Christian Siegfried
Mech Füs Bat 70[2]		Walo Bertschinger	Markus Fabian Binder	Markus Fabian Binder
Füs Bat 71		Mathias Brüschweiler	Mathias Brüschweiler	Mathias Brüschweiler
Pz Bat 6		Peter Dübendorfer	Peter Dübendorfer	Reto Ketterer
Pz Bat 23		Didier Sangiorgio	Didier Sangiorgio	–
Art Rgt 6		Mathias Schwegler	Mathias Schwegler	Thomas Würgler
Pz Hb Abt 16		Felix Huber	Felix Huber	Stefan Holenstein
Pz Hb Abt 17		Claude Sulser	Claude Sulser	Claude Sulser
Pz Hb Abt 63		Christoph Hiller	Christoph Hiller	Christoph Hiller
L Flab Lwf Abt 6		Patrik Grossholz	Patrik Grossholz	Patrik Grossholz
G Bat 6		Bernhard Fuchs	Bernhard Fuchs	Bernhard Fuchs
Flhf Rgt 4[3]		Konrad Peter	Heinz Huber	Heinz Huber
Stabsbat Flhf Rgt 4		Roger Fistarol	Fridolin Blumer	Fridolin Blumer
Flhf Bat 41		Reto Renz	Urs Bürli	Urs Bürli
Flhf Bat 42		Peter Lutz	Peter Lutz	Milan Prenosil
Flhf Bat 43		Urs Haegi	Christian Meier	Christian Meier
L Flab Lwf Abt 16		Pieter Versluijs	Pieter Versluijs	Pieter Versluijs
G Rgt 4[3]		Rolf Brunner	Carlo Galmarini	Carlo Galmarini
G Bat 24		Eugen Da Pra	Peter Mettler	Peter Mettler
G Bat 35		Rolf Hefti	Rolf Hefti	Thomas Hänggi
Cdo K		Urs Seleger	Urs Seleger	Urs Seleger

1 bis 31. Dezember 1999: Füs Bat 65
2 bis 31. Dezember 1998: Füs Bat 70
3 Flhf Rgt 4 und G Rgt 4: der F Div 6 für die Ausbildung unterstellt

...rper der F Div 6 (1998–2003)

2001	2002	2003
Hans-Ulrich Solenthaler	Hans-Ulrich Solenthaler	Hans-Ulrich Solenthaler
Peter Candidus Stocker	Peter Candidus Stocker	Peter Candidus Stocker
Alfred Jakober	Alfred Jakober	Alfred Jakober
Ernst Grossenbacher	René Baumann[4]	René Baumann
Max Fenner	Walo Bertschinger[5]	Walo Bertschinger
Karl Meier	Markus Meile	Markus Meile
Martin Diethelm	Martin Diethelm	Martin Diethelm
Christoph Mörgeli	Christian Stucki	Christian Stucki
Thomas Kindt	Thomas Kindt	Thomas Kindt
Hans Hess	Karl-Heinz Graf[5]	Karl-Heinz Graf
HC Schregenberger	HC Schregenberger	HC Schregenberger
Werner Kübler	Werner Kübler	Werner Kübler
Daniel Rathgeb	Roger Gallati	Roger Gallati
Jörg Kündig	Heinz Brägger	Heinz Brägger
Andres Türler	Andres Türler	Andres Türler
Zeno Odermatt	Zeno Odermatt	Zeno Odermatt
Christian Siegfried	Christian Siegfried	Christian Siegfried
Markus Fabian Binder	Markus Fabian Binder	Markus Fabian Binder
Niklaus Ammann[4]	Niklaus Ammann	Niklaus Ammann
Reto Ketterer	Reto Ketterer	Reto Ketterer
–	–	–
Thomas Würgler	Thomas Würgler	Thomas Würgler
Stefan Holenstein	Kaspar Niklaus	Kaspar Niklaus
Claude Sulser	Felix Holzhey	Felix Holzhey
Stefan Bergamin	Stefan Bergamin	Stefan Bergamin
Richard P. Lutz	Richard P. Lutz	Roger Keller
Rolf André Siegenthaler	Rolf André Siegenthaler	Rolf André Siegenthaler
Heinz Huber	Heinz Huber	Heinz Huber
Fridolin Blumer	Rudolf Dürst	Rudolf Dürst
Urs Bürli	Urs Bürli	Urs Bürli
Milan Prenosil	Milan Prenosil	Milan Prenosil
Christian Meier	Rainer Gilg[5]	Rainer Gilg
Pieter Versluijs	Andreas Moschin	Andreas Moschin
Carlo Galmarini	Carlo Galmarini	Carlo Galmarini
Peter Mettler	Peter Mettler	René Hänsli[6]
Thomas Hänggi	Thomas Hänggi	Thomas Hänggi
Urs Seleger	Urs Seleger	Urs Seleger

4 Kdo Übernahme auf 1. April des Vorjahres
5 Kdo Übernahme auf 1. Juli des Vorjahres
6 Kdo Übernahme auf 1. Oktober des Vorjahres

Gliederung F Div 6 in der Armee 95

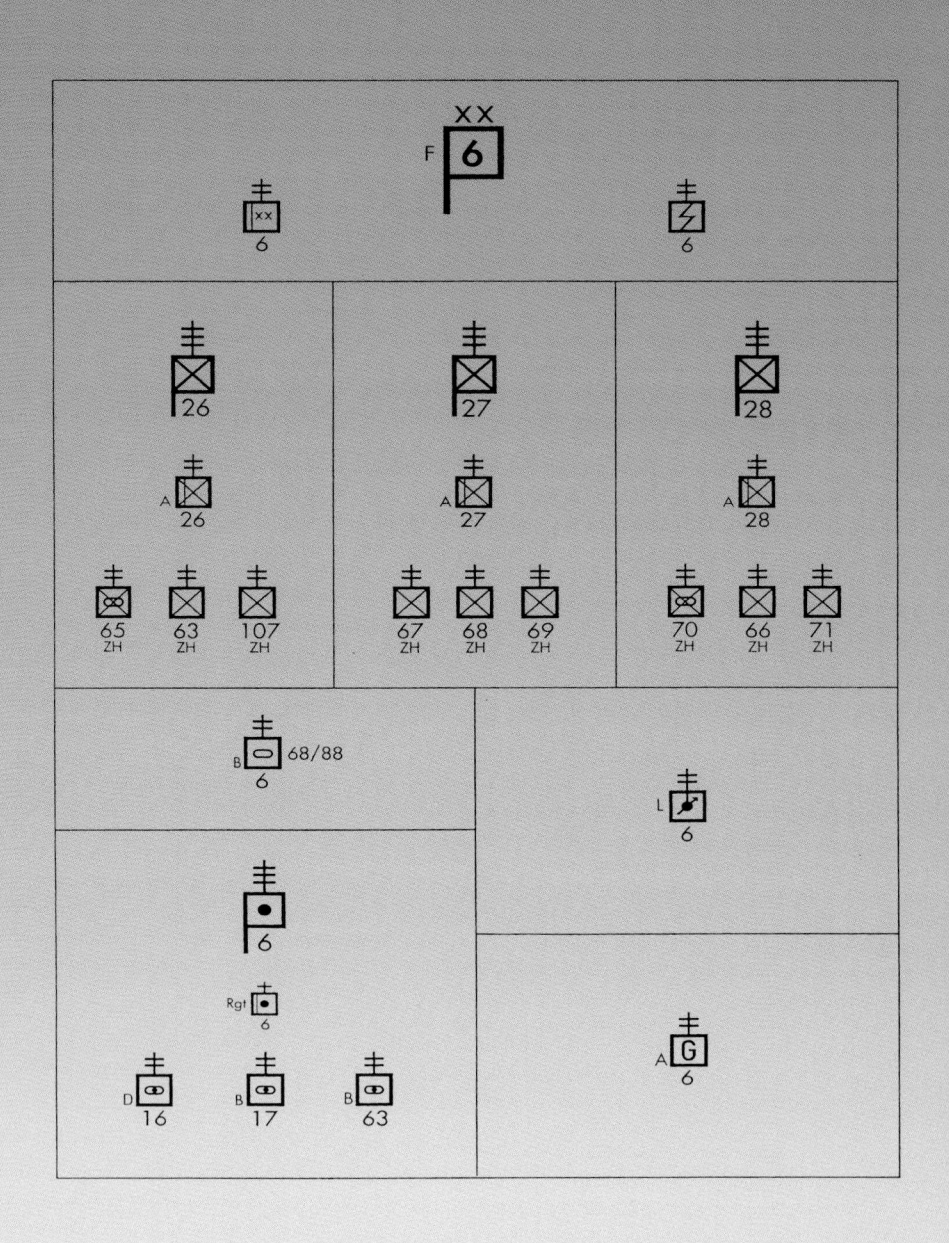

373

Grundgliederung der Brigaden des Heeres Armee XXI am Beispiel der Inf Br 7 und Pz Br 11

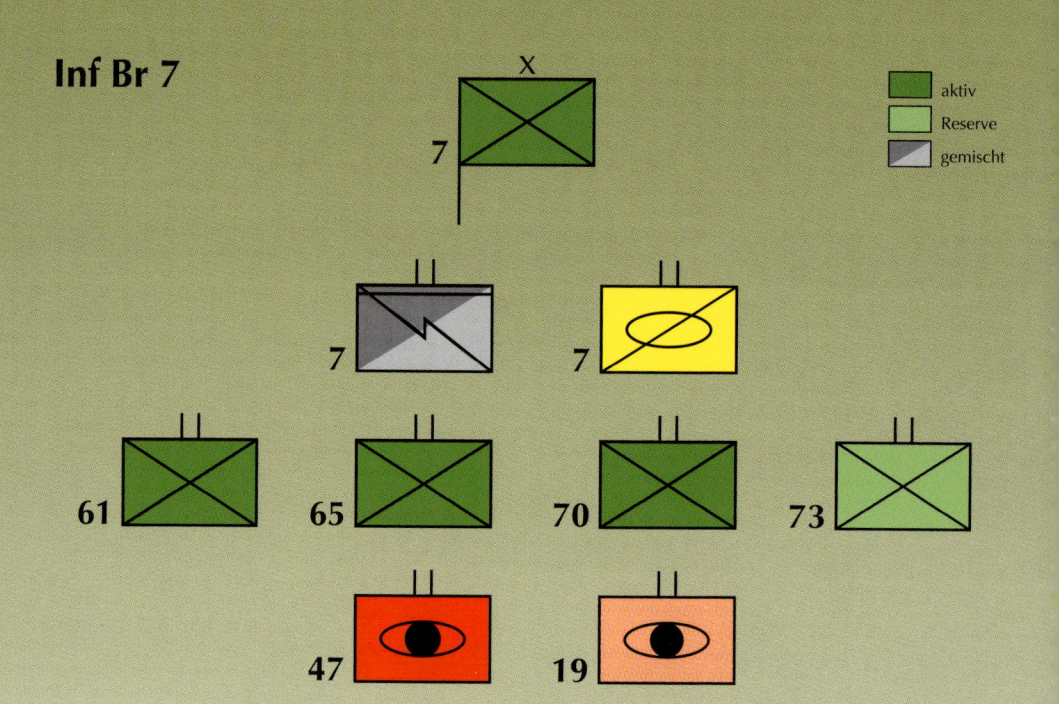

Inf Br 7

aktiv
Reserve
gemischt

374

Pz Br 11

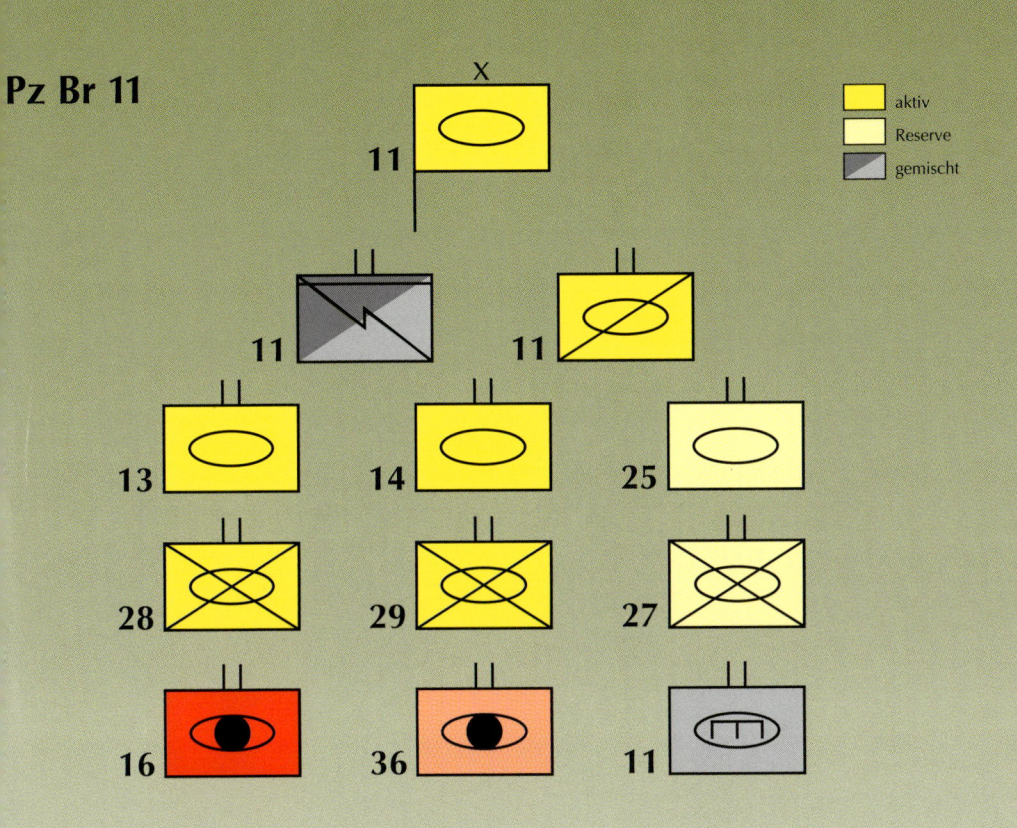

	aktiv
	Reserve
	gemischt

- 11 (X)
  - 11 (gemischt)
    - 13
    - 14
    - 25 (Reserve)
    - 28
    - 29
    - 27 (Reserve)
    - 16
    - 36
    - 11
  - 11

Gliederung Lehrverband Infanterie 3/6

X
3/6

Kdt LVb Inf 3/6

- SC LVb Inf 3/6
  - Stab LVb Inf 3/6
  - Kdo Inf Kader S 3
  - Kdo Inf RS 3
  - Kdo Inf Ausb Ustü 3

- Gren Kdo 1 / Kdo Gren S 4
- Kdo AZZK
- Kdo IAZ
- Komp Zen Geb D A
- Komp Zen Mil Musik

Kdt Stv LVb Inf 3/6
- Kdo Inf Kader S 10
- Kdo Inf RS 11
- Kdo Inf VBA 12
- Kdo Inf DD S 14

Standorte

Kdo LVb Inf 3/6:	Colombier
Kdo Inf Kader S 3:	Colombier
Kdo Inf RS 3:	Bière / Chamblon
Kdo Inf Ausb Ustü 3:	Chamblon
Gren Kdo 1:	Losone / Isone
Gren S 4:	Isone
Kdo AZZK:	Sarnen

Legende

Ausb Ustü	Ausbildungsunterstützung
Komp Zen:	Kompetenzzentrum
AZZK:	Ausbildungszentrum für Zeitkader
IAZ:	Infanterie-Ausbildungszentrum
Geb D A:	Gebirgsdienst der Armee
Mil Musik:	Militärmusik
VBA:	Verbandsausbildung
DD:	Durchdiener

Standorte

Kdo Inf Kader S 10:	Birmensdorf
Kdo Inf RS 11:	St.Gallen / Herisau / Neuchlen
Kdo Inf VBA 12:	Chur
Kdo Inf DD S 14:	Aarau
Kdo IAZ:	Walenstadt / St.Luzisteig
Komp Zen Geb D A:	Andermatt
Komp Zen Mil Musik:	Aarau

Stand: 18.08.03

Literaturauswahl zur jüngeren Schweizer Militärgeschichte

1945–1995: Vom Ende des Zweiten Weltkrieges zur neuen Weltordnung, (Actes du colloque de l'Association suisse d'histoire et de sciences militaires, Berne, 22 septembre 1995), Bern, 1995.
25 Jahre Mech Div 11, hrsg. vom Kommando Mech Div 11, Winterthur, 1986.
Anet, Bernard, Die nukleare Bedrohung im Wandel, Spiez, 1993.
Balthasar, Hans U. (Hrsg.), Die Gotthard-Division 1938–1993, Locarno, 1993.
Bauer, Marcus, Transporttruppen: Das motorisierte Transportwesen in der Schweizer Armee 1907–1995, hrsg. vom Bundesamt für Transporttruppen, Bern, 1995.
Baumgartner, Roland (Hrsg.), Reduitbrigade 21: 1952–1994, Bern, 1994.
Berthod, René (Hrsg.), Zo Ter 10: 25 ans de service, St. Maurice, 1994.
Carrel, Laurent F., Die Schweizer Armee heute: auf dem Weg zur ‚Armee 95': das aktuelle Standardwerk über die schweizerische Landesverteidigung, Thun, 1992.
Crameri, Valentin (Hrsg.), Die Gebirgsdivision 12, Chur, 1999.
Däniker, Gustav, Schweizerische Selbstbehauptungsstrategien im Kalten Krieg: Aus der Werkstatt des Stabschefs Operative Schulung während der 80er Jahre, Frauenfeld, 1996.
Die 7. Division: von der 7. Armeedivision zur Felddivision 7: Beiträge zur Geschichte der Ostschweizer Truppen, hrsg. vom Kommando Felddivision 7, 3., ergänzte Auflage, Herisau, 1988.
Die Entwicklung der Gewehrmunition und der Gewehre der Schweizer Armee von 1815 bis 1990, hrsg. Von der Eidgenössischen Munitionsfabrik Thun, Thun, 1989.
«Die Zürcher Gebirgstruppen», erweiterter Separatdruck aus: Die Gebrigsdivision 12 an der Schwelle zum nächsten Jahrtausend: Aus Anlass des 75-jährigen Bestehens des Gerbirgsinfanterieregiments 37 und des 125-jährigen Bestehens des Schützenbataillons 6, Zürich, 1999.
Dreifuss, Emil, Die Entwicklung der schweizerischen Armeesanität und Militärpharmazie: Persönlichkeiten und Wirken der bisherigen Oberfeldärzte und Armeeapotheker, Bern, 1994.
Dreizack' 86, APF: Infosuisse; Mech Div 11: Defilee, (Unser Manöver- und Defileebuch), redigiert von Peter Forster, Frauenfeld, 1986.
Eberhart, Hans (Hrsg.), Schweizerische Militärpolitik der Zukunft: Sicherheitsgewinn durch stärkeres internationales Engagement, Zürich, 2000.
Ebnöther, Christoph, «Ein Rückblick auf 128 Jahre F Div 6», in: AOG-Mitteilungen 3/2003.
Ebnöther, Christoph, Geschichte des Art Rgt 6 1951–2003, (CXCV. Neujahrsblatt der Feuerwerker-Gesellschaft), Zürich, 2003.
Ecoffey, Bernard u.a., Landesverteidigung im Wandel, Frauenfeld, 2000.
Felddivision 7: Rückblick auf die letzten zwei Jahrzehnte, hrsg. vom Kommando Felddivision 7, Herisau, 2003.
Fuhrer, Hans Rudolf (Hrsg.), General Ulrich Wille: Vorbild den einen – Feindbild den anderen, Zürich, 2003.
Forster, Peter / **Dunn**, Myriam, Information Age Conflicts, Neue Herausforderungen für die Sicherheitspolitik, in: Sicherheitspolitische Information, Verein Sicherheitspolitik und Wehrwissenschaft, Zürich, April 2002.
Gremminger, Thomas, Ordnungstruppen in Zürich: Der Einsatz von Armee, Polizei und Stadtwehr Ende 1918 bis 1919, Basel, 1990.
Greub, Frédéric, Sicherheit an der Schwelle des 21. Jahrhunderts: Geschichte und Leben des Feldarmeekorps 1, Bern, 1999.
Gubler, Robert, Schweizerische Militärradfahrer 1891–1993, Zürich, 1993.
Gubler, Robert, Felddivision 6: Von der Zürcher Miliz zur Felddivision 1815–1991, zweite Auflage, Zürich, 2003.
Gubler, Robert, Grenzbrigade 6, Zürich, 1999.
Heller, Daniel, Sind wir gerüstet?, Die Schweiz und die Terrorismusbekämpfung, Eine Analyse unserer Vorbereitungen gegen neue Bedrohungsformen, in: Sicherheitspolitische Information, Verein Sicherheitspolitik und Wehrwissenschaft, Zürich, April 2003.
Herzog, Ruedi, Grenzschutz am Bodensee und die Geschichte der Grenzbrigade 7, Frauenfeld, 1993.
Hess, Michael, «Zürich – 650 Jahre im Bund der Eidgenossen», in: AOG-Mitteilungen 2/2001, 14–19.
Hildebrandt, Carl, Gefiederte Kuriere: Der Brieftaubendienst der Schweizer Armee 1917–1994, Wabern, 2001.
Hoenle, Siegfried, Führungskultur in der Schweizer Armee: eine empirische Studie, Frauenfeld, 1996.

Hostettler, Ernst, Die Waffen der Schweizer Armee, Zürich, 1988.
Huber, Felix M. / **Ebnöther**, Christoph, «Geschichte der Zürcher Division», in: Sechseläutenprogramm 2003, Zürich, 2003, 7–11.
Huber, Hans Jörg (Hrsg.), Grenzbrigade 5: 50 Jahre 1938–1988, zweite Auflage, Baden, 1989.
Hug, Peter, Die wirtschaftliche Bürde der Landesverteidigung: Der Zusammenbruch der militärabhängigen Beschäftigung in der Schweiz 1990–2000 und die Chancen einer zukunftsgerichteten Politik, Bern, 2000.
Informationstechnik und Armee, hrsg. vom Bundesamt für Übermittlungstruppen, 1992ff.
Ischi, Edmond, Militaires à Payerne dès 1600, zwei Hefte, Payerne, 2000.
Jaun, Rudolf, Preussen vor Augen: das schweizerische Offizierskorps im militärischen und gesellschaftlichen Wandel des Fin de Siècle, Zürich, 1999.
Kaiser, Peter, Auf den Spuren der Mechanisierten Division 4: Eine Heereseinheit im Wandel der Zeit, hrsg. vom Kommando Mech Div 4, Solothurn, 1994.
Kett, Hélène, Die Frauen in der Schweizer Armee von 1939 bis heute: Aus der Geschichte des Frauenhilfsdienstes und des Militärischen Frauendienstes, Hautrive, 1990.
Koller, Arnold, Gedanken zum langfristigen Ausbau der Armee: Vortrag vor der Offiziersgesellschaft Thun, 16. September 1988, Thun, 1988.
Konfliktfelder in Europa heute und morgen – Folgerungen für die Sicherheitspolitik der Schweiz, Stellung und Aufgabe der Armee, (Beiträge der Schweizerischen Offiziersgesellschaft zur Sicherheitspolitik 1), Interlaken, 1992.
Meier, Adolf, Das letzte Defilee: Über die seltsamen Hintergründe der Abschaffung der Schweizer Kavallerie, Zürich, 1991.
Näf, Peter, «Die Felddivision 6», in: ASMZ 153(1987), Nr. 4, 214f.
Perrig, Igor, Landesverteidigung im Kalten Krieg: Der Schweizerische Aufklärungsdienst (SAD) und Heer und Haus 1945–1963, Fribourg, 1993.
Peyrot, Alain (Hrsg.), La Division de Montagne 10 de 1970 à 1994, Genève, 1993.
Réduit Brigade 22: Auftrag erfüllt: 1947–1994: Erinnerungsgabe an die Wehrmänner der R Br 22, hrsg. vom Kommando R Br 22, Zürich, 1994.
Rhinow, René (Hrsg.), Die schweizerische Sicherheitspolitik im internationalen Umfeld, Basel, 1995.
Ritter, Rudolf J., Das Fernmeldematerial der Schweizerischen Armee seit 1875, Bern, 1978.
Salathé, André, Geschichte des Füsilierbataillons 75, Frauenfeld, 1991.
Schaufelberger, Walter, Das bedrohte Zürich: Die Geschichte des Stadtkommandos 1939/40, Zürich, 1990.
Schmid, Samuel, «Armee XXI – eine Armee mit Zukunft», in: AOG-Mitteilungen 4/2001, 5–13.
Schwegler, Mathias K., **Huber**, Felix M., **Umbricht**, Georg, Die Wehrmänner im Artillerie Regiment 6, (CXCI. Neujahrsblatt der Feuerwerker-Gesellschaft), Zürich, 2000.
Schweizer Armee heute und in Zukunft: Das aktuelle Standardwerk über die schweizerische Landesverteidigung, hrsg. von Laurent F. Carrel, Thun, 1996.
Schweizerische Sicherheitspolitik und Europa, hrsg. von der Schweizerischen Gesellschaft Technik und Armee, Yverdons-les-Bains, 1994.
Seethaler, Frank A., Ist Sicherheit gratis?: Bemerkungen zur Sicherheitspolitik 1982–1991, hrsg. von der ASMZ, Frauenfeld, 1992.
Texte zur Schweizer Sicherheitspolitik 1960–1990, hrsg. von Jürg Stüssi-Lauterburg und Pierre Baur, Brugg, 1991.
Vom Himmel gefallen: Die Geschichte der Fallschirmgrenadiere/Fernspäher 1969. 1994, hrsg. vom Kommando Fernspäherkompanie 17, o.O., 1994.
Solenthaler, Hans-Ulrich (Hrsg.), Programm und Festführer zum 7. November 2003, Zürich, 2003.
Wegelin, Peter u.a., Die Grenzbrigade 8, Herisau, 1994.
Weiss, Josef (Hrsg.). Friedenssicherung – vom Alpenreduit zur Sicherheitspolitik: Festschrift für Korpskommandant Josef Feldmann, Frauenfeld, 1989.
Zurfluh, Stefan, Turn-around in der Milizarmee: verkannt, erkannt, vollzogen, Zürich, 1999.

Die militärischen Abkürzungen richten sich nach dem Reglement 52.2/II Militärische Schriftstücke. Zur leichteren Lesbarkeit sind nicht gängige militärische Abkürzungen im Text einmal in Klammern gesetzt. Zivile Abkürzungen richten sich gemäss Duden.